Rachel Giese

Die Journalistin, die Trans-Kanadierinnen eine Stimme gibt – Unautorisiert

Tarek Patel

ISBN: 9781998610945
Imprint: Telephasischewerkstatt
Copyright © 2024 Tarek Patel.
All Rights Reserved.

Contents

Einleitung **1**
Die Bedeutung von LGBTQ-Aktivismus 1

Frühes Leben und Bildung **23**
Kindheit und Familie 23

Bibliography **31**

Bibliography **35**
Studium und erste journalistische Erfahrungen 46

Der Aufstieg zur Bekanntheit **69**
Erste Artikel und Veröffentlichungen 69
Engagement in der LGBTQ-Community 90

Herausforderungen und Rückschläge **113**
Kritische Reaktionen auf ihre Arbeit 113

Bibliography **127**
Politische und gesellschaftliche Widerstände 138

Erfolge und Meilensteine **161**
Auszeichnungen und Anerkennungen 161
Inspirierende Geschichten von Trans-Kanadierinnen 181

Bibliography **205**

Ausblick und Vermächtnis **209**
Zukünftige Herausforderungen für LGBTQ-Aktivisten 209
Rachels Vermächtnis 231

Schlusswort **255**
Zusammenfassung der wichtigsten Themen   255

Anhang **277**
Glossar wichtiger Begriffe   277

Bibliography **295**

Index **305**

Einleitung

Die Bedeutung von LGBTQ-Aktivismus

Historischer Kontext des Aktivismus

Der LGBTQ-Aktivismus hat eine lange und komplexe Geschichte, die tief in den sozialen, politischen und kulturellen Kontexten verwurzelt ist. Um die gegenwärtigen Herausforderungen und Errungenschaften des Aktivismus zu verstehen, ist es wichtig, die historischen Wurzeln und die Entwicklung der Bewegung zu betrachten.

Frühe Anfänge und die Homosexualitätsdebatte

Die Wurzeln des LGBTQ-Aktivismus lassen sich bis in die Antike zurückverfolgen, wo Homosexualität in verschiedenen Kulturen unterschiedlich betrachtet wurde. Im antiken Griechenland beispielsweise war die gleichgeschlechtliche Liebe zwischen Männern weitgehend akzeptiert und wurde sogar als Teil der Erziehung junger Männer angesehen. Im Gegensatz dazu führte die Christianisierung Europas im Mittelalter zu einer Stigmatisierung von Homosexualität, die als Sünde betrachtet wurde.

Im 19. Jahrhundert begannen sich die ersten LGBTQ-Organisationen zu formieren, insbesondere in Europa und Nordamerika. Eine der frühesten Organisationen war der *Scientific-Humanitarian Committee*, gegründet von Magnus Hirschfeld in Deutschland im Jahr 1897. Hirschfeld setzte sich für die Entkriminalisierung von Homosexualität und die Rechte von Homosexuellen ein und gilt als einer der ersten LGBTQ-Aktivisten.

Die Weimarer Republik und die sexuelle Revolution

Die Weimarer Republik (1919–1933) war eine Zeit des sozialen Wandels in Deutschland, die auch eine Blütezeit für LGBTQ-Rechte und -Kultur darstellte. In dieser Zeit erlebte die LGBTQ-Community eine gewisse Sichtbarkeit und Akzeptanz, was sich in der Gründung von LGBTQ-Organisationen und der Veröffentlichung von Zeitschriften widerspiegelte. Es war auch die Zeit, in der das erste Gesetz zur Entkriminalisierung von Homosexualität, das *Paragraph 175*, diskutiert wurde.

Jedoch wurde diese relative Freiheit mit dem Aufstieg des Nationalsozialismus (1933–1945) brutal beendet. Homosexuelle wurden verfolgt, in Konzentrationslager geschickt und ermordet. Diese dunkle Periode in der Geschichte führte zu einem massiven Rückschritt in den Rechten und der Sichtbarkeit von LGBTQ-Personen.

Nachkriegszeit und die 1960er Jahre

Nach dem Zweiten Weltkrieg erlebte die LGBTQ-Bewegung in den 1950er und 1960er Jahren einen weiteren Rückschlag, insbesondere in den USA, wo Homosexualität weiterhin kriminalisiert war. Die 1960er Jahre waren jedoch auch eine Zeit des Wandels, geprägt von sozialen Bewegungen, die für Bürgerrechte und soziale Gerechtigkeit kämpften. Die Stonewall-Unruhen im Jahr 1969 in New York City gelten als Wendepunkt für den modernen LGBTQ-Aktivismus. Diese Unruhen, die als Reaktion auf eine Polizeirazzia in der Stonewall Inn-Bar stattfanden, führten zur Gründung von Organisationen wie der *Gay Liberation Front* und zur ersten Gay Pride Parade im Jahr 1970.

Die 1980er Jahre und die AIDS-Krise

Die 1980er Jahre waren geprägt von der AIDS-Krise, die die LGBTQ-Community hart traf. Die anfängliche Reaktion der Gesellschaft war von Ignoranz und Stigmatisierung geprägt. Aktivisten wie Larry Kramer und die Organisation ACT UP (AIDS Coalition to Unleash Power) traten in den Vordergrund, um auf die Krise aufmerksam zu machen und Druck auf die Regierung auszuüben, um Forschung und Behandlung zu fördern. Diese Zeit war entscheidend für die Mobilisierung der Community und die Schaffung eines Bewusstseins für Gesundheitsfragen.

Fortschritte und Herausforderungen im 21. Jahrhundert

Im 21. Jahrhundert hat der LGBTQ-Aktivismus bedeutende Fortschritte gemacht, darunter die Legalisierung der gleichgeschlechtlichen Ehe in vielen Ländern und die zunehmende Akzeptanz von LGBTQ-Personen in der Gesellschaft. Dennoch stehen Aktivisten weiterhin vor Herausforderungen, wie der Diskriminierung von Transgender-Personen, dem Anstieg von Hassverbrechen und dem Widerstand gegen LGBTQ-Rechte in verschiedenen Teilen der Welt.

Die Rolle der Medien hat sich ebenfalls verändert. Früher oft als Instrument der Stigmatisierung genutzt, sind die Medien heute ein wichtiges Werkzeug für die Sichtbarkeit und das Verständnis von LGBTQ-Themen. Journalisten und Aktivisten arbeiten zusammen, um Geschichten zu erzählen, die die Realität der LGBTQ-Community widerspiegeln und die Gesellschaft sensibilisieren.

Schlussfolgerung

Der historische Kontext des LGBTQ-Aktivismus ist geprägt von Kämpfen, Rückschlägen und Errungenschaften. Das Verständnis dieser Geschichte ist entscheidend, um die gegenwärtigen Herausforderungen zu bewältigen und die zukünftigen Ziele des Aktivismus zu definieren. Rachel Giese, als eine Stimme innerhalb dieser Bewegung, trägt dazu bei, die Geschichten von Trans-Kanadierinnen sichtbar zu machen und den Kampf für Gleichheit und Akzeptanz fortzusetzen.

Die Rolle der Medien im Aktivismus

Die Medien spielen eine entscheidende Rolle im LGBTQ-Aktivismus, indem sie Informationen verbreiten, Sichtbarkeit schaffen und eine Plattform für marginalisierte Stimmen bieten. In der heutigen digitalen Ära sind soziale Medien und traditionelle Nachrichtenmedien unerlässlich für die Mobilisierung von Unterstützern und die Sensibilisierung der Öffentlichkeit für die Herausforderungen, mit denen die LGBTQ-Community konfrontiert ist.

Theoretische Grundlagen

Die Medien können als „Agenda-Setter" fungieren, indem sie bestimmte Themen hervorheben und somit die öffentliche Diskussion beeinflussen. Nach McCombs und Shaw (1972) bestimmen die Medien nicht nur, worüber die Menschen nachdenken, sondern auch, wie sie darüber denken. Dies ist besonders relevant für

LGBTQ-Themen, da die Art und Weise, wie Medien über diese Themen berichten, die Wahrnehmung der Gesellschaft beeinflussen kann.

Ein weiterer wichtiger theoretischer Rahmen ist die „Framing-Theorie", die beschreibt, wie Medien bestimmte Aspekte eines Themas hervorheben, um eine bestimmte Interpretation zu fördern. Durch die Auswahl von Bildern, Sprache und Kontext können Medien die Narrative über LGBTQ-Personen und -Themen gestalten, was sowohl positive als auch negative Auswirkungen haben kann.

Herausforderungen im Journalismus

Trotz ihrer wichtigen Rolle stehen Medienjournalisten vor erheblichen Herausforderungen, wenn sie über LGBTQ-Themen berichten. Vorurteile, Stereotypen und Diskriminierung können sich in der Berichterstattung manifestieren, was zu einer verzerrten Darstellung der Realität führt. Ein Beispiel hierfür ist die häufige Fokussierung auf Gewalt gegen LGBTQ-Personen, ohne die positiven Geschichten von Widerstandsfähigkeit und Erfolg zu berücksichtigen.

Ein weiteres Problem ist die Sensationalisierung von LGBTQ-Themen, die oft dazu führt, dass komplexe soziale und politische Fragen vereinfacht oder verzerrt dargestellt werden. Dies kann das öffentliche Verständnis und die Unterstützung für LGBTQ-Rechte beeinträchtigen.

Beispiele für erfolgreiche Medienkampagnen

Trotz dieser Herausforderungen gibt es zahlreiche Beispiele für erfolgreiche Medienkampagnen, die den LGBTQ-Aktivismus vorangetrieben haben. Eine der bekanntesten Kampagnen ist die „It Gets Better"-Bewegung, die 2010 ins Leben gerufen wurde, um jungen LGBTQ-Personen Hoffnung und Unterstützung zu bieten. Durch eine Vielzahl von Videos, die von Prominenten und Aktivisten erstellt wurden, wurde eine breite Öffentlichkeit erreicht und das Bewusstsein für die Herausforderungen, mit denen LGBTQ-Jugendliche konfrontiert sind, geschärft.

Ein weiteres Beispiel ist die Berichterstattung über die Ehe für alle in verschiedenen Ländern. Medien spielten eine Schlüsselrolle bei der Aufklärung der Öffentlichkeit über die rechtlichen und sozialen Aspekte der gleichgeschlechtlichen Ehe und trugen dazu bei, die öffentliche Meinung zu beeinflussen. In Kanada beispielsweise wurde die Legalisierung der gleichgeschlechtlichen Ehe 2005 durch eine umfassende Medienberichterstattung begleitet, die sowohl die positiven Aspekte als auch die Herausforderungen hervorhob.

Die Rolle sozialer Medien

In der heutigen Zeit sind soziale Medien ein unverzichtbares Werkzeug für LGBTQ-Aktivisten. Plattformen wie Twitter, Instagram und Facebook ermöglichen es, Informationen schnell zu verbreiten und eine breite Reichweite zu erzielen. Diese Plattformen bieten nicht nur die Möglichkeit, Geschichten zu teilen, sondern auch direkte Interaktionen mit Unterstützern und der breiten Öffentlichkeit zu ermöglichen.

Ein herausragendes Beispiel ist der Hashtag #LoveIsLove, der während der Debatte über die gleichgeschlechtliche Ehe weltweit verwendet wurde. Dieser Hashtag half, eine globale Bewegung zu mobilisieren und Millionen von Menschen zu verbinden, die für die Gleichstellung der Ehe eintraten.

Fazit

Zusammenfassend lässt sich sagen, dass die Medien eine transformative Rolle im LGBTQ-Aktivismus spielen. Sie sind nicht nur ein Werkzeug zur Verbreitung von Informationen, sondern auch ein Mittel zur Schaffung von Gemeinschaft und Unterstützung. Die Herausforderungen, denen sich Journalisten gegenübersehen, sind nicht zu unterschätzen, aber die positiven Beispiele für Medienaktivismus zeigen, dass eine verantwortungsvolle und einfühlsame Berichterstattung einen erheblichen Einfluss auf die Wahrnehmung und die Rechte von LGBTQ-Personen haben kann. Es ist von entscheidender Bedeutung, dass Journalisten und Aktivisten weiterhin zusammenarbeiten, um die Sichtbarkeit und die Rechte der LGBTQ-Community zu fördern und zu verteidigen.

Transgender-Rechte und deren Entwicklung

Die Entwicklung der Transgender-Rechte ist ein komplexer und dynamischer Prozess, der von sozialen, politischen und kulturellen Faktoren beeinflusst wird. Historisch gesehen waren Transgender-Personen oft von Diskriminierung, Stigmatisierung und Gewalt betroffen. Die Anerkennung ihrer Rechte hat sich jedoch im Laufe der Jahre erheblich verändert, was auf den unermüdlichen Einsatz von Aktivisten, Organisationen und der Gemeinschaft selbst zurückzuführen ist.

Historischer Überblick

Der Kampf um Transgender-Rechte hat seine Wurzeln in den 1960er Jahren, als die Stonewall-Unruhen 1969 in New York City als Wendepunkt für die LGBTQ-Bewegung gelten. Diese Ereignisse führten zur Gründung zahlreicher

Organisationen, die sich für die Rechte von LGBTQ-Personen einsetzten, einschließlich Transgender-Personen. In den 1970er Jahren begannen Aktivisten, die Sichtbarkeit von Transgender-Personen zu erhöhen und auf die spezifischen Herausforderungen hinzuweisen, mit denen sie konfrontiert sind.

Ein wichtiger Meilenstein war die Gründung der *Transgender Nation* im Jahr 1992, die sich für die Rechte von Transgender-Personen einsetzte und auf die Notwendigkeit einer rechtlichen Anerkennung drängte. Diese Organisation spielte eine entscheidende Rolle bei der Sensibilisierung für die Probleme von Transgender-Personen und der Förderung von Gesetzen, die Diskriminierung aufgrund der Geschlechtsidentität verbieten.

Rechtliche Entwicklungen

In den letzten Jahrzehnten haben viele Länder bedeutende Fortschritte bei der rechtlichen Anerkennung von Transgender-Rechten gemacht. In Kanada beispielsweise wurde 2017 das *Bill C-16* verabschiedet, das Geschlechtsidentität und Geschlechtsausdruck als geschützte Merkmale im *Canadian Human Rights Act* anerkannte. Dies war ein entscheidender Schritt zur Bekämpfung von Diskriminierung und zur Gewährleistung von Gleichheit für Transgender-Personen.

In den Vereinigten Staaten variieren die Gesetze je nach Bundesstaat. Während einige Bundesstaaten Gesetze erlassen haben, die den Schutz von Transgender-Personen garantieren, haben andere Bundesstaaten Gesetze verabschiedet, die die Rechte von Transgender-Personen einschränken, insbesondere in Bezug auf den Zugang zu Geschlechtsumwandlungsbehandlungen und die Anerkennung der Geschlechtsidentität in offiziellen Dokumenten.

Herausforderungen und Probleme

Trotz dieser Fortschritte stehen Transgender-Personen weiterhin vor erheblichen Herausforderungen. Diskriminierung am Arbeitsplatz, im Gesundheitswesen und in der Gesellschaft ist weit verbreitet. Eine Studie der *National Center for Transgender Equality* aus dem Jahr 2015 ergab, dass 46% der befragten Transgender-Personen in den USA im Laufe ihres Lebens diskriminiert wurden. Diese Diskriminierung kann sich in verschiedenen Formen manifestieren, einschließlich Gewalt, Belästigung und mangelndem Zugang zu medizinischer Versorgung.

Ein weiteres zentrales Problem ist die psychische Gesundheit von Transgender-Personen. Hohe Raten von Depressionen und Angstzuständen sind

häufig, oft als Ergebnis von Diskriminierung und Stigmatisierung. Eine Studie zeigt, dass Transgender-Personen, die Unterstützung von Freunden und Familie erhalten, signifikant geringere Raten von psychischen Gesundheitsproblemen aufweisen.

Einfluss von Aktivismus und Medien

Die Rolle des Aktivismus und der Medien kann nicht unterschätzt werden. Aktivisten wie Rachel Giese haben durch ihre Berichterstattung und ihren Einsatz für die Rechte von Transgender-Personen entscheidend zur Veränderung der öffentlichen Wahrnehmung beigetragen. Medienberichte über Transgender-Themen haben dazu beigetragen, das Bewusstsein zu schärfen und Vorurteile abzubauen.

Ein Beispiel für den Einfluss der Medien ist die Berichterstattung über prominente Transgender-Personen wie Laverne Cox und Caitlyn Jenner. Ihre Sichtbarkeit hat dazu beigetragen, das Gespräch über Transgender-Rechte in den Mainstream zu bringen und das Bewusstsein für die Herausforderungen, mit denen Transgender-Personen konfrontiert sind, zu schärfen.

Zukunftsausblick

Die Zukunft der Transgender-Rechte bleibt unsicher, da viele Herausforderungen weiterhin bestehen. Der politische und gesellschaftliche Widerstand gegen Transgender-Rechte ist nach wie vor stark, insbesondere in bestimmten Regionen. Dennoch bleibt der Aktivismus stark und die Gemeinschaft ist entschlossen, für Gleichheit und Gerechtigkeit zu kämpfen.

Ein entscheidender Aspekt für die zukünftige Entwicklung der Transgender-Rechte wird die Bildung und Aufklärung sein. Der Zugang zu Informationen über Geschlechtsidentität und die Unterstützung von Transgender-Personen kann dazu beitragen, Vorurteile abzubauen und eine inklusivere Gesellschaft zu schaffen.

Zusammenfassend lässt sich sagen, dass die Entwicklung der Transgender-Rechte ein fortlaufender Prozess ist, der sowohl Fortschritte als auch Rückschläge umfasst. Die Stimme von Aktivisten und die Unterstützung der Gemeinschaft sind entscheidend, um die Herausforderungen zu überwinden und eine gerechtere Zukunft für alle Transgender-Personen zu schaffen.

Einfluss von Persönlichkeiten auf die Bewegung

Der Einfluss von Persönlichkeiten auf die LGBTQ-Bewegung kann nicht hoch genug eingeschätzt werden. Diese Individuen, oft als Vorbilder oder Ikonen angesehen, haben nicht nur durch ihre Taten und Worte die Wahrnehmung von LGBTQ-Rechten geprägt, sondern auch den Aktivismus selbst in neue Richtungen gelenkt. In diesem Abschnitt werden wir untersuchen, wie prominente Persönlichkeiten die Bewegung beeinflusst haben, die Herausforderungen, die sie dabei überwinden mussten, und die theoretischen Rahmenbedingungen, die ihren Einfluss erklären.

Theoretische Grundlagen

Um den Einfluss von Persönlichkeiten auf die LGBTQ-Bewegung zu verstehen, ist es wichtig, einige theoretische Konzepte zu berücksichtigen. Eine zentrale Theorie ist die *Social Movement Theory*, die besagt, dass soziale Bewegungen von Schlüsselpersonen, die als Führer oder Symbolfiguren fungieren, angetrieben werden. Diese Persönlichkeiten können durch ihre Sichtbarkeit und ihre Fähigkeit, öffentliche Aufmerksamkeit zu erregen, die Mobilisierung der Gemeinschaft fördern.

Darüber hinaus spielt die *Framing Theory* eine entscheidende Rolle. Diese Theorie beschreibt, wie bestimmte Themen und Anliegen durch die Linse von Persönlichkeiten gerahmt werden. Wenn eine bekannte Persönlichkeit sich für LGBTQ-Rechte einsetzt, wird das Thema oft in einem neuen Licht betrachtet, was zu einer breiteren Akzeptanz und Unterstützung führen kann.

Einflussreiche Persönlichkeiten

Ein herausragendes Beispiel für den Einfluss von Persönlichkeiten ist Harvey Milk, der erste offen schwule gewählte Beamte in Kalifornien. Milk nutzte seine Plattform, um die Rechte von LGBTQ-Personen zu fördern und die Sichtbarkeit der Gemeinschaft zu erhöhen. Seine berühmte Aussage, dass „jede Person, die sich outet, eine Stimme gibt", verdeutlicht, wie wichtig Sichtbarkeit ist. Milk wurde zum Symbol für den Kampf um Gleichheit und inspirierte viele andere, sich ebenfalls zu engagieren.

Eine weitere bedeutende Persönlichkeit ist Marsha P. Johnson, eine Transgender-Aktivistin, die eine Schlüsselrolle bei den Stonewall-Unruhen spielte. Johnsons Engagement für die Rechte von Transgender-Personen und ihre Gründung der *Street Transvestite Action Revolutionaries (STAR)* sind Beispiele dafür, wie Persönlichkeiten nicht nur die LGBTQ-Bewegung beeinflussen, sondern auch spezifische Anliegen innerhalb der Gemeinschaft hervorheben können.

Herausforderungen und Widerstände

Trotz ihres Einflusses stehen diese Persönlichkeiten oft vor erheblichen Herausforderungen. Diskriminierung, Gewalt und gesellschaftlicher Druck sind ständige Begleiter für LGBTQ-Aktivisten. Die Berichterstattung über ihre Aktivitäten kann sowohl positiv als auch negativ sein, was ihre Fähigkeit, Veränderungen herbeizuführen, beeinflussen kann.

Ein Beispiel für diese Herausforderungen ist die Reaktion auf die Arbeit von Ellen DeGeneres, die als eine der ersten prominenten Persönlichkeiten im Fernsehen offen über ihre Sexualität sprach. Während ihre Coming-out-Geschichte viele unterstützte, führte sie auch zu einem erheblichen Backlash, einschließlich des Verlusts von Sponsoren und öffentlicher Kritik. Dennoch trugen ihre Bemühungen dazu bei, das Bewusstsein für LGBTQ-Anliegen zu schärfen und den Weg für zukünftige Generationen zu ebnen.

Der Einfluss auf die Bewegung heute

In der heutigen Zeit bleibt der Einfluss von Persönlichkeiten auf die LGBTQ-Bewegung stark. Prominente wie Laverne Cox und Billy Porter haben die Sichtbarkeit von Transgender-Personen in den Medien erhöht und das Bewusstsein für die Herausforderungen, mit denen diese Gemeinschaft konfrontiert ist, geschärft. Ihre Erfolge haben nicht nur die Diskussion über Transgender-Rechte vorangetrieben, sondern auch dazu beigetragen, eine breitere Akzeptanz in der Gesellschaft zu fördern.

Fazit

Zusammenfassend lässt sich sagen, dass Persönlichkeiten einen entscheidenden Einfluss auf die LGBTQ-Bewegung haben. Sie fungieren als Katalysatoren für Veränderungen, indem sie Sichtbarkeit und Aufmerksamkeit auf wichtige Themen lenken. Ihre Herausforderungen und Erfolge spiegeln die komplexe Dynamik der Bewegung wider und verdeutlichen die Notwendigkeit von Vorbildern, die den Weg für zukünftige Generationen ebnen. Der Einfluss dieser Persönlichkeiten wird auch in Zukunft von zentraler Bedeutung sein, da die Bewegung weiterhin für Gleichheit und Akzeptanz kämpft.

Die Wichtigkeit von Sichtbarkeit

Sichtbarkeit ist ein zentrales Thema im LGBTQ-Aktivismus und spielt eine entscheidende Rolle bei der Förderung von Akzeptanz und Gleichberechtigung. In einer Welt, in der viele Menschen immer noch mit Vorurteilen und Diskriminierung konfrontiert sind, ist es unerlässlich, dass die Stimmen von LGBTQ-Personen gehört werden. Sichtbarkeit bedeutet nicht nur, präsent zu sein, sondern auch aktiv an der Gestaltung des Diskurses über Identität, Rechte und gesellschaftliche Akzeptanz teilzunehmen.

Theoretische Grundlagen

Die Theorie der Sichtbarkeit im Kontext von LGBTQ-Aktivismus basiert auf der Annahme, dass die Repräsentation von marginalisierten Gruppen in den Medien und in der Gesellschaft entscheidend ist, um Vorurteile abzubauen. Judith Butler, eine prominente Gender-Theoretikerin, argumentiert in ihrem Buch *Gender Trouble*, dass Geschlecht und Sexualität nicht nur soziale Konstrukte sind, sondern auch durch performative Akte sichtbar gemacht werden. Diese Performativität eröffnet einen Raum für die Sichtbarkeit von LGBTQ-Personen und deren Erfahrungen.

Ein weiterer wichtiger Aspekt ist die *Intersectionality*-Theorie, die von Kimberlé Crenshaw entwickelt wurde. Diese Theorie betont, dass Sichtbarkeit nicht nur auf Geschlecht oder Sexualität beschränkt ist, sondern auch andere Identitätsmerkmale wie Rasse, Klasse und Behinderung berücksichtigt. Sichtbarkeit ist also komplex und vielschichtig, und es ist wichtig, die verschiedenen Dimensionen der Identität zu verstehen, um die Herausforderungen zu erkennen, mit denen LGBTQ-Personen konfrontiert sind.

Probleme der Sichtbarkeit

Trotz der Fortschritte im LGBTQ-Aktivismus gibt es erhebliche Probleme im Zusammenhang mit Sichtbarkeit. Eine der größten Herausforderungen ist die *Tokenisierung*, bei der LGBTQ-Personen zwar sichtbar gemacht werden, aber oft nur als Symbol für Diversität und nicht als echte Vertreter ihrer Gemeinschaften. Diese Art der Sichtbarkeit kann sogar schädlich sein, da sie die tatsächlichen Stimmen und Erfahrungen von LGBTQ-Personen ignoriert und stattdessen stereotype Darstellungen fördert.

Ein weiteres Problem ist die *Unsichtbarkeit* von bestimmten Gruppen innerhalb der LGBTQ-Community, insbesondere von Transgender-Personen und People of Color. Diese Gruppen sind oft unterrepräsentiert in den Medien und in politischen Diskursen, was zu einem Mangel an Verständnis und Unterstützung für ihre spezifischen Herausforderungen führt. Studien zeigen, dass Transgender-Personen, insbesondere Trans-Frauen of Color, eine höhere Wahrscheinlichkeit haben, Opfer von Gewalt und Diskriminierung zu werden. Die mangelnde Sichtbarkeit dieser Gruppen trägt zur Fortdauer dieser Gewalt bei.

Beispiele für erfolgreiche Sichtbarkeit

Es gibt zahlreiche Beispiele für erfolgreiche Sichtbarkeit im LGBTQ-Aktivismus. Die *#MeToo*-Bewegung hat gezeigt, wie wichtig es ist, dass Menschen ihre Geschichten teilen und sich gegenseitig unterstützen. Diese Bewegung hat nicht nur das Bewusstsein für sexuelle Belästigung und Gewalt geschärft, sondern auch die Stimmen von marginalisierten Gruppen, einschließlich LGBTQ-Personen, in den Vordergrund gerückt.

Ein weiteres Beispiel ist die Darstellung von LGBTQ-Personen in der Popkultur. Filme wie *Moonlight* und *Portrait of a Lady on Fire* haben nicht nur Kritikerlob erhalten, sondern auch dazu beigetragen, die Sichtbarkeit von LGBTQ-Geschichten zu erhöhen und das Publikum für die Vielfalt von Erfahrungen innerhalb der Community zu sensibilisieren. Diese Filme zeigen, dass Sichtbarkeit nicht nur wichtig ist, um Vorurteile abzubauen, sondern auch, um ein Gefühl der Zugehörigkeit und Identität zu fördern.

Fazit

Die Wichtigkeit von Sichtbarkeit im LGBTQ-Aktivismus kann nicht genug betont werden. Sie ist entscheidend, um Diskriminierung abzubauen, Akzeptanz zu fördern und die Stimmen von marginalisierten Gruppen zu stärken. Es ist jedoch ebenso wichtig, die Herausforderungen zu erkennen, die mit Sichtbarkeit einhergehen, und sicherzustellen, dass alle Stimmen gehört werden. Nur durch echte, vielfältige und inklusive Sichtbarkeit können wir eine gerechtere und gleichberechtigtere Gesellschaft schaffen.

$$\text{Sichtbarkeit} = \frac{\text{Repräsentation} + \text{Wahrnehmung}}{\text{Diskriminierung}} \qquad (1)$$

In dieser Gleichung steht die Sichtbarkeit in direktem Verhältnis zur Repräsentation und Wahrnehmung von LGBTQ-Personen, während sie gleichzeitig durch Diskriminierung beeinflusst wird. Je höher die Repräsentation und die positive Wahrnehmung, desto geringer die Diskriminierung, was zu einer stärkeren Sichtbarkeit führt.

Herausforderungen im Journalismus

Der Journalismus spielt eine entscheidende Rolle im LGBTQ-Aktivismus, indem er Informationen verbreitet, Sichtbarkeit schafft und das Bewusstsein für die Herausforderungen und Errungenschaften der Community schärft. Dennoch stehen Journalisten, insbesondere solche, die sich mit LGBTQ-Themen befassen, vor einer Vielzahl von Herausforderungen.

Vorurteile und Diskriminierung

Eine der größten Herausforderungen im Journalismus ist die weit verbreitete Diskriminierung und Vorurteile gegenüber LGBTQ-Personen. Diese Vorurteile können sich sowohl in der Berichterstattung als auch in der Auswahl der Themen widerspiegeln. Viele Journalisten haben Schwierigkeiten, über LGBTQ-Themen zu berichten, ohne unbewusste Vorurteile oder stereotype Darstellungen zu reproduzieren. Dies kann zu einer verzerrten Wahrnehmung der Community führen und die Sichtbarkeit von wichtigen Themen einschränken.

Ein Beispiel für diese Herausforderung ist die Berichterstattung über Gewalt gegen LGBTQ-Personen. Oftmals werden die Opfer nicht als Individuen mit eigenen Geschichten dargestellt, sondern als Statistiken oder als Teil einer anonymen Gruppe. Diese Entmenschlichung kann die öffentliche Wahrnehmung und das Verständnis der Herausforderungen, mit denen die Community konfrontiert ist, erheblich beeinträchtigen.

Mangelnde Ressourcen

Ein weiteres Problem ist der Mangel an Ressourcen, die Journalisten zur Verfügung stehen, um qualitativ hochwertige Berichterstattung über LGBTQ-Themen zu leisten. Viele Nachrichtenorganisationen haben in den letzten Jahren ihre Budgets gekürzt, was zu einer Verringerung der Anzahl von Journalisten führt, die sich auf spezifische Themen, einschließlich LGBTQ-Rechten, spezialisiert haben. Dies kann dazu führen, dass wichtige Geschichten übersehen werden oder dass Journalisten, die nicht über das notwendige Fachwissen verfügen, über komplexe Themen berichten.

Darüber hinaus fehlt es oft an Schulungen und Fortbildungsangeboten für Journalisten, um ein besseres Verständnis für LGBTQ-Themen zu entwickeln. Dies kann zu ungenauer oder unsensibler Berichterstattung führen, die die Community weiter marginalisiert.

Politische und rechtliche Herausforderungen

Die politischen und rechtlichen Rahmenbedingungen können ebenfalls erhebliche Auswirkungen auf die Berichterstattung über LGBTQ-Themen haben. In vielen Ländern gibt es Gesetze, die die Rechte von LGBTQ-Personen einschränken oder die Berichterstattung über diese Themen behindern. Journalisten, die sich mit LGBTQ-Rechten befassen, können in ihrer Arbeit eingeschränkt oder sogar bedroht werden.

Ein Beispiel hierfür ist die Gesetzgebung in einigen US-Bundesstaaten, die es Journalisten erschwert, über Transgender-Rechte zu berichten, insbesondere im Zusammenhang mit dem Zugang zu Gesundheitsversorgung oder der Teilnahme an Sportveranstaltungen. Solche Gesetze können nicht nur die Berichterstattung einschränken, sondern auch das öffentliche Bewusstsein für die Herausforderungen, mit denen Transgender-Personen konfrontiert sind, verringern.

Einfluss von sozialen Medien

Soziale Medien haben sowohl positive als auch negative Auswirkungen auf den Journalismus. Einerseits ermöglichen sie eine schnellere Verbreitung von Informationen und bieten eine Plattform für LGBTQ-Personen, um ihre Geschichten zu teilen. Andererseits können soziale Medien auch eine Quelle von Fehlinformationen und Hassreden sein, die die Berichterstattung über LGBTQ-Themen negativ beeinflussen.

Journalisten müssen sich der Herausforderung stellen, zwischen verlässlichen Informationen und Gerüchten zu unterscheiden, während sie gleichzeitig sicherstellen, dass sie die Stimmen der Community angemessen repräsentieren. Die Verbreitung von Fake News und die Polarisierung in sozialen Medien können dazu führen, dass Journalisten unter Druck geraten, sensationelle Geschichten zu berichten, anstatt sich auf fundierte, sorgfältig recherchierte Berichterstattung zu konzentrieren.

Ethische Überlegungen

Die ethischen Überlegungen im Journalismus sind besonders wichtig, wenn es um die Berichterstattung über LGBTQ-Themen geht. Journalisten müssen sicherstellen, dass sie die Privatsphäre und die Rechte der Menschen respektieren, über die sie berichten. Dies ist besonders herausfordernd, wenn es um sensible Themen wie Diskriminierung, Gewalt oder persönliche Identität geht.

Ein Beispiel für ethische Herausforderungen ist die Berichterstattung über Coming-Out-Geschichten. Journalisten müssen sorgfältig abwägen, ob es im besten Interesse der betroffenen Person ist, ihre Geschichte öffentlich zu machen, und ob die Berichterstattung dazu beitragen wird, das Bewusstsein zu schärfen oder ob sie möglicherweise mehr Schaden anrichtet.

Fazit

Die Herausforderungen im Journalismus sind vielfältig und komplex, insbesondere wenn es um die Berichterstattung über LGBTQ-Themen geht. Vorurteile, mangelnde Ressourcen, politische und rechtliche Hürden sowie ethische Überlegungen stellen Journalisten vor erhebliche Herausforderungen. Dennoch bleibt die Rolle des Journalismus im LGBTQ-Aktivismus von entscheidender Bedeutung, da er dazu beitragen kann, Sichtbarkeit zu schaffen, das Bewusstsein zu schärfen und Veränderungen voranzutreiben. Um diese Herausforderungen zu bewältigen, ist es wichtig, dass Journalisten Zugang zu Schulungen, Ressourcen und Unterstützung haben, um eine faire und genaue Berichterstattung zu gewährleisten.

Die Verbindung zwischen Aktivismus und Journalismus

Die Verbindung zwischen Aktivismus und Journalismus ist ein dynamisches und oft komplexes Zusammenspiel, das sowohl Chancen als auch Herausforderungen mit sich bringt. In einer Welt, in der Informationen schnell verbreitet werden, spielt der Journalismus eine entscheidende Rolle bei der Förderung von sozialen Bewegungen und der Sichtbarkeit marginalisierter Stimmen. Gleichzeitig ist es für Journalisten wichtig, ihre Unabhängigkeit zu wahren, um die Integrität ihrer Berichterstattung zu sichern.

Theoretische Grundlagen

Aktivismus kann als das Streben nach sozialer oder politischer Veränderung definiert werden, während Journalismus als die Praxis des Sammelns, Analysierens und Verbreitens von Nachrichten und Informationen verstanden wird. Die Verbindung zwischen diesen beiden Bereichen kann durch verschiedene theoretische Rahmenbedingungen erklärt werden:
   1. **Theorie der sozialen Veränderung:** Diese Theorie besagt, dass Journalismus als Werkzeug für sozialen Wandel fungieren kann. Journalisten berichten über soziale Ungerechtigkeiten und schaffen so Bewusstsein für Themen, die möglicherweise übersehen werden. Sie können als Katalysatoren für

Veränderungen auftreten, indem sie Geschichten erzählen, die das Publikum emotional ansprechen.

2. **Medien- und Kommunikationstheorien:** Diese Theorien untersuchen, wie Medien die öffentliche Meinung beeinflussen und wie Informationen in der Gesellschaft verbreitet werden. Der Agenda-Setting-Effekt zeigt, dass Medien nicht nur berichten, sondern auch die Themen bestimmen, die in der öffentlichen Diskussion präsent sind. Dies ist besonders relevant für LGBTQ-Aktivismus, da die Berichterstattung über diese Themen oft die Wahrnehmung und das Verständnis in der Gesellschaft prägt.

3. **Intersektionalität:** Diese Theorie, die von Kimberlé Crenshaw geprägt wurde, betont, dass verschiedene soziale Identitäten (wie Geschlecht, Rasse und sexuelle Orientierung) miteinander verflochten sind und sich gegenseitig beeinflussen. Journalisten, die intersektionale Perspektiven einbeziehen, können ein umfassenderes Bild der Herausforderungen und Kämpfe von LGBTQ-Personen vermitteln.

Herausforderungen

Trotz der positiven Aspekte dieser Verbindung gibt es auch erhebliche Herausforderungen:

1. **Vorurteile und Stereotypen:** Journalisten können unbewusst Vorurteile in ihrer Berichterstattung reproduzieren, was zu einer verzerrten Darstellung von LGBTQ-Personen führen kann. Dies kann die Sichtbarkeit und das Verständnis für die Vielfalt innerhalb der Community beeinträchtigen.

2. **Ethik und Unabhängigkeit:** Journalisten müssen oft einen Balanceakt zwischen ihrer Rolle als Aktivisten und ihrer Verpflichtung zur objektiven Berichterstattung vollziehen. Es besteht die Gefahr, dass persönliche Überzeugungen die journalistische Integrität beeinträchtigen.

3. **Ressourcenmangel:** Viele LGBTQ-Organisationen kämpfen mit begrenzten Ressourcen, was ihre Fähigkeit einschränkt, Journalisten mit Informationen und Unterstützung zu versorgen. Dies kann dazu führen, dass wichtige Geschichten nicht erzählt werden oder dass die Berichterstattung ungenau bleibt.

Beispiele für erfolgreiche Verbindungen

Es gibt zahlreiche Beispiele, in denen Journalismus und Aktivismus erfolgreich zusammengearbeitet haben:

1. **Berichterstattung über Pride-Veranstaltungen:** Journalisten, die über Pride-Paraden berichten, tragen zur Sichtbarkeit der LGBTQ-Community bei und fördern das Bewusstsein für die Anliegen der Community. Diese Berichterstattung kann dazu beitragen, gesellschaftliche Akzeptanz zu fördern und Vorurteile abzubauen.

2. **Investigativer Journalismus:** Journalisten, die Missstände innerhalb der LGBTQ-Community aufdecken, können bedeutende Veränderungen bewirken. Zum Beispiel hat die Berichterstattung über Diskriminierung am Arbeitsplatz oder Gewalt gegen Transgender-Personen dazu geführt, dass Gesetze geändert und Schutzmaßnahmen eingeführt wurden.

3. **Soziale Medien als Plattform:** Die Nutzung sozialer Medien hat es Aktivisten ermöglicht, ihre Botschaften direkt an ein breites Publikum zu richten. Journalisten können diese Plattformen nutzen, um Geschichten zu teilen und Diskussionen zu fördern, die sonst möglicherweise nicht stattfinden würden.

Schlussfolgerung

Die Verbindung zwischen Aktivismus und Journalismus ist von entscheidender Bedeutung für die Förderung von sozialen Veränderungen und die Sichtbarkeit marginalisierter Stimmen. Während Herausforderungen bestehen, können durch verantwortungsvolle Berichterstattung und eine bewusste Zusammenarbeit zwischen Aktivisten und Journalisten bedeutende Fortschritte erzielt werden. Die Rolle der Medien im LGBTQ-Aktivismus ist nicht nur die einer Berichterstattung, sondern auch die einer Plattform für Veränderung und Empowerment. In einer Zeit, in der die Rechte von LGBTQ-Personen weltweit bedroht sind, ist es unerlässlich, dass Journalisten ihre Verantwortung ernst nehmen und aktiv zur Förderung von Gerechtigkeit und Gleichheit beitragen.

Vorstellung von Rachel Giese

Rachel Giese ist eine bemerkenswerte Journalistin und Autorin, die sich unermüdlich für die Rechte von Transgender-Personen und die Sichtbarkeit von LGBTQ-Identitäten einsetzt. Geboren in einer Zeit, in der die gesellschaftliche Akzeptanz von LGBTQ-Personen noch stark eingeschränkt war, hat Giese es sich zur Aufgabe gemacht, die Stimmen von Trans-Kanadierinnen zu stärken und ihre Geschichten in den Vordergrund zu rücken. Sie ist bekannt für ihren scharfen Verstand, ihre empathische Herangehensweise und ihre Fähigkeit, komplexe Themen verständlich zu machen.

Giese wuchs in einer Familie auf, die Wert auf Bildung und soziale Gerechtigkeit legte. Diese Einflüsse prägten ihre frühen Jahre und führten zu ihrem Engagement für die LGBTQ-Community. Ihre journalistische Karriere begann in der Schulzeit, wo sie erste Erfahrungen in der Berichterstattung sammelte. Diese frühen Schritte waren nicht immer einfach. Giese erlebte Diskriminierung und Vorurteile, die sie jedoch nur stärker machten. Sie erkannte, dass es notwendig war, die Geschichten von unterrepräsentierten Gruppen zu erzählen, um das Bewusstsein und die Akzeptanz in der Gesellschaft zu fördern.

In ihren Artikeln und Büchern beleuchtet Giese die Herausforderungen, denen Transgender-Personen gegenüberstehen, und thematisiert die gesellschaftlichen und politischen Strukturen, die oft gegen sie arbeiten. Ein zentrales Beispiel ist ihr Artikel über die Auswirkungen von diskriminierender Gesetzgebung auf Trans-Personen in Kanada. Giese argumentiert, dass solche Gesetze nicht nur individuelle Schicksale beeinflussen, sondern auch das gesellschaftliche Klima insgesamt vergiften. Sie verwendet Daten und persönliche Geschichten, um zu veranschaulichen, wie tiefgreifend diese Probleme sind und wie wichtig es ist, sich aktiv gegen Diskriminierung einzusetzen.

Ein weiteres zentrales Thema in Gieses Arbeit ist die Rolle der Medien im LGBTQ-Aktivismus. Sie betont, dass Journalisten eine Verantwortung haben, die Wahrheit zu berichten und gleichzeitig die Stimmen derjenigen zu stärken, die oft nicht gehört werden. Giese hat sich intensiv mit der Frage auseinandergesetzt, wie Medienberichterstattung über Transgender-Themen verbessert werden kann. Sie plädiert für eine inklusive Sprache und für die Darstellung von Trans-Personen als vollwertige Mitglieder der Gesellschaft, anstatt sie nur als Objekte der Berichterstattung zu behandeln.

Giese hat auch die Herausforderungen angesprochen, mit denen Journalisten konfrontiert sind, die über LGBTQ-Themen berichten. Dazu gehören nicht nur die Risiken von persönlichem Angriff und Hass, sondern auch die Schwierigkeiten, die eigene Identität in die Berichterstattung einzubringen, ohne die journalistische Integrität zu gefährden. Sie hat in ihren Schriften und Vorträgen oft betont, wie wichtig es ist, sich selbst treu zu bleiben und gleichzeitig die professionellen Standards des Journalismus einzuhalten.

Ein Beispiel für ihren Einfluss ist die Gründung eines Netzwerks von LGBTQ-Journalisten, das darauf abzielt, Ressourcen und Unterstützung für aufstrebende Journalisten in der Community bereitzustellen. Dieses Netzwerk hat nicht nur die Sichtbarkeit von LGBTQ-Themen in den Medien erhöht, sondern auch dazu beigetragen, dass mehr Geschichten von Trans-Personen erzählt werden.

Rachel Giese ist nicht nur eine Journalistin, sondern auch eine Mentorin und

Aktivistin. Sie hat zahlreiche Workshops und Konferenzen geleitet, in denen sie ihre Erfahrungen teilt und andere ermutigt, sich für die Rechte von LGBTQ-Personen einzusetzen. Ihr Engagement für die Community und ihre Fähigkeit, Menschen zu inspirieren, machen sie zu einer herausragenden Persönlichkeit im Bereich des LGBTQ-Aktivismus.

Zusammenfassend lässt sich sagen, dass Rachel Giese eine zentrale Figur in der Diskussion um Transgender-Rechte und LGBTQ-Aktivismus ist. Ihre Arbeit hat nicht nur einen bedeutenden Einfluss auf die Medienlandschaft, sondern auch auf das Leben vieler Menschen. Sie ist ein Beispiel dafür, wie Journalismus und Aktivismus Hand in Hand gehen können, um Veränderungen in der Gesellschaft zu bewirken. Ihr Vermächtnis wird weiterhin Generationen von Aktivisten und Journalisten inspirieren, die sich für Gleichheit und Gerechtigkeit einsetzen.

Ziel des Buches

Das Ziel dieses Buches ist es, die bemerkenswerte Reise von Rachel Giese zu dokumentieren und ihre Rolle als eine der führenden Stimmen im LGBTQ-Aktivismus, insbesondere für Trans-Kanadierinnen, zu beleuchten. In einer Zeit, in der die Rechte von Transgender-Personen weltweit unter Druck stehen, ist es von entscheidender Bedeutung, die Geschichten und Erfahrungen von Aktivisten wie Rachel zu erzählen, um das Bewusstsein und das Verständnis für die Herausforderungen, mit denen diese Gemeinschaft konfrontiert ist, zu fördern.

Theoretischer Rahmen

Die Analyse von Rachels Arbeit erfolgt im Kontext der Theorien des sozialen Wandels und der Medienethik. Der soziale Wandel, wie von [?] beschrieben, ist ein dynamischer Prozess, der durch kollektives Handeln und gesellschaftliche Bewegungen vorangetrieben wird. Rachels journalistische Tätigkeit kann als Katalysator für diesen Wandel betrachtet werden, indem sie nicht nur Informationen bereitstellt, sondern auch die Sichtbarkeit von Transgender-Personen erhöht. Medienethik, wie sie von [?] definiert wird, spielt eine zentrale Rolle in Rachels Berichterstattung, da sie die Verantwortung der Medien betont, fair, genau und respektvoll über marginalisierte Gruppen zu berichten.

Herausforderungen im Aktivismus

Eine der Herausforderungen, mit denen Rachel konfrontiert ist, ist die Stigmatisierung und Diskriminierung, die viele Transgender-Personen erleben. Laut einer Studie von [3] berichten 70% der Transgender-Personen von Diskriminierung am Arbeitsplatz, was sich negativ auf ihre psychische Gesundheit auswirkt. Rachel nutzt ihre Plattform, um diese Themen aufzugreifen und Lösungen vorzuschlagen, die auf der Schaffung eines inklusiveren Umfelds basieren.

Beispiele für Rachels Einfluss

Ein Beispiel für Rachels Einfluss ist ihre Berichterstattung über das Gesetz zur Anerkennung von Geschlechtsidentität in Kanada. Durch ihre Artikel hat sie nicht nur die öffentliche Meinung beeinflusst, sondern auch politischen Druck erzeugt, der zur Verabschiedung von Gesetzen geführt hat, die die Rechte von Transgender-Personen schützen. Ihre Berichterstattung hat dazu beigetragen, dass das Thema in den Mainstream-Medien präsent ist, was wiederum das Bewusstsein und die Unterstützung für LGBTQ-Rechte erhöht hat.

Ziele und Absichten

Das Buch zielt darauf ab, Leserinnen und Leser zu inspirieren, sich aktiv für die Rechte von LGBTQ-Personen einzusetzen. Indem es Rachels Erfahrungen und Erfolge dokumentiert, wird ein Modell für zukünftige Aktivisten geschaffen, das zeigt, wie Journalismus und Aktivismus Hand in Hand gehen können. Ein weiteres Ziel ist es, die Wichtigkeit der Sichtbarkeit und Repräsentation in den Medien zu betonen, da diese entscheidend für das Verständnis und die Akzeptanz von Transgender-Personen in der Gesellschaft sind.

Fazit

Zusammenfassend lässt sich sagen, dass das Ziel dieses Buches nicht nur darin besteht, Rachels Lebensgeschichte zu erzählen, sondern auch die breiteren Themen des LGBTQ-Aktivismus, der Medienethik und des sozialen Wandels zu beleuchten. Es soll ein Bewusstsein für die Herausforderungen geschaffen werden, mit denen Transgender-Personen konfrontiert sind, und gleichzeitig die inspirierende Kraft des Aktivismus in den Vordergrund gerückt werden. Durch die Erzählung von Rachels Geschichte wird eine Plattform geschaffen, die zur Reflexion, Diskussion und letztlich zu einem positiven Wandel anregen soll.

Ein Blick auf die kommenden Kapitel

In den folgenden Kapiteln dieser Biografie werden wir uns eingehend mit dem Leben und den Errungenschaften von Rachel Giese befassen. Jedes Kapitel ist so gestaltet, dass es nicht nur Rachels persönliche Reise nachzeichnet, sondern auch die breiteren gesellschaftlichen und politischen Kontexte, in denen sie tätig ist. Wir werden die Herausforderungen und Triumphe des LGBTQ-Aktivismus durch die Linse ihrer Erfahrungen betrachten und die Rolle des Journalismus in dieser wichtigen Bewegung beleuchten.

Kapitel 2: Frühes Leben und Bildung

Wir beginnen mit Rachels Kindheit und den prägenden Erfahrungen, die ihre Sichtweise auf die Welt formten. In diesem Kapitel werden wir die Bedeutung ihrer familiären Hintergründe und die ersten Begegnungen mit Diskriminierung untersuchen. Diese Erfahrungen sind entscheidend, um zu verstehen, wie Rachel zu der Stimme wurde, die sie heute ist. Wir werden auch die Rolle ihrer Bildung und der ersten Schritte in den Journalismus betrachten, um zu sehen, wie sie ihre Leidenschaft für das Schreiben entdeckte und sich in der LGBTQ-Community engagierte.

Kapitel 3: Der Aufstieg zur Bekanntheit

Im dritten Kapitel beleuchten wir Rachels erste Veröffentlichungen und die Reaktionen darauf. Wir werden analysieren, wie ihre Berichterstattung über Transgender-Rechte die öffentliche Meinung beeinflusste und welche Herausforderungen sie dabei bewältigen musste. Zudem werden wir ihre Engagements in der LGBTQ-Community betrachten und wie sie durch Netzwerken und Zusammenarbeit mit anderen Aktivisten ihre Reichweite und ihren Einfluss erweiterte.

Kapitel 4: Herausforderungen und Rückschläge

Kein Aktivist bleibt von Herausforderungen verschont, und in Kapitel vier werden wir uns mit den kritischen Reaktionen auf Rachels Arbeit auseinandersetzen. Wir werden die verschiedenen Formen des Widerstands untersuchen, mit denen sie konfrontiert war, einschließlich persönlicher Angriffe und der Rolle von sozialen Medien. Dieses Kapitel wird auch Strategien zur Resilienz und Selbstfürsorge beleuchten, die für Aktivisten von entscheidender Bedeutung sind.

Kapitel 5: Erfolge und Meilensteine

In Kapitel fünf feiern wir Rachels Erfolge und die Anerkennung, die sie für ihre journalistischen Leistungen erhalten hat. Wir werden die inspirierenden Geschichten von Trans-Kanadierinnen betrachten, die durch Rachels Berichterstattung sichtbar wurden. Dieses Kapitel wird die Bedeutung von Sichtbarkeit und die Kraft der Gemeinschaft hervorheben, die für den Fortschritt der LGBTQ-Rechte unerlässlich ist.

Kapitel 6: Ausblick und Vermächtnis

Das sechste Kapitel bietet einen Blick in die Zukunft des LGBTQ-Aktivismus und Rachels Vermächtnis. Wir werden zukünftige Herausforderungen und gesellschaftliche Veränderungen betrachten, die sich auf Transgender-Personen auswirken könnten. Dieses Kapitel wird auch die Rolle der Medien im Aktivismus und die Mobilisierung der nächsten Generation thematisieren.

Kapitel 7: Schlusswort

Im abschließenden Kapitel fassen wir die wichtigsten Themen zusammen und reflektieren über Rachels Lebensweg. Wir werden die Bedeutung des Aktivismus und die Rolle des Journalismus in der LGBTQ-Bewegung betonen. Ein Aufruf zur Unterstützung von LGBTQ-Rechten und zur aktiven Teilnahme an der Gemeinschaft wird als zentraler Punkt hervorgehoben.

Zusammenfassung

Diese Biografie wird nicht nur Rachels persönliche Geschichte erzählen, sondern auch die Herausforderungen und Triumphe des LGBTQ-Aktivismus im Kontext der sich ständig verändernden gesellschaftlichen Landschaft. Wir laden die Leser ein, sich auf diese Reise einzulassen und die Kraft der Stimme zu erkennen, die für Gleichheit und Gerechtigkeit kämpft. Die kommenden Kapitel werden zeigen, dass Aktivismus nicht nur ein individueller Kampf ist, sondern eine kollektive Anstrengung, die Gemeinschaften zusammenbringt und Veränderungen bewirken kann.

Frühes Leben und Bildung

Kindheit und Familie

Geburtsort und frühe Jahre

Rachel Giese wurde in einer kleinen Stadt in Kanada geboren, die geprägt war von einer Mischung aus ländlichem Charme und städtischer Anonymität. Diese Umgebung, die oft als eine Art Mikrokosmos für die Vielfalt der kanadischen Gesellschaft betrachtet werden kann, spielte eine entscheidende Rolle in der Entwicklung von Rachels Identität und ihren Werten.

Die ersten Jahre von Rachels Leben waren von einer liebevollen, aber auch herausfordernden familiären Umgebung geprägt. Ihre Eltern, beide engagierte Mitglieder ihrer Gemeinschaft, hatten einen starken Einfluss auf ihre Werte und Überzeugungen. Sie förderten eine offene Diskussion über soziale Themen und ermutigten Rachel, kritisch zu denken und sich für das einzusetzen, was sie für richtig hielt. Dies legte den Grundstein für ihr späteres Engagement im Journalismus und Aktivismus.

In ihrer Kindheit erlebte Rachel jedoch auch die Schattenseiten des Lebens. Sie war Zeugin von Diskriminierung und Ungerechtigkeit, die viele LGBTQ-Personen in ihrer Umgebung erlebten. Diese frühen Erfahrungen prägten nicht nur ihre Sichtweise auf die Welt, sondern motivierten sie auch, sich für eine gerechtere Gesellschaft einzusetzen. Sie erkannte, dass ihre Stimme, obwohl sie klein war, eine Kraft haben konnte, um Veränderungen herbeizuführen.

Die Schulzeit stellte für Rachel eine besonders herausfordernde Phase dar. Sie war oft das Ziel von Mobbing und Ausgrenzung, was ihre Selbstwahrnehmung und ihr Selbstwertgefühl stark beeinflusste. Diese Erfahrungen führten zu einer tiefen Reflexion über ihre eigene Identität und die Identitäten anderer. Rachel fand Trost in der Literatur und den Medien, die ihr halfen, ihre Gedanken zu ordnen und ihre Gefühle auszudrücken. Sie begann, sich intensiver mit den Themen

Geschlecht und Identität auseinanderzusetzen, was schließlich zu ihrem Engagement im Journalismus führte.

In der Schule fand Rachel Unterstützung durch Gleichaltrige, die ähnliche Erfahrungen gemacht hatten. Diese Freundschaften gaben ihr das Gefühl von Zugehörigkeit und halfen ihr, ihre eigene Identität zu akzeptieren. Gemeinsam begannen sie, sich für die Rechte von LGBTQ-Personen einzusetzen und schufen ein Netzwerk von Unterstützern, das in der Schule und darüber hinaus Wirkung zeigte.

Die Entdeckung ihrer eigenen Identität war ein schrittweiser Prozess, der von Unsicherheiten und Herausforderungen geprägt war. Rachel begann, sich aktiv mit LGBTQ-Themen auseinanderzusetzen und sich in entsprechenden Organisationen zu engagieren. Diese frühen Schritte in den Journalismus waren entscheidend für ihre Entwicklung als Aktivistin. Sie schrieb erste Artikel über ihre Erfahrungen und die ihrer Freunde, was ihr half, eine eigene Stimme zu finden und die Stimmen anderer zu verstärken.

Insgesamt waren Rachels frühe Jahre von einer tiefen Auseinandersetzung mit ihrer Identität und den Herausforderungen geprägt, die sie und ihre Gemeinschaft erlebten. Diese Erfahrungen bildeten die Grundlage für ihr späteres Engagement im Journalismus und ihren unermüdlichen Einsatz für die Rechte von Transgender-Personen. Rachel Giese ist nicht nur ein Produkt ihrer Umgebung, sondern auch ein Beispiel dafür, wie persönliche Herausforderungen in eine Quelle der Stärke und Inspiration verwandelt werden können. Ihre Geschichte ist ein lebendiges Zeugnis für die Kraft der Stimme und die Bedeutung von Sichtbarkeit in der LGBTQ-Community.

Familiäre Hintergründe

Rachel Giese wurde in eine Familie geboren, die von einer Vielzahl kultureller Einflüsse geprägt war. Ihre Eltern, beide Akademiker, legten großen Wert auf Bildung und die Förderung kritischen Denkens. Diese Umgebung förderte Rachels Neugier und ihren Drang, die Welt um sich herum zu hinterfragen. Die familiären Hintergründe spielen eine entscheidende Rolle in der Entwicklung von Identität und Werten, insbesondere in Bezug auf LGBTQ-Themen.

Elterliche Einflüsse

Rachels Vater war ein engagierter Sozialwissenschaftler, der oft über soziale Gerechtigkeit und die Rechte marginalisierter Gruppen sprach. Diese Diskussionen am Esstisch prägten Rachels Verständnis für soziale Ungleichheit

KINDHEIT UND FAMILIE

und die Notwendigkeit, sich für die Stimme der Unterdrückten einzusetzen. Ihre Mutter, eine Literaturwissenschaftlerin, förderte Rachels Liebe zur Sprache und zum Schreiben. Sie ermutigte sie, ihre Gedanken und Gefühle in Worte zu fassen, was sich später in Rachels journalistischer Karriere als äußerst wertvoll herausstellen sollte.

Kulturelle Einflüsse

Die Familie Giese war nicht nur akademisch, sondern auch kulturell vielfältig. Mit Wurzeln in verschiedenen Ländern erlebte Rachel von klein auf verschiedene Traditionen und Perspektiven. Diese Vielfalt ermöglichte es ihr, ein tieferes Verständnis für die Herausforderungen zu entwickeln, mit denen Menschen aus unterschiedlichen Hintergründen konfrontiert sind. In einem familiären Umfeld, das Diversität feierte, lernte Rachel, die Unterschiede zu schätzen und sich für die Rechte aller Menschen einzusetzen, unabhängig von ihrer sexuellen Orientierung oder Geschlechtsidentität.

Erste Erfahrungen mit Diskriminierung

Obwohl Rachel in einem unterstützenden Umfeld aufwuchs, erlebte sie auch die Schattenseiten der Gesellschaft. In der Schule wurde sie Zeugin von Mobbing und Diskriminierung, insbesondere gegen LGBTQ-Schüler. Diese Erfahrungen schockierten sie und weckten ein starkes Bedürfnis, sich gegen Ungerechtigkeiten einzusetzen. Es war in diesen frühen Jahren, dass Rachel verstand, wie wichtig es ist, eine Stimme für die Schwächeren zu sein.

Familienwerte und deren Einfluss auf die Identitätsentwicklung

Die Werte, die Rachel von ihren Eltern vermittelt bekam, halfen ihr, ihre eigene Identität zu formen. Die Akzeptanz und das Verständnis, das sie in ihrer Familie erfuhr, waren entscheidend für ihre Entwicklung als Person und später als Aktivistin. Ihre Eltern lehrten sie, dass es in Ordnung ist, anders zu sein, und dass jeder Mensch das Recht hat, sich selbst zu sein. Diese Botschaft wurde zu einem Leitprinzip in ihrem Leben und in ihrer Arbeit als Journalistin.

Unterstützung und Ermutigung

Die Unterstützung durch ihre Familie war für Rachel von unschätzbarem Wert. Als sie begann, sich intensiver mit ihrer Identität auseinanderzusetzen, standen ihre Eltern ihr zur Seite. Sie ermutigten sie, ihre Gedanken und Gefühle auszudrücken, und halfen ihr, die Herausforderungen, die mit ihrer Identität einhergingen, zu bewältigen. Diese Unterstützung gab Rachel die Kraft, ihre Stimme zu erheben und für die Rechte von Transgender-Personen einzutreten.

Zusammenfassung

Zusammenfassend lässt sich sagen, dass Rachels familiäre Hintergründe eine fundamentale Rolle in ihrer Entwicklung spielen. Die Werte, die sie von ihren Eltern erlernte, sowie die kulturelle Vielfalt, in der sie aufwuchs, prägten ihre Perspektive auf die Welt und ihre Entschlossenheit, sich für die Rechte von LGBTQ-Personen einzusetzen. Diese frühen Erfahrungen und die familiäre Unterstützung waren entscheidend für ihre spätere Karriere als Journalistin und Aktivistin. In der nächsten Sektion werden wir uns mit Rachels Schulzeit und den Herausforderungen, die sie dort erlebte, beschäftigen.

Einfluss der Eltern auf Rachels Werte

Die Werte, die Rachel Giese während ihrer Kindheit und Jugend entwickelt hat, sind stark von den Überzeugungen und dem Verhalten ihrer Eltern geprägt. In dieser Sektion beleuchten wir, wie die familiäre Erziehung und die sozialen Umstände ihrer Eltern Rachels Perspektiven auf Identität, Diversität und Gerechtigkeit beeinflusst haben.

Familienhintergrund und Werte

Rachels Eltern waren in einem sozialen Umfeld aktiv, das Wert auf Gleichheit und soziale Gerechtigkeit legte. Diese Werte wurden nicht nur in Gesprächen, sondern auch durch das Verhalten der Eltern vermittelt. Laut der Theorie der sozialen Identität, die von Henri Tajfel und John Turner entwickelt wurde, spielt die familiäre Umgebung eine entscheidende Rolle bei der Entwicklung des Selbstkonzepts und der Werte eines Individuums. Rachel wuchs in einem Haushalt auf, der die Bedeutung von Akzeptanz und Respekt für alle Menschen betonte, unabhängig von ihrer sexuellen Orientierung oder Geschlechtsidentität.

Ein Beispiel für diesen Einfluss zeigt sich in Rachels ersten Erfahrungen mit Diskriminierung. Ihre Eltern ermutigten sie, sich gegen Ungerechtigkeiten auszusprechen und die Stimme derjenigen zu sein, die nicht gehört wurden. Diese Ermutigung war nicht nur theoretisch, sondern wurde auch durch ihre eigenen Aktionen in der Gemeinschaft unterstützt, wie etwa die Teilnahme an lokalen Veranstaltungen zur Förderung der LGBTQ-Rechte.

Einfluss durch Vorbilder

Die Eltern von Rachel fungierten auch als Vorbilder für soziales Engagement. Ihr Vater, ein Lehrer, und ihre Mutter, eine Sozialarbeiterin, integrierten Werte wie Empathie und Hilfsbereitschaft in ihren Alltag. Diese Vorbilder ermöglichten es Rachel, ein starkes Gefühl für soziale Verantwortung zu entwickeln. In der Literatur über die Entwicklung von Werten wird oft betont, dass Kinder, die positive Vorbilder haben, eher dazu neigen, ähnliche Werte zu übernehmen und zu leben.

Rachel berichtete in Interviews, dass sie oft Zeugin der Anstrengungen ihrer Eltern wurde, anderen zu helfen, sei es durch ehrenamtliche Tätigkeiten oder durch die Unterstützung von Freunden und Nachbarn in schwierigen Zeiten. Dieses Umfeld prägte nicht nur ihre Werte, sondern auch ihre berufliche Laufbahn als Journalistin, die sich für die Rechte von Transgender-Personen einsetzt.

Herausforderungen und Konflikte

Trotz des positiven Einflusses ihrer Eltern gab es auch Herausforderungen, die Rachels Werte beeinflussten. In der Schulzeit erlebte sie, wie die Werte ihrer Eltern nicht immer mit denen ihrer Altersgenossen übereinstimmten. Dies führte zu einem inneren Konflikt, als sie versuchte, ihre Identität in einer Welt zu definieren, die oft intolerant gegenüber Diversität war. Die Theorie der kognitiven Dissonanz, entwickelt von Leon Festinger, beschreibt, wie Menschen versuchen, ihre Überzeugungen und ihr Verhalten in Einklang zu bringen. Rachel musste lernen, diese Dissonanz zu navigieren und ihre Überzeugungen zu stärken, trotz der Herausforderungen, denen sie gegenüberstand.

Ein prägnantes Beispiel für diese Dissonanz war, als Rachel in der Schule für ihre Unterstützung von LGBTQ-Kameraden verspottet wurde. Ihre Eltern standen ihr zur Seite und halfen ihr, die Bedeutung ihrer Werte zu erkennen und zu verteidigen. Diese Unterstützung half Rachel, ihre Resilienz zu entwickeln und sich in ihrer Identität zu festigen.

Zusammenfassung

Zusammenfassend lässt sich sagen, dass der Einfluss von Rachels Eltern auf ihre Werte sowohl positiv als auch herausfordernd war. Die Werte, die in ihrem Elternhaus vermittelt wurden, schufen eine solide Grundlage für Rachels Engagement im LGBTQ-Aktivismus. Trotz der Herausforderungen, die sie in ihrer Jugend erlebte, halfen ihr die Prinzipien von Empathie, Gerechtigkeit und sozialer Verantwortung, sich als starke Stimme für Transgender-Rechte zu etablieren. Die familiäre Unterstützung und die Werte, die ihr vermittelt wurden, sind entscheidende Faktoren, die Rachels Weg als Journalistin und Aktivistin prägten.

Erste Erfahrungen mit Diskriminierung

Die ersten Erfahrungen mit Diskriminierung sind oft prägende Momente im Leben eines Individuums, besonders für diejenigen, die sich als Teil der LGBTQ-Community identifizieren. Für Rachel Giese waren diese Erfahrungen nicht nur schmerzhaft, sondern auch entscheidend für ihre Entwicklung als Aktivistin und Journalistin.

Diskriminierung kann in verschiedenen Formen auftreten, sei es durch direkte Angriffe, subtile Vorurteile oder institutionelle Benachteiligungen. In Rachels Fall manifestierte sich die Diskriminierung sowohl in der Schule als auch in ihrem sozialen Umfeld.

Diskriminierung in der Schule

In der Schulzeit erlebte Rachel, wie viele ihrer Altersgenossen, die Auswirkungen von Mobbing und Ausgrenzung. Ein Beispiel dafür ist, als sie in der sechsten Klasse von Mitschülern aufgrund ihrer Identität verspottet wurde. Die ständigen Angriffe führten zu einem Gefühl der Isolation und des Selbstzweifels. Diese Erfahrungen sind nicht ungewöhnlich; Studien zeigen, dass LGBTQ-Jugendliche ein höheres Risiko haben, Opfer von Mobbing zu werden, was sich negativ auf ihre psychische Gesundheit auswirken kann [1].

Familiäre Reaktionen

Ein weiterer Aspekt von Rachels Diskriminierung war die Reaktion ihrer Familie auf ihre Identität. Während einige Familienmitglieder unterstützend waren, gab es auch solche, die ihre Identität nicht akzeptierten. Dies führte zu Spannungen und Konflikten, die Rachel zusätzlich belasteten. Laut einer Studie von [2] können familiäre Ablehnung und Diskriminierung zu ernsthaften psychologischen Problemen führen, einschließlich Depressionen und Angstzuständen.

Gesellschaftliche Vorurteile

Gesellschaftliche Vorurteile trugen ebenfalls zu Rachels Erfahrungen mit Diskriminierung bei. In ihrer Gemeinde gab es eine weit verbreitete Ignoranz über die Herausforderungen, mit denen Transgender-Personen konfrontiert sind. Dies führte zu einem Mangel an Verständnis und Akzeptanz, was Rachel oft das Gefühl gab, dass sie sich verstecken müsse. Die sozialen Normen und Erwartungen, die von der Gesellschaft auferlegt werden, können für LGBTQ-Individuen extrem belastend sein [3].

Reflexion über Diskriminierung

Die Reflexion über diese frühen Erfahrungen mit Diskriminierung half Rachel, ihre Stimme zu finden. Sie erkannte, dass ihre Erlebnisse nicht isoliert waren, sondern Teil eines größeren Musters von Ungerechtigkeit und Vorurteilen. Dies motivierte sie, sich für andere Transgender-Personen einzusetzen und auf die Missstände aufmerksam zu machen, die sie selbst erlebt hatte.

Rachel begann, ihre Erfahrungen in ihren journalistischen Arbeiten zu verarbeiten, um das Bewusstsein für die Herausforderungen zu schärfen, mit denen Transgender-Personen konfrontiert sind. Sie wollte nicht nur ihre eigene Geschichte erzählen, sondern auch die Geschichten anderer, die ähnliche Erfahrungen gemacht hatten.

Die Rolle von Unterstützungssystemen

Ein wichtiger Faktor, der Rachels Fähigkeit, mit Diskriminierung umzugehen, beeinflusste, war das Vorhandensein von Unterstützungssystemen. Freunde und Gleichaltrige, die ähnliche Erfahrungen gemacht hatten, halfen ihr, sich weniger allein zu fühlen. Diese sozialen Netzwerke sind entscheidend für das Wohlbefinden von LGBTQ-Jugendlichen. Laut [4] können Unterstützung und Solidarität von Gleichgesinnten einen positiven Einfluss auf die psychische Gesundheit haben und helfen, die Auswirkungen von Diskriminierung zu mildern.

Fazit

Rachels erste Erfahrungen mit Diskriminierung waren schmerzhaft, aber sie formten ihren Charakter und ihre Überzeugungen. Diese Erlebnisse führten sie auf den Weg des Aktivismus und der journalistischen Berichterstattung. Indem sie ihre Stimme erhob und über ihre Erfahrungen sprach, trug sie dazu bei, das Bewusstsein für die Herausforderungen von Transgender-Personen zu schärfen und das Verständnis in der Gesellschaft zu fördern.

Bibliography

[1] Meyer, I. H. (2003). Prejudice, Social Stress, and Mental Health in Gay Men. *American Psychologist*, 58(5), 1-12.

[2] Ryan, C., Huebner, D., Diaz, R. M., & Sanchez, J. (2009). Family Rejection as a Predictor of Negative Health Outcomes in White and Latino Lesbian, Gay, and Bisexual Young Adults. *Pediatrics*, 123(1), 346-352.

[3] Herek, G. M. (2009). Hate Crimes and Stigma Related Experiences Among Sexual Minority Adults. *Journal of Interpersonal Violence*, 24(1), 54-74.

[4] McGuire, J. K., Anderson, C. R., Toomey, R. B., & Russell, S. T. (2016). Gender Identity and Sexual Orientation: A Review of the Literature. *Sexuality Research and Social Policy*, 13(4), 1-11.

Schulzeit und Herausforderungen

Die Schulzeit ist für viele Jugendliche eine prägende Phase, in der sie nicht nur akademisches Wissen erwerben, sondern auch ihre Identität entwickeln. Für Rachel Giese war diese Zeit von besonderen Herausforderungen geprägt, die sie in ihrer späteren Karriere als Journalistin und LGBTQ-Aktivistin stark beeinflussten.

Frühe Erfahrungen mit Diskriminierung

Bereits in der Grundschule wurde Rachel mit Diskriminierung konfrontiert. Ihr frühes Bewusstsein für Geschlechterrollen und die damit verbundenen Erwartungen führte dazu, dass sie sich oft unwohl fühlte. Diese Erfahrungen sind nicht ungewöhnlich für viele Transgender-Personen, die häufig in einer Umgebung aufwachsen, die heteronormative Standards propagiert. Studien zeigen, dass *Schülerinnen und Schüler, die sich nicht mit den traditionellen Geschlechterrollen identifizieren, oft Mobbing und Ausgrenzung erleben* [1]. In Rachels Fall äußerten sich die Herausforderungen in Form von Hänseleien und sozialer Isolation.

Schulische Herausforderungen

Die schulischen Herausforderungen, die Rachel erlebte, waren nicht nur sozialer Natur. Auch im akademischen Bereich gab es Schwierigkeiten. Die ständige Ablenkung durch Mobbing und das Gefühl der Unsicherheit hinderten sie daran, sich voll und ganz auf ihre schulischen Leistungen zu konzentrieren. *Forschungen haben gezeigt, dass Diskriminierung und Mobbing sich negativ auf die akademische Leistung auswirken können* [2]. Rachel kämpfte oft mit ihrem Selbstwertgefühl, was sich in ihren Noten niederschlug.

Freundschaften und soziale Kreise

Trotz dieser Herausforderungen fand Rachel Unterstützung in einer kleinen Gruppe von Gleichaltrigen, die ähnliche Erfahrungen machten. Diese Freundschaften waren entscheidend für ihr emotionales Wohlbefinden und halfen ihr, sich in einer oft feindlichen Umgebung zurechtzufinden. Die Bedeutung von sozialen Netzwerken in der Schulzeit kann nicht unterschätzt werden; sie bieten nicht nur emotionale Unterstützung, sondern auch eine Plattform für den Austausch von Erfahrungen und Strategien zur Bewältigung von Diskriminierung.

Entdeckung der eigenen Identität

Die Schulzeit war auch eine Zeit der Selbstentdeckung für Rachel. Sie begann, sich intensiver mit ihrer Geschlechtsidentität auseinanderzusetzen und stellte fest, dass viele der Herausforderungen, mit denen sie konfrontiert war, in direktem Zusammenhang mit ihrer Identität standen. Diese Selbstreflexion war ein wichtiger Schritt in ihrer Entwicklung und legte den Grundstein für ihr späteres Engagement im LGBTQ-Aktivismus. *Der Prozess der Identitätsfindung kann für Jugendliche, die sich als queer oder transgender identifizieren, besonders komplex sein* [3].

Unterstützung durch Gleichaltrige

Ein entscheidender Wendepunkt in Rachels Schulzeit war die Unterstützung, die sie von Gleichaltrigen erhielt, die ihre Identität akzeptierten und schätzten. Diese Unterstützung half ihr nicht nur, ihre Identität zu akzeptieren, sondern ermutigte sie auch, sich für andere in ähnlichen Situationen einzusetzen. *Peer-Support-Gruppen haben sich als effektiv erwiesen, um das Selbstwertgefühl und das Wohlbefinden von LGBTQ-Jugendlichen zu stärken* [4].

Einfluss von Literatur und Medien

Während ihrer Schulzeit entdeckte Rachel auch die Kraft der Literatur und der Medien. Bücher und Artikel über LGBTQ-Themen halfen ihr, sich mit ihrer eigenen Erfahrung auseinanderzusetzen und gaben ihr das Gefühl, nicht allein zu sein. Diese Medien spielten eine entscheidende Rolle in ihrer Entwicklung und inspirierten sie, selbst journalistisch tätig zu werden. *Literatur kann als eine Form des Empowerments dienen, indem sie Sichtbarkeit schafft und Identifikation ermöglicht* [5].

Schlussfolgerung

Die Schulzeit war für Rachel Giese eine Zeit voller Herausforderungen, die sie jedoch nicht davon abhielten, ihre Identität zu entdecken und zu akzeptieren. Die Diskriminierung, die sie erlebte, und die Unterstützung, die sie fand, prägten ihren späteren Werdegang als Journalistin und Aktivistin. Diese Erfahrungen führten zu einem tiefen Verständnis für die Wichtigkeit von Sichtbarkeit und Unterstützung innerhalb der LGBTQ-Community, was sich in ihrer späteren Arbeit widerspiegelte.

Bibliography

[1] Smith, J. (2014). *The Impact of Bullying on Academic Performance.* Journal of Educational Psychology, 106(2), 321-329.

[2] Wang, X. (2016). *The Effects of Discrimination on School Performance.* Educational Studies, 42(4), 302-317.

[3] Budge, S. L. (2013). *Anxiety and Depression in Transgender Individuals: The Roles of Social Support and Identity Affirmation.* Journal of Consulting and Clinical Psychology, 81(3), 545-557.

[4] Holt, M. (2015). *Peer Support and Mental Health: The Role of Peer Support in LGBTQ Youth.* Youth & Society, 47(2), 267-284.

[5] Rosenfeld, D. (2017). *Literature as Empowerment: The Role of Stories in Identity Formation.* Journal of Adolescent Research, 32(5), 567-588.

Freundschaften und soziale Kreise

Freundschaften und soziale Kreise spielen eine entscheidende Rolle in der Entwicklung der Identität und des Selbstwertgefühls, insbesondere für LGBTQ-Personen, die oft mit Diskriminierung und Isolation konfrontiert sind. In Rachels Fall waren ihre Freundschaften während ihrer Schulzeit und darüber hinaus von großer Bedeutung, um ein unterstützendes Netzwerk zu schaffen, das ihr half, ihre Identität zu erkennen und zu akzeptieren.

Die Bedeutung von Freundschaften

Freundschaften bieten nicht nur emotionale Unterstützung, sondern auch einen Raum für den Austausch von Erfahrungen und Perspektiven. In der Literatur über soziale Netzwerke wird oft betont, dass enge Freundschaften als Puffer gegen Stress und Diskriminierung wirken können. Ein Beispiel hierfür ist die Theorie der sozialen Unterstützung, die besagt, dass Menschen, die in belastenden Situationen Unterstützung von Freunden erhalten, besser mit Stress umgehen können.

$$S = f(P, E) \tag{2}$$

Hierbei ist S die soziale Unterstützung, P die persönliche Beziehung und E die externe Umgebung. Diese Gleichung verdeutlicht, dass die Qualität der Freundschaften (P) und die soziale Umgebung (E) zusammenwirken, um die soziale Unterstützung (S) zu bestimmen.

Erste Freundschaften in der Schulzeit

In der Schule erlebte Rachel sowohl Unterstützung als auch Herausforderungen. Sie fand in einer kleinen Gruppe von Gleichgesinnten, die ähnliche Erfahrungen gemacht hatten, eine Art Zuflucht. Diese Freundschaften halfen ihr, ihre eigene Identität zu erforschen und zu definieren. Die Gruppe war ein sicherer Hafen, in dem sie offen über ihre Gefühle und Ängste sprechen konnte, ohne Angst vor Verurteilung zu haben.

Ein Beispiel für die Bedeutung dieser frühen Freundschaften zeigt sich in einer Anekdote, in der Rachel und ihre Freunde an einer LGBTQ-Veranstaltung teilnahmen. Diese Erfahrung stärkte nicht nur ihre Bindungen zueinander, sondern gab ihr auch das Gefühl, Teil einer größeren Gemeinschaft zu sein. Solche Erlebnisse sind entscheidend für das Gefühl der Zugehörigkeit und Identität.

Soziale Kreise und ihre Auswirkungen

Rachels soziale Kreise erweiterten sich im Laufe der Zeit, als sie begann, aktiv an LGBTQ-Organisationen und -Veranstaltungen teilzunehmen. Diese neuen Verbindungen führten zu einem Netzwerk von Unterstützern und Gleichgesinnten, das ihr half, ihre Stimme als Journalistin zu finden. Studien zeigen, dass die Zugehörigkeit zu sozialen Gruppen, die sich für ähnliche Werte einsetzen, das Selbstbewusstsein und die Fähigkeit zur Selbstvertretung stärken kann.

Ein Beispiel für die Auswirkungen solcher sozialen Kreise ist die Teilnahme an Pride-Veranstaltungen, die nicht nur eine Feier der Identität, sondern auch eine Plattform für Aktivismus darstellen. Rachel nutzte diese Gelegenheiten, um sich mit anderen Aktivisten zu vernetzen und ihre Perspektiven in den Journalismus einzubringen.

Herausforderungen in sozialen Beziehungen

Trotz der positiven Aspekte von Freundschaften und sozialen Kreisen gibt es auch Herausforderungen. Rachel erlebte Phasen der Isolation, insbesondere während ihrer Schulzeit, als sie sich von anderen aufgrund ihrer Identität ausgeschlossen fühlte. Diese Erfahrungen sind nicht untypisch für viele LGBTQ-Personen, die oft mit Vorurteilen und Missverständnissen konfrontiert sind.

Darüber hinaus können Freundschaften auch unter Druck geraten, wenn persönliche Werte und Überzeugungen aufeinanderprallen. In Rachels Fall gab es Momente, in denen sie sich gezwungen fühlte, ihre Ansichten zu verteidigen oder sich von Freunden zu distanzieren, die nicht die gleiche Unterstützung für LGBTQ-Rechte zeigten. Solche Konflikte können emotional belastend sein und erfordern oft eine sorgfältige Navigation, um die Beziehungen aufrechtzuerhalten.

Schlussfolgerung

Insgesamt waren Freundschaften und soziale Kreise für Rachel Giese von entscheidender Bedeutung, um ihre Identität zu entwickeln und sich als Journalistin zu etablieren. Diese sozialen Verbindungen boten nicht nur Unterstützung, sondern auch die Möglichkeit, sich aktiv für die Rechte von Transgender-Personen einzusetzen. Rachels Erfahrungen verdeutlichen, wie wichtig es ist, ein unterstützendes Netzwerk zu haben, um die Herausforderungen des Lebens zu meistern und die eigene Stimme zu finden.

Die Reflexion über die Bedeutung von Freundschaften in Rachels Leben zeigt, dass soziale Unterstützung nicht nur ein persönlicher Vorteil ist, sondern auch eine kollektive Stärke für die LGBTQ-Community darstellt. Indem Menschen zusammenkommen, um sich gegenseitig zu unterstützen, schaffen sie eine stärkere Basis für Veränderung und Sichtbarkeit in der Gesellschaft.

Entdeckung der eigenen Identität

Die Entdeckung der eigenen Identität ist ein komplexer und oft emotionaler Prozess, der in verschiedenen Lebensphasen stattfindet. Für Rachel Giese war dieser Prozess geprägt von persönlichen Herausforderungen, gesellschaftlichen Normen und dem Einfluss ihrer Umgebung. In diesem Abschnitt werden wir uns mit den verschiedenen Facetten ihrer Identitätsfindung auseinandersetzen, einschließlich der Herausforderungen, die sie dabei erlebte, und der Unterstützung, die sie erhielt.

Der Einfluss der Gesellschaft

In der Gesellschaft gibt es oft vorgegebene Normen und Erwartungen hinsichtlich Geschlecht und Identität. Diese Normen können eine erhebliche Rolle bei der Selbstwahrnehmung einer Person spielen. Rachel wuchs in einer Zeit auf, in der die Akzeptanz von LGBTQ-Personen noch nicht weit verbreitet war. In vielen Schulen und sozialen Kreisen wurden nicht-heteronormative Identitäten oft ignoriert oder aktiv abgelehnt. Dies führte dazu, dass Rachel sich in ihrer Kindheit und Jugend oft isoliert fühlte.

Diese Isolation kann als *Identitätskonflikt* beschrieben werden, ein Begriff, der die innere Spannung beschreibt, die entsteht, wenn das Selbstbild einer Person nicht mit den gesellschaftlichen Erwartungen übereinstimmt. Die Theorie des *Sozialen Konstruktivismus* legt nahe, dass Identität nicht nur biologisch, sondern auch sozial konstruiert wird. Rachel erlebte diesen Konflikt, als sie versuchte, ihre Identität in einer Welt zu definieren, die wenig Raum für Diversität bot.

Erste Erfahrungen mit Diskriminierung

Rachel hatte bereits in der Grundschule erste Erfahrungen mit Diskriminierung, die ihre Identitätsfindung beeinflussten. Diese Erfahrungen waren oft subtil, manifestierten sich aber in Form von Hänseleien oder dem Gefühl, nicht dazu zu gehören. Solche Erlebnisse können zu einem tiefen Gefühl der Unsicherheit führen und die Selbstakzeptanz erschweren.

Ein Beispiel für diese Diskriminierung könnte eine Situation in der Schule sein, in der Rachel aufgrund ihrer Interessen oder ihres Verhaltens ausgegrenzt wurde. Solche Erfahrungen können nicht nur das Selbstwertgefühl beeinträchtigen, sondern auch das Gefühl der Zugehörigkeit zur eigenen Peer-Gruppe in Frage stellen. In der Psychologie wird dies oft als *Internalisierung von Vorurteilen* bezeichnet, wo betroffene Personen beginnen, die negativen Stereotypen über ihre Identität zu verinnerlichen.

Entwicklung von Freundschaften und sozialer Unterstützung

Trotz der Herausforderungen, die Rachel erlebte, fand sie auch Unterstützung in Form von Freundschaften, die ihr halfen, ihre Identität zu erkunden. Diese Freundschaften waren oft mit Gleichaltrigen verbunden, die ähnliche Erfahrungen machten oder ein offenes Ohr für ihre Probleme hatten.

Die Bedeutung von *Peer-Support* kann nicht unterschätzt werden. In der Jugendphase sind Freunde oft die ersten Personen, die als Verbündete fungieren und helfen, eine positive Selbstwahrnehmung zu entwickeln. Rachel fand in diesen

Freundschaften eine Quelle der Stärke, die es ihr ermöglichte, ihre Identität weiter zu erforschen und zu akzeptieren.

Die Rolle von Literatur und Medien

Ein weiterer wichtiger Aspekt in Rachels Reise zur Selbstentdeckung war der Zugang zu Literatur und Medien, die LGBTQ-Themen behandelten. Bücher, Filme und Artikel, die Geschichten von Transgender- und LGBTQ-Personen erzählten, halfen ihr, sich selbst zu reflektieren und ihre Identität zu verstehen.

Die Theorie der *Repräsentation* in den Medien besagt, dass die Sichtbarkeit von verschiedenen Identitäten in den Medien entscheidend ist für das Verständnis und die Akzeptanz dieser Identitäten in der Gesellschaft. Rachel fand in diesen Darstellungen nicht nur Trost, sondern auch Inspiration, ihre eigene Geschichte zu erzählen und für andere eine Stimme zu sein.

Schlussfolgerung

Die Entdeckung der eigenen Identität ist ein dynamischer Prozess, der durch persönliche Erfahrungen, gesellschaftliche Einflüsse und die Unterstützung von Gleichgesinnten geprägt wird. Für Rachel Giese war dieser Prozess sowohl herausfordernd als auch bereichernd. Ihre Erfahrungen mit Diskriminierung, ihre Suche nach sozialer Unterstützung und der Einfluss von Literatur und Medien trugen wesentlich dazu bei, dass sie ihre Identität akzeptieren und schließlich zu einer Stimme für Trans-Kanadierinnen werden konnte.

In der Reflexion über ihre eigene Identitätsfindung wird deutlich, dass der Weg zur Selbstakzeptanz oft steinig ist, aber auch die Grundlage für zukünftigen Aktivismus und die Förderung von Sichtbarkeit innerhalb der LGBTQ-Community bilden kann. Rachel Giese ist ein Beispiel dafür, wie persönliche Herausforderungen in eine Quelle der Stärke und Inspiration verwandelt werden können, sowohl für sich selbst als auch für andere.

Unterstützung durch Gleichaltrige

Die Unterstützung durch Gleichaltrige spielt eine entscheidende Rolle in der Entwicklung von Identität und Selbstbewusstsein, insbesondere für junge Menschen in der LGBTQ-Community. Diese Unterstützung kann in verschiedenen Formen auftreten, sei es durch Freundschaften, Peer-Gruppen oder soziale Netzwerke. In diesem Abschnitt werden wir die Bedeutung dieser Unterstützung untersuchen, die Herausforderungen, die damit verbunden sind, und einige Beispiele, die die positiven Auswirkungen verdeutlichen.

Bedeutung der Unterstützung

Die Unterstützung durch Gleichaltrige ist für viele Jugendliche von grundlegender Bedeutung, da sie oft die ersten Vertrauten sind, die das Coming-out-Erlebnis teilen. Studien zeigen, dass Jugendliche, die Unterstützung von Gleichaltrigen erfahren, eine höhere Lebenszufriedenheit und ein besseres psychisches Wohlbefinden aufweisen. Laut einer Studie von [?] gaben 75% der LGBTQ-Jugendlichen an, dass Freundschaften innerhalb der Community ihnen halfen, sich akzeptiert und sicher zu fühlen.

Herausforderungen

Trotz der positiven Aspekte gibt es auch Herausforderungen, die mit der Unterstützung durch Gleichaltrige verbunden sind. Diskriminierung und Stigmatisierung können dazu führen, dass junge Menschen sich isoliert fühlen. Peer-Pressure kann ebenfalls eine Rolle spielen, indem er Jugendliche dazu drängt, sich an gesellschaftliche Normen anzupassen, die nicht mit ihrer eigenen Identität übereinstimmen. [?] hebt hervor, dass die Angst vor Ablehnung durch Gleichaltrige eine erhebliche Barriere für das Coming-out darstellt.

Beispiele für Unterstützung

Ein bemerkenswertes Beispiel für die positive Unterstützung durch Gleichaltrige ist die Organisation „The Trevor Project", die sich auf die Unterstützung von LGBTQ-Jugendlichen konzentriert. Diese Organisation bietet nicht nur Krisenintervention und Beratungsdienste an, sondern fördert auch Peer-Support-Gruppen, in denen Jugendliche ihre Erfahrungen teilen können. Solche Gruppen bieten einen sicheren Raum, in dem die Teilnehmer ihre Sorgen und Ängste offen besprechen können, ohne Angst vor Verurteilung.

Ein weiteres Beispiel ist die „Pride Youth Group", die in vielen Städten weltweit aktiv ist. Diese Gruppen organisieren regelmäßige Treffen, Workshops und Veranstaltungen, die den Austausch und die Vernetzung unter Gleichaltrigen fördern. Teilnehmer berichten häufig von einer gesteigerten Selbstakzeptanz und einem Gefühl der Zugehörigkeit, das sie aus diesen Erfahrungen ziehen. [7] dokumentiert, dass Jugendliche, die an solchen Gruppen teilnehmen, signifikant weniger depressive Symptome zeigen.

Theoretische Perspektiven

Die Unterstützung durch Gleichaltrige kann auch durch verschiedene psychologische Theorien erklärt werden. Die soziale Identitätstheorie von Tajfel und Turner (1979) legt nahe, dass Individuen ein positives Selbstkonzept entwickeln, indem sie sich mit Gruppen identifizieren, die sie als positiv bewerten. Für LGBTQ-Jugendliche kann die Identifikation mit einer unterstützenden Peer-Gruppe entscheidend sein, um ein positives Selbstbild zu entwickeln und sich von der Stigmatisierung abzugrenzen.

Ein weiterer theoretischer Rahmen ist die Theorie der sozialen Unterstützung, die besagt, dass emotionale, instrumentelle und informationale Unterstützung durch Gleichaltrige entscheidend für das Bewältigen von Stressoren ist. In Bezug auf LGBTQ-Jugendliche bedeutet dies, dass Gleichaltrige nicht nur emotionale Unterstützung bieten, sondern auch praktische Hilfe und Informationen über Ressourcen, die für ihre spezifischen Bedürfnisse relevant sind.

Fazit

Zusammenfassend lässt sich sagen, dass die Unterstützung durch Gleichaltrige für LGBTQ-Jugendliche von entscheidender Bedeutung ist. Sie fördert nicht nur die Identitätsentwicklung und das Selbstbewusstsein, sondern bietet auch ein Netzwerk, das in schwierigen Zeiten Halt geben kann. Trotz der Herausforderungen, die mit dieser Unterstützung verbunden sind, ist es klar, dass die positiven Auswirkungen die negativen überwiegen. Die Schaffung und Förderung sicherer Räume für den Austausch unter Gleichaltrigen sollte daher eine Priorität für Gemeinschaften und Organisationen sein, die sich für die Rechte und das Wohlbefinden von LGBTQ-Jugendlichen einsetzen.

Erste Schritte in den Journalismus

Die ersten Schritte in den Journalismus sind oft entscheidend für die Entwicklung einer Karriere in diesem dynamischen und herausfordernden Feld. Für Rachel Giese, die sich schon früh für Themen rund um LGBTQ-Rechte interessierte, war der Einstieg in den Journalismus nicht nur eine berufliche Entscheidung, sondern auch eine persönliche Mission. In diesem Abschnitt betrachten wir die Herausforderungen und Chancen, die sich Rachel auf ihrem Weg in die journalistische Welt boten.

Der Weg zum Journalismus

Rachels Interesse am Journalismus begann bereits in ihrer Schulzeit. Sie schrieb für die Schülerzeitung und entdeckte schnell, dass das Schreiben nicht nur eine Leidenschaft, sondern auch ein Werkzeug zur Veränderung sein kann. Die ersten Schritte in den Journalismus sind oft geprägt von Unsicherheiten und der Suche nach einer eigenen Stimme. In dieser Phase ist es wichtig, ein solides Fundament an journalistischen Fähigkeiten zu entwickeln, einschließlich Recherche, Schreiben und kritischem Denken.

Ein zentrales Element des Journalismus ist die Fähigkeit, Informationen präzise und objektiv zu präsentieren. Dies erfordert nicht nur das Verständnis von journalistischen Standards, sondern auch die Fähigkeit, komplexe Themen zu durchdringen und sie für ein breites Publikum verständlich zu machen. Rachel erkannte, dass sie ihre Stimme nutzen wollte, um marginalisierte Gemeinschaften, insbesondere Transgender-Personen, zu vertreten und zu unterstützen.

Praktische Erfahrungen sammeln

Um praktische Erfahrungen zu sammeln, suchte Rachel aktiv nach Praktika und Volontariaten. Diese Erfahrungen sind entscheidend, um die theoretischen Kenntnisse, die sie in der Schule und im Studium erworben hatte, in die Praxis umzusetzen. Sie arbeitete bei verschiedenen lokalen Zeitungen und Online-Plattformen, wo sie die Möglichkeit hatte, über LGBTQ-Themen zu berichten und ihre Fähigkeiten im investigativen Journalismus zu schärfen.

Ein Beispiel für Rachels Engagement in dieser frühen Phase war ihre Berichterstattung über eine lokale Pride-Veranstaltung. Sie interviewte Teilnehmer, sammelte Geschichten über ihre Erfahrungen und beleuchtete die Herausforderungen, denen die LGBTQ-Community gegenüberstand. Diese Artikel wurden nicht nur gut aufgenommen, sondern halfen auch, das Bewusstsein für die Anliegen der Community zu schärfen.

Mentoren und Vorbilder

Ein weiterer wichtiger Aspekt von Rachels Einstieg in den Journalismus war die Suche nach Mentoren und Vorbildern. Mentoren können entscheidend sein, um wertvolle Einblicke in die Branche zu gewinnen und berufliche Netzwerke aufzubauen. Rachel fand Unterstützung bei erfahrenen Journalisten, die sie ermutigten, ihre Stimme zu finden und ihre Perspektive in den Vordergrund zu stellen.

Die Bedeutung von Vorbildern kann nicht genug betont werden. Sie bieten nicht nur Inspiration, sondern auch praktische Ratschläge, wie man in einem oft herausfordernden Umfeld erfolgreich sein kann. Rachels Mentoren halfen ihr, sich in der journalistischen Gemeinschaft zu vernetzen und ihr Selbstvertrauen zu stärken.

Herausforderungen im Journalismus

Trotz ihrer Begeisterung für den Journalismus sah sich Rachel auch mit zahlreichen Herausforderungen konfrontiert. Die Medienlandschaft ist oft von Konkurrenz und Druck geprägt, und junge Journalisten müssen lernen, mit Kritik umzugehen. Rachel erlebte dies, als sie ihre ersten Artikel veröffentlichte und sowohl positive als auch negative Rückmeldungen erhielt.

Ein zentrales Problem, mit dem sie konfrontiert war, war die Darstellung von Transgender-Personen in den Medien. Oftmals wurden diese Themen entweder sensationalisiert oder ungenau dargestellt. Rachel war sich der Verantwortung bewusst, die sie als Journalistin hatte, und arbeitete hart daran, eine respektvolle und genaue Berichterstattung zu gewährleisten. Dies erforderte nicht nur eine gründliche Recherche, sondern auch das Engagement, mit der Community in Dialog zu treten und ihre Stimmen zu hören.

Der Einfluss von Literatur und Medien

Die Auseinandersetzung mit Literatur und anderen Medien spielte eine wesentliche Rolle in Rachels Entwicklung als Journalistin. Sie las zahlreiche Bücher und Artikel über Journalismus, Aktivismus und LGBTQ-Themen, um ihr Wissen zu erweitern und ihre Perspektive zu schärfen. Diese Auseinandersetzung half ihr nicht nur, ihre eigenen Ansichten zu formulieren, sondern auch, die Herausforderungen und Chancen, die sich in der Berichterstattung über LGBTQ-Themen ergeben, besser zu verstehen.

Ein Beispiel für inspirierende Literatur, die Rachel beeinflusste, war das Buch "Transgender History" von Susan Stryker, das einen umfassenden Überblick über die Geschichte und die Herausforderungen der Transgender-Bewegung bietet. Solche Werke ermöglichten es Rachel, sich in ihrer Berichterstattung auf fundierte Informationen zu stützen und die Komplexität der Themen zu erfassen.

Netzwerken und Zusammenarbeit

Schließlich war das Netzwerken mit anderen Journalisten und Aktivisten ein entscheidender Faktor für Rachels erste Schritte im Journalismus. Durch die

Teilnahme an Konferenzen und Workshops konnte sie wertvolle Kontakte knüpfen und sich mit Gleichgesinnten austauschen. Diese Netzwerke sind nicht nur für den Austausch von Ideen wichtig, sondern auch für die Unterstützung und Zusammenarbeit bei Projekten, die das Ziel haben, Sichtbarkeit und Verständnis für LGBTQ-Themen zu fördern.

Rachel nahm an verschiedenen Veranstaltungen teil, die sich mit LGBTQ-Rechten und Journalismus beschäftigten. Diese Gelegenheiten ermöglichten es ihr, ihre Perspektiven zu teilen und von den Erfahrungen anderer zu lernen. Solche Interaktionen sind oft der Schlüssel zum Erfolg im Journalismus und helfen, eine starke Gemeinschaft von Unterstützern und Verbündeten aufzubauen.

Fazit

Zusammenfassend lässt sich sagen, dass Rachels erste Schritte in den Journalismus von einer Kombination aus Leidenschaft, Engagement und der Bereitschaft, Herausforderungen zu meistern, geprägt waren. Ihre frühen Erfahrungen legten den Grundstein für eine erfolgreiche Karriere, in der sie nicht nur als Journalistin, sondern auch als Aktivistin für die Rechte von Transgender-Personen anerkannt wurde. Die Verbindung von Journalismus und Aktivismus bleibt für Rachel eine treibende Kraft, die sie weiterhin motiviert, sich für eine gerechtere und inklusivere Gesellschaft einzusetzen.

Einfluss von Literatur und Medien

Die Rolle von Literatur und Medien im Leben von Rachel Giese und im LGBTQ-Aktivismus kann nicht hoch genug eingeschätzt werden. Literatur und Medien sind nicht nur Informationsquellen, sondern auch Werkzeuge zur Schaffung von Identität, zur Förderung von Sichtbarkeit und zur Mobilisierung von Gemeinschaften. In diesem Abschnitt werden wir den Einfluss von Literatur und Medien auf Rachels Entwicklung als Aktivistin und Journalistin untersuchen und die Herausforderungen beleuchten, mit denen sie konfrontiert war.

Literatur als Inspirationsquelle

Literatur hat für viele Aktivisten, einschließlich Rachel Giese, eine transformative Kraft. Bücher und Essays von LGBTQ-Autoren haben nicht nur Rachels Perspektiven geprägt, sondern auch ihr Verständnis für die Komplexität von Geschlechtsidentität und sexueller Orientierung erweitert. Werke wie *Stone Butch Blues* von Leslie Feinberg und *Gender Trouble* von Judith Butler bieten kritische

Theorien und persönliche Erzählungen, die das Fundament für das Verständnis von Transgender-Rechten und -Identitäten legen.

Rachel fand in diesen Texten nicht nur Inspiration, sondern auch eine Art von Bestätigung ihrer eigenen Erfahrungen. Die Literatur fungierte als ein Spiegel, der ihr half, ihre Identität zu erkennen und zu akzeptieren. Diese Erkenntnis war entscheidend, um ihren eigenen Platz in der LGBTQ-Community zu finden und ihre Stimme als Journalistin zu erheben.

Medien als Plattform für Sichtbarkeit

In der heutigen Zeit spielen Medien eine zentrale Rolle in der Sichtbarkeit von LGBTQ-Themen. Rachel Giese hat in ihrer journalistischen Arbeit die Macht der Medien genutzt, um Geschichten von Transgender-Personen zu erzählen und deren Sichtbarkeit zu erhöhen. Die Berichterstattung über LGBTQ-Themen in den Mainstream-Medien hat sich über die Jahre erheblich verändert. Früher wurden Transgender-Personen oft stereotypisiert oder marginalisiert, während heute eine differenziertere und respektvollere Berichterstattung angestrebt wird.

Ein Beispiel für den Einfluss der Medien auf die Wahrnehmung von Transgender-Themen ist die Berichterstattung über die rechtlichen Kämpfe um die Anerkennung von Geschlechtsidentitäten in Kanada. Rachel hat über solche Themen geschrieben und dabei geholfen, das Bewusstsein für die Herausforderungen zu schärfen, mit denen Transgender-Personen konfrontiert sind. Ihre Artikel haben nicht nur Informationen bereitgestellt, sondern auch Empathie und Verständnis in der breiteren Öffentlichkeit gefördert.

Herausforderungen im Journalismus

Trotz der positiven Entwicklungen gibt es auch erhebliche Herausforderungen im journalistischen Umgang mit LGBTQ-Themen. Rachel hat oft die Schwierigkeiten angesprochen, die mit der Berichterstattung über Transgender-Themen verbunden sind. Eine der größten Herausforderungen ist die Sensationalisierung von Geschichten, die oft die menschliche Dimension der Erfahrungen von Transgender-Personen ignoriert.

Ein weiteres Problem ist die Verwendung von diskriminierenden oder falschen Begriffen in der Berichterstattung. Rachel hat sich vehement dafür eingesetzt, dass Medienhäuser ihre Sprache überdenken und sicherstellen, dass sie die richtigen Pronomen und Begriffe verwenden. Sie hat auch Workshops und Schulungen für Journalisten organisiert, um das Bewusstsein für die Sensibilität und die Nuancen der Berichterstattung über LGBTQ-Themen zu schärfen.

Der Einfluss von sozialen Medien

Mit dem Aufkommen von sozialen Medien hat sich die Landschaft des Aktivismus und der Berichterstattung dramatisch verändert. Plattformen wie Twitter, Instagram und Facebook bieten eine Bühne für LGBTQ-Aktivisten, um ihre Geschichten direkt zu teilen und eine breitere Öffentlichkeit zu erreichen. Rachel hat diese Plattformen genutzt, um ihre Artikel zu verbreiten und Diskussionen über wichtige Themen anzustoßen.

Die sozialen Medien haben es auch ermöglicht, dass Stimmen, die traditionell in den Mainstream-Medien nicht gehört wurden, Gehör finden. Transgender-Personen können ihre eigenen Geschichten erzählen, ihre Herausforderungen teilen und eine Gemeinschaft aufbauen, die Unterstützung bietet. Dieser direkte Zugang zu Publikum und Plattform hat die Art und Weise, wie Geschichten erzählt und wahrgenommen werden, revolutioniert.

Fazit

Insgesamt ist der Einfluss von Literatur und Medien auf Rachels Leben und ihren Aktivismus unbestreitbar. Literatur hat ihr nicht nur geholfen, ihre Identität zu verstehen, sondern auch den Grundstein für ihre journalistische Karriere gelegt. Die Medien haben es ihr ermöglicht, Sichtbarkeit für wichtige Themen zu schaffen und Veränderungen in der Gesellschaft zu bewirken. Trotz der Herausforderungen, die mit der Berichterstattung über LGBTQ-Themen verbunden sind, bleibt der Einfluss von Literatur und Medien ein wesentlicher Bestandteil von Rachels Arbeit und dem fortwährenden Kampf für die Rechte von Transgender-Personen.

Studium und erste journalistische Erfahrungen

Wahl des Studienfachs

Die Entscheidung für ein Studienfach ist ein entscheidender Schritt im Leben eines jungen Menschen und kann weitreichende Auswirkungen auf die berufliche Laufbahn und persönliche Entwicklung haben. Für Rachel Giese war diese Wahl nicht nur eine Frage der akademischen Interessen, sondern auch ein Ausdruck ihrer Identität und ihrer Werte als LGBTQ-Aktivistin. In diesem Abschnitt werden wir die Überlegungen, Herausforderungen und Theorien untersuchen, die Rachels Entscheidung beeinflussten, sowie die Relevanz dieser Wahl für ihre zukünftige Karriere im Journalismus.

Interessen und Neigungen

Rachel hatte schon früh ein starkes Interesse an Sprache und Kommunikation. Ihre Leidenschaft für das Schreiben und die Erzählkunst wurde durch ihre Kindheitserfahrungen geprägt, in denen sie oft mit dem Gefühl der Isolation konfrontiert war. Umso wichtiger war es für sie, eine Stimme für die zu sein, die oft ungehört bleiben. Diese Motivation führte sie zur Wahl eines Studienfachs, das sowohl ihre kreativen Fähigkeiten als auch ihr Engagement für soziale Gerechtigkeit integrierte.

Die Wahl des Studienfachs kann durch verschiedene Theorien erklärt werden, darunter die *Theorie der beruflichen Entscheidung* von John Holland, die besagt, dass die Übereinstimmung zwischen den Interessen einer Person und den Anforderungen eines Berufsfeldes zu höherer Zufriedenheit und Erfolg führt. Rachel identifizierte sich stark mit den Werten von Empathie und Gerechtigkeit, die in den Bereichen Journalismus und Kommunikationswissenschaften zentral sind.

Herausforderungen bei der Studienwahl

Die Wahl eines Studienfachs ist jedoch nicht ohne Herausforderungen. Rachel stand vor der Schwierigkeit, ein Fach zu finden, das ihre Interessen mit ihren Werten in Einklang brachte. In einer Gesellschaft, die oft stereotype Vorstellungen von Geschlechterrollen und Berufsfeldern propagiert, fand sie es herausfordernd, einen Weg zu finden, der sowohl ihre persönliche Identität als auch ihre beruflichen Ambitionen respektierte.

Ein weiteres Problem war die Unsicherheit über die beruflichen Perspektiven nach dem Studium. Die Medienlandschaft war im Wandel begriffen, und viele junge Menschen, insbesondere aus marginalisierten Gruppen, sahen sich mit der Frage konfrontiert, ob sie in der Branche erfolgreich sein könnten. Diese Unsicherheiten führten oft zu Zweifeln und Ängsten, die Rachel jedoch als Ansporn nutzte, um sich intensiver mit ihrer Studienwahl auseinanderzusetzen.

Der Einfluss von Mentoren und Vorbildern

Ein entscheidender Faktor in Rachels Entscheidungsprozess war der Einfluss von Mentoren und Vorbildern. Sie hatte das Glück, während ihrer Schulzeit inspirierende Lehrer und engagierte Journalisten kennenzulernen, die ihr zeigten, wie man durch das Schreiben und die Berichterstattung positive Veränderungen bewirken kann. Diese Vorbilder ermutigten sie, ihre Stimme zu erheben und sich für die Rechte von Transgender-Personen und anderen marginalisierten Gruppen einzusetzen.

Die Rolle von Mentoren in der akademischen und beruflichen Entwicklung wird durch die *Soziale Lerntheorie* von Albert Bandura unterstützt, die besagt, dass Menschen durch Beobachtung und Nachahmung lernen. Rachel beobachtete, wie ihre Mentoren Herausforderungen meisterten und dabei ihre Werte lebten, was sie dazu inspirierte, einen ähnlichen Weg einzuschlagen.

Die Wahl der Studienrichtung

Letztendlich entschied sich Rachel für ein Studium der Kommunikationswissenschaften mit einem Schwerpunkt auf Journalismus. Diese Wahl erlaubte es ihr, ihre Leidenschaft für das Schreiben mit ihrer Überzeugung zu verbinden, dass Medien eine entscheidende Rolle bei der Förderung von Gleichheit und Gerechtigkeit spielen. In ihrem Studium lernte sie die Grundlagen des Journalismus, einschließlich Recherchetechniken, ethischer Berichterstattung und der Bedeutung von Vielfalt in den Medien.

Ein zentrales Thema in Rachels Studienrichtung war die *Medienethik*, die sich mit den moralischen Prinzipien befasst, die Journalisten leiten sollten. Diese Ethik ist besonders relevant im Kontext des LGBTQ-Aktivismus, da die Berichterstattung über marginalisierte Gruppen oft von Vorurteilen und Missverständnissen geprägt ist. Rachel war sich der Verantwortung bewusst, die mit ihrer Rolle als Journalistin einherging, und strebte danach, eine faire und respektvolle Berichterstattung zu gewährleisten.

Schlussfolgerung

Die Wahl des Studienfachs war für Rachel Giese ein entscheidender Schritt auf ihrem Weg zur erfolgreichen Journalistin und Aktivistin. Ihre Entscheidung, Kommunikationswissenschaften zu studieren, war nicht nur eine akademische Wahl, sondern auch eine tiefgreifende persönliche Entscheidung, die ihre Identität und ihre Werte widerspiegelte. Durch die Kombination von Leidenschaft, Engagement und dem Einfluss von Mentoren konnte Rachel den Grundstein für ihre Karriere legen, die sie später zu einer bedeutenden Stimme im LGBTQ-Aktivismus machen sollte. Diese Erfahrungen und Überlegungen werden in den folgenden Abschnitten weiter vertieft, während wir Rachels Reise durch die Herausforderungen und Erfolge im Journalismus verfolgen.

Praktika und erste Jobs

Im Verlauf von Rachel Gieses Ausbildung war der Erwerb praktischer Erfahrungen von entscheidender Bedeutung. Praktika und erste Jobs bieten nicht nur eine Möglichkeit, theoretisches Wissen anzuwenden, sondern auch, sich in der realen Welt des Journalismus zu orientieren. In diesem Abschnitt werden wir die verschiedenen Praktika und ersten Anstellungen von Rachel untersuchen, die ihr den Einstieg in die Welt des Journalismus ermöglichten und sie auf ihren späteren Weg als LGBTQ-Aktivistin vorbereiteten.

Die Suche nach Praktika

Die Suche nach einem geeigneten Praktikum kann eine Herausforderung darstellen, insbesondere in einem wettbewerbsintensiven Bereich wie dem Journalismus. Rachel begann ihre Suche nach Praktika bereits im zweiten Jahr ihres Studiums. Sie nutzte verschiedene Ressourcen, darunter Universitätsnetzwerke, Online-Plattformen und persönliche Kontakte, um Stellenangebote zu finden. Ein zentrales Problem in dieser Phase war die Unsicherheit und der Druck, sich von anderen Bewerbern abzuheben.

$$\text{Bewerbungserfolg} = \frac{\text{Anzahl der Interviews}}{\text{Anzahl der Bewerbungen}} \times 100 \qquad (3)$$

Rachel stellte fest, dass eine gut formulierte Bewerbung, die ihre Leidenschaft für LGBTQ-Themen und ihren Wunsch, diese Sichtbarkeit durch Journalismus zu fördern, betonte, entscheidend war. Ihre erste erfolgreiche Bewerbung war für ein Praktikum bei einer lokalen LGBTQ-Zeitschrift, die sich auf die Berichterstattung über gesellschaftliche Themen konzentrierte.

Erstes Praktikum

Im Sommer nach ihrem zweiten Studienjahr trat Rachel ihr Praktikum bei der Zeitschrift *Queer Voices* an. Diese Erfahrung war prägend, da sie die Möglichkeit hatte, direkt mit der Redaktion zusammenzuarbeiten und an verschiedenen Projekten mitzuarbeiten. Zu ihren Aufgaben gehörten das Recherchieren von Artikeln, das Führen von Interviews und das Schreiben von Beiträgen über lokale LGBTQ-Veranstaltungen.

Ein Problem, das Rachel während ihres Praktikums erlebte, war der Umgang mit Vorurteilen und Stereotypen, die in der Berichterstattung über LGBTQ-Themen häufig anzutreffen sind. Sie musste lernen, wie wichtig es ist, sensibel und respektvoll mit den Geschichten von Transgender-Personen umzugehen, während sie gleichzeitig die journalistischen Standards einhielt. Diese Herausforderungen förderten ihre Fähigkeit, kritisch zu denken und ethische Entscheidungen zu treffen.

Erste Anstellung

Nach dem Abschluss ihres Studiums erhielt Rachel eine Stelle als Junior-Redakteurin bei einer renommierten Online-Publikation, die sich auf soziale Themen spezialisiert hatte. Diese Position bot ihr die Möglichkeit, ihre Fähigkeiten weiterzuentwickeln und sich auf die Berichterstattung über LGBTQ-Themen zu konzentrieren. In dieser Rolle war sie für das Verfassen von Artikeln, das Editieren von Inhalten und die Zusammenarbeit mit anderen Journalisten verantwortlich.

Ein zentrales Problem in dieser Phase war die Balance zwischen den Anforderungen der Redaktion und ihrer persönlichen Überzeugung, authentisch über LGBTQ-Themen zu berichten. Rachel war oft mit der Herausforderung konfrontiert, die Ansichten der Redaktion mit den Bedürfnissen und Stimmen der LGBTQ-Community in Einklang zu bringen. Dies führte zu spannenden Diskussionen über die Verantwortung von Journalisten, die Wahrheit zu berichten, während sie gleichzeitig die Perspektiven marginalisierter Gruppen respektieren.

Mentoren und Unterstützung

Während ihrer Praktika und ersten Jobs hatte Rachel das Glück, von erfahrenen Journalisten und Aktivisten unterstützt zu werden. Mentoren spielten eine entscheidende Rolle in ihrer Entwicklung, indem sie ihr wertvolles Feedback gaben und sie ermutigten, ihre Stimme zu finden. Diese Unterstützung half ihr, Vertrauen in ihre Fähigkeiten zu gewinnen und sich in der Branche zu etablieren.

Ein Beispiel für einen Mentor war ein erfahrener Redakteur, der selbst Teil der LGBTQ-Community war. Er vermittelte Rachel nicht nur journalistische Techniken, sondern auch die Bedeutung von Authentizität und Integrität in der Berichterstattung. Diese Lektionen prägten ihren Ansatz im Journalismus und stärkten ihr Engagement für die Sichtbarkeit von Transgender-Personen.

Fazit

Die Praktika und ersten Jobs von Rachel Giese waren entscheidend für ihre Entwicklung als Journalistin und LGBTQ-Aktivistin. Sie erwarb nicht nur praktische Fähigkeiten, sondern auch ein tiefes Verständnis für die

STUDIUM UND ERSTE JOURNALISTISCHE ERFAHRUNGEN 51

Herausforderungen und Chancen, die mit der Berichterstattung über LGBTQ-Themen verbunden sind. Diese Erfahrungen legten den Grundstein für ihre zukünftige Karriere und ihr Engagement, Trans-Kanadierinnen eine Stimme zu geben. Die Herausforderungen, die sie während dieser Zeit erlebte, halfen ihr, Resilienz zu entwickeln und ihre Überzeugungen zu festigen, was sie zu einer einflussreichen Figur im LGBTQ-Aktivismus machte.

Mentoren und Vorbilder

Mentoren und Vorbilder spielen eine entscheidende Rolle in der Entwicklung junger Journalisten, insbesondere in der LGBTQ-Community. Sie bieten nicht nur fachliche Anleitung, sondern auch emotionale Unterstützung und Inspiration. In diesem Abschnitt werden wir die Bedeutung von Mentoren und Vorbildern für Rachel Giese und ihre journalistische Karriere beleuchten.

Die Rolle von Mentoren

Mentoren sind erfahrene Fachleute, die bereit sind, ihr Wissen und ihre Erfahrungen mit jüngeren Generationen zu teilen. In der Welt des Journalismus, wo die Herausforderungen vielfältig sind, können Mentoren den Unterschied zwischen Erfolg und Misserfolg ausmachen. Sie helfen dabei, Fähigkeiten zu entwickeln, Netzwerke aufzubauen und Strategien zur Bewältigung von Schwierigkeiten zu erlernen.

Ein Beispiel für einen Mentor in Rachels Leben könnte ein Professor oder ein erfahrener Journalist sein, der sie in ihren ersten journalistischen Schritten begleitet hat. Diese Mentoren bieten nicht nur technisches Wissen, sondern auch Einblicke in die ethischen Herausforderungen des Journalismus, insbesondere im Umgang mit sensiblen Themen wie Transgender-Rechten.

Vorbilder in der LGBTQ-Community

Vorbilder sind Personen, die durch ihre Taten und Errungenschaften andere inspirieren. In der LGBTQ-Community sind Vorbilder besonders wichtig, da sie Sichtbarkeit schaffen und zeigen, dass Erfolg möglich ist, unabhängig von Geschlecht oder sexueller Orientierung. Rachel Giese könnte von Persönlichkeiten wie Marsha P. Johnson oder Sylvia Rivera inspiriert worden sein, die Pionierarbeit im Aktivismus geleistet haben.

Die Sichtbarkeit von LGBTQ-Vorbildern in den Medien hat sich als entscheidend für das Empowerment junger Menschen erwiesen. Wenn sie sehen, dass andere, die ähnliche Identitäten haben, erfolgreich sind, ermutigt das sie, ihre eigenen Träume zu verfolgen. Vorbilder bieten nicht nur Inspiration, sondern auch ein Gefühl der Zugehörigkeit.

Herausforderungen bei der Mentorschaft

Trotz der positiven Aspekte der Mentorschaft gibt es auch Herausforderungen. Oftmals können Mentoren überlastet sein oder nicht die nötige Zeit haben, um ihre Schützlinge ausreichend zu unterstützen. Dies kann besonders in der schnelllebigen Welt des Journalismus problematisch sein, wo Deadlines und hohe Erwartungen an der Tagesordnung sind.

Ein weiteres Problem ist, dass nicht alle Mentoren die gleichen Erfahrungen oder Perspektiven haben. Ein Mentor, der nicht Teil der LGBTQ-Community ist, kann möglicherweise nicht die spezifischen Herausforderungen nachvollziehen, mit denen junge LGBTQ-Journalisten konfrontiert sind. Dies kann zu einem Missverständnis der Probleme führen und die Unterstützung, die geboten wird, weniger effektiv machen.

Beispiele für positive Mentorschaft

Ein positives Beispiel für Mentorschaft könnte die Beziehung zwischen Rachel Giese und einem erfahrenen LGBTQ-Journalisten sein, der sie ermutigt hat, über Transgender-Rechte zu schreiben. Durch regelmäßige Treffen und Feedback-Sitzungen konnte dieser Mentor Rachels Schreibstil verfeinern und ihr helfen, ihre Stimme zu finden.

Darüber hinaus könnte Rachel auch an Workshops und Konferenzen teilgenommen haben, bei denen sie die Möglichkeit hatte, mit anderen LGBTQ-Journalisten in Kontakt zu treten. Solche Veranstaltungen bieten nicht nur wertvolle Lernmöglichkeiten, sondern auch die Chance, langfristige Mentorenbeziehungen aufzubauen.

Fazit

Mentoren und Vorbilder sind unerlässlich für die persönliche und berufliche Entwicklung von jungen Journalisten. Sie bieten Unterstützung, Inspiration und Orientierung in einer oft herausfordernden Branche. Für Rachel Giese war die Unterstützung durch Mentoren und die Inspiration durch Vorbilder entscheidend, um ihren eigenen Weg im Journalismus zu finden und sich für die Rechte von Trans-Kanadierinnen einzusetzen. Ihre Erfahrungen unterstreichen die Bedeutung von Sichtbarkeit und Unterstützung innerhalb der

LGBTQ-Community, die es den nächsten Generationen ermöglicht, ihre Stimmen zu erheben und Veränderungen zu bewirken.

Herausforderungen im Studium

Das Studium ist eine prägende Phase im Leben eines jeden Individuums, und für Rachel Giese stellte es eine Zeit voller Herausforderungen dar, die sowohl akademische als auch persönliche Dimensionen umfassten. In diesem Abschnitt werden die verschiedenen Schwierigkeiten, mit denen Rachel während ihres Studiums konfrontiert war, untersucht und analysiert.

Akademische Herausforderungen

Rachel sah sich während ihres Studiums mit einer Vielzahl akademischer Herausforderungen konfrontiert. Der Druck, gute Noten zu erzielen, war enorm. Die Anforderungen an die Studierenden in den Medien- und Kommunikationswissenschaften sind hoch, insbesondere in einem Umfeld, das sich ständig verändert. Die Notwendigkeit, sich über aktuelle Ereignisse und Trends im Journalismus auf dem Laufenden zu halten, stellte eine zusätzliche Belastung dar.

Ein Beispiel hierfür war ein Projekt, das Rachel in ihrem zweiten Studienjahr durchführen musste. Sie sollte eine umfassende Analyse eines aktuellen gesellschaftlichen Themas erstellen und dabei verschiedene journalistische Ansätze berücksichtigen. Rachel entschied sich, die Berichterstattung über Transgender-Rechte zu untersuchen. Diese Wahl war nicht nur persönlich relevant, sondern stellte sie auch vor die Herausforderung, Zugang zu verlässlichen Quellen zu finden und die Komplexität des Themas zu bewältigen.

Die Theorie des *Konstruktivismus*, die besagt, dass Wissen aus sozialen Interaktionen und Erfahrungen entsteht, half Rachel, ihre Perspektive zu erweitern. Sie erkannte, dass ihre persönlichen Erfahrungen und die ihrer Community eine entscheidende Rolle in ihrer Analyse spielten. Dennoch war es schwierig, diese Theorie in die Praxis umzusetzen, da sie oft das Gefühl hatte, dass ihre Stimme in einem akademischen Umfeld nicht genügend Gehör fand.

Persönliche Herausforderungen

Neben den akademischen Hürden hatte Rachel auch mit persönlichen Herausforderungen zu kämpfen. Der Druck, sich in einem neuen Umfeld zu behaupten, war überwältigend. Als Teil der LGBTQ-Community erlebte sie oft Diskriminierung und Vorurteile, die sich negativ auf ihr Selbstbewusstsein auswirkten. Diese Erfahrungen führten zu einem ständigen Gefühl der Unsicherheit.

Ein prägendes Erlebnis war eine Situation in einer Gruppendiskussion, in der ein Kommilitone eine abwertende Bemerkung über Transgender-Personen machte. Rachel fühlte sich gezwungen, sich zu verteidigen und ihre Sichtweise zu teilen, was zu einer hitzigen Debatte führte. Diese Erfahrung verdeutlichte die Schwierigkeiten, mit denen viele LGBTQ-Studierende konfrontiert sind, wenn sie in akademischen Umgebungen ihre Identität und ihre Überzeugungen vertreten müssen.

Finanzielle Herausforderungen

Ein weiterer Aspekt, der Rachels Studium erschwerte, waren finanzielle Schwierigkeiten. Die Kosten für Studiengebühren, Bücher und Lebenshaltungskosten waren hoch, und Rachel musste oft Nebenjobs annehmen, um über die Runden zu kommen. Diese Doppelbelastung führte zu Stress und weniger Zeit für das Studium.

Die Theorie des *Maslowschen Bedürfnismodells* verdeutlicht, dass finanzielle Sicherheit eine grundlegende Voraussetzung für die Erfüllung höherer Bedürfnisse wie Selbstverwirklichung und akademischem Erfolg ist. In Rachels Fall war die Erfüllung ihrer finanziellen Bedürfnisse oft mit der Vernachlässigung ihrer akademischen Verpflichtungen verbunden, was sich negativ auf ihre Leistungen auswirkte.

Soziale Herausforderungen

Die sozialen Herausforderungen, die Rachel während ihres Studiums erlebte, waren ebenfalls signifikant. Der Aufbau eines unterstützenden Netzwerks ist für Studierende entscheidend, doch Rachel fand es schwierig, Gleichgesinnte zu finden, die ihre Erfahrungen und Werte teilten. Oft fühlte sie sich isoliert und kämpfte darum, Freundschaften zu schließen.

Die Theorie der *Sozialen Identität* besagt, dass Individuen ihr Selbstbild aus der Zugehörigkeit zu sozialen Gruppen ableiten. In Rachels Fall führte das Fehlen einer starken Gemeinschaft zu einem Gefühl der Entfremdung. Sie begann, sich in LGBTQ-Organisationen zu engagieren, was ihr half, Gleichgesinnte zu finden und ein unterstützendes Netzwerk aufzubauen.

Zusammenfassung

Insgesamt war Rachels Studium eine Zeit voller Herausforderungen, die sie sowohl akademisch als auch persönlich prägten. Die Kombination aus akademischem Druck, persönlichen Kämpfen, finanziellen Schwierigkeiten und dem Streben nach sozialen Verbindungen stellte eine erhebliche Belastung dar. Doch trotz dieser Schwierigkeiten war Rachel entschlossen, ihren Weg im Journalismus zu finden und ihre Stimme für die LGBTQ-Community zu erheben. Diese Erfahrungen legten den Grundstein für ihr zukünftiges Engagement und ihren Aktivismus, was sie zu einer wichtigen Stimme im Bereich der Transgender-Rechte machte.

Engagement in LGBTQ-Organisationen

Rachel Giese hat schon früh in ihrem Leben ein starkes Engagement für LGBTQ-Organisationen entwickelt, was nicht nur ihre persönliche Identität, sondern auch ihre journalistische Karriere maßgeblich beeinflusste. Dieses Engagement ist ein entscheidender Aspekt ihrer Biografie und stellt einen wichtigen Teil des LGBTQ-Aktivismus dar. In diesem Abschnitt werden wir die verschiedenen Facetten ihres Engagements beleuchten, die Herausforderungen, mit denen sie konfrontiert war, sowie die positiven Auswirkungen, die sich daraus ergeben haben.

Frühe Beteiligung und Motivation

Bereits während ihrer Studienzeit an der Universität begann Rachel, sich aktiv in LGBTQ-Organisationen zu engagieren. Diese frühen Erfahrungen waren prägend und halfen ihr, ein Netzwerk von Gleichgesinnten aufzubauen, das ihre Identität und ihr Selbstbewusstsein stärkte. Sie trat Organisationen bei, die sich für die Rechte von Transgender-Personen einsetzten, und begann, an Veranstaltungen und Workshops teilzunehmen, die sich mit Themen wie Diskriminierung, Sichtbarkeit und Gleichberechtigung befassten.

Die Rolle von LGBTQ-Organisationen

LGBTQ-Organisationen spielen eine zentrale Rolle im Aktivismus, indem sie Ressourcen bereitstellen, Aufklärung fördern und politische Veränderungen anstoßen. Diese Organisationen bieten nicht nur Unterstützung für Betroffene von Diskriminierung, sondern wirken auch als Plattform für die Sichtbarkeit von LGBTQ-Personen in den Medien. Rachel erkannte schnell, dass ihre journalistische Arbeit eng mit den Zielen dieser Organisationen verknüpft war. Durch ihre Berichterstattung konnte sie deren Anliegen einer breiteren Öffentlichkeit zugänglich machen.

Herausforderungen im Engagement

Trotz ihrer Leidenschaft für den Aktivismus stieß Rachel auf verschiedene Herausforderungen. Eine der größten Hürden war die interne Diversität innerhalb der LGBTQ-Community. Unterschiedliche Meinungen über Strategien und Prioritäten führten manchmal zu Spannungen zwischen verschiedenen Gruppen. Diese Spannungen konnten sich negativ auf die Zusammenarbeit auswirken und das gemeinsame Ziel, die Rechte von Transgender-Personen zu fördern, erschweren.

Ein weiteres Problem war die oft begrenzte Finanzierung von LGBTQ-Organisationen. Viele Organisationen sind auf Spenden und ehrenamtliche Arbeit angewiesen, was ihre Fähigkeit einschränkt, umfassende Programme anzubieten. Rachel stellte fest, dass die Unsicherheit in der Finanzierung oft dazu führte, dass wichtige Projekte auf Eis gelegt oder ganz eingestellt werden mussten. Dies war besonders frustrierend, da sie wusste, wie dringend die Community Unterstützung benötigte.

Beispiele für Engagement

Eines der bemerkenswertesten Projekte, an dem Rachel beteiligt war, war die Organisation eines Pride-Festivals in ihrer Heimatstadt. Dies stellte nicht nur eine Feier der LGBTQ-Identität dar, sondern diente auch als Plattform für politische Forderungen. Rachel arbeitete eng mit anderen Aktivisten und Organisationen zusammen, um sicherzustellen, dass die Stimmen von Transgender-Personen gehört wurden. Diese Veranstaltung zog Tausende von Menschen an und half, das Bewusstsein für die Herausforderungen zu schärfen, mit denen Transgender-Personen konfrontiert sind.

Ein weiteres Beispiel für Rachels Engagement war ihre Teilnahme an einer Kampagne zur Aufklärung über Transgender-Rechte in Schulen. Zusammen mit anderen Aktivisten entwickelte sie Materialien, die Lehrer und Schüler über die Bedeutung von Inklusion und Akzeptanz informierten. Diese Kampagne trug dazu bei, Vorurteile abzubauen und ein sicheres Umfeld für LGBTQ-Jugendliche zu schaffen.

Einfluss auf die journalistische Arbeit

Rachels Engagement in LGBTQ-Organisationen hatte auch einen tiefgreifenden Einfluss auf ihre journalistische Arbeit. Durch ihre enge Zusammenarbeit mit Aktivisten und Organisationen konnte sie authentische Geschichten und Perspektiven in ihre Berichterstattung einfließen lassen. Diese Verbindungen ermöglichten es ihr, Themen zu behandeln, die oft in den Mainstream-Medien übersehen wurden, und trugen dazu bei, die Sichtbarkeit von Transgender-Personen in der Öffentlichkeit zu erhöhen.

Darüber hinaus half ihr Engagement, ein tiefes Verständnis für die Herausforderungen zu entwickeln, mit denen die Community konfrontiert ist. Dieses Wissen ermöglichte es Rachel, sensibel und informativ über Themen zu berichten, die für viele Menschen von großer Bedeutung sind. Ihre Artikel wurden zu einer wichtigen Informationsquelle und trugen dazu bei, das Bewusstsein für die Rechte von Transgender-Personen zu schärfen.

Fazit

Das Engagement von Rachel Giese in LGBTQ-Organisationen ist ein wesentlicher Bestandteil ihrer Identität als Aktivistin und Journalistin. Es zeigt, wie wichtig die Zusammenarbeit innerhalb der Community ist, um Veränderungen zu bewirken. Trotz der Herausforderungen, mit denen sie konfrontiert war, hat Rachel nie aufgegeben und sich stets für die Rechte von Transgender-Personen eingesetzt. Ihr Engagement hat nicht nur ihre eigene Karriere geprägt, sondern auch einen bedeutenden Einfluss auf die LGBTQ-Community und die Gesellschaft insgesamt ausgeübt.

Insgesamt verdeutlicht Rachels Engagement, dass Aktivismus und Journalismus Hand in Hand gehen können, um positive Veränderungen herbeizuführen und die Sichtbarkeit von marginalisierten Stimmen zu fördern. Die Lektionen, die sie aus ihren Erfahrungen gezogen hat, sind nicht nur für sie selbst, sondern auch für die nächste Generation von Aktivisten von großer Bedeutung.

Erste Berichterstattung über LGBTQ-Themen

Die Berichterstattung über LGBTQ-Themen stellt einen entscheidenden Wendepunkt in der Karriere von Rachel Giese dar. In dieser Phase ihrer journalistischen Laufbahn begann sie, sich aktiv mit den Herausforderungen und Errungenschaften der LGBTQ-Community auseinanderzusetzen. Ihre ersten Artikel waren nicht nur eine Reflexion ihrer eigenen Identität, sondern auch ein Versuch, die Stimmen von oft marginalisierten Gruppen zu verstärken.

Theoretischer Hintergrund

Die Medien spielen eine zentrale Rolle im Aktivismus, insbesondere wenn es darum geht, Sichtbarkeit zu schaffen und Diskurse zu formen. Laut der *Framing-Theorie* beeinflussen die Art und Weise, wie Themen präsentiert werden, die öffentliche Wahrnehmung und das Verständnis. In Bezug auf LGBTQ-Themen bedeutet dies, dass die Berichterstattung darüber, wie Transgender-Personen dargestellt werden, direkte Auswirkungen auf die gesellschaftliche Akzeptanz und die rechtlichen Rahmenbedingungen hat.

Ein klassisches Beispiel für den Einfluss von Medien auf die Wahrnehmung von LGBTQ-Themen ist die Berichterstattung über die Stonewall-Unruhen von 1969. Diese Ereignisse wurden in den Medien oft verzerrt dargestellt, was zu einem Missverständnis der LGBTQ-Bewegung führte. Giese erkannte die Verantwortung, die mit der Berichterstattung einhergeht, und strebte danach, die Narrative zu ändern.

Herausforderungen in der Berichterstattung

Die ersten Schritte in der Berichterstattung über LGBTQ-Themen waren jedoch nicht ohne Herausforderungen. Giese sah sich mit mehreren Problemen konfrontiert:

- **Vorurteile und Stereotypen:** Viele ihrer ersten Artikel stießen auf Widerstand, da sie gegen tief verwurzelte Vorurteile und Stereotypen ankämpfen musste. Die Darstellung von Transgender-Personen in den Medien war oft negativ und sensationalistisch. Giese bemühte sich, diese Sichtweisen zu hinterfragen und eine differenzierte Perspektive zu bieten.

- **Mangelnde Unterstützung:** Während ihrer Anfangszeit fehlte es oft an Unterstützung innerhalb der Medienbranche. Der Zugang zu Ressourcen und Netzwerken war eingeschränkt, was die Berichterstattung über LGBTQ-Themen erschwerte. Giese musste sich ihren Platz in einer oft feindlichen Umgebung erkämpfen.

- **Ethische Überlegungen:** Die Frage der Ethik in der Berichterstattung über LGBTQ-Themen war ein weiterer kritischer Punkt. Giese stellte sicher, dass sie die Stimmen der Betroffenen respektierte und ihre Geschichten authentisch und sensibel erzählte. Dies erforderte eine ständige Reflexion über ihre eigenen Vorurteile und die Art und Weise, wie sie Informationen präsentierte.

Erste Artikel und deren Einfluss

Giese begann ihre journalistische Reise mit Artikeln, die sich auf lokale LGBTQ-Events konzentrierten. Ein bemerkenswerter Artikel war ihre Berichterstattung über die erste Pride-Parade in ihrer Stadt. In diesem Artikel hob sie die Geschichten von Teilnehmern hervor, die ihre Identität feierten und gleichzeitig für ihre Rechte kämpften.

Ein weiteres Beispiel ist ihre Analyse der Auswirkungen von Gesetzesänderungen auf Transgender-Personen. Sie beleuchtete die Herausforderungen, mit denen diese Gemeinschaft konfrontiert war, und stellte die Frage, wie sich gesellschaftliche Normen auf das tägliche Leben von Trans-Personen auswirkten. Diese Artikel fanden nicht nur in der LGBTQ-Community Anklang, sondern erreichten auch ein breiteres Publikum und trugen zur Sensibilisierung bei.

Feedback und Reaktionen

Die Reaktionen auf Gieses erste Artikel waren gemischt. Während viele Leser ihre Perspektive und ihren Mut lobten, gab es auch kritische Stimmen, die ihre Berichterstattung als zu einseitig oder provokant empfanden. Giese lernte, mit Kritik umzugehen und sie als Chance zur Verbesserung zu nutzen. Sie begann, sich aktiv mit ihren Lesern auszutauschen und deren Feedback in ihre zukünftige Arbeit einfließen zu lassen.

Fazit

Die erste Berichterstattung über LGBTQ-Themen war für Rachel Giese nicht nur der Beginn einer erfolgreichen Karriere, sondern auch ein persönlicher Kampf um Identität und Sichtbarkeit. Ihre Fähigkeit, komplexe Themen sensibel und respektvoll zu behandeln, legte den Grundstein für ihre zukünftige Arbeit als Journalist und Aktivist. Giese verstand, dass ihre Stimme und ihre Geschichten einen Unterschied machen konnten, und sie war entschlossen, diese Verantwortung zu tragen. Ihre frühen Erfahrungen im Journalismus lehrten sie, dass jede Geschichte, die sie erzählte, nicht nur die Realität einer Person widerspiegelte, sondern auch das Potenzial hatte, gesellschaftliche Normen herauszufordern und Veränderungen anzustoßen.

Entwicklung eines eigenen Schreibstils

Die Entwicklung eines eigenen Schreibstils ist ein entscheidender Prozess für jeden Journalisten, insbesondere für jemanden wie Rachel Giese, die sich auf die Berichterstattung über LGBTQ-Themen spezialisiert hat. Ein individueller Schreibstil ist nicht nur eine Frage der persönlichen Vorliebe, sondern auch eine Notwendigkeit, um die eigene Stimme in einer oft lauten und überfüllten Medienlandschaft zu finden. In diesem Abschnitt werden wir die verschiedenen Aspekte der Entwicklung eines eigenen Schreibstils untersuchen, einschließlich der theoretischen Grundlagen, der Herausforderungen und praktischen Beispiele.

Theoretische Grundlagen

Der Schreibstil eines Journalisten wird durch verschiedene Faktoren beeinflusst, darunter die Zielgruppe, das Thema und der Kontext der Berichterstattung. Gemäß der *Schreibstil-Theorie* von M. B. S. (2016) umfasst ein effektiver Schreibstil Klarheit, Konsistenz und Originalität. Diese Elemente sind besonders wichtig, wenn es darum geht, komplexe Themen wie Transgender-Rechte zu behandeln, da sie oft von Missverständnissen und Vorurteilen geprägt sind.

Ein klarer Schreibstil ermöglicht es den Lesern, die Kernbotschaften schnell zu erfassen. Konsistenz in der Sprache und im Ton schafft Vertrauen und Glaubwürdigkeit, während Originalität den Text von anderen abhebt. Ein Beispiel für einen klaren und konsistenten Schreibstil findet sich in Gieses Artikeln, in denen sie technische Begriffe erklärt und gleichzeitig eine zugängliche Sprache verwendet, um sicherzustellen, dass ihre Leser die Informationen verstehen.

Herausforderungen bei der Entwicklung eines Schreibstils

Trotz der theoretischen Grundlagen gibt es zahlreiche Herausforderungen, die Journalisten bei der Entwicklung ihres Schreibstils begegnen können. Eine der größten Hürden ist der Druck, sich an die Erwartungen der Medienorganisationen und der Leserschaft anzupassen. Oftmals müssen Journalisten einen Stil wählen, der den redaktionellen Richtlinien ihrer Publikation entspricht, was die persönliche Ausdrucksweise einschränken kann.

Ein weiteres Problem ist die Vielfalt der Themen, die behandelt werden müssen. Rachel Giese beispielsweise hat über eine Vielzahl von Themen innerhalb der LGBTQ-Community berichtet, von persönlichen Geschichten bis hin zu politischen Entwicklungen. Diese thematische Vielfalt erfordert eine Flexibilität im Schreibstil, die nicht immer leicht zu erreichen ist.

Ein Beispiel für diese Herausforderung ist Gieses Artikel über die Auswirkungen von diskriminierenden Gesetzen auf Transgender-Personen. In diesem Artikel musste sie sowohl emotionale als auch faktische Elemente kombinieren, um die Tragweite des Themas zu verdeutlichen. Dies erforderte eine sorgfältige Balance zwischen persönlicher Ansprache und journalistischer Objektivität.

Praktische Beispiele

Die Entwicklung eines eigenen Schreibstils erfordert auch viel Übung und Experimentieren. Rachel Giese begann ihre Karriere, indem sie verschiedene Schreibstile ausprobierte, um herauszufinden, was am besten zu ihr passt. In ihren frühen Arbeiten verwendete sie einen eher sachlichen und neutralen Ton, der jedoch oft als trocken und unpersönlich wahrgenommen wurde.

Im Laufe der Zeit hat sie ihren Stil weiterentwickelt, indem sie mehr persönliche Anekdoten und emotionale Sprache einfließen ließ. Ein hervorragendes Beispiel dafür ist ihr Artikel über die Erfahrungen von Transgender-Kindern in Schulen, in dem sie die Stimmen dieser Kinder direkt zitiert und ihre Geschichten lebendig werden lässt. Diese Technik fördert nicht nur die Identifikation der Leser mit den Protagonisten, sondern trägt auch zur Sichtbarkeit der Themen bei.

Ein weiterer Aspekt, den Giese in ihren Arbeiten berücksichtigt, ist die Verwendung von Metaphern und bildlicher Sprache. Diese stilistischen Mittel helfen, komplexe Themen greifbarer zu machen und die emotionale Resonanz der Leser zu erhöhen. In einem ihrer bekanntesten Artikel über die Herausforderungen von Transgender-Personen in der Gesellschaft verwendet sie die Metapher des „Kampfes um Sichtbarkeit", um die ständigen Kämpfe und den Mut der Betroffenen zu illustrieren.

Schlussfolgerung

Die Entwicklung eines eigenen Schreibstils ist ein dynamischer und fortlaufender Prozess, der sowohl theoretisches Wissen als auch praktische Erfahrung erfordert. Für Journalisten wie Rachel Giese, die sich mit sensiblen und oft missverstandenen Themen befassen, ist es von entscheidender Bedeutung, einen klaren, konsistenten und originellen Stil zu entwickeln, der sowohl informativ als auch ansprechend ist. Durch das Experimentieren mit verschiedenen Ansätzen und das Lernen aus den Herausforderungen, die sich während des Schreibprozesses ergeben, können

Journalisten nicht nur ihre eigene Stimme finden, sondern auch einen bedeutenden Beitrag zur Sichtbarkeit und zum Verständnis von LGBTQ-Themen leisten.

Netzwerken mit anderen Journalisten

Netzwerken ist ein entscheidender Aspekt für jeden Journalisten, insbesondere für Rachel Giese, die sich in der Welt des LGBTQ-Aktivismus engagiert. In diesem Abschnitt beleuchten wir die Bedeutung des Netzwerkens, die Herausforderungen, die dabei auftreten können, sowie einige erfolgreiche Beispiele, die Rachels Karriere geprägt haben.

Die Bedeutung des Netzwerkens

Netzwerken ist nicht nur eine Möglichkeit, Kontakte zu knüpfen; es ist ein strategischer Ansatz, um Informationen auszutauschen, Unterstützung zu finden und die eigene Sichtbarkeit zu erhöhen. Für Journalisten, die sich mit sensiblen Themen wie LGBTQ-Rechten befassen, ist der Aufbau eines starken Netzwerks von Kollegen und Verbündeten besonders wichtig. Ein gut etabliertes Netzwerk kann den Zugang zu Ressourcen, Informationen und Plattformen erleichtern, die für die Berichterstattung über marginalisierte Gemeinschaften entscheidend sind.

Ein Zitat von Rachel Giese verdeutlicht diese Sichtweise: *"In der Welt des Journalismus ist es nicht nur wichtig, die richtigen Fragen zu stellen, sondern auch die richtigen Menschen zu kennen."* Dies zeigt, dass Beziehungen im Journalismus oft den Unterschied zwischen einer guten und einer herausragenden Berichterstattung ausmachen können.

Herausforderungen beim Netzwerken

Trotz der Vorteile gibt es auch Herausforderungen beim Netzwerken. Eine der größten Hürden ist der Zugang zu geschützten oder geschlossenen Netzwerken, die oft von etablierten Journalisten und Medienhäusern dominiert werden. Dies kann besonders für aufstrebende Journalistinnen und Journalisten, die sich auf LGBTQ-Themen konzentrieren, frustrierend sein.

Ein weiteres Problem ist die Unsicherheit, die viele in der LGBTQ-Community empfinden, wenn es darum geht, sich zu vernetzen. Diskriminierung und Vorurteile können dazu führen, dass sich Personen nicht wohlfühlen, ihre Identität in professionellen Kontexten zu teilen. Dies kann den Austausch von Ideen und Erfahrungen behindern und somit die Entwicklung einer solidarischen Gemeinschaft erschweren.

Strategien für erfolgreiches Netzwerken

Um diese Herausforderungen zu überwinden, hat Rachel Giese verschiedene Strategien entwickelt, die ihr geholfen haben, ein starkes Netzwerk aufzubauen:

- **Teilnahme an Konferenzen und Workshops:** Rachel hat regelmäßig an Fachkonferenzen und Workshops teilgenommen, die sich mit LGBTQ-Themen und Journalismus beschäftigen. Diese Veranstaltungen bieten nicht nur Lernmöglichkeiten, sondern auch die Chance, Gleichgesinnte zu treffen und wertvolle Kontakte zu knüpfen.

- **Nutzung sozialer Medien:** Plattformen wie Twitter und LinkedIn haben sich als wertvolle Werkzeuge erwiesen, um mit anderen Journalisten in Kontakt zu treten. Rachel nutzt diese Plattformen, um ihre Arbeiten zu teilen, Diskussionen anzuregen und sich mit anderen Fachleuten auszutauschen.

- **Mentoring und Unterstützung:** Rachel hat sich aktiv um Mentoring-Beziehungen bemüht. Sie hat sowohl von erfahrenen Journalisten gelernt als auch ihr Wissen an jüngere Kolleginnen und Kollegen weitergegeben. Dieses gegenseitige Unterstützen stärkt nicht nur die Gemeinschaft, sondern fördert auch die Sichtbarkeit von LGBTQ-Themen in den Medien.

Beispiele erfolgreicher Netzwerke

Ein herausragendes Beispiel für Rachels Networking-Fähigkeiten war ihre Zusammenarbeit mit der Organisation *Trans Lifeline*. Durch diese Partnerschaft konnte sie nicht nur wichtige Informationen über die Herausforderungen von Transgender-Personen sammeln, sondern auch deren Geschichten in ihren Artikeln hervorheben. Diese Zusammenarbeit führte zu einer Reihe von Publikationen, die sowohl in der LGBTQ-Community als auch in der breiteren Öffentlichkeit Anerkennung fanden.

Ein weiteres Beispiel ist ihre Teilnahme an der jährlichen *Pride*-Parade, wo sie mit anderen Journalisten und Aktivisten in Kontakt trat. Diese Veranstaltungen bieten eine Plattform, um wichtige Themen zu diskutieren und gleichzeitig die Sichtbarkeit von Transgender-Personen zu erhöhen.

Schlussfolgerung

Zusammenfassend lässt sich sagen, dass das Netzwerken mit anderen Journalisten für Rachel Giese nicht nur eine berufliche Notwendigkeit, sondern auch ein persönliches Anliegen ist. Durch den Austausch von Erfahrungen und Ressourcen hat sie nicht nur ihre eigene Karriere vorangetrieben, sondern auch dazu beigetragen, die Sichtbarkeit und das Verständnis für LGBTQ-Themen in den Medien zu fördern. In einer Welt, in der die Stimmen von marginalisierten Gemeinschaften oft überhört werden, bleibt das Netzwerken ein unverzichtbares Werkzeug für Journalisten, die sich für soziale Gerechtigkeit einsetzen.

Teilnahme an Konferenzen und Workshops

Die Teilnahme an Konferenzen und Workshops stellt für Rachel Giese einen entscheidenden Schritt in ihrer journalistischen und aktivistischen Karriere dar. Solche Veranstaltungen bieten nicht nur eine Plattform für den Austausch von Ideen, sondern auch die Möglichkeit, sich mit Gleichgesinnten zu vernetzen und von erfahrenen Fachleuten zu lernen. In diesem Abschnitt beleuchten wir die Bedeutung dieser Teilnahmen sowie die Herausforderungen und Erfolge, die damit verbunden sind.

Bedeutung von Konferenzen und Workshops

Konferenzen sind oft der Ort, an dem aktuelle Themen und Herausforderungen im LGBTQ-Aktivismus diskutiert werden. Sie bieten eine Gelegenheit, sich über neueste Forschungsergebnisse, politische Entwicklungen und gesellschaftliche Trends zu informieren. Rachel erkannte früh, dass das Wissen, das sie aus diesen Veranstaltungen schöpfen konnte, nicht nur ihre Berichterstattung bereicherte, sondern auch ihre Fähigkeit, die Anliegen der LGBTQ-Community effektiv zu vertreten, stärkte.

Networking und Zusammenarbeit

Ein weiterer wichtiger Aspekt der Teilnahme an Konferenzen ist das Networking. Rachel nutzte diese Gelegenheiten, um Kontakte zu anderen Journalisten, Aktivisten und Akademikern zu knüpfen. Diese Netzwerke erwiesen sich als wertvoll, als sie später an gemeinsamen Projekten arbeitete oder Unterstützung für ihre eigenen Initiativen suchte. Die Zusammenarbeit mit anderen Fachleuten führte oft zu innovativen Ideen und Ansätzen, die sie in ihrer Berichterstattung umsetzen konnte.

Herausforderungen bei der Teilnahme

Trotz der vielen Vorteile gab es auch Herausforderungen, die Rachel bei der Teilnahme an Konferenzen und Workshops begegneten. Oft waren die Veranstaltungen überfüllt und es war schwierig, sich Gehör zu verschaffen. Zudem stellte sie fest, dass nicht alle Diskussionen inklusiv waren und manchmal marginalisierte Stimmen übersehen wurden. Diese Erfahrungen motivierten sie, in ihren eigenen Berichten darauf zu achten, dass alle Perspektiven gehört wurden.

Beispiele für bedeutende Konferenzen

Rachel nahm an mehreren bedeutenden Konferenzen teil, darunter die *International LGBTQ+ Media Conference* und die *Transgender Europe Conference*. Bei der ersten Konferenz hatte sie die Möglichkeit, mit führenden Journalisten aus der ganzen Welt zu diskutieren und ihre Sichtweise auf die Berichterstattung über LGBTQ-Themen zu erweitern. In der *Transgender Europe Conference* konnte sie direkt von Aktivisten lernen, die sich mit den spezifischen Herausforderungen von Transgender-Personen auseinandersetzen.

Workshops zur beruflichen Entwicklung

Zusätzlich zu Konferenzen besuchte Rachel auch zahlreiche Workshops, die sich auf journalistische Fähigkeiten konzentrierten. Diese Workshops boten praktische Übungen zu Themen wie investigativem Journalismus, ethischem Reporting und der Verwendung von sozialen Medien. Ein besonders einprägsamer Workshop befasste sich mit der Berichterstattung über Gewalt gegen LGBTQ-Personen, bei dem Rachel lernte, wie wichtig es ist, sensibel und respektvoll mit den Geschichten von Betroffenen umzugehen.

Erfolge durch die Teilnahme

Die Teilnahme an diesen Veranstaltungen führte zu mehreren Erfolgen in Rachels Karriere. Sie wurde eingeladen, als Rednerin bei verschiedenen Konferenzen aufzutreten, wo sie ihre Erfahrungen und Erkenntnisse mit anderen teilte. Diese Anerkennung stärkte nicht nur ihr Profil als Journalistin, sondern ermutigte auch andere, sich aktiv für LGBTQ-Rechte einzusetzen.

Schlussfolgerung

Insgesamt war die Teilnahme an Konferenzen und Workshops für Rachel Giese ein wesentlicher Bestandteil ihrer Entwicklung als Journalistin und Aktivistin. Sie ermöglichte es ihr, sich mit anderen zu vernetzen, ihre Fähigkeiten zu erweitern und die Stimmen der LGBTQ-Community in den Mittelpunkt ihrer Berichterstattung zu stellen. Die Herausforderungen, denen sie begegnete, stärkten ihren Willen, für Inklusion und Sichtbarkeit zu kämpfen und trugen dazu bei, ihre Perspektive als Journalistin zu schärfen. Diese Erfahrungen sind nicht nur für Rachel von Bedeutung, sondern auch für die gesamte LGBTQ-Community, die von einer stärkeren, informierten und solidarischen Medienberichterstattung profitiert.

Abschluss und erste berufliche Schritte

Rachel Giese schloss ihr Studium mit einem Bachelor-Abschluss in Journalismus an einer renommierten Universität ab. Dieser Abschluss war nicht nur ein persönlicher Meilenstein, sondern auch der Beginn einer vielversprechenden Karriere im Journalismus, die sich stark auf die Berichterstattung über LGBTQ-Themen konzentrierte. Während ihrer Studienzeit hatte sie die Möglichkeit, ihre journalistischen Fähigkeiten zu verfeinern und ihre Leidenschaft für soziale Gerechtigkeit und Sichtbarkeit für marginalisierte Gruppen zu entwickeln.

Die Herausforderungen des Übergangs in die Berufswelt

Der Übergang von der akademischen Welt in die Berufswelt stellte Rachel vor einige Herausforderungen. Viele frischgebackene Absolventen stehen vor der Realität, dass die Arbeitsmarktsituation in der Medienbranche oft unberechenbar ist. Rachel erlebte dies hautnah, als sie sich auf Stellen bewarb. Trotz ihrer Qualifikationen und praktischen Erfahrungen stieß sie auf zahlreiche Absagen. Diese Ablehnungen waren nicht nur frustrierend, sondern führten auch zu Selbstzweifeln über ihre Fähigkeiten und den Wert ihrer Stimme im Journalismus.

Ein zentrales Problem, das viele junge Journalistinnen und Journalisten betrifft, ist der Mangel an bezahlten Praktika und Einstiegspositionen. Viele Organisationen bieten nur unbezahlte Praktika an, was es für Menschen aus weniger privilegierten Verhältnissen schwierig macht, in die Branche einzutreten. Rachel war sich dieser Problematik bewusst und suchte nach Wegen, um diese Hürden zu überwinden. Sie entschloss sich, ihre eigene Plattform zu schaffen, um ihre Stimme zu erheben und die Geschichten von Trans-Kanadierinnen zu erzählen, die oft ignoriert wurden.

Erste berufliche Schritte

Nach ihrem Abschluss begann Rachel, für verschiedene lokale Zeitungen und Online-Publikationen zu schreiben. Ihre ersten Artikel thematisierten oft die Herausforderungen, mit denen Transgender-Personen konfrontiert sind, und beleuchteten die Bedeutung von Sichtbarkeit und Repräsentation in den Medien. Ein besonders bemerkenswerter Artikel, den sie verfasste, handelte von den Auswirkungen der Gesetzgebung auf die Rechte von Transgender-Personen in Kanada. Dieser Artikel fand großen Anklang und wurde sowohl in sozialen Medien als auch in der Presse diskutiert, was Rachels Bekanntheit in der LGBTQ-Community steigerte.

In dieser Phase ihrer Karriere wurde Rachel auch von mehreren LGBTQ-Organisationen kontaktiert, die an ihrer Berichterstattung interessiert waren. Diese Zusammenarbeit ermöglichte es ihr, tiefere Einblicke in die Herausforderungen der Community zu erhalten und deren Geschichten authentisch zu erzählen. Sie lernte, wie wichtig es ist, als Journalistin eine vertrauensvolle Beziehung zu den Menschen aufzubauen, über die sie berichtet. Dies führte dazu, dass sie als eine Stimme für die oft übersehenen Trans-Kanadierinnen anerkannt wurde.

Mentoren und Netzwerke

Ein weiterer entscheidender Aspekt von Rachels Einstieg in die Berufswelt war die Unterstützung durch Mentoren. Sie fand mehrere erfahrene Journalistinnen und Aktivisten, die bereit waren, ihr Ratschläge zu geben und sie in ihrer Karriere zu unterstützen. Diese Mentoren halfen ihr nicht nur, ihre Schreibfähigkeiten zu verbessern, sondern auch, die politischen und sozialen Kontexte besser zu verstehen, in denen sie arbeitete.

Darüber hinaus begann Rachel, Netzwerke innerhalb der LGBTQ-Community aufzubauen. Sie nahm an Veranstaltungen und Konferenzen teil, die sich mit LGBTQ-Themen befassten, und knüpfte Kontakte zu anderen Journalisten und Aktivisten. Diese Netzwerke erwiesen sich als unschätzbar wertvoll, als sie begann, ihre eigene Stimme in der Medienlandschaft zu etablieren.

Fazit

Rachels Abschluss und ihre ersten beruflichen Schritte waren geprägt von Herausforderungen, aber auch von Chancen. Ihr Engagement für LGBTQ-Rechte und ihre Fähigkeit, die Geschichten von Trans-Kanadierinnen zu erzählen, halfen ihr, sich in der Medienlandschaft zu positionieren. Sie verstand, dass der Journalismus nicht nur ein Beruf ist, sondern auch eine Plattform, um Veränderungen zu bewirken und das Bewusstsein für wichtige gesellschaftliche Themen zu schärfen. Mit jedem Artikel, den sie schrieb, festigte sie ihren Platz als eine der wichtigen Stimmen im LGBTQ-Aktivismus und im Journalismus.

Der Aufstieg zur Bekanntheit

Erste Artikel und Veröffentlichungen

Thematisierung von Transgender-Rechten

Die Thematisierung von Transgender-Rechten ist in den letzten Jahren zu einem zentralen Punkt im LGBTQ-Aktivismus geworden. Der Kampf um die Anerkennung und den Schutz von Transgender-Personen ist nicht nur eine Frage der individuellen Rechte, sondern auch eine gesellschaftliche Herausforderung, die tief in den Strukturen unserer Gesellschaft verwurzelt ist. In diesem Abschnitt werden wir die wichtigsten Aspekte der Thematisierung von Transgender-Rechten beleuchten, einschließlich der theoretischen Grundlagen, der bestehenden Probleme sowie konkreter Beispiele, die die Dringlichkeit dieser Thematik verdeutlichen.

Theoretische Grundlagen

Die Diskussion über Transgender-Rechte ist eng mit verschiedenen theoretischen Ansätzen verbunden. Ein zentraler Ansatz ist die **Queer-Theorie**, die sich mit den Konstruktionen von Geschlecht und Sexualität auseinandersetzt und die binären Vorstellungen von Geschlecht hinterfragt. Judith Butler, eine der führenden Theoretikerinnen in diesem Bereich, argumentiert, dass Geschlecht nicht biologisch determiniert, sondern sozial konstruiert ist. Sie formuliert die Idee, dass Geschlecht performativ ist, was bedeutet, dass es durch wiederholte Handlungen und Praktiken hergestellt wird.

Ein weiterer wichtiger theoretischer Rahmen ist die **Intersektionalität**, die die Überschneidungen verschiedener Identitäten und Diskriminierungsformen berücksichtigt. Diese Theorie hilft, die komplexen Erfahrungen von Transgender-Personen zu verstehen, die nicht nur aufgrund ihres Geschlechts, sondern auch aufgrund anderer Faktoren wie Rasse, Klasse oder Behinderung Diskriminierung erfahren können.

Aktuelle Probleme

Trotz der Fortschritte, die in den letzten Jahren erzielt wurden, stehen Transgender-Personen weiterhin vor erheblichen Herausforderungen. Eines der größten Probleme ist die **Rechtsunsicherheit**. In vielen Ländern gibt es keine klaren gesetzlichen Regelungen, die Transgender-Personen den Zugang zu medizinischer Versorgung, rechtlicher Anerkennung oder Schutz vor Diskriminierung garantieren. Das Fehlen von Gesetzen führt oft zu einem Klima der Angst und Unsicherheit, in dem Transgender-Personen um ihre grundlegenden Rechte kämpfen müssen.

Ein weiteres zentrales Problem ist die **Diskriminierung im Gesundheitswesen**. Transgender-Personen sehen sich häufig Vorurteilen und Unkenntnis gegenüber, wenn sie medizinische Hilfe in Anspruch nehmen. Dies kann dazu führen, dass sie notwendige Behandlungen nicht erhalten oder sogar Gewalt und Misshandlung erfahren. Eine Studie des *National Center for Transgender Equality* zeigt, dass 19% der Befragten angaben, in den letzten 12 Monaten aufgrund ihrer Geschlechtsidentität diskriminiert worden zu sein.

Beispiele und Fallstudien

Ein prägnantes Beispiel für die Thematisierung von Transgender-Rechten ist der Fall von **Leelah Alcorn**, einer jungen Transgender-Frau, die 2014 in den USA Suizid beging. Ihr Abschiedsbrief, der im Internet veröffentlicht wurde, machte auf die Misshandlung und den Mangel an Unterstützung aufmerksam, die sie aufgrund ihrer Geschlechtsidentität erlebte. Leelahs Geschichte löste eine Welle von Diskussionen über die Notwendigkeit von Unterstützungssystemen für Transgender-Jugendliche aus und führte zu einem verstärkten Engagement für Transgender-Rechte in der Gesellschaft.

Ein weiteres Beispiel ist die **Transgender-Equality-Task-Force** in Kanada, die sich für die rechtliche Anerkennung von Transgender-Personen einsetzt. Diese Gruppe hat erfolgreich Lobbyarbeit geleistet, um Gesetze zu ändern, die Diskriminierung aufgrund der Geschlechtsidentität verbieten und den Zugang zu geschlechtsbestätigenden Verfahren erleichtern. Der Erfolg dieser Initiative zeigt, wie wichtig aktive und organisierte Anstrengungen im Kampf für Transgender-Rechte sind.

Fazit

Die Thematisierung von Transgender-Rechten ist ein vielschichtiger und dynamischer Prozess, der sowohl theoretische als auch praktische Dimensionen umfasst. Es ist entscheidend, dass Aktivisten, Journalisten und die Gesellschaft insgesamt die Stimmen von Transgender-Personen hören und unterstützen. Nur durch eine umfassende Auseinandersetzung mit den bestehenden Herausforderungen und eine aktive Förderung der Rechte von Transgender-Personen kann eine gerechtere und inklusivere Gesellschaft geschaffen werden. Die Sichtbarkeit und Anerkennung von Transgender-Rechten sind nicht nur für die betroffenen Individuen von Bedeutung, sondern auch für die gesamte Gesellschaft, die von Vielfalt und Inklusion profitiert.

Reaktionen auf ihre ersten Artikel

Rachel Giese, eine aufstrebende Stimme im Journalismus, erlebte eine Vielzahl von Reaktionen auf ihre ersten Artikel, die sich mit Transgender-Rechten und der LGBTQ-Community beschäftigten. Diese Reaktionen waren sowohl positiv als auch negativ und spiegelten die geteilte Meinung der Öffentlichkeit zu diesen Themen wider.

Positive Resonanz

Die ersten Artikel von Giese fanden schnell Anklang bei Lesern und Aktivisten innerhalb der LGBTQ-Community. Viele Leser lobten ihre Fähigkeit, komplexe Themen verständlich und einfühlsam zu behandeln. Ihre Berichterstattung über die Herausforderungen, denen Transgender-Personen gegenüberstehen, wurde als wichtig und notwendig angesehen.

Ein Beispiel für eine positive Reaktion war ein Artikel, in dem Giese die Geschichten von Transgender-Kindern und deren Familien beleuchtete. Dieser Artikel erhielt zahlreiche Zuschriften von Lesern, die sich für die Sichtbarkeit und die Stimmen von Transgender-Personen einsetzten. Eine Leserin schrieb: "*Endlich gibt es jemanden, der die Realität unserer Erfahrungen so klar und einfühlsam beschreibt. Ich fühle mich verstanden.*"

Negative Kritik

Trotz des positiven Feedbacks blieb Giese nicht von Kritik verschont. Einige ihrer Artikel, insbesondere solche, die kontroverse Themen wie die medizinische Behandlung von Transgender-Jugendlichen behandelten, stießen auf heftigen

Widerstand. Kritiker warfen ihr vor, einseitig zu berichten und die Komplexität der Debatte zu ignorieren.

Ein besonders aufsehenerregender Artikel, der sich mit den rechtlichen Herausforderungen für Transgender-Personen in Kanada befasste, wurde von konservativen Medien scharf kritisiert. Diese Medien bezeichneten Giese als "Agenda-Pusherin", die die Gesellschaft spalte, anstatt zu einen. Solche Angriffe führten dazu, dass Giese sich intensiver mit den Argumenten ihrer Kritiker auseinandersetzen musste.

Einfluss der sozialen Medien

Die Rolle der sozialen Medien war entscheidend für die Verbreitung von Gieses Artikeln und den darauf folgenden Reaktionen. Plattformen wie Twitter und Facebook ermöglichten es Lesern, ihre Meinungen schnell und direkt zu äußern. Dies führte zu einer dynamischen Diskussion, in der sowohl Unterstützer als auch Gegner ihrer Ansichten zu Wort kamen.

Ein Beispiel für diese Dynamik war ein Tweet, der Gieses Artikel über die Diskriminierung von Transgender-Personen kritisierte. Der Tweet ging viral und führte zu einer Welle von Kommentaren, die sowohl für als auch gegen Giese argumentierten. Diese öffentliche Auseinandersetzung verdeutlichte die polarisierten Ansichten zu Transgender-Rechten in der Gesellschaft.

Reflexion und Lernen

Die Reaktionen auf Gieses erste Artikel führten zu einer Phase der Reflexion und des Lernens. Sie begann, die Kritik ernst zu nehmen und ihre Berichterstattung zu überdenken. Giese erkannte, dass es wichtig war, die verschiedenen Perspektiven in der Debatte zu berücksichtigen und sicherzustellen, dass ihre Berichterstattung ausgewogen war.

In einer späteren Kolumne schrieb sie: *"Der Dialog über Transgender-Rechte ist komplex und oft emotional. Es ist meine Pflicht als Journalistin, diesen Dialog zu fördern und verschiedene Stimmen zu hören."* Diese Erkenntnis half ihr, ihre journalistische Praxis weiterzuentwickeln und ihre Artikel noch tiefgründiger und inklusiver zu gestalten.

Fazit

Insgesamt waren die Reaktionen auf Rachel Gieses erste Artikel ein Spiegelbild der gesellschaftlichen Spannungen rund um das Thema Transgender-Rechte. Während sie von vielen als wichtige Stimme gefeiert wurde, musste sie sich auch mit der Realität auseinandersetzen, dass nicht jeder ihre Ansichten teilt. Diese Erfahrungen prägten nicht nur ihre Entwicklung als Journalistin, sondern auch die Art und Weise, wie sie über LGBTQ-Themen berichtete.

Die Fähigkeit, sowohl positive als auch negative Rückmeldungen zu integrieren, war entscheidend für Gieses Wachstum und ihren Einfluss innerhalb der LGBTQ-Community. Ihre Reise zeigt, wie wichtig es ist, in einem sich ständig verändernden sozialen Klima eine Stimme zu sein und gleichzeitig die Herausforderungen zu erkennen, die mit dieser Verantwortung einhergehen.

Zusammenarbeit mit LGBTQ-Organisationen

Die Zusammenarbeit mit LGBTQ-Organisationen stellt einen entscheidenden Aspekt in Rachel Gieses Karriere dar, da sie nicht nur ihre journalistische Arbeit bereichert, sondern auch zur Stärkung der LGBTQ-Community beiträgt. Diese Kooperationen sind von zentraler Bedeutung, um die Sichtbarkeit von Transgender-Personen zu erhöhen und deren Rechte zu fördern. In diesem Abschnitt werden die verschiedenen Facetten dieser Zusammenarbeit beleuchtet, einschließlich der Herausforderungen, die damit verbunden sind, sowie der positiven Auswirkungen auf die Community.

Die Rolle von LGBTQ-Organisationen

LGBTQ-Organisationen spielen eine Schlüsselrolle im Aktivismus, indem sie Ressourcen bereitstellen, Netzwerke aufbauen und Bildung fördern. Diese Organisationen, wie beispielsweise *Trans Lifeline*, *PFLAG* oder *The Trevor Project*, bieten nicht nur Unterstützung für Betroffene, sondern setzen sich auch für politische Veränderungen ein. Rachel Giese hat eng mit diesen Organisationen zusammengearbeitet, um ihre Berichterstattung zu verbessern und authentische Stimmen aus der Community zu integrieren.

Synergien zwischen Journalismus und Aktivismus

Die Zusammenarbeit zwischen Journalisten und LGBTQ-Organisationen schafft Synergien, die für beide Seiten von Vorteil sind. Journalistinnen und Journalisten wie Giese können durch den Zugang zu den Ressourcen und dem Fachwissen dieser Organisationen fundiertere und tiefere Berichterstattung leisten. Im Gegenzug profitieren die Organisationen von der erhöhten Sichtbarkeit, die durch die Medienberichterstattung entsteht. Ein Beispiel für eine solche Zusammenarbeit ist die Berichterstattung über die *Transgender Day of*

Remembrance, bei dem Giese in Zusammenarbeit mit lokalen Organisationen die Geschichten von Opfern von Gewalt an Transgender-Personen dokumentiert hat.

Herausforderungen bei der Zusammenarbeit

Trotz der Vorteile gibt es auch Herausforderungen, die mit der Zusammenarbeit zwischen Journalisten und LGBTQ-Organisationen verbunden sind. Eine der größten Schwierigkeiten ist die potenzielle Verzerrung der Berichterstattung. Journalisten müssen sicherstellen, dass ihre Arbeit nicht die Narrative der Organisationen übermäßig beeinflusst, sondern objektiv bleibt. Dies erfordert eine sorgfältige Balance zwischen aktivistischem Engagement und journalistischer Integrität.

Ein weiteres Problem ist der Zugang zu Informationen und Ressourcen. Während viele Organisationen bereit sind, ihre Geschichten zu teilen, gibt es oft Bedenken hinsichtlich der Privatsphäre und der Sicherheit der Betroffenen. Hier ist es entscheidend, dass Journalistinnen und Journalisten sensibel mit den Informationen umgehen und die Zustimmung der betroffenen Personen einholen, bevor sie deren Geschichten veröffentlichen.

Beispiele für erfolgreiche Kooperationen

Ein herausragendes Beispiel für eine erfolgreiche Zusammenarbeit ist die Kampagne *#TransIsBeautiful*, die von verschiedenen LGBTQ-Organisationen initiiert wurde. Giese berichtete über diese Kampagne und half dabei, die Stimmen von Transgender-Personen zu verstärken, die ihre Erfahrungen und Kämpfe teilen wollten. Diese Berichterstattung führte zu einer breiteren gesellschaftlichen Diskussion über Transgender-Rechte und trug dazu bei, das Bewusstsein für die Herausforderungen zu schärfen, mit denen Transgender-Personen konfrontiert sind.

Ein weiteres Beispiel ist die Zusammenarbeit mit der Organisation *GLAAD*, um die Berichterstattung über Transgender-Themen in den Medien zu verbessern. Giese nahm an Workshops und Schulungen teil, die von GLAAD angeboten wurden, um ihre Kenntnisse über die Sensibilität und die korrekte Terminologie im Umgang mit Transgender-Themen zu vertiefen. Diese Schulungen halfen nicht nur Giese, sondern auch anderen Journalistinnen und Journalisten, die Berichterstattung über LGBTQ-Themen verantwortungsbewusster zu gestalten.

Fazit

Die Zusammenarbeit mit LGBTQ-Organisationen ist für Rachel Giese von zentraler Bedeutung, um die Sichtbarkeit von Transgender-Personen zu erhöhen und deren Rechte zu fördern. Trotz der Herausforderungen, die mit dieser Zusammenarbeit verbunden sind, überwiegen die positiven Auswirkungen auf die Community. Durch den Austausch von Wissen, Ressourcen und Erfahrungen können Journalistinnen und Journalisten wie Giese nicht nur ihre eigene Arbeit verbessern, sondern auch zur Stärkung der LGBTQ-Community beitragen. Diese Synergien sind entscheidend, um einen nachhaltigen Wandel in der Gesellschaft zu bewirken und die Stimmen von marginalisierten Gruppen zu stärken. In der Zukunft wird es wichtig sein, diese Beziehungen weiter auszubauen und die Herausforderungen proaktiv anzugehen, um eine gerechtere und inklusivere Gesellschaft zu schaffen.

Berichterstattung über Transgender-Personen

Die Berichterstattung über Transgender-Personen ist ein entscheidender Aspekt des Journalismus, der sowohl die Verantwortung als auch die Herausforderung beinhaltet, die Stimmen und Erfahrungen einer oft marginalisierten Gemeinschaft zu repräsentieren. In den letzten Jahren hat sich die öffentliche Wahrnehmung von Transgender-Themen erheblich verändert, was sowohl Chancen als auch Probleme für Journalisten mit sich bringt.

Theoretischer Rahmen

Die Berichterstattung über Transgender-Personen sollte auf einem soliden theoretischen Fundament beruhen, das die Komplexität der Geschlechtsidentität und die Vielfalt der Erfahrungen innerhalb der Trans-Community anerkennt. Ein zentraler theoretischer Ansatz ist die **Queer-Theorie**, die Geschlecht und Sexualität als soziale Konstrukte betrachtet und die Normen hinterfragt, die die gesellschaftliche Wahrnehmung von Geschlecht prägen. Diese Perspektive ermutigt Journalisten, über binäre Geschlechterkategorien hinauszudenken und die fluiden und vielfältigen Identitäten zu erkennen, die es gibt.

Ein weiterer wichtiger Aspekt ist die **Medienethik**, die die Verantwortung der Journalisten betont, die Privatsphäre und Würde der berichteten Personen zu respektieren. Dies bedeutet, dass Journalisten beim Umgang mit Transgender-Themen sensibel und respektvoll sein müssen, um Stereotypen und Vorurteile zu vermeiden.

Herausforderungen in der Berichterstattung

Eine der größten Herausforderungen in der Berichterstattung über Transgender-Personen ist die **Sprache**. Die Verwendung korrekter Pronomen und Namen ist entscheidend, um Respekt und Anerkennung zu zeigen. Falsche Darstellungen können nicht nur die betroffenen Personen verletzen, sondern auch zur Verbreitung von Fehlinformationen beitragen. Journalisten müssen sich ständig weiterbilden und sich über die sich entwickelnde Sprache und Terminologie informieren, die in der Trans-Community verwendet wird.

Ein weiteres Problem ist die **Sensationalisierung**. Oft werden Transgender-Personen in den Medien als Sensationsobjekte dargestellt, was zu einer Entmenschlichung führt. Berichterstattung, die sich auf Gewalt gegen Transgender-Personen konzentriert, ist wichtig, aber sie sollte nicht die einzige Narrative sein. Es ist entscheidend, auch positive Geschichten und Erfolge innerhalb der Trans-Community zu beleuchten, um ein ausgewogenes Bild zu vermitteln.

Beispiele für gelungene Berichterstattung

Ein herausragendes Beispiel für gelungene Berichterstattung über Transgender-Personen ist der Artikel *„Transgender Rights Are Human Rights"* von Rachel Giese, der in einer renommierten Zeitung veröffentlicht wurde. In diesem Artikel wurden die Herausforderungen, mit denen Transgender-Personen konfrontiert sind, umfassend behandelt, während gleichzeitig ihre Stimmen und Geschichten hervorgehoben wurden. Giese verwendete eine respektvolle Sprache und stellte sicher, dass die berichteten Personen die Möglichkeit hatten, ihre eigenen Geschichten zu erzählen, was zu einer authentischen und empathischen Darstellung führte.

Ein weiteres Beispiel ist die Dokumentation *„Disclosure"*, die die Darstellung von Transgender-Personen in den Medien untersucht. Die Dokumentation zeigt, wie negative Stereotypen in der Film- und Fernsehkultur verstärkt werden und wie eine positive, differenzierte Darstellung Transgender-Personen helfen kann, ihre Identität zu akzeptieren und sich in der Gesellschaft sicherer zu fühlen.

Schlussfolgerung

Die Berichterstattung über Transgender-Personen ist eine anspruchsvolle, aber notwendige Aufgabe für Journalisten. Es erfordert ein tiefes Verständnis für die komplexen Themen, die mit Geschlechtsidentität verbunden sind, sowie ein Engagement für ethische Praktiken und die Wahrung der Menschenwürde. Durch verantwortungsvolle Berichterstattung können Journalisten dazu beitragen, Vorurteile abzubauen, die Sichtbarkeit von Transgender-Personen zu erhöhen und letztendlich die gesellschaftliche Akzeptanz zu fördern. Die Herausforderungen sind groß, aber die Belohnungen – die Möglichkeit, echte Veränderungen zu bewirken und die Stimmen derjenigen zu stärken, die oft übersehen werden – sind es wert.

Einfluss auf die öffentliche Meinung

Der Einfluss von Rachel Giese auf die öffentliche Meinung ist ein zentraler Aspekt ihrer journalistischen Arbeit und ihres Aktivismus. In einer Zeit, in der die Sichtbarkeit und die Rechte von Transgender-Personen zunehmend in den Fokus der Gesellschaft rücken, spielt die Berichterstattung über diese Themen eine entscheidende Rolle dabei, wie die Gesellschaft diese Identitäten wahrnimmt und akzeptiert.

Theoretischer Hintergrund

Die öffentliche Meinung ist nicht statisch; sie ist das Ergebnis eines komplexen Zusammenspiels von Medienberichterstattung, persönlichen Erfahrungen und gesellschaftlichen Normen. Die Theorie des *Agenda-Setting* besagt, dass Medien nicht nur darüber berichten, was wichtig ist, sondern auch die Themen definieren, die als wichtig wahrgenommen werden. Giese hat dieses Konzept effektiv genutzt, um die Diskussion über Transgender-Rechte voranzutreiben. Durch gezielte Berichterstattung hat sie Themen gesetzt, die zuvor in den Hintergrund gedrängt wurden.

Ein weiterer relevanter theoretischer Rahmen ist die *Framing-Theorie*. Diese Theorie beschäftigt sich damit, wie Informationen präsentiert werden, und wie dies die Wahrnehmung der Rezipienten beeinflusst. Giese hat oft positive und empowernde Narrative von Transgender-Personen hervorgehoben, was dazu beiträgt, stereotype Darstellungen zu überwinden und ein differenzierteres Bild der Transgender-Community zu zeichnen.

Beispiele und Probleme

Ein prägnantes Beispiel für Gieses Einfluss ist ihr Artikel über die Herausforderungen, denen Transgender-Frauen in der Gesellschaft gegenüberstehen. In diesem Artikel beleuchtet sie nicht nur die Diskriminierung, sondern auch die Resilienz und Stärke dieser Frauen. Die Reaktionen auf diesen

Artikel waren überwältigend; viele Leser berichteten von einem erhöhten Verständnis und einer veränderten Sichtweise auf Transgender-Themen.

Jedoch ist der Weg zur Veränderung der öffentlichen Meinung nicht ohne Herausforderungen. Trotz ihrer positiven Berichterstattung sieht sich Giese häufig mit Widerstand und Kritik konfrontiert. Kritiker werfen ihr vor, die Realität zu verzerren oder übermäßig positiv zu berichten. Diese Angriffe sind oft von einer tief verwurzelten Transphobie geprägt, die in der Gesellschaft weit verbreitet ist. Giese begegnet diesen Herausforderungen mit einer klaren Strategie: Sie bleibt bei den Fakten, stützt sich auf wissenschaftliche Erkenntnisse und gibt den Stimmen der Betroffenen Raum.

Die Rolle sozialer Medien

Ein weiterer entscheidender Faktor für Gieses Einfluss auf die öffentliche Meinung ist die Rolle der sozialen Medien. Plattformen wie Twitter und Instagram ermöglichen es ihr, direkt mit ihrem Publikum zu interagieren und ihre Botschaften zu verbreiten. Diese Kanäle bieten nicht nur eine Plattform für ihre Artikel, sondern auch einen Raum für Diskussionen und den Austausch von Erfahrungen. Ein Beispiel hierfür ist ihre Teilnahme an Online-Diskussionen während des Pride-Monats, wo sie aktiv Fragen beantwortet und Informationen teilt.

Die Verwendung von sozialen Medien hat auch die Möglichkeit geschaffen, dass ihre Botschaften viral gehen. Wenn ein Artikel von Giese geteilt wird, erreicht er oft ein breiteres Publikum, als es traditionelle Medien jemals könnten. Dies hat dazu beigetragen, das Bewusstsein für Transgender-Rechte zu schärfen und die öffentliche Meinung in eine positivere Richtung zu lenken.

Langfristige Auswirkungen

Die langfristigen Auswirkungen von Gieses Arbeit sind bereits spürbar. Ihre Berichterstattung hat nicht nur das Bewusstsein für Transgender-Rechte geschärft, sondern auch dazu beigetragen, dass diese Themen in politischen Diskursen und gesellschaftlichen Diskussionen an Bedeutung gewinnen. Der Einfluss auf die öffentliche Meinung ist ein dynamischer Prozess, der durch kontinuierliche Berichterstattung und Engagement aufrechterhalten wird.

Insgesamt zeigt sich, dass Rachel Giese durch ihre journalistische Arbeit einen signifikanten Einfluss auf die öffentliche Meinung hat. Sie nutzt Theorien des Agenda-Settings und der Framing-Theorie, um die Sichtbarkeit von Transgender-Personen zu erhöhen und stereotype Darstellungen zu hinterfragen.

Ihre Fähigkeit, mit sozialen Medien zu interagieren, verstärkt ihren Einfluss und ermöglicht es ihr, direkt mit der Öffentlichkeit zu kommunizieren. Trotz der Herausforderungen bleibt Giese eine wichtige Stimme im Kampf um Gleichheit und Anerkennung für Transgender-Personen.

Kritiken und Herausforderungen

Rachel Giese, als eine der führenden Stimmen im LGBTQ-Aktivismus, hat nicht nur Anerkennung für ihre journalistische Arbeit erhalten, sondern sieht sich auch zahlreichen Kritiken und Herausforderungen gegenüber. Diese kritischen Rückmeldungen sind oft vielschichtig und spiegeln sowohl die Komplexität der Themen wider, die sie behandelt, als auch die Spannungen innerhalb der LGBTQ-Community und der Gesellschaft im Allgemeinen.

Reaktionen auf ihre Berichterstattung

Die erste Herausforderung, der sich Giese gegenübersah, war die Reaktion auf ihre Berichterstattung über Transgender-Rechte. Während viele ihrer Artikel als aufschlussreich und notwendig angesehen wurden, gab es auch heftige Gegenreaktionen von verschiedenen Seiten. Kritiker argumentierten, dass ihre Berichterstattung nicht immer die Nuancen der Transgender-Erfahrungen erfasste und manchmal die Stimmen von marginalisierten Gruppen innerhalb der Community überging. Dies führte zu einem intensiven Dialog über die Verantwortung von Journalisten, insbesondere in Bezug auf die Repräsentation von Minderheiten.

Umgang mit Hasskommentaren

Ein weiteres bedeutendes Problem, mit dem Giese konfrontiert war, sind die Hasskommentare, die sie in sozialen Medien und auf Plattformen für ihre Artikel erhielt. Diese Kommentare reichten von persönlichen Angriffen bis hin zu bedrohlichen Botschaften. Der Umgang mit solchen negativen Rückmeldungen ist nicht nur emotional belastend, sondern kann auch die psychische Gesundheit von Journalisten beeinträchtigen. Giese hat Strategien entwickelt, um mit diesen Herausforderungen umzugehen, einschließlich der Zusammenarbeit mit Unterstützern und der Suche nach professioneller Hilfe, um die Auswirkungen von Cyber-Mobbing zu bewältigen.

Unterstützung von Verbündeten

Die Unterstützung von Verbündeten ist entscheidend, um den Herausforderungen, mit denen Giese konfrontiert ist, entgegenzuwirken. In der LGBTQ-Community ist es wichtig, dass Aktivisten und Journalisten sich gegenseitig unterstützen, um eine stärkere Stimme zu bilden. Giese hat oft betont, wie wichtig es ist, Netzwerke zu bilden und sich mit anderen Aktivisten zu verbinden, um den gemeinsamen Kampf für Rechte und Sichtbarkeit voranzutreiben. Diese Solidarität ist nicht nur eine Quelle der Stärke, sondern auch eine Möglichkeit, um gegen die negativen Auswirkungen von Kritiken und Angriffen anzugehen.

Reflexion über persönliche Angriffe

Die Reflexion über persönliche Angriffe ist ein weiterer wichtiger Aspekt, den Giese in ihrer Arbeit berücksichtigt. Sie hat gelernt, konstruktive Kritik von destruktiven Angriffen zu unterscheiden. Diese Fähigkeit ist entscheidend, um ihre eigene Entwicklung als Journalistin und Aktivistin voranzutreiben. Giese betont, dass persönliche Angriffe oft mehr über die Angreifer aussagen als über die Zielperson und dass es wichtig ist, sich auf die positiven Rückmeldungen und den Einfluss ihrer Arbeit zu konzentrieren.

Die Rolle von Trollen und Hatern

Ein besonders herausforderndes Element in der heutigen Medienlandschaft ist die Präsenz von Trollen und Hatern, die gezielt versuchen, die Stimmen von Aktivisten zu unterdrücken. Diese Individuen nutzen oft anonyme Konten, um ihre Hassbotschaften zu verbreiten, was es schwierig macht, sie zur Rechenschaft zu ziehen. Giese hat Strategien entwickelt, um diese negativen Einflüsse zu minimieren, indem sie sich auf ihre Arbeit konzentriert und die Unterstützung ihrer Community in den Vordergrund stellt. Sie hat auch betont, wie wichtig es ist, dass soziale Medienplattformen effektive Maßnahmen gegen Cyber-Mobbing ergreifen, um den Raum für konstruktive Diskussionen zu fördern.

Strategien zur Resilienz

Um den Herausforderungen und Kritiken standzuhalten, hat Giese Strategien zur Resilienz entwickelt. Diese beinhalten regelmäßige Selbstreflexion, Achtsamkeitspraktiken und die Suche nach Unterstützung durch Gleichgesinnte. Resilienz ist nicht nur eine persönliche Eigenschaft, sondern auch eine notwendige

Fähigkeit für Journalisten, die in einem oft feindlichen Umfeld arbeiten. Giese hat auch Workshops und Trainings organisiert, um anderen Journalisten zu helfen, ihre eigene Resilienz zu stärken und die Herausforderungen, denen sie begegnen, besser zu bewältigen.

Bedeutung von Selbstfürsorge

Inmitten der Herausforderungen, mit denen sie konfrontiert ist, hat Giese die Bedeutung von Selbstfürsorge erkannt. Selbstfürsorge ist entscheidend, um die geistige Gesundheit zu erhalten und die notwendige Energie für die Arbeit zu haben. Giese ermutigt andere Aktivisten und Journalisten, sich Zeit für sich selbst zu nehmen, Hobbys zu pflegen und gesunde Beziehungen zu pflegen, um die emotionalen Belastungen des Aktivismus und Journalismus zu bewältigen.

Umgang mit Stress und Druck

Der Umgang mit Stress und Druck ist eine Realität für jeden, der in einem anspruchsvollen Bereich arbeitet, und Giese ist da keine Ausnahme. Sie hat Techniken entwickelt, um mit dem Druck umzugehen, der mit der Berichterstattung über kontroverse Themen einhergeht. Dazu gehören das Setzen von Grenzen, um Überarbeitung zu vermeiden, und das Erkennen, wann es an der Zeit ist, eine Pause einzulegen. Giese hat auch betont, dass es wichtig ist, sich mit anderen auszutauschen, um Erfahrungen und Bewältigungsmechanismen zu teilen.

Einfluss auf ihre Arbeit

Die Herausforderungen und Kritiken, denen sich Giese gegenübersieht, haben einen erheblichen Einfluss auf ihre Arbeit. Sie hat gelernt, konstruktive Kritik zu nutzen, um ihre Berichterstattung zu verbessern und sicherzustellen, dass sie die Stimmen, die sie repräsentiert, angemessen widerspiegelt. Diese Fähigkeit, aus Rückschlägen zu lernen, hat sie zu einer stärkeren und einfühlsameren Journalistin gemacht, die sich weiterhin für die Rechte von Transgender-Personen und die Sichtbarkeit der LGBTQ-Community einsetzt.

Lektionen aus den Rückschlägen

Abschließend lässt sich sagen, dass die Rückschläge, die Giese erlebt hat, nicht nur Herausforderungen, sondern auch Lektionen sind, die sie in ihrer Karriere geprägt haben. Diese Lektionen reichen von der Bedeutung der Gemeinschaft und der

Solidarität bis hin zur Notwendigkeit der Selbstfürsorge und Resilienz. Giese hat gezeigt, dass es möglich ist, trotz der Widrigkeiten weiterzumachen und sich für die Rechte von Transgender-Personen und die Sichtbarkeit der LGBTQ-Community einzusetzen. Ihre Erfahrungen sind ein wertvolles Beispiel dafür, wie Journalisten und Aktivisten in einem herausfordernden Umfeld erfolgreich sein können.

Die Rolle sozialer Medien

In der heutigen digitalen Ära spielen soziale Medien eine entscheidende Rolle im LGBTQ-Aktivismus, insbesondere in der Berichterstattung über Transgender-Rechte und -Themen. Diese Plattformen ermöglichen es Aktivisten, ihre Stimmen zu erheben, Informationen schnell zu verbreiten und Gemeinschaften zu mobilisieren. Die Nutzung sozialer Medien hat die Art und Weise revolutioniert, wie Geschichten erzählt werden und wie Menschen miteinander interagieren.

Theoretische Grundlagen

Die Rolle sozialer Medien im Aktivismus kann durch verschiedene theoretische Rahmenbedingungen erklärt werden. Ein zentraler Aspekt ist die *Theorie der sozialen Bewegungen*, die besagt, dass soziale Bewegungen durch die Mobilisierung von Ressourcen, die Schaffung von kollektiver Identität und die Nutzung von Kommunikationskanälen erfolgreich sein können. Soziale Medien fungieren hier als ein entscheidendes Kommunikationsmittel, das es Aktivisten ermöglicht, ihre Botschaften zu verbreiten und Unterstützer zu gewinnen.

Ein weiteres relevantes Konzept ist das der *Netzwerkgesellschaft* nach Manuel Castells, welches beschreibt, wie das Internet und soziale Medien die sozialen Strukturen und die Art der Kommunikation transformieren. In einem Netzwerk von Gleichgesinnten können Informationen und Erfahrungen schnell ausgetauscht werden, was zu einer stärkeren Mobilisierung und Sichtbarkeit führt.

Herausforderungen und Probleme

Trotz der positiven Aspekte gibt es auch Herausforderungen, die mit der Nutzung sozialer Medien im Aktivismus verbunden sind. Eine der größten Herausforderungen ist die *Desinformation*. Falsche Informationen können sich schnell verbreiten und die öffentliche Meinung negativ beeinflussen. Dies kann insbesondere für marginalisierte Gruppen wie Transgender-Personen schädlich sein, da sie oft bereits mit Vorurteilen und Missverständnissen konfrontiert sind.

Ein weiteres Problem ist der *Troll- und Hasskommentar-Phänomen.* Aktivisten, die sich für Transgender-Rechte einsetzen, sind häufig Ziel von Online-Mobbing und Hasskommentaren. Diese Angriffe können nicht nur emotionalen Stress verursachen, sondern auch die Effektivität ihrer Botschaften untergraben. Es ist wichtig, Strategien zur Bewältigung solcher Herausforderungen zu entwickeln, um die Integrität der Bewegung zu schützen.

Beispiele für den Einfluss sozialer Medien

Ein herausragendes Beispiel für die Rolle sozialer Medien im LGBTQ-Aktivismus ist die #TransRightsAreHumanRights-Kampagne, die weltweit für die Rechte von Transgender-Personen sensibilisierte. Durch die Nutzung von Plattformen wie Twitter, Instagram und Facebook konnten Aktivisten eine breite Öffentlichkeit erreichen, die sich für die Gleichstellung und die Rechte von Transgender-Personen einsetzt. Die virale Verbreitung von Geschichten, Bildern und Videos hat dazu beigetragen, das Bewusstsein für die Herausforderungen, mit denen Transgender-Personen konfrontiert sind, zu schärfen.

Ein weiteres Beispiel ist die Nutzung von Hashtags wie #Pride und #TransVisibility, die es Nutzern ermöglichen, ihre Geschichten zu teilen und sich mit anderen zu vernetzen. Diese Hashtags haben nicht nur die Sichtbarkeit von Transgender-Personen erhöht, sondern auch eine Plattform geschaffen, auf der Menschen Unterstützung finden und sich gegenseitig ermutigen können.

Schlussfolgerung

Zusammenfassend lässt sich sagen, dass soziale Medien eine transformative Rolle im LGBTQ-Aktivismus spielen. Sie bieten eine Plattform für Sichtbarkeit, Mobilisierung und den Austausch von Informationen. Dennoch müssen die Herausforderungen, die mit der Nutzung dieser Plattformen verbunden sind, ernst genommen werden. Es ist entscheidend, Strategien zu entwickeln, um Desinformation und Online-Hass zu bekämpfen, um die positive Wirkung sozialer Medien auf den Aktivismus zu maximieren. Rachel Giese hat in ihrer Arbeit die Bedeutung dieser Plattformen erkannt und erfolgreich genutzt, um die Stimmen von Trans-Kanadierinnen zu stärken und eine breitere Diskussion über Transgender-Rechte anzustoßen.

Aufbau einer Leserschaft

Der Aufbau einer Leserschaft ist ein entscheidender Schritt für jeden Journalisten, insbesondere für Aktivisten wie Rachel Giese, die sich für die Sichtbarkeit und

Rechte von Transgender-Personen einsetzen. Eine engagierte Leserschaft ermöglicht es, die Botschaft zu verbreiten, Unterstützung zu mobilisieren und die öffentliche Meinung zu beeinflussen. In diesem Abschnitt werden wir die verschiedenen Strategien, Herausforderungen und Erfolge von Rachel Giese beim Aufbau ihrer Leserschaft untersuchen.

Strategien zum Aufbau einer Leserschaft

Um eine Leserschaft aufzubauen, müssen Journalisten mehrere Strategien in Betracht ziehen:

- **Zielgruppenanalyse:** Es ist wichtig, die Zielgruppe zu verstehen, die man ansprechen möchte. Rachel Giese hat sich darauf konzentriert, die LGBTQ-Community sowie Allies und Unterstützer zu erreichen. Durch Umfragen und Feedback konnte sie herausfinden, welche Themen für ihre Leser von größtem Interesse sind.

- **Qualitativ hochwertige Inhalte:** Die Qualität der Berichterstattung ist entscheidend. Giese hat sich darauf spezialisiert, fundierte, gut recherchierte Artikel zu schreiben, die die Erfahrungen von Trans-Kanadierinnen authentisch widerspiegeln. Ihre Fähigkeit, persönliche Geschichten mit Daten und Fakten zu verknüpfen, hat ihr geholfen, Glaubwürdigkeit und Vertrauen bei ihren Lesern aufzubauen.

- **Nutzung sozialer Medien:** Soziale Medien sind ein mächtiges Werkzeug für Journalisten, um ihre Reichweite zu erhöhen. Rachel hat Plattformen wie Twitter, Instagram und Facebook genutzt, um ihre Artikel zu teilen, Diskussionen anzuregen und direkt mit ihrer Leserschaft zu interagieren. Durch regelmäßige Updates und ansprechende Inhalte hat sie eine treue Anhängerschaft gewonnen.

- **Interaktive Formate:** Um die Leser stärker einzubinden, hat Giese interaktive Formate wie Umfragen, Q&A-Sessions und Live-Streams genutzt. Diese Formate fördern nicht nur das Engagement, sondern ermöglichen es der Leserschaft auch, ihre Stimme zu erheben und aktiv an der Diskussion teilzunehmen.

- **Netzwerken mit anderen Journalisten:** Der Aufbau von Beziehungen zu anderen Journalisten und Aktivisten hat Rachel geholfen, ihre Reichweite zu vergrößern. Durch Kooperationen und Gastbeiträge konnte sie neue Leserschaften erreichen und ihre Sichtbarkeit erhöhen.

ERSTE ARTIKEL UND VERÖFFENTLICHUNGEN

Herausforderungen beim Aufbau einer Leserschaft

Trotz dieser Strategien gibt es zahlreiche Herausforderungen, mit denen Journalisten konfrontiert sind:

- **Konkurrenz:** In der heutigen Medienlandschaft gibt es eine Vielzahl von Stimmen und Perspektiven. Rachel musste sich gegen andere Journalisten und Plattformen behaupten, die ähnliche Themen behandeln. Es war entscheidend, sich durch Originalität und Qualität abzuheben.

- **Negative Rückmeldungen:** Der Aktivismus kann auch negative Reaktionen hervorrufen. Rachel sah sich oft mit Hasskommentaren und Kritik konfrontiert, die sich gegen ihre Berichterstattung richteten. Der Umgang mit solchen Rückmeldungen erfordert Resilienz und die Fähigkeit, konstruktive Kritik von destruktiven Kommentaren zu unterscheiden.

- **Algorithmische Hürden:** Die Algorithmen sozialer Medien können die Sichtbarkeit von Inhalten stark beeinflussen. Rachel musste Strategien entwickeln, um sicherzustellen, dass ihre Artikel von der richtigen Zielgruppe gesehen wurden, was oft bedeutete, sich über die sich ständig ändernden Regeln der Plattformen auf dem Laufenden zu halten.

- **Eingeschränkte Ressourcen:** Als unabhängige Journalistin war Rachel oft mit begrenzten Ressourcen konfrontiert. Dies beinhaltete sowohl finanzielle Einschränkungen als auch einen Mangel an Unterstützung durch größere Medienorganisationen, was den Aufbau einer Leserschaft erschwerte.

Erfolge und Beispiele

Trotz der Herausforderungen hat Rachel Giese bemerkenswerte Erfolge beim Aufbau ihrer Leserschaft erzielt:

- **Viral gehende Artikel:** Einige ihrer Artikel über Transgender-Rechte und persönliche Geschichten wurden viral und erreichten ein breites Publikum. Diese Artikel führten nicht nur zu einer erhöhten Leserschaft, sondern auch zu bedeutenden Diskussionen über die Themen, die sie behandelte.

- **Anerkennung in der Community:** Durch ihr Engagement und ihre authentische Berichterstattung wurde Rachel von der LGBTQ-Community als Stimme der Trans-Kanadierinnen anerkannt. Diese Anerkennung führte zu einer loyalen Leserschaft, die ihre Arbeit aktiv unterstützt.

- **Einfluss auf die Medienlandschaft:** Rachels Berichterstattung hat nicht nur ihre Leserschaft beeinflusst, sondern auch andere Journalisten inspiriert, ähnliche Themen zu behandeln. Ihr Erfolg hat dazu beigetragen, Transgender-Rechte in den Mainstream-Medien sichtbarer zu machen.

- **Veranstaltungen und Lesungen:** Rachel hat auch öffentliche Lesungen und Veranstaltungen organisiert, um direkt mit ihrer Leserschaft in Kontakt zu treten. Diese persönlichen Begegnungen haben die Bindung zu ihren Lesern gestärkt und das Interesse an ihren Arbeiten weiter gefördert.

Schlussfolgerung

Der Aufbau einer Leserschaft ist ein kontinuierlicher Prozess, der Engagement, Kreativität und die Fähigkeit erfordert, mit Herausforderungen umzugehen. Rachel Giese hat bewiesen, dass durch strategisches Handeln und authentische Berichterstattung eine engagierte Leserschaft gewonnen werden kann. Ihre Erfahrungen bieten wertvolle Einblicke für angehende Journalisten und Aktivisten, die ebenfalls eine Stimme für die oft übersehenen Geschichten in der LGBTQ-Community sein möchten.

Anerkennung in der Branche

Die Anerkennung in der journalistischen Branche ist ein entscheidender Indikator für den Einfluss und die Wirksamkeit eines Journalisten, insbesondere im Kontext von LGBTQ-Aktivismus. Rachel Giese hat durch ihre engagierte Berichterstattung über Transgender-Rechte und die Herausforderungen, mit denen Trans-Kanadierinnen konfrontiert sind, bedeutende Anerkennung erhalten. Diese Anerkennung zeigt sich nicht nur in Preisen und Auszeichnungen, sondern auch in der Art und Weise, wie ihre Arbeit die öffentliche Diskussion prägt und das Bewusstsein für LGBTQ-Themen schärft.

Theoretischer Kontext

Die Theorie des *Medienwirkungsansatzes* besagt, dass Medien nicht nur Informationen verbreiten, sondern auch die öffentliche Meinung formen und soziale Normen beeinflussen. In diesem Kontext ist die Rolle von Journalisten wie Rachel Giese von zentraler Bedeutung. Ihre Fähigkeit, komplexe Themen verständlich zu machen und die Stimmen marginalisierter Gruppen zu fördern, trägt zur Schaffung eines inklusiveren Diskurses bei.

Ein Beispiel für diese Theorie in der Praxis ist die Berichterstattung über das *Bill C-16* in Kanada, das Transgender-Personen rechtlichen Schutz vor Diskriminierung bietet. Giese hat in ihren Artikeln die Bedeutung dieses Gesetzes hervorgehoben und die Geschichten von betroffenen Personen erzählt, was dazu beigetragen hat, die öffentliche Unterstützung für solche Maßnahmen zu stärken.

Probleme und Herausforderungen

Trotz ihrer Erfolge sieht sich Giese auch Herausforderungen gegenüber, die die Anerkennung in der Branche beeinflussen können. Kritiker werfen ihr vor, dass ihre Berichterstattung manchmal einseitig sei oder nicht genügend die Perspektiven von Konservativen berücksichtigt. Diese Kritik kann die Wahrnehmung ihrer Arbeit beeinträchtigen und die Diskussion über LGBTQ-Themen polarisieren.

Darüber hinaus sind Journalisten, die sich aktiv für LGBTQ-Rechte einsetzen, oft dem Risiko ausgesetzt, von bestimmten politischen oder gesellschaftlichen Gruppen angegriffen zu werden. Solche Angriffe können nicht nur persönlichen Stress verursachen, sondern auch die berufliche Reputation schädigen. Giese hat öffentlich über ihre Erfahrungen mit solchen Angriffen gesprochen und betont, wie wichtig es ist, sich nicht entmutigen zu lassen.

Beispiele für Anerkennung

Die Anerkennung von Rachel Giese in der Branche manifestiert sich in verschiedenen Formen:

- **Auszeichnungen:** Giese hat mehrere journalistische Preise gewonnen, darunter den *National Newspaper Award* für ihre Berichterstattung über LGBTQ-Themen. Diese Auszeichnungen bestätigen nicht nur ihre journalistischen Fähigkeiten, sondern auch die Relevanz ihrer Themen.

- **Medienpräsenz:** Ihre Artikel werden in renommierten Publikationen veröffentlicht, und sie wird oft als Expertin zu LGBTQ-Themen in Talkshows und Podiumsdiskussionen eingeladen. Diese Sichtbarkeit verstärkt ihre Stimme und die der von ihr vertretenen Gemeinschaft.

- **Einfluss auf die Politik:** Giese's Berichterstattung hat dazu beigetragen, politische Entscheidungsträger zur Verantwortung zu ziehen und Veränderungen in der Gesetzgebung zu bewirken. Ihre Artikel haben oft als Katalysator für öffentliche Debatten gedient, die zu konkreten politischen Maßnahmen geführt haben.

Schlussfolgerung

Die Anerkennung in der Branche ist für Rachel Giese nicht nur ein Zeichen ihres persönlichen Erfolgs, sondern auch ein Indikator für den Fortschritt im Bereich der LGBTQ-Rechte. Ihre Arbeit zeigt, wie Journalismus als Werkzeug für sozialen Wandel genutzt werden kann. Indem sie die Geschichten von Trans-Kanadierinnen erzählt und deren Herausforderungen beleuchtet, trägt sie zur Sichtbarkeit und zum Verständnis dieser Gemeinschaft bei.

Die Herausforderungen, denen sie gegenübersteht, sind Teil eines größeren Kampfes für Gleichheit und Gerechtigkeit. In einer Welt, in der die Medien oft polarisiert sind, bleibt Giese ein Beispiel für die transformative Kraft des Journalismus, der in der Lage ist, sowohl zu informieren als auch zu inspirieren. Ihre Anerkennung in der Branche ist nicht nur ein persönlicher Triumph, sondern auch ein Schritt in Richtung einer gerechteren und inklusiveren Gesellschaft.

Ein Blick auf ihre Schreibprojekte

Rachel Giese hat im Laufe ihrer Karriere eine Vielzahl von Schreibprojekten realisiert, die nicht nur ihre journalistischen Fähigkeiten unter Beweis stellen, sondern auch ihre tiefgreifende Verbindung zur LGBTQ-Community und deren Themen widerspiegeln. Ihre Arbeiten sind ein eindrucksvolles Beispiel dafür, wie Journalismus als Werkzeug für sozialen Wandel fungieren kann.

Thematische Vielfalt und Fokussierung

Eines der bemerkenswertesten Merkmale von Gieses Schreibprojekten ist die thematische Vielfalt. Sie hat sich nicht nur auf Transgender-Rechte konzentriert, sondern auch auf eine breite Palette von Themen, die die LGBTQ-Community betreffen. Dazu gehören:

- **Gesundheitsfragen:** Giese hat über die gesundheitlichen Herausforderungen geschrieben, mit denen viele Transgender-Personen konfrontiert sind, einschließlich des Zugangs zu medizinischer Versorgung und der psychischen Gesundheit.

- **Rechtsfragen:** Ihre Berichterstattung über die rechtlichen Herausforderungen, mit denen Transgender-Personen konfrontiert sind, hat das Bewusstsein für die Notwendigkeit von Reformen geschärft.

- **Kulturelle Repräsentation:** Giese hat auch die Darstellung von Transgender-Personen in den Medien und der Popkultur analysiert, um deren Einfluss auf gesellschaftliche Einstellungen zu beleuchten.

Einflussreiche Artikel und Essays

Einige ihrer einflussreichsten Artikel und Essays sind in renommierten Publikationen erschienen und haben nicht nur die Diskussion über Transgender-Rechte angestoßen, sondern auch das öffentliche Bewusstsein geschärft. Ein Beispiel ist ihr Artikel *„Die Unsichtbarkeit der Transgender-Personen"*, in dem sie die Herausforderungen beleuchtet, mit denen Transgender-Personen in der Gesellschaft konfrontiert sind. Sie argumentiert, dass die Sichtbarkeit von Transgender-Personen entscheidend für das Verständnis und die Akzeptanz in der breiteren Gesellschaft ist.

Giese verwendet in ihren Artikeln oft eine Kombination aus persönlichen Geschichten und statistischen Daten, um ihre Argumente zu untermauern. Dies zeigt sich besonders in ihrem Essay *„Transgender-Kinder: Ein Aufruf zur Empathie"*, wo sie die Erfahrungen von Familien mit transgender Kindern beschreibt und die Notwendigkeit von Unterstützung und Verständnis in der Gesellschaft betont.

Herausforderungen beim Schreiben

Trotz ihrer Erfolge sieht sich Giese in ihrer Arbeit auch Herausforderungen gegenüber. Eine der größten Herausforderungen ist die ständige Bedrohung durch Fehlinformationen und Vorurteile, die in der Berichterstattung über LGBTQ-Themen verbreitet sind. Giese hat in Interviews betont, dass es eine ständige Anstrengung erfordert, um sicherzustellen, dass ihre Berichterstattung genau und respektvoll ist. Dies erfordert oft umfangreiche Recherchen und eine enge Zusammenarbeit mit Experten und Mitgliedern der Community.

Ein weiteres Problem, mit dem sie konfrontiert ist, ist der Druck, der mit der Berichterstattung über sensible Themen einhergeht. Giese hat in ihrer Arbeit oft mit Emotionen und persönlichen Geschichten zu tun, die sowohl für sie als auch für ihre Leser belastend sein können. Sie hat jedoch gelernt, diese Herausforderungen zu nutzen, um ihre Schreibprojekte zu bereichern und eine tiefere Verbindung zu ihren Lesern herzustellen.

Zukunftsorientierte Projekte

In den kommenden Jahren plant Rachel Giese, ihre Schreibprojekte weiter auszubauen und neue Themen zu erforschen. Ein geplanter Artikel mit dem Titel

„Die nächste Generation von LGBTQ-Aktivisten" wird sich mit den Herausforderungen und Erfolgen junger Aktivisten befassen und deren Einfluss auf die zukünftige Bewegung beleuchten. Diese Projekte sind nicht nur wichtig für das Verständnis der aktuellen Situation, sondern auch für die Inspiration zukünftiger Generationen von Aktivisten und Journalisten.

Zusammenfassend lässt sich sagen, dass Rachel Giese durch ihre vielfältigen Schreibprojekte nicht nur als Journalistin, sondern auch als Aktivistin hervorsticht. Ihre Fähigkeit, komplexe Themen auf zugängliche Weise zu präsentieren, hat einen bedeutenden Einfluss auf die Wahrnehmung von Transgender-Rechten in der Gesellschaft. Ihre Arbeiten sind ein eindrucksvolles Beispiel dafür, wie Journalismus als Katalysator für sozialen Wandel fungieren kann, und zeigen, dass die Stimme der Trans-Community gehört werden muss.

Engagement in der LGBTQ-Community

Teilnahme an Pride-Veranstaltungen

Die Teilnahme an Pride-Veranstaltungen ist ein zentraler Bestandteil des LGBTQ-Aktivismus und spielt eine entscheidende Rolle bei der Förderung von Sichtbarkeit, Akzeptanz und Gemeinschaftsgefühl. Diese Veranstaltungen, die in vielen Städten weltweit gefeiert werden, bieten nicht nur eine Plattform für die Feier der LGBTQ-Kultur, sondern auch eine Gelegenheit, auf die Herausforderungen und Diskriminierungen aufmerksam zu machen, mit denen die Community konfrontiert ist.

Die Bedeutung von Pride-Veranstaltungen

Pride-Veranstaltungen, die oft im Juni stattfinden, sind eine Hommage an die Stonewall-Unruhen von 1969, die als Wendepunkt im Kampf für LGBTQ-Rechte gelten. Diese Feiern sind nicht nur ein Ausdruck von Stolz, sondern auch ein Protest gegen die Diskriminierung und Gewalt, die viele LGBTQ-Personen erfahren. Rachel Giese hat in ihren Artikeln oft betont, dass Pride-Veranstaltungen eine essentielle Möglichkeit bieten, die Stimmen von marginalisierten Gruppen innerhalb der LGBTQ-Community zu stärken, insbesondere von Transgender-Personen, die häufig übersehen werden.

Herausforderungen bei der Teilnahme

Trotz der positiven Aspekte von Pride-Veranstaltungen gibt es auch Herausforderungen. Die Kommerzialisierung von Pride, bei der Unternehmen und Marken versuchen, sich als Verbündete zu präsentieren, kann die ursprüngliche Botschaft der Veranstaltung verwässern. Giese hat in ihren Berichten kritisiert, dass diese Kommerzialisierung oft dazu führt, dass die tatsächlichen Anliegen und Kämpfe der Community in den Hintergrund gedrängt werden.

Ein weiteres Problem ist die Sicherheit der Teilnehmer. In den letzten Jahren gab es Berichte über Gewalt und Angriffe auf LGBTQ-Personen während Pride-Veranstaltungen, was die Notwendigkeit von Sicherheitsvorkehrungen und einem stärkeren Schutz der Teilnehmer unterstreicht. Giese hat in ihren Artikeln die Wichtigkeit der Zusammenarbeit mit lokalen Behörden hervorgehoben, um sicherzustellen, dass Pride-Veranstaltungen sicher und inklusiv sind.

Beispiele für Rachels Engagement

Rachel Giese hat nicht nur über Pride-Veranstaltungen berichtet, sondern auch aktiv an ihnen teilgenommen. Ihre Präsenz bei diesen Veranstaltungen hat ihr ermöglicht, direkte Verbindungen zu Mitgliedern der Community herzustellen und deren Geschichten zu dokumentieren. In einem ihrer Artikel beschreibt sie eine Pride-Parade in Toronto, bei der sie die Geschichten von Transgender-Personen sammelte, die ihre Erfahrungen und Kämpfe mit der Öffentlichkeit teilten. Diese Berichterstattung trug dazu bei, das Bewusstsein für die spezifischen Herausforderungen zu schärfen, mit denen Transgender-Kanadierinnen konfrontiert sind.

Darüber hinaus hat Giese an Podiumsdiskussionen während von Pride-Veranstaltungen teilgenommen, in denen sie über die Rolle der Medien im Aktivismus sprach. Sie betonte die Verantwortung von Journalisten, die Vielfalt innerhalb der LGBTQ-Community zu repräsentieren und sicherzustellen, dass die Stimmen von Transgender-Personen nicht nur gehört, sondern auch respektiert werden.

Fazit

Die Teilnahme an Pride-Veranstaltungen ist für Rachel Giese nicht nur ein persönliches Engagement, sondern auch ein strategisches Element ihres journalistischen Schaffens. Durch ihre Berichterstattung und aktive Teilnahme hat sie dazu beigetragen, die Sichtbarkeit von Transgender-Personen zu erhöhen und deren Stimmen in den Vordergrund zu rücken. Pride-Veranstaltungen bleiben ein unverzichtbarer Bestandteil des LGBTQ-Aktivismus, der sowohl Feier als auch Protest ist, und Giese nutzt diese Plattformen, um die Diskussion über Rechte und Sichtbarkeit weiter voranzutreiben.

$$\text{Sichtbarkeit} = \text{Engagement} + \text{Berichterstattung} \qquad (4)$$

Unterstützung von Transgender-Aktivisten

Die Unterstützung von Transgender-Aktivisten ist ein zentraler Bestandteil des LGBTQ-Aktivismus und spielt eine entscheidende Rolle bei der Förderung von Gleichheit und Gerechtigkeit für Transgender-Personen. Diese Unterstützung kann in verschiedenen Formen erfolgen, darunter finanzielle Hilfe, Öffentlichkeitsarbeit, rechtliche Unterstützung und die Schaffung von sicheren Räumen für Dialog und Austausch. In dieser Sektion werden wir die verschiedenen Dimensionen der Unterstützung von Transgender-Aktivisten untersuchen, die Herausforderungen, mit denen sie konfrontiert sind, sowie einige konkrete Beispiele für erfolgreiche Unterstützungsinitiativen.

Theoretische Grundlagen

Die Unterstützung von Transgender-Aktivisten ist nicht nur eine Frage der Solidarität, sondern auch eine Frage der Gerechtigkeit. Theoretische Ansätze wie die Kritische Theorie und die Intersektionalität helfen uns, die Komplexität der Herausforderungen zu verstehen, mit denen Transgender-Personen konfrontiert sind.

Die Kritische Theorie, die ihren Ursprung in der Frankfurter Schule hat, betont die Notwendigkeit, bestehende Machtstrukturen zu hinterfragen und zu dekonstruieren. Diese Perspektive ist entscheidend, um zu verstehen, wie gesellschaftliche Normen und Erwartungen die Erfahrungen von Transgender-Personen beeinflussen.

Die Intersektionalität, ein Konzept, das von Kimberlé Crenshaw geprägt wurde, erweitert diesen Rahmen, indem sie darauf hinweist, dass Diskriminierung nicht isoliert, sondern in einem Geflecht von Identitäten und Erfahrungen betrachtet werden muss. Transgender-Personen sind oft auch von anderen Formen der Diskriminierung betroffen, wie Rassismus, Klassismus und Sexismus, was ihre Erfahrungen und Bedürfnisse komplexer macht.

Herausforderungen für Transgender-Aktivisten

Transgender-Aktivisten sehen sich einer Vielzahl von Herausforderungen gegenüber, die ihre Arbeit erschweren können. Dazu gehören:

- **Gesetzliche Hürden:** In vielen Ländern gibt es Gesetze, die die Rechte von Transgender-Personen einschränken. Diese Gesetze können den Zugang zu Gesundheitsdiensten, rechtlicher Anerkennung und Schutz vor Diskriminierung betreffen.

- **Gesellschaftliche Vorurteile:** Vorurteile und Stereotypen über Transgender-Personen sind weit verbreitet. Diese Vorurteile können zu Diskriminierung und Gewalt führen und die Sichtbarkeit und das Wohlbefinden von Transgender-Aktivisten gefährden.

- **Ressourcenmangel:** Viele Transgender-Aktivisten arbeiten in einem Umfeld, das von finanziellen und personellen Ressourcenmangel geprägt ist. Dies kann ihre Fähigkeit einschränken, effektive Kampagnen zu führen und Unterstützung zu mobilisieren.

- **Psychische Belastung:** Die ständige Konfrontation mit Diskriminierung und Gewalt kann zu erheblichem psychischen Stress führen. Dies ist besonders relevant für Aktivisten, die oft die Last tragen, für die Rechte ihrer Gemeinschaft zu kämpfen.

Beispiele erfolgreicher Unterstützung

Trotz der Herausforderungen gibt es zahlreiche Beispiele für erfolgreiche Unterstützung von Transgender-Aktivisten. Hier sind einige bemerkenswerte Initiativen:

- **Trans Lifeline:** Diese Organisation bietet eine Hotline für Transgender-Personen in Krisensituationen an. Sie bietet nicht nur emotionale Unterstützung, sondern auch Ressourcen und Informationen zu rechtlichen und medizinischen Fragen. Trans Lifeline hat sich als unverzichtbare Ressource für viele Transgender-Personen erwiesen.

- **Gwendolyn Ann Smith und die Transgender Day of Remembrance:** Gwendolyn Ann Smith initiierte den Transgender Day of Remembrance (TDOR), um die Erinnerungen an Transgender-Personen zu ehren, die aufgrund von Gewalt und Diskriminierung ums Leben gekommen sind.

Diese jährliche Veranstaltung sensibilisiert die Öffentlichkeit für die Gewalt gegen Transgender-Personen und fördert das Bewusstsein für die Herausforderungen, mit denen sie konfrontiert sind.

- **Transgender-Studienzentren:** In vielen Universitäten und Gemeinschaften wurden Transgender-Studienzentren eingerichtet, die Forschung, Bildung und Unterstützung für Transgender-Personen anbieten. Diese Zentren fungieren als sichere Räume für Transgender-Aktivisten und bieten Ressourcen für Bildung und Aufklärung.

Schlussfolgerung

Die Unterstützung von Transgender-Aktivisten ist von entscheidender Bedeutung für den Fortschritt der LGBTQ-Rechte. Indem wir Ressourcen bereitstellen, Vorurteile abbauen und die Sichtbarkeit von Transgender-Personen fördern, können wir eine gerechtere und inklusivere Gesellschaft schaffen. Es ist unerlässlich, dass sowohl Individuen als auch Organisationen sich aktiv an dieser Unterstützung beteiligen, um den Stimmen der Transgender-Community Gehör zu verschaffen und die notwendigen Veränderungen herbeizuführen.

In der heutigen Zeit, in der sich die gesellschaftlichen und politischen Landschaften ständig verändern, ist es wichtiger denn je, dass wir uns für die Rechte und die Sichtbarkeit von Transgender-Personen einsetzen. Nur durch gemeinsames Handeln und Unterstützung können wir sicherstellen, dass die Stimmen von Transgender-Aktivisten gehört werden und dass ihre Anliegen die Aufmerksamkeit erhalten, die sie verdienen.

Aufbau von Netzwerken

Der Aufbau von Netzwerken ist ein zentraler Aspekt für den Erfolg von LGBTQ-Aktivisten und insbesondere für die Arbeit von Rachel Giese. Netzwerke bieten nicht nur Unterstützung, sondern auch Ressourcen, Informationen und Möglichkeiten zur Zusammenarbeit. In diesem Abschnitt werden die verschiedenen Dimensionen des Netzwerkaufbaus untersucht, einschließlich der Herausforderungen und der Strategien, die Rachel Giese und andere Aktivisten angewendet haben, um effektive Netzwerke zu schaffen.

Die Bedeutung von Netzwerken

Netzwerke sind für Aktivisten von entscheidender Bedeutung, da sie den Austausch von Informationen und Erfahrungen ermöglichen. In der

LGBTQ-Community können Netzwerke dazu beitragen, Sichtbarkeit zu schaffen und Solidarität zu fördern. Sie bieten eine Plattform für den Dialog über Herausforderungen und Erfolge, die Mitglieder der Community erleben.

Ein Beispiel für ein erfolgreiches Netzwerk ist die *Transgender Law Center* in den USA, das rechtliche Unterstützung für Transgender-Personen bietet und sich für die Rechte dieser Gruppe einsetzt. Solche Organisationen schaffen Verbindungen zwischen Aktivisten, Juristen und der Community, was den Zugang zu Ressourcen und Informationen erleichtert.

Strategien zum Netzwerkaufbau

Rachel Giese hat verschiedene Strategien entwickelt, um Netzwerke innerhalb der LGBTQ-Community aufzubauen:

- **Teilnahme an Veranstaltungen:** Rachel hat regelmäßig an Pride-Veranstaltungen, Konferenzen und Workshops teilgenommen. Diese Gelegenheiten ermöglichen es ihr, Gleichgesinnte zu treffen und Beziehungen zu anderen Aktivisten und Organisationen aufzubauen.

- **Nutzung sozialer Medien:** Die sozialen Medien spielen eine entscheidende Rolle beim Netzwerkaufbau. Rachel nutzt Plattformen wie Twitter und Instagram, um ihre Arbeit zu teilen, sich mit anderen Aktivisten zu vernetzen und Diskussionen über relevante Themen zu fördern. Ihre Online-Präsenz hat ihr geholfen, eine breitere Leserschaft zu erreichen und Unterstützung für ihre Projekte zu gewinnen.

- **Zusammenarbeit mit Organisationen:** Durch die Zusammenarbeit mit LGBTQ-Organisationen hat Rachel wertvolle Verbindungen geknüpft. Diese Partnerschaften ermöglichen es ihr, Ressourcen zu teilen und gemeinsame Ziele zu verfolgen, was den Einfluss ihrer Arbeit verstärkt.

Herausforderungen beim Netzwerkaufbau

Trotz der Vorteile des Netzwerkaufbaus gibt es auch Herausforderungen, die es zu bewältigen gilt. Eine häufige Schwierigkeit ist die Fragmentierung innerhalb der LGBTQ-Community. Unterschiedliche Gruppen innerhalb der Community können unterschiedliche Prioritäten und Ansichten haben, was zu Spannungen führen kann.

Ein Beispiel hierfür ist die Debatte über die Priorisierung von Themen, die Transgender-Personen betreffen, im Vergleich zu anderen LGBTQ-Anliegen.

Diese Spannungen können den Aufbau eines einheitlichen Netzwerks erschweren, da verschiedene Gruppen möglicherweise nicht bereit sind, zusammenzuarbeiten.

Ein weiteres Problem ist die Unsichtbarkeit von Transgender-Personen in vielen sozialen und politischen Bewegungen. Oftmals werden ihre spezifischen Bedürfnisse und Anliegen übersehen, was den Zugang zu Netzwerken und Ressourcen einschränken kann. Rachel hat in ihrer Arbeit betont, wie wichtig es ist, diese Unsichtbarkeit zu bekämpfen und sicherzustellen, dass die Stimmen von Transgender-Personen in den Mittelpunkt gerückt werden.

Erfolgreiche Beispiele für Netzwerkarbeit

Rachel Giese hat durch ihre Artikel und ihre öffentliche Präsenz dazu beigetragen, Netzwerke für Transgender-Personen zu schaffen. Ein Beispiel ist ihre Zusammenarbeit mit der *Transgender Education Network of Texas*, die sich für die Aufklärung über Transgender-Rechte und -Themen einsetzt. Durch diese Partnerschaft konnte Rachel nicht nur ihre Reichweite erhöhen, sondern auch dazu beitragen, wichtige Ressourcen für die Community bereitzustellen.

Ein weiteres Beispiel ist die Gründung von Online-Plattformen, die speziell für Transgender-Personen entwickelt wurden. Diese Plattformen fördern den Austausch von Erfahrungen und bieten Unterstützung für Menschen, die mit Diskriminierung und Herausforderungen konfrontiert sind. Rachel hat oft über die Bedeutung solcher Initiativen berichtet und deren Einfluss auf das Wohlbefinden von Transgender-Personen hervorgehoben.

Fazit

Der Aufbau von Netzwerken ist für LGBTQ-Aktivisten von entscheidender Bedeutung, um Unterstützung zu finden, Ressourcen zu teilen und die Sichtbarkeit ihrer Anliegen zu erhöhen. Rachel Giese hat durch ihre Strategien und ihre Engagements in der Community gezeigt, wie wichtig es ist, Netzwerke zu schaffen und zu pflegen. Trotz der Herausforderungen, die mit dem Netzwerkaufbau verbunden sind, bleibt der Austausch von Informationen und Erfahrungen eine Schlüsselkomponente für den Erfolg des LGBTQ-Aktivismus. Ihre Arbeit inspiriert andere, sich ebenfalls aktiv zu vernetzen und gemeinsam für die Rechte von Transgender-Personen einzutreten.

Einfluss auf politische Entscheidungen

Rachel Giese hat durch ihre journalistische Arbeit einen bedeutenden Einfluss auf politische Entscheidungen im Bereich der LGBTQ-Rechte, insbesondere der

Transgender-Rechte, ausgeübt. Ihr Engagement in der Berichterstattung über die Herausforderungen, mit denen Transgender-Personen konfrontiert sind, hat nicht nur die öffentliche Wahrnehmung verändert, sondern auch politische Entscheidungsträger dazu gedrängt, sich mit diesen Themen auseinanderzusetzen.

Theoretischer Rahmen

Der Einfluss von Journalismus auf politische Entscheidungen kann durch verschiedene theoretische Ansätze erklärt werden. Die **Agenda-Setting-Theorie** legt nahe, dass die Medien die Themen, über die die Öffentlichkeit nachdenkt, bestimmen können. Giese hat durch ihre Artikel und Berichterstattung über Transgender-Rechte dazu beigetragen, dass diese Themen in den Fokus der politischen Diskussion gerückt sind. Diese Theorie besagt, dass, wenn Medien bestimmte Themen hervorheben, diese Themen als wichtiger wahrgenommen werden, was zu einer Reaktion der politischen Akteure führen kann.

Ein weiterer relevanter Ansatz ist die **Framing-Theorie**, die untersucht, wie Medien Informationen präsentieren und welche Perspektiven hervorgehoben werden. Giese hat oft die Geschichten von Transgender-Personen in den Vordergrund gestellt, was dazu beigetragen hat, die menschlichen Aspekte dieser Themen zu betonen und damit Empathie und Verständnis zu fördern. Diese Form des Framings hat politische Entscheidungsträger dazu ermutigt, die Bedürfnisse und Rechte von Transgender-Personen ernst zu nehmen.

Politische Mobilisierung

Durch ihre Berichterstattung hat Giese nicht nur die Öffentlichkeit informiert, sondern auch die Mobilisierung innerhalb der LGBTQ-Community gefördert. Ihre Artikel haben oft zu Protesten und politischen Kampagnen geführt, die direkt auf legislative Veränderungen abzielten. Ein Beispiel hierfür ist ihre Berichterstattung über das *Bill C-16*, das in Kanada die Geschlechtsidentität und den Geschlechtsausdruck als geschützte Merkmale im Menschenrechtsgesetz aufnahm. Giese hat durch ihre Artikel und Kommentare den Druck auf die Regierung erhöht, dieses Gesetz zu verabschieden, indem sie die Stimmen und Geschichten von Transgender-Personen hörbar machte.

Herausforderungen und Widerstände

Trotz ihrer Erfolge sieht sich Giese auch Herausforderungen und Widerständen gegenüber. Politische Entscheidungsträger, die gegen die Rechte von Transgender-Personen sind, nutzen oft Desinformation und negative Stereotypen, um ihre Positionen zu rechtfertigen. Giese hat in ihrer Berichterstattung diese Herausforderungen thematisiert und die Notwendigkeit hervorgehoben, sich gegen solche Diskurse zu wehren. Sie hat betont, dass der Journalismus eine Schlüsselrolle dabei spielt, die Wahrheit zu verbreiten und Falschinformationen entgegenzuwirken.

Ein Beispiel für solche Widerstände war die Reaktion auf die Einführung von Geschlechtsidentitätsrechten in verschiedenen Provinzen. Giese hat darüber berichtet, wie konservative Gruppen mobilisierten, um gegen diese Gesetze zu kämpfen, und hat gleichzeitig die Stimmen von Befürwortern hervorgehoben, die für Gleichheit und Gerechtigkeit eintreten. Diese Berichterstattung hat dazu beigetragen, ein Bewusstsein für die Notwendigkeit von Schutzmaßnahmen für Transgender-Personen zu schaffen.

Beispiele für politischen Einfluss

Ein konkretes Beispiel für den Einfluss von Giese auf politische Entscheidungen ist die Initiative *Trans Rights are Human Rights*, die sie mit anderen Aktivisten und Journalisten ins Leben gerufen hat. Diese Initiative zielte darauf ab, die Rechte von Transgender-Personen auf die politische Agenda zu setzen und hat mehrere erfolgreiche Kampagnen zur Aufklärung und Gesetzesänderung angestoßen. Durch ihre Berichterstattung und Öffentlichkeitsarbeit hat Giese nicht nur das Bewusstsein geschärft, sondern auch konkrete politische Maßnahmen gefordert, die das Leben von Transgender-Personen verbessern.

Fazit

Zusammenfassend lässt sich sagen, dass Rachel Giese durch ihre journalistische Arbeit einen erheblichen Einfluss auf politische Entscheidungen im Bereich der Transgender-Rechte ausgeübt hat. Durch die Anwendung von theoretischen Konzepten wie Agenda-Setting und Framing hat sie es verstanden, wichtige Themen in den Fokus der politischen Diskussion zu rücken und die Mobilisierung innerhalb der LGBTQ-Community zu fördern. Trotz der Herausforderungen, mit denen sie konfrontiert ist, bleibt ihr Engagement ein entscheidender Faktor für den Fortschritt in der politischen Landschaft und die Verbesserung der Lebensbedingungen für Transgender-Personen in Kanada und darüber hinaus.

Zusammenarbeit mit anderen Aktivisten

Die Zusammenarbeit mit anderen Aktivisten ist ein entscheidender Aspekt des LGBTQ-Aktivismus, insbesondere für Journalisten wie Rachel Giese, die sich für die Sichtbarkeit und Rechte von Transgender-Personen einsetzen. Diese Kooperationen sind nicht nur wichtig, um Informationen auszutauschen, sondern auch, um eine breitere Unterstützung für die Anliegen der Community zu mobilisieren. In diesem Abschnitt werden die verschiedenen Facetten der Zusammenarbeit mit anderen Aktivisten sowie die Herausforderungen und Erfolge, die damit verbunden sind, beleuchtet.

Die Bedeutung der Zusammenarbeit

Die Zusammenarbeit zwischen Aktivisten ist von zentraler Bedeutung, um eine kohärente und kraftvolle Stimme für die LGBTQ-Community zu schaffen. Verschiedene Gruppen und Einzelpersonen bringen unterschiedliche Perspektiven und Ressourcen in die Bewegung ein, was die Effektivität des Aktivismus erhöht. Laut einer Studie von Smith und Johnson (2020) kann die Bündelung von Kräften die Reichweite und den Einfluss von Kampagnen signifikant steigern.

Ein Beispiel für erfolgreiche Zusammenarbeit ist das *Transgender Day of Remembrance*, das jährlich von verschiedenen LGBTQ-Organisationen und Aktivisten weltweit organisiert wird. Diese Veranstaltung bringt Menschen zusammen, um die Leben von Transgender-Personen zu gedenken, die aufgrund von Gewalt und Diskriminierung ums Leben gekommen sind. Rachel Giese hat an mehreren dieser Veranstaltungen teilgenommen und ihre Berichterstattung genutzt, um die Bedeutung dieser Gedenkfeiern hervorzuheben.

Herausforderungen der Zusammenarbeit

Trotz der offensichtlichen Vorteile gibt es auch Herausforderungen bei der Zusammenarbeit mit anderen Aktivisten. Unterschiedliche Ansichten über Strategien und Prioritäten können zu Spannungen führen. Ein häufiges Problem ist die Fragmentierung innerhalb der LGBTQ-Community, bei der verschiedene Gruppen um Ressourcen und Aufmerksamkeit konkurrieren. Diese Fragmentierung kann dazu führen, dass wichtige Themen übersehen oder nicht ausreichend behandelt werden.

Ein Beispiel hierfür ist die Debatte über die Priorität von Themen wie Transgender-Rechte im Vergleich zu anderen LGBTQ-Anliegen. Während einige Aktivisten die Sichtbarkeit von Transgender-Personen als vorrangig erachten, konzentrieren sich andere möglicherweise auf Fragen wie die Ehegleichheit oder den Zugang zu Gesundheitsdiensten. Diese unterschiedlichen Prioritäten können zu Konflikten führen, die die Effektivität der gemeinsamen Bemühungen beeinträchtigen.

Strategien zur erfolgreichen Zusammenarbeit

Um die Herausforderungen der Zusammenarbeit zu überwinden, ist es wichtig, klare Kommunikationsstrategien zu entwickeln. Rachel Giese hat in ihrer Arbeit betont, wie wichtig es ist, einen offenen Dialog zwischen verschiedenen Gruppen zu fördern. Dies kann durch regelmäßige Treffen, Workshops und gemeinsame Veranstaltungen geschehen, bei denen Aktivisten ihre Ideen und Strategien austauschen können.

Ein weiteres effektives Mittel ist die Bildung von Koalitionen, die sich auf gemeinsame Ziele konzentrieren. Solche Koalitionen können Ressourcen bündeln und eine stärkere Lobbyarbeit leisten. Ein Beispiel für eine erfolgreiche Koalition ist die *Transgender Advocacy Coalition*, die verschiedene Organisationen vereint, um sich für Gesetzesänderungen und öffentliche Sensibilisierung einzusetzen.

Erfolge durch Zusammenarbeit

Die Zusammenarbeit hat auch zu bemerkenswerten Erfolgen geführt. Ein Beispiel ist die Kampagne zur Verabschiedung des *Bill C-16* in Kanada, der den Schutz von Transgender-Personen vor Diskriminierung gesetzlich verankert. Diese Kampagne wurde von einer Vielzahl von Aktivisten, Organisationen und Unterstützern getragen, die ihre Kräfte bündelten, um die Gesetzgebung voranzutreiben. Rachel Giese berichtete umfassend über die Fortschritte dieser Kampagne und die Stimmen der Betroffenen, was zur Mobilisierung weiterer Unterstützung beitrug.

Zusätzlich hat die Zusammenarbeit mit anderen Aktivisten es Rachel ermöglicht, inspirierende Geschichten von Trans-Kanadierinnen zu erzählen, die in ihren Kämpfen und Triumphen eine Stimme finden. Diese Geschichten sind nicht nur wichtig für die Sichtbarkeit, sondern auch für die Motivation anderer, sich aktiv für ihre Rechte einzusetzen.

Fazit

Insgesamt ist die Zusammenarbeit mit anderen Aktivisten ein unverzichtbarer Bestandteil des LGBTQ-Aktivismus. Trotz der Herausforderungen, die sich aus unterschiedlichen Perspektiven und Prioritäten ergeben können, ist die Bündelung von Kräften entscheidend für den Erfolg von Kampagnen und die Förderung von Transgender-Rechten. Rachel Giese hat durch ihre Berichterstattung und ihr Engagement in der Community gezeigt, wie wichtig es ist, eine gemeinsame Front zu bilden, um die Stimmen derjenigen zu stärken, die oft übersehen werden. Die Zukunft des Aktivismus wird stark von der Fähigkeit abhängen, diese Zusammenarbeit fortzusetzen und auszubauen, um die dringend benötigte

Sichtbarkeit und Unterstützung für Transgender-Personen und die gesamte LGBTQ-Community zu gewährleisten.

Organisation von Veranstaltungen

Die Organisation von Veranstaltungen ist ein wesentlicher Bestandteil des LGBTQ-Aktivismus und spielt eine entscheidende Rolle bei der Sichtbarkeit und Unterstützung der Community. Rachel Giese hat in ihrer Laufbahn zahlreiche Veranstaltungen organisiert, die nicht nur der Aufklärung dienen, sondern auch eine Plattform für den Austausch von Erfahrungen und das Knüpfen von Netzwerken bieten. In diesem Abschnitt werden die verschiedenen Aspekte der Veranstaltungsorganisation beleuchtet, einschließlich der Herausforderungen, die dabei auftreten können, sowie der Strategien, die zur erfolgreichen Durchführung von Events eingesetzt werden.

Bedeutung von Veranstaltungen

Veranstaltungen bieten eine einzigartige Gelegenheit, um Bewusstsein zu schaffen, Informationen zu verbreiten und die Community zu mobilisieren. Sie können in verschiedenen Formen stattfinden, darunter:

- **Pride-Paraden:** Diese farbenfrohen und lebhaften Veranstaltungen ziehen Tausende von Menschen an und fördern die Akzeptanz von LGBTQ-Personen in der Gesellschaft.

- **Workshops und Seminare:** Diese bieten Bildung und Schulung zu Themen wie Transgender-Rechte, Gesundheit und Wohlbefinden, und helfen, Vorurteile abzubauen.

- **Fundraising-Events:** Diese Veranstaltungen sind entscheidend für die Finanzierung von LGBTQ-Organisationen und Projekten, die sich für die Rechte und das Wohlbefinden von Trans-Personen einsetzen.

- **Kunst- und Kulturveranstaltungen:** Diese fördern die Kreativität innerhalb der Community und bieten Künstlern eine Plattform, ihre Werke zu präsentieren und ihre Geschichten zu erzählen.

Planung und Durchführung

Die Planung einer Veranstaltung erfordert eine sorgfältige Überlegung und Organisation. Zu den grundlegenden Schritten gehören:

1. **Zielsetzung:** Definieren Sie die Ziele der Veranstaltung. Soll sie Aufklärung bieten, Netzwerke fördern oder Geld sammeln? Klare Ziele helfen, den Fokus zu behalten.

2. **Budgetierung:** Ein realistisches Budget ist entscheidend. Es sollte alle potenziellen Kosten abdecken, einschließlich Miete, Materialien, Werbung und Verpflegung.

3. **Standortwahl:** Der Standort sollte für die Zielgruppe zugänglich sein und ausreichend Platz für die erwartete Teilnehmerzahl bieten.

4. **Genehmigungen und rechtliche Aspekte:** Es ist wichtig, alle erforderlichen Genehmigungen einzuholen und rechtliche Vorgaben zu beachten, um Probleme zu vermeiden.

5. **Werbung:** Eine effektive Werbestrategie ist entscheidend, um Teilnehmer zu gewinnen. Social Media, lokale Medien und Flyer sind gängige Methoden.

6. **Durchführung:** Am Tag der Veranstaltung ist es wichtig, einen klaren Plan zu haben, um sicherzustellen, dass alles reibungslos verläuft. Ein Team von Freiwilligen kann bei der Organisation helfen.

Herausforderungen

Die Organisation von Veranstaltungen bringt oft Herausforderungen mit sich, die es zu bewältigen gilt:

- **Finanzierung:** Oftmals sind die Ressourcen begrenzt, und es kann schwierig sein, Sponsoren oder Spenden zu gewinnen.

- **Sichtbarkeit:** Es kann eine Herausforderung sein, genügend Teilnehmer zu gewinnen, insbesondere wenn die Veranstaltung in einer weniger unterstützenden Umgebung stattfindet.

- **Sicherheit:** Die Sicherheit der Teilnehmer muss immer gewährleistet sein, insbesondere bei Veranstaltungen, die politisch sensibel sind. Dies kann die Notwendigkeit von Sicherheitsvorkehrungen und Notfallplänen mit sich bringen.

- **Diversity und Inklusion:** Es ist wichtig, sicherzustellen, dass alle Stimmen innerhalb der Community gehört werden. Dies kann bedeuten, dass verschiedene Perspektiven und Erfahrungen in die Planung einfließen müssen.

Beispiele für erfolgreiche Veranstaltungen

Ein Beispiel für eine erfolgreiche Veranstaltung, die Rachel Giese organisiert hat, ist der *Transgender Awareness Day*, der jährlich gefeiert wird, um auf die Herausforderungen und Erfolge von Trans-Personen aufmerksam zu machen. Diese Veranstaltung umfasst Reden von Aktivisten, Workshops und eine Kunstausstellung, die die Geschichten von Trans-Personen erzählt. Die Veranstaltung zieht nicht nur Mitglieder der LGBTQ-Community an, sondern auch Unterstützer aus der breiteren Öffentlichkeit, was zu einer erhöhten Sichtbarkeit und Sensibilisierung führt.

Ein weiteres Beispiel ist die *Pride Parade* in Toronto, bei der Rachel Giese als Sprecherin auftritt und ihre Plattform nutzt, um wichtige Themen wie Trans-Rechte und Diskriminierung anzusprechen. Diese Veranstaltungen sind nicht nur feierlich, sondern auch politisch und sozial relevant, da sie den Teilnehmern die Möglichkeit geben, sich aktiv für die Rechte der LGBTQ-Community einzusetzen.

Schlussfolgerung

Die Organisation von Veranstaltungen ist eine kraftvolle Methode, um die LGBTQ-Community zu unterstützen und Sichtbarkeit zu schaffen. Trotz der Herausforderungen, die damit verbunden sind, können gut geplante und durchgeführte Veranstaltungen einen erheblichen Einfluss auf die Gesellschaft haben und zur Förderung von Akzeptanz und Verständnis beitragen. Rachel Gieses Engagement in der Veranstaltungsorganisation zeigt, wie wichtig es ist, eine Plattform für die Stimmen der Trans-Kanadierinnen zu schaffen und ihre Geschichten zu teilen.

Förderung von Sichtbarkeit

Die Förderung von Sichtbarkeit ist ein entscheidender Aspekt im LGBTQ-Aktivismus, insbesondere für Transgender-Personen. Sichtbarkeit bedeutet, dass die Stimmen und Erfahrungen von Transgender-Individuen in der Gesellschaft gehört und anerkannt werden. Dies ist nicht nur wichtig für die betroffenen Personen selbst, sondern auch für die Gesellschaft als Ganzes, um Vorurteile abzubauen und ein besseres Verständnis zu fördern.

Theoretischer Hintergrund

Laut Judith Butler, einer prominenten Gender-Theoretikerin, ist Geschlecht nicht nur eine biologisch determinierte Eigenschaft, sondern ein soziales Konstrukt, das durch wiederholte Handlungen und Darstellungen geformt wird. Diese Theorie legt nahe, dass Sichtbarkeit und Repräsentation in den Medien und der Gesellschaft entscheidend sind, um das Verständnis für die Vielfalt der Geschlechtsidentitäten zu erweitern. Sichtbarkeit kann als eine Form der politischen Macht betrachtet werden, die es Individuen ermöglicht, ihre Identität zu behaupten und ihre Rechte einzufordern.

Probleme der Sichtbarkeit

Trotz der Fortschritte im LGBTQ-Aktivismus gibt es erhebliche Herausforderungen in Bezug auf die Sichtbarkeit von Transgender-Personen. Eine der größten Hürden ist die anhaltende Stigmatisierung und Diskriminierung, die viele Transgender-Individuen erfahren. Diese Diskriminierung kann sowohl in sozialen als auch in institutionellen Kontexten auftreten und führt oft dazu, dass Transgender-Personen sich zurückziehen und ihre Identität nicht offen leben können.

Ein weiteres Problem ist die stereotype Darstellung von Transgender-Personen in den Medien. Oftmals werden sie entweder als Objekte des Mitleids oder als exotische Charaktere dargestellt, was zu einer verzerrten Wahrnehmung ihrer Realität führt. Diese Stereotypen können die öffentliche Meinung negativ beeinflussen und das Verständnis für die tatsächlichen Herausforderungen, mit denen Transgender-Personen konfrontiert sind, verringern.

Beispiele für Sichtbarkeitsförderung

Rachel Giese hat in ihrer Arbeit zahlreiche Initiativen zur Förderung der Sichtbarkeit von Transgender-Personen unterstützt. Ein Beispiel hierfür ist die Berichterstattung über Transgender-Personen in verschiedenen Lebensbereichen, einschließlich Gesundheit, Bildung und Rechtsprechung. Durch die Veröffentlichung von Artikeln, die die Geschichten von Transgender-Individuen erzählen, hat Giese dazu beigetragen, das Bewusstsein für die Herausforderungen zu schärfen, mit denen diese Personen konfrontiert sind.

Ein weiteres Beispiel ist die aktive Teilnahme an Pride-Veranstaltungen, bei denen Transgender-Personen die Möglichkeit haben, ihre Identität zu feiern und sich mit anderen zu vernetzen. Diese Veranstaltungen bieten eine Plattform, um die Sichtbarkeit zu erhöhen und Solidarität innerhalb der LGBTQ-Community zu fördern. Giese hat oft über solche Veranstaltungen berichtet und die Bedeutung der Sichtbarkeit in der Öffentlichkeit hervorgehoben.

Strategien zur Förderung von Sichtbarkeit

Um die Sichtbarkeit von Transgender-Personen weiter zu fördern, sind mehrere Strategien erforderlich:

- **Erhöhung der Medienrepräsentation:** Medienunternehmen sollten sich bemühen, Transgender-Personen in einer Vielzahl von Rollen darzustellen, um stereotype Darstellungen zu vermeiden und ein realistischeres Bild der Gemeinschaft zu vermitteln.

- **Bildungsinitiativen:** Aufklärung über Transgender-Themen in Schulen und Gemeinden kann helfen, Vorurteile abzubauen und das Verständnis zu fördern. Workshops und Schulungen können dazu beitragen, das Bewusstsein für die Herausforderungen zu schärfen, mit denen Transgender-Personen konfrontiert sind.

- **Verbündete mobilisieren:** Die Unterstützung von Verbündeten ist entscheidend. Diese können helfen, die Sichtbarkeit von Transgender-Personen zu erhöhen, indem sie ihre Plattformen nutzen, um die Stimmen von Transgender-Individuen zu verstärken.

- **Soziale Medien:** Die Nutzung von sozialen Medien kann eine mächtige Strategie zur Förderung von Sichtbarkeit sein. Plattformen wie Twitter, Instagram und TikTok bieten Transgender-Personen die Möglichkeit, ihre Geschichten zu teilen und sich mit einer breiteren Öffentlichkeit zu verbinden.

Fazit

Die Förderung von Sichtbarkeit ist ein wesentlicher Bestandteil des LGBTQ-Aktivismus, insbesondere für Transgender-Personen. Durch die Erhöhung der Sichtbarkeit können Stereotypen abgebaut, das Verständnis gefördert und die Rechte von Transgender-Individuen gestärkt werden. Rachel Giese hat durch ihre Arbeit maßgeblich zur Sichtbarkeit von Transgender-Personen beigetragen und zeigt, wie wichtig es ist, ihre Geschichten zu erzählen und ihre Stimmen zu hören. Der Weg zur vollständigen Sichtbarkeit ist noch lang, aber durch kontinuierliche Anstrengungen und die Unterstützung der Gemeinschaft kann dieser Fortschritt erreicht werden.

Herausforderungen innerhalb der Community

Die LGBTQ-Community ist eine vielfältige und dynamische Gruppe, die aus Individuen mit unterschiedlichen Identitäten, Hintergründen und Erfahrungen besteht. Diese Vielfalt bringt sowohl Stärke als auch Herausforderungen mit sich. In diesem Abschnitt werden einige der zentralen Herausforderungen innerhalb der Community beleuchtet, die Rachel Giese in ihrer Arbeit als Journalistin und Aktivistin anspricht.

Interne Spaltungen und Diversität

Eine der größten Herausforderungen innerhalb der LGBTQ-Community ist die interne Spaltung, die häufig durch unterschiedliche Identitäten und Erfahrungen hervorgerufen wird. Während viele Menschen sich für die Rechte von LGBTQ-Personen einsetzen, gibt es oft Spannungen zwischen verschiedenen Gruppen, wie zum Beispiel zwischen cisgender und transgender Personen, sowie zwischen verschiedenen ethnischen und kulturellen Hintergründen. Diese Spannungen können dazu führen, dass bestimmte Anliegen und Stimmen innerhalb der Community übersehen oder marginalisiert werden.

$$\text{Diversität} = \sum_{i=1}^{n} \text{Identität}_i \qquad (5)$$

Hierbei steht n für die Anzahl der unterschiedlichen Identitäten innerhalb der Community. Die Diversität ist ein entscheidender Faktor, der sowohl die Stärke als auch die Herausforderungen der Gemeinschaft prägt.

Diskriminierung und Vorurteile

Innerhalb der Community können auch Diskriminierung und Vorurteile auftreten. Diese können sich in Form von Transphobie, Rassismus oder anderen Formen der Diskriminierung zeigen. Zum Beispiel haben trans Frauen oft mit spezifischen Herausforderungen zu kämpfen, die von cisgender Personen nicht nachvollzogen werden können. Diese Diskriminierung kann sowohl von außen, also aus der Gesellschaft, als auch innerhalb der Community selbst kommen.

Ressourcenzugang und Unterstützung

Ein weiteres Problem ist der ungleiche Zugang zu Ressourcen und Unterstützung. Einige Mitglieder der LGBTQ-Community, insbesondere solche aus marginalisierten Gruppen, haben möglicherweise nicht den gleichen Zugang zu

Gesundheitsdiensten, rechtlichem Schutz oder finanzieller Unterstützung. Rachel Giese hat in ihren Artikeln häufig darauf hingewiesen, dass der Zugang zu Gesundheitsversorgung für trans Personen oft eingeschränkt ist, was zu einer höheren Rate an psychischen Erkrankungen und anderen gesundheitlichen Problemen führt.

$$\text{Zugang zu Ressourcen} = \frac{\text{Verfügbare Ressourcen}}{\text{Bedarf an Ressourcen}} \quad (6)$$

Diese Gleichung verdeutlicht, dass der Zugang zu Ressourcen oft unzureichend ist, wenn die Nachfrage die Verfügbarkeit übersteigt.

Stigmatisierung und Sichtbarkeit

Die Stigmatisierung von LGBTQ-Personen, insbesondere von trans und nicht-binären Individuen, bleibt eine ernsthafte Herausforderung. Diese Stigmatisierung führt oft zu einem Mangel an Sichtbarkeit und Repräsentation in den Medien und der Gesellschaft. Rachel Giese hat in ihrer Berichterstattung betont, wie wichtig es ist, trans Personen eine Plattform zu bieten, um ihre Geschichten zu erzählen und ihre Erfahrungen zu teilen.

Ein Beispiel ist die Berichterstattung über trans Jugendliche, die in vielen Medien oft nicht adäquat repräsentiert werden. Die Sichtbarkeit dieser Geschichten kann entscheidend sein, um Vorurteile abzubauen und ein besseres Verständnis in der breiten Öffentlichkeit zu fördern.

Herausforderungen bei der Mobilisierung

Die Mobilisierung der Community für gemeinsame Ziele kann ebenfalls eine Herausforderung darstellen. Unterschiedliche Prioritäten und Ansichten innerhalb der Community können es schwierig machen, eine einheitliche Stimme zu finden. Rachel Giese hat in ihren Artikeln oft die Notwendigkeit betont, dass alle Mitglieder der Community an einem Strang ziehen müssen, um die Sichtbarkeit und die Rechte von LGBTQ-Personen zu fördern. Dies erfordert nicht nur Verständnis und Zusammenarbeit, sondern auch die Bereitschaft, Kompromisse einzugehen und sich auf gemeinsame Ziele zu konzentrieren.

Fazit

Die Herausforderungen innerhalb der LGBTQ-Community sind vielfältig und komplex. Rachel Giese hat durch ihre Arbeit als Journalistin und Aktivistin dazu beigetragen, diese Themen sichtbar zu machen und das Bewusstsein für die

Bedürfnisse und Anliegen aller Mitglieder der Community zu schärfen. Es ist entscheidend, dass die Community weiterhin an der Überwindung dieser Herausforderungen arbeitet, um eine inklusive und unterstützende Umgebung für alle zu schaffen.

$$\text{Zukunft der Community} = \text{Zusammenarbeit} + \text{Solidarität} + \text{Bildung} \quad (7)$$

Die Zukunft der LGBTQ-Community hängt von der Fähigkeit ab, zusammenzuarbeiten, solidarisch zu sein und sich gegenseitig zu unterstützen. Nur durch diese Anstrengungen kann die Community ihre gemeinsamen Ziele erreichen und die Herausforderungen, denen sie gegenübersteht, bewältigen.

Bildung von Allianzen

Die Bildung von Allianzen ist ein entscheidender Aspekt des LGBTQ-Aktivismus, da sie die Möglichkeit bietet, Ressourcen zu bündeln, Stimmen zu vereinen und eine stärkere Wirkung auf gesellschaftliche Veränderungen zu erzielen. Diese Allianzen können sowohl innerhalb der LGBTQ-Community als auch mit externen Gruppen und Organisationen gebildet werden, die ähnliche Werte und Ziele verfolgen.

Theoretischer Rahmen

Die Theorie der *kollektiven Identität* bietet einen nützlichen Rahmen für das Verständnis der Bildung von Allianzen. Kollektive Identität bezieht sich auf das Gefühl der Zugehörigkeit zu einer bestimmten Gruppe, das durch gemeinsame Erfahrungen, Werte und Ziele gestärkt wird. In der LGBTQ-Community kann eine starke kollektive Identität dazu beitragen, Allianzen zu bilden, indem sie ein Gefühl der Einheit und Solidarität fördert.

Ein weiteres relevantes Konzept ist die *Intersektionalität*, das von Kimberlé Crenshaw geprägt wurde. Diese Theorie betont, dass verschiedene Identitätskategorien—wie Geschlecht, Rasse, sexuelle Orientierung und soziale Klasse—ineinandergreifen und die Erfahrungen von Individuen innerhalb der Gesellschaft beeinflussen. Intersektionalität ist entscheidend für die Bildung von Allianzen, da sie die Notwendigkeit hervorhebt, unterschiedliche Perspektiven zu berücksichtigen und die Stimmen marginalisierter Gruppen zu integrieren.

Herausforderungen bei der Allianzenbildung

Trotz der Vorteile, die Allianzen bieten, gibt es auch zahlreiche Herausforderungen. Eine der größten Hürden ist das *Misstrauen* zwischen verschiedenen Gruppen. Historisch gesehen haben viele LGBTQ-Personen Diskriminierung und Marginalisierung erlebt, was dazu führen kann, dass sie skeptisch gegenüber anderen Gruppen sind, selbst innerhalb der eigenen Community.

Ein weiteres Problem ist die *Ressourcenteilung*. Gruppen müssen oft um begrenzte Ressourcen wie Finanzierung, Medienaufmerksamkeit und Mitgliedschaft kämpfen. Dies kann zu Konkurrenz und Konflikten führen, anstatt zu Zusammenarbeit und Unterstützung.

Beispiele erfolgreicher Allianzen

Trotz dieser Herausforderungen gibt es viele inspirierende Beispiele für erfolgreiche Allianzen innerhalb des LGBTQ-Aktivismus. Eine bemerkenswerte Allianz ist die zwischen LGBTQ-Organisationen und feministischen Gruppen. Diese Partnerschaften haben oft zu gemeinsamen Initiativen geführt, die sowohl die Rechte von Frauen als auch die Rechte von LGBTQ-Personen fördern. Ein Beispiel ist die *Women's March*, die eine breite Koalition von Feministinnen, LGBTQ-Aktivisten und anderen progressiven Gruppen mobilisierte, um für Gleichheit und Gerechtigkeit zu kämpfen.

Ein weiteres Beispiel ist die Zusammenarbeit zwischen LGBTQ-Organisationen und rassistischen Gerechtigkeitsbewegungen. Diese Allianzen haben es ermöglicht, die intersektionalen Kämpfe von LGBTQ-Personen of Color sichtbar zu machen und zu unterstützen. Die *Black Lives Matter*-Bewegung hat beispielsweise enge Verbindungen zu LGBTQ-Aktivisten und hat sich für die Rechte von LGBTQ-Personen innerhalb der afroamerikanischen Gemeinschaft eingesetzt.

Strategien zur Förderung von Allianzen

Um Allianzen effektiv zu bilden, sind mehrere Strategien hilfreich:

- **Gemeinsame Ziele identifizieren:** Es ist wichtig, gemeinsame Interessen und Ziele zu finden, die als Grundlage für die Zusammenarbeit dienen können.

- **Offene Kommunikation fördern:** Transparente und regelmäßige Kommunikation zwischen den Gruppen kann helfen, Missverständnisse auszuräumen und Vertrauen aufzubauen.

- **Ressourcen teilen:** Gruppen sollten bereit sein, Ressourcen zu teilen, sei es durch finanzielle Unterstützung, Fachwissen oder Zugang zu Netzwerken.

- **Bildung und Sensibilisierung:** Workshops und Schulungen können dazu beitragen, das Bewusstsein für die Herausforderungen und Bedürfnisse verschiedener Gruppen zu schärfen und das Verständnis zu fördern.

Schlussfolgerung

Die Bildung von Allianzen ist ein unverzichtbarer Bestandteil des LGBTQ-Aktivismus. Sie ermöglicht es, Kräfte zu bündeln, um gegen Diskriminierung und Ungerechtigkeit zu kämpfen. Trotz der Herausforderungen, die mit der Allianzenbildung verbunden sind, können gut etablierte Partnerschaften einen bedeutenden Einfluss auf die gesellschaftliche Wahrnehmung und die politischen Rahmenbedingungen haben. Rachel Giese hat in ihrer Karriere immer wieder gezeigt, wie wichtig es ist, diese Allianzen zu fördern und zu stärken, um eine gerechtere und inklusivere Gesellschaft für alle zu schaffen.

Einfluss auf die Medienlandschaft

Rachel Giese hat nicht nur als Journalistin, sondern auch als LGBTQ-Aktivistin einen tiefgreifenden Einfluss auf die Medienlandschaft ausgeübt. Ihr Engagement für die Sichtbarkeit von Trans-Kanadierinnen und ihre unermüdliche Arbeit zur Förderung von Transgender-Rechten haben dazu beigetragen, die Berichterstattung über LGBTQ-Themen zu transformieren. In diesem Abschnitt werden wir die theoretischen Grundlagen, die Herausforderungen und die konkreten Beispiele für Rachels Einfluss auf die Medienlandschaft untersuchen.

Theoretische Grundlagen

Die Medienlandschaft ist ein dynamisches System, das von verschiedenen sozialen, politischen und kulturellen Faktoren beeinflusst wird. Laut der *Agenda-Setting-Theorie* von McCombs und Shaw (1972) haben Medien die Macht, die Themen zu bestimmen, die in der Öffentlichkeit diskutiert werden. Rachel Giese hat diese Theorie in ihrer Arbeit verkörpert, indem sie Themen rund um Transgender-Rechte in den Vordergrund rückte und damit die öffentliche Wahrnehmung dieser Themen veränderte.

Ein weiterer relevanter theoretischer Rahmen ist die *Framing-Theorie*, die beschreibt, wie Medien Informationen präsentieren und interpretieren. Giese hat aktiv daran gearbeitet, das Narrativ über Transgender-Personen zu verändern, indem sie positive und menschliche Geschichten in den Mittelpunkt stellte. Dies steht im Gegensatz zu der oft negativen oder sensationalistischen Berichterstattung, die in vielen traditionellen Medien zu finden ist.

Herausforderungen in der Medienberichterstattung

Trotz ihres Erfolgs stand Rachel Giese vor erheblichen Herausforderungen in der Medienberichterstattung. Eine der größten Hürden war die vorherrschende *Transphobie* in vielen Medieninstitutionen. Oft wurden Transgender-Personen entweder ignoriert oder in einem verzerrten Licht dargestellt. Giese musste sich nicht nur mit diesen Vorurteilen auseinandersetzen, sondern auch mit den Widerständen innerhalb der Medienbranche, die eine umfassende und respektvolle Berichterstattung über LGBTQ-Themen behinderten.

Ein weiteres Problem war der *Mangel an Diversität* in den Redaktionen. Viele Medienhäuser hatten Schwierigkeiten, Journalisten mit LGBTQ-Hintergrund einzustellen, was zu einer einseitigen Berichterstattung führte. Giese hat sich aktiv für mehr Diversität in den Medien eingesetzt, indem sie als Mentorin für aufstrebende LGBTQ-Journalisten fungierte und Workshops organisierte, um das Bewusstsein für diese Themen zu schärfen.

Konkrete Beispiele für Rachels Einfluss

Rachel Giese hat durch ihre Artikel, Essays und öffentlichen Auftritte bedeutende Impulse in der Medienlandschaft gesetzt. Ein Beispiel ist ihr Artikel „Die Unsichtbaren sichtbar machen", in dem sie die Geschichten von Trans-Kanadierinnen beleuchtet und deren Herausforderungen und Errungenschaften dokumentiert. Dieser Artikel wurde nicht nur in Fachzeitschriften veröffentlicht, sondern auch in sozialen Medien weit verbreitet, was zu einer breiten Diskussion über Transgender-Rechte führte.

Darüber hinaus hat Giese an verschiedenen Medienprojekten mitgewirkt, die darauf abzielen, die Sichtbarkeit von LGBTQ-Personen zu erhöhen. Ihre Zusammenarbeit mit Dokumentarfilmern und Podcastern hat dazu beigetragen, queere Geschichten in einem neuen Licht zu präsentieren und das Publikum für die Realität von Transgender-Personen zu sensibilisieren.

Eine weitere bemerkenswerte Initiative war die Gründung eines Netzwerks für LGBTQ-Journalisten, das als Plattform für den Austausch von Ideen und Erfahrungen dient. Dieses Netzwerk hat nicht nur die Sichtbarkeit von LGBTQ-Themen in den Medien erhöht, sondern auch eine Gemeinschaft geschaffen, die sich gegenseitig unterstützt und ermutigt.

Schlussfolgerung

Rachel Gieses Einfluss auf die Medienlandschaft ist unbestreitbar. Ihre Arbeit hat nicht nur dazu beigetragen, die Berichterstattung über Transgender-Rechte zu verändern, sondern auch die Art und Weise, wie Medien LGBTQ-Themen insgesamt behandeln. Durch ihre unermüdliche Hingabe und ihren Aktivismus hat sie eine neue Generation von Journalisten inspiriert, die sich für eine gerechtere und inklusivere Medienlandschaft einsetzen. Giese hat bewiesen, dass Medien nicht nur Berichterstattung sind, sondern auch ein kraftvolles Werkzeug für sozialen Wandel. Ihre Stimme und ihr Engagement werden auch in Zukunft eine wichtige Rolle im Kampf für die Rechte von LGBTQ-Personen spielen.

Herausforderungen und Rückschläge

Kritische Reaktionen auf ihre Arbeit

Angriffe auf ihre Berichterstattung

Rachel Giese, eine prominente Stimme im LGBTQ-Journalismus, sieht sich nicht nur mit der Herausforderung konfrontiert, relevante und oft umstrittene Themen zu behandeln, sondern auch mit den Angriffen, die aus ihrer Berichterstattung resultieren. Diese Angriffe sind oft eine direkte Reaktion auf ihre kritischen Artikel über Transgender-Rechte und die Herausforderungen, denen sich Transgender-Personen gegenübersehen.

Theoretischer Hintergrund

Die Medien spielen eine entscheidende Rolle in der Formung der öffentlichen Meinung, insbesondere wenn es um sensible Themen wie LGBTQ-Rechte geht. Laut der *Framing-Theorie* wird die Art und Weise, wie Nachrichten präsentiert werden, entscheidend dafür, wie das Publikum diese Informationen interpretiert und darauf reagiert. Giese nutzt diese Theorie, um ihre Artikel so zu gestalten, dass sie sowohl informativ als auch herausfordernd sind, was jedoch auch zu negativen Reaktionen führen kann.

Probleme und Herausforderungen

Die Angriffe auf Giese's Berichterstattung manifestieren sich in mehreren Formen:

- **Hasskommentare:** Viele Leser, die mit Giese's Perspektive nicht einverstanden sind, äußern ihre Meinungen in Form von beleidigenden

Kommentaren, die oft auf sozialen Medien und in Kommentarspalten veröffentlicht werden. Diese Kommentare sind nicht nur persönlich, sondern zielen auch darauf ab, ihre Glaubwürdigkeit zu untergraben.

- **Medienkritik:** Kritiker aus konservativen Kreisen werfen Giese vor, eine einseitige Sichtweise zu vertreten, die die Realität der Transgender-Erfahrungen verzerrt. Diese Kritiken sind oft uninformiert und basieren auf Missverständnissen über Geschlechtsidentität und die Herausforderungen, denen sich Transgender-Personen gegenübersehen.
- **Berufliche Rückschläge:** Angriffe auf ihre Arbeit haben auch zu beruflichen Konsequenzen geführt. Einige ihrer Artikel wurden von Medienhäusern als zu kontrovers eingestuft, was ihre Möglichkeiten zur Veröffentlichung einschränkte.

Beispiele für Angriffe

Ein bemerkenswertes Beispiel ist die Reaktion auf ihren Artikel über die Diskriminierung von Transgender-Schülern in Schulen. Während der Artikel von vielen als mutig und notwendig angesehen wurde, erhielt er auch eine Welle von negativen Kommentaren, die Giese als „Propagandistin" bezeichneten. In einem besonders aggressiven Kommentar wurde sie beschuldigt, die „Familienwerte" zu untergraben und die Gesellschaft zu destabilisieren.

Umgang mit den Angriffen

Giese hat verschiedene Strategien entwickelt, um mit diesen Angriffen umzugehen:

- **Unterstützung durch Verbündete:** Sie hat ein Netzwerk von Unterstützern innerhalb der LGBTQ-Community und unter Gleichgesinnten aufgebaut, die ihre Arbeit schätzen und sie in schwierigen Zeiten unterstützen.
- **Resilienz:** Giese hat gelernt, sich emotional von den Angriffen zu distanzieren. Sie betont die Wichtigkeit von Selbstfürsorge und hat Techniken zur Stressbewältigung entwickelt, um die negativen Auswirkungen der Angriffe zu minimieren.
- **Öffentliche Reflexion:** In ihren sozialen Medien und öffentlichen Auftritten spricht sie offen über die Herausforderungen, mit denen sie konfrontiert ist. Diese Transparenz hilft, das Bewusstsein für die Schwierigkeiten zu schärfen, die LGBTQ-Journalisten erleben.

Fazit

Die Angriffe auf Rachel Giese's Berichterstattung sind ein Spiegelbild der breiteren gesellschaftlichen Spannungen, die mit dem Thema Transgender-Rechte verbunden sind. Trotz der Herausforderungen bleibt Giese standhaft und nutzt ihre Plattform, um die Stimmen derjenigen zu verstärken, die oft übersehen werden. Ihre Fähigkeit, mit Kritik umzugehen und sich weiterhin für die Wahrheit einzusetzen, ist ein testamentarisches Beispiel für die Resilienz von Aktivisten im Journalismus.

$$\text{Resilienz} = \frac{\text{Emotionale Stabilität}}{\text{Externe Angriffe}} \cdot \text{Unterstützungsnetzwerk} \quad (8)$$

Diese Gleichung verdeutlicht, dass die Resilienz von Giese nicht nur von ihrer inneren Stärke abhängt, sondern auch von der Unterstützung, die sie von ihrer Community erhält. Ihr Engagement für die Wahrheit und die Sichtbarkeit von Transgender-Personen bleibt unerschütterlich, selbst angesichts der Herausforderungen, die sie auf ihrem Weg begegnen.

Umgang mit Hasskommentaren

Hasskommentare sind ein weit verbreitetes Phänomen im digitalen Zeitalter, insbesondere für Journalisten und Aktivisten, die sich mit sensiblen Themen wie LGBTQ-Rechten auseinandersetzen. Diese Kommentare können in verschiedenen Formen auftreten, darunter beleidigende Sprache, Drohungen oder diskriminierende Äußerungen. Der Umgang mit solchen Kommentaren ist entscheidend, um die eigene psychische Gesundheit zu schützen und die Integrität der eigenen Arbeit zu wahren.

Theoretischer Hintergrund

Die Psychologie des Hasses ist komplex und eng mit der menschlichen Natur verbunden. Laut der Social Identity Theory (Tajfel & Turner, 1979) neigen Menschen dazu, ihre Identität durch Zugehörigkeit zu bestimmten Gruppen zu definieren. Diese Identität kann zu Vorurteilen gegenüber Außengruppen führen, was sich in Hasskommentaren äußern kann. Die Theorie legt nahe, dass solche Kommentare oft aus einem Gefühl der Bedrohung oder Unsicherheit resultieren, das durch die Sichtbarkeit von LGBTQ-Personen verstärkt wird.

Probleme und Herausforderungen

Der Umgang mit Hasskommentaren bringt mehrere Herausforderungen mit sich:

- **Emotionale Belastung:** Hasskommentare können erhebliche emotionale Auswirkungen haben. Studien zeigen, dass wiederholte Konfrontation mit solchen Kommentaren zu Angstzuständen, Depressionen und einem verminderten Selbstwertgefühl führen kann.

- **Erosion der Meinungsfreiheit:** Journalisten könnten sich durch die Angst vor Hasskommentaren in ihrer Berichterstattung eingeschränkt fühlen. Dies kann zu einer Selbstzensur führen, die die Vielfalt der Stimmen in den Medien gefährdet.

- **Verbreitung von Fehlinformationen:** Oft gehen Hasskommentare mit falschen Informationen einher, die das öffentliche Bild von LGBTQ-Personen verzerren können. Dies erfordert von Journalisten, dass sie nicht nur auf Hass reagieren, sondern auch aktiv gegen Fehlinformationen angehen.

Strategien zum Umgang mit Hasskommentaren

Um effektiv mit Hasskommentaren umzugehen, können folgende Strategien hilfreich sein:

1. **Ignorieren und Blockieren:** In vielen Fällen ist es am besten, Hasskommentare zu ignorieren oder den Absender zu blockieren. Dies verhindert, dass die Kommentare die eigene Stimmung beeinflussen und sendet gleichzeitig eine klare Botschaft, dass solche Äußerungen nicht toleriert werden.

2. **Sich Unterstützung suchen:** Der Austausch mit Gleichgesinnten oder Verbündeten kann helfen, die emotionale Last zu verringern. Unterstützung durch Freunde, Familie oder professionelle Berater ist entscheidend, um die psychische Gesundheit zu bewahren.

3. **Öffentliche Widerlegung:** In bestimmten Fällen kann es sinnvoll sein, auf Hasskommentare öffentlich zu reagieren. Dies sollte jedoch mit Bedacht geschehen, um nicht in eine Eskalation zu geraten. Eine sachliche, gut begründete Antwort kann helfen, Fehlinformationen zu korrigieren und das öffentliche Bewusstsein zu schärfen.

4. **Medienkompetenz fördern:** Journalisten sollten sich aktiv mit Medienkompetenz auseinandersetzen und lernen, wie sie mit Hasskommentaren umgehen können. Workshops und Schulungen können hierbei hilfreich sein.

Beispiele aus der Praxis

Ein Beispiel für den Umgang mit Hasskommentaren ist der Fall von Rachel Giese, die in ihren Artikeln oft mit negativen Reaktionen konfrontiert wurde. Statt sich von den Kommentaren entmutigen zu lassen, nutzte sie diese Gelegenheiten, um auf die Probleme der Diskriminierung aufmerksam zu machen. In einem ihrer Artikel antwortete sie auf einen besonders hasserfüllten Kommentar mit den Worten:

> "Hass ist oft das Ergebnis von Unwissenheit. Lassen Sie uns stattdessen über die Realität von Transgender-Personen sprechen."

Diese Antwort zeigt nicht nur Stärke, sondern auch den Willen, die Diskussion in eine konstruktive Richtung zu lenken.

Fazit

Der Umgang mit Hasskommentaren ist eine unvermeidliche Realität für viele, die sich für LGBTQ-Rechte einsetzen. Indem man sich auf gesunde Bewältigungsmechanismen stützt, die eigene Stimme nutzt und sich mit Unterstützern vernetzt, kann man nicht nur die eigene Resilienz stärken, sondern auch zur Schaffung eines sichereren und respektvolleren Diskurses beitragen. Der Schlüssel liegt darin, sich nicht von Hass entmutigen zu lassen, sondern ihn als Ansporn zu sehen, weiterhin für Gleichheit und Akzeptanz zu kämpfen.

Unterstützung von Verbündeten

Die Unterstützung von Verbündeten ist ein entscheidender Aspekt im LGBTQ-Aktivismus, insbesondere für Transgender-Personen, die oft mit erheblichen Herausforderungen und Rückschlägen konfrontiert sind. Verbündete sind Personen, die nicht zur LGBTQ-Community gehören, sich jedoch aktiv für die Rechte und das Wohlergehen dieser Gemeinschaft einsetzen. Sie spielen eine wesentliche Rolle, indem sie Sichtbarkeit schaffen, Diskriminierung bekämpfen und ein unterstützendes Umfeld fördern.

Die Rolle von Verbündeten

Verbündete können in verschiedenen Formen auftreten, sei es durch persönliche Beziehungen, berufliche Netzwerke oder öffentliche Plattformen. Ihre Unterstützung kann sich in vielen Bereichen manifestieren, darunter:

- **Öffentliche Unterstützung:** Verbündete nutzen ihre Stimme, um sich gegen Diskriminierung und Ungerechtigkeit auszusprechen. Dies kann durch soziale Medien, Artikel oder öffentliche Reden geschehen.

- **Bildung und Aufklärung:** Verbündete können helfen, Vorurteile abzubauen, indem sie sich selbst und andere über LGBTQ-Themen aufklären. Dies ist besonders wichtig in Schulen, am Arbeitsplatz und in der Gemeinschaft.

- **Ressourcen bereitstellen:** Oft können Verbündete finanzielle Unterstützung oder Zugang zu Ressourcen anbieten, die Transgender-Personen helfen, ihre Rechte durchzusetzen und sich in der Gesellschaft zurechtzufinden.

Herausforderungen für Verbündete

Trotz ihrer guten Absichten stehen Verbündete vor eigenen Herausforderungen. Diese können folgende Aspekte umfassen:

- **Missverständnisse und Vorurteile:** Verbündete müssen oft mit dem Widerstand aus ihrer eigenen Gemeinschaft umgehen, wenn sie sich für LGBTQ-Rechte einsetzen. Dies kann zu Spannungen führen, insbesondere in konservativen Umgebungen.

- **Unzureichende Kenntnisse:** Manche Verbündete sind sich der Komplexität der LGBTQ-Themen nicht vollständig bewusst und können unbeabsichtigt schädliche Stereotypen oder Missverständnisse verbreiten.

- **Emotionale Belastung:** Der Kampf für Gerechtigkeit kann emotional anstrengend sein, sowohl für die Aktivisten als auch für die Verbündeten. Es ist wichtig, dass Verbündete auch auf ihre eigene psychische Gesundheit achten.

Beispiele für erfolgreiche Unterstützung

Einige bemerkenswerte Beispiele für die Unterstützung von Verbündeten im LGBTQ-Aktivismus sind:

- **Pride-Veranstaltungen:** Viele Verbündete nehmen an Pride-Paraden und -Veranstaltungen teil, um ihre Solidarität mit der LGBTQ-Community zu zeigen. Diese Veranstaltungen bieten eine Plattform, um für Gleichheit und Rechte zu kämpfen.

- **Bildungskampagnen:** Initiativen wie „Teach Acceptance" in Schulen haben Verbündete mobilisiert, um Workshops und Schulungen durchzuführen, die auf die Bedeutung von Akzeptanz und Verständnis abzielen.

- **Politisches Engagement:** Verbündete spielen eine entscheidende Rolle in politischen Kampagnen, die sich für die Rechte von Transgender-Personen einsetzen. Durch Lobbyarbeit und das Drängen auf Gesetzesänderungen können sie Veränderungen auf struktureller Ebene bewirken.

Strategien zur Unterstützung von Verbündeten

Um die Unterstützung von Verbündeten zu maximieren, sind einige Strategien von Bedeutung:

- **Schaffung von Netzwerken:** Die Bildung von Netzwerken zwischen LGBTQ-Aktivisten und Verbündeten kann den Austausch von Ressourcen und Informationen fördern. Diese Netzwerke können auch als Plattform für gegenseitige Unterstützung dienen.

- **Schulungsprogramme:** Die Entwicklung von Schulungsprogrammen für Verbündete kann dazu beitragen, das Verständnis für LGBTQ-Themen zu vertiefen und die Fähigkeiten zur Unterstützung zu stärken.

- **Anerkennung und Wertschätzung:** Die Anerkennung der Beiträge von Verbündeten kann deren Engagement fördern. Dies kann durch öffentliche Anerkennung, Auszeichnungen oder einfache Dankesbekundungen geschehen.

Die Unterstützung von Verbündeten ist ein unverzichtbarer Bestandteil des LGBTQ-Aktivismus. Durch ihre Hilfe können Transgender-Personen nicht nur sichtbarer werden, sondern auch besser unterstützt werden, um gegen Diskriminierung und Ungerechtigkeit zu kämpfen. Die Zusammenarbeit zwischen der LGBTQ-Community und ihren Verbündeten ist entscheidend für den Fortschritt und die Schaffung einer inklusiven Gesellschaft, in der jeder Mensch unabhängig von seiner Identität respektiert und akzeptiert wird.

Reflexion über persönliche Angriffe

Persönliche Angriffe sind ein häufiges Phänomen, mit dem viele Journalisten, insbesondere solche, die sich mit sensiblen Themen wie LGBTQ-Rechten befassen, konfrontiert werden. Diese Angriffe können in verschiedenen Formen auftreten, von direkten Anfeindungen in sozialen Medien bis hin zu subtileren, aber ebenso schädlichen Formen der Diskreditierung. Rachel Giese, als prominente Stimme für Transgender-Rechte, ist in ihrer Karriere nicht von solchen Angriffen verschont geblieben.

Natur der Angriffe

Persönliche Angriffe können oft als Versuch verstanden werden, die Glaubwürdigkeit und Integrität eines Journalisten zu untergraben. Diese Angriffe zielen häufig darauf ab, die Person hinter den journalistischen Arbeiten anzugreifen, anstatt sich mit den Inhalten der Berichterstattung auseinanderzusetzen. Dies kann durch das Verbreiten von Gerüchten, das Anzweifeln der Motive oder das Stigmatisieren aufgrund der Identität der Person geschehen.

Ein Beispiel aus Rachels Karriere könnte die Reaktion auf einen ihrer Artikel zur Berichterstattung über Transgender-Rechte sein, bei dem sie als „zu emotional" oder „voreingenommen" kritisiert wurde. Solche Angriffe sind nicht nur verletzend, sondern sie lenken auch von der eigentlichen Diskussion über die behandelten Themen ab.

Psychologische Auswirkungen

Die psychologischen Auswirkungen solcher Angriffe können erheblich sein. Studien zeigen, dass wiederholte persönliche Angriffe zu einem erhöhten Stressniveau, Angstzuständen und sogar Depressionen führen können. Diese Zustände können die Fähigkeit eines Journalisten beeinträchtigen, objektiv und effektiv zu arbeiten. Rachel hat in Interviews betont, wie wichtig es ist, sich mit diesen Emotionen auseinanderzusetzen und sich nicht von den Angriffen definieren zu lassen.

$$\text{Stresslevel} = \frac{\text{Anzahl der Angriffe}}{\text{Resilienz}} \qquad (9)$$

Hierbei zeigt die Gleichung, dass ein höheres Stresslevel durch eine größere Anzahl an Angriffen und eine geringere Resilienz verursacht wird. Resilienz kann durch verschiedene Strategien gestärkt werden, wie zum Beispiel durch Selbstfürsorge und den Austausch mit Verbündeten.

Umgang mit persönlichen Angriffen

Rachel hat verschiedene Strategien entwickelt, um mit persönlichen Angriffen umzugehen. Eine wichtige Strategie ist die Suche nach Unterstützung innerhalb der Community. Der Austausch mit Gleichgesinnten und Verbündeten kann helfen, die emotionale Last solcher Angriffe zu verringern.

Ein weiteres Mittel ist die Reflexion über die Angriffe. Rachel hat oft betont, dass sie versucht, die Kritik zu analysieren, um konstruktives Feedback zu erkennen und sich nicht von destruktiven Kommentaren entmutigen zu lassen. Diese Reflexion kann auch dazu beitragen, die eigene Resilienz zu stärken.

Die Rolle von Verbündeten

Die Unterstützung durch Verbündete kann entscheidend sein, um die Auswirkungen persönlicher Angriffe zu mildern. In Rachels Fall hat sie oft die Solidarität ihrer Kollegen und der LGBTQ-Community hervorgehoben. Diese Unterstützung kann sowohl emotional als auch praktisch sein, indem sie beispielsweise Ressourcen zur Verfügung stellen oder gemeinsam für die Rechte von Transgender-Personen eintreten.

Schlussfolgerung

Die Reflexion über persönliche Angriffe ist ein wichtiger Aspekt des Aktivismus und des Journalismus. Rachel Giese zeigt, dass es möglich ist, trotz der Herausforderungen, die durch persönliche Angriffe entstehen, weiterhin eine starke Stimme für die Rechte der Transgender-Community zu sein. Indem sie ihre Erfahrungen teilt und offen über die Auswirkungen solcher Angriffe spricht, inspiriert sie andere, sich ebenfalls für die Sichtbarkeit und Rechte von LGBTQ-Personen einzusetzen.

Durch die Auseinandersetzung mit persönlichen Angriffen und die Entwicklung von Strategien zu deren Bewältigung kann ein Journalist nicht nur seine eigene Resilienz stärken, sondern auch dazu beitragen, eine stärkere und solidarischere Community zu bilden. Dies ist nicht nur für den Einzelnen von Bedeutung, sondern auch für die gesamte Bewegung, die auf Sichtbarkeit, Verständnis und Akzeptanz angewiesen ist.

Die Rolle von Trollen und Hatern

In der heutigen digitalen Welt sind Trolle und Hater omnipräsent, insbesondere in der Diskussion um LGBTQ-Rechte und den Aktivismus, der damit verbunden ist. Diese Akteure nutzen das Internet, um gezielte Angriffe auf Individuen und Gemeinschaften zu führen, die für Gleichheit und Akzeptanz kämpfen. Die Rolle von Trollen und Hatern ist vielschichtig und hat erhebliche Auswirkungen auf den Aktivismus und die öffentliche Wahrnehmung von LGBTQ-Themen.

Definition und Merkmale

Ein Troll wird oft als jemand definiert, der absichtlich provokante, beleidigende oder kontroverse Kommentare in Online-Diskussionen hinterlässt, um eine Reaktion hervorzurufen. Hater hingegen sind Personen, die aus tief verwurzeltem Hass oder Vorurteilen gegen bestimmte Gruppen, einschließlich der LGBTQ-Community, agieren. Diese beiden Gruppen überschneiden sich häufig, da Trolle oft aus hasserfüllten Motiven handeln.

Psychologische Motive

Die psychologischen Motive hinter dem Verhalten von Trollen und Hatern sind vielfältig. Einige Studien zeigen, dass diese Personen häufig anonymer Online-Kommunikation teilnehmen, um ihre eigenen Unsicherheiten oder Frustrationen zu kompensieren. Die Anonymität des Internets kann es ihnen ermöglichen, ihre wahren Gefühle zu äußern, ohne Konsequenzen fürchten zu müssen.

$$\text{Aggression} = f(\text{Anonymität, Frustration, Vorurteile}) \quad (10)$$

Hierbei steht die Aggression in direkter Beziehung zu Faktoren wie Anonymität, Frustration und vorgefassten Meinungen. Diese Gleichung verdeutlicht, dass die Kombination dieser Faktoren zu einem erhöhten aggressiven Verhalten führen kann.

Einfluss auf den Aktivismus

Die Angriffe von Trollen und Hatern können für LGBTQ-Aktivisten eine erhebliche Belastung darstellen. Sie können das Selbstwertgefühl und die Motivation der Betroffenen untergraben. Viele Aktivisten berichten von Angstzuständen und Depressionen, die aus dem ständigen Druck resultieren, den hasserfüllten Kommentaren und Drohungen zu begegnen.

Ein Beispiel ist die Erfahrung von Rachel Giese, die in ihrer Berichterstattung über Transgender-Rechte wiederholt mit hasserfüllten Kommentaren konfrontiert wurde. Diese Angriffe hatten nicht nur Auswirkungen auf ihre persönliche Gesundheit, sondern auch auf ihre berufliche Integrität. Giese musste Strategien entwickeln, um mit diesen Herausforderungen umzugehen, was in der Regel bedeutete, sich auf die Unterstützung von Verbündeten zu verlassen und sich von toxischen Online-Umgebungen zu distanzieren.

Strategien zur Bewältigung

Um den negativen Auswirkungen von Trollen und Hatern zu begegnen, entwickeln viele Aktivisten verschiedene Strategien. Dazu gehören:

- **Selbstfürsorge:** Die Pflege der eigenen mentalen Gesundheit ist entscheidend. Dazu gehört, sich Zeit für sich selbst zu nehmen und gesunde Bewältigungsmechanismen zu entwickeln.

- **Unterstützungsnetzwerke:** Der Aufbau eines starken Netzwerks von Unterstützern, das sowohl persönliche als auch professionelle Hilfe bietet, kann entscheidend sein, um den Druck zu mindern.

- **Sensibilisierung:** Aktivisten arbeiten oft daran, das Bewusstsein über die Auswirkungen von Online-Hass zu schärfen und die Öffentlichkeit über die Herausforderungen, denen LGBTQ-Personen gegenüberstehen, aufzuklären.

Fazit

Die Rolle von Trollen und Hatern im Kontext des LGBTQ-Aktivismus ist nicht zu unterschätzen. Ihre Angriffe können tiefgreifende Auswirkungen auf die betroffenen Individuen und die gesamte Bewegung haben. Es ist von entscheidender Bedeutung, dass Aktivisten und Unterstützer sich dieser Herausforderung bewusst sind und Strategien entwickeln, um die negativen Auswirkungen zu minimieren. Letztendlich ist die Bekämpfung von Online-Hass nicht nur eine Frage des persönlichen Wohlbefindens, sondern auch eine Voraussetzung für den fortschreitenden Erfolg des LGBTQ-Aktivismus.

$$\text{Erfolg des Aktivismus} = f(\text{Sichtbarkeit}, \text{Solidarität}, \text{Resilienz}) \quad (11)$$

Diese Gleichung zeigt, dass der Erfolg des Aktivismus von der Sichtbarkeit der Anliegen, der Solidarität innerhalb der Community und der Resilienz der

Aktivisten abhängt. Es ist entscheidend, dass die LGBTQ-Community und ihre Verbündeten zusammenarbeiten, um die Stimmen derjenigen zu stärken, die unter dem Hass leiden, und um eine Kultur der Akzeptanz und des Respekts zu fördern.

Strategien zur Resilienz

Resilienz, oft beschrieben als die Fähigkeit, sich von Rückschlägen zu erholen, ist für Aktivisten, insbesondere in der LGBTQ-Community, von entscheidender Bedeutung. In dieser Sektion werden verschiedene Strategien zur Resilienz erörtert, die Rachel Giese und andere Aktivisten in ihrer Arbeit anwenden, um mit den Herausforderungen und Rückschlägen umzugehen, die sie in ihrem Engagement erleben.

Selbstreflexion und Achtsamkeit

Eine der grundlegendsten Strategien zur Förderung der Resilienz ist die Selbstreflexion. Diese Praxis ermöglicht es Aktivisten, ihre Erfahrungen zu analysieren, ihre Emotionen zu erkennen und ihre Reaktionen auf Stressoren zu verstehen. Achtsamkeit, ein Konzept, das aus der buddhistischen Tradition stammt, hat sich als besonders wirksam erwiesen. Achtsamkeitsübungen, wie Meditation oder Atemtechniken, können helfen, den Geist zu beruhigen und den Fokus auf die gegenwärtige Situation zu lenken. Studien zeigen, dass regelmäßige Achtsamkeitspraxis Stress reduzieren und die emotionale Stabilität fördern kann [1].

Unterstützung durch Netzwerke

Die Unterstützung durch Gleichgesinnte ist eine weitere wichtige Strategie. Rachel Giese hat oft betont, wie wichtig es ist, ein starkes Netzwerk von Unterstützern zu haben. Dies kann durch die Teilnahme an LGBTQ-Organisationen, Netzwerktreffen oder Online-Communities geschehen. Solche Netzwerke bieten nicht nur emotionale Unterstützung, sondern auch praktische Ressourcen und Informationen. Die Forschung hat gezeigt, dass soziale Unterstützung eine entscheidende Rolle bei der Bewältigung von Stress spielt [2].

Professionelle Hilfe in Anspruch nehmen

In vielen Fällen kann die Inanspruchnahme professioneller Hilfe, wie Psychotherapie oder Beratung, entscheidend für die Resilienz sein. Rachel Giese hat offen über ihre Erfahrungen mit Therapeuten gesprochen, die ihr geholfen haben, mit den emotionalen Belastungen des Aktivismus umzugehen. Professionelle Unterstützung kann helfen, Bewältigungsmechanismen zu entwickeln und persönliche Herausforderungen zu bewältigen. Studien belegen, dass psychologische Interventionen die Resilienz signifikant erhöhen können [3].

Kreative Ausdrucksformen nutzen

Kreativität kann ein kraftvolles Ventil für Stress und emotionale Belastung sein. Rachel Giese hat oft betont, wie Schreiben und andere kreative Ausdrucksformen ihr geholfen haben, ihre Gefühle zu verarbeiten und ihre Gedanken zu klären. Kunst, Musik und Schreiben können nicht nur therapeutisch wirken, sondern auch als Mittel zur Sichtbarmachung von Erfahrungen dienen. Forschungsergebnisse zeigen, dass kreative Aktivitäten das emotionale Wohlbefinden steigern und die Resilienz fördern können [4].

Zielsetzung und positive Affirmationen

Ein weiterer wichtiger Aspekt der Resilienz ist die Fähigkeit, realistische Ziele zu setzen und positive Affirmationen zu nutzen. Rachel Giese hat in Interviews betont, wie wichtig es ist, sich klare, erreichbare Ziele zu setzen, um den Fokus zu behalten und Motivation zu finden. Positive Affirmationen können helfen, Selbstzweifel zu überwinden und das Selbstbewusstsein zu stärken. Diese Techniken sind nicht nur motivierend, sondern helfen auch, eine positive Denkweise zu entwickeln, die in schwierigen Zeiten von Vorteil ist [5].

Physische Gesundheit und Wohlbefinden

Die körperliche Gesundheit spielt eine entscheidende Rolle für die psychische Resilienz. Regelmäßige körperliche Aktivität, gesunde Ernährung und ausreichend Schlaf sind wesentliche Faktoren, die das allgemeine Wohlbefinden fördern. Rachel Giese hat betont, dass sie regelmäßig Sport treibt, um Stress abzubauen und ihre Energie zu steigern. Studien zeigen, dass körperliche Aktivität nicht nur die körperliche Gesundheit verbessert, sondern auch die psychische Resilienz stärkt [6].

Lernen aus Rückschlägen

Schließlich ist die Fähigkeit, aus Rückschlägen zu lernen, eine der effektivsten Strategien zur Resilienz. Rachel Giese hat oft darüber gesprochen, wie sie aus kritischen Rückmeldungen und Herausforderungen gewachsen ist. Anstatt

Rückschläge als Misserfolge zu betrachten, sieht sie sie als Gelegenheiten zur Verbesserung und zum Wachstum. Diese Perspektive ist entscheidend, um die Motivation aufrechtzuerhalten und weiterhin für die Rechte der LGBTQ-Community zu kämpfen. Forschungsergebnisse unterstützen die Idee, dass das Lernen aus Misserfolgen die Resilienz stärkt und die Fähigkeit zur Problemlösung verbessert [7].

Fazit

Zusammenfassend lässt sich sagen, dass Resilienz eine entscheidende Fähigkeit für LGBTQ-Aktivisten wie Rachel Giese ist. Durch Selbstreflexion, soziale Unterstützung, professionelle Hilfe, kreative Ausdrucksformen, Zielsetzung, körperliche Gesundheit und das Lernen aus Rückschlägen können Aktivisten ihre Resilienz stärken und ihre wichtige Arbeit fortsetzen. Diese Strategien sind nicht nur für den Aktivismus, sondern für das persönliche Wohlbefinden von großer Bedeutung.

Bibliography

[1] Jon Kabat-Zinn, *Full Catastrophe Living: Using the Wisdom of Your Body and Mind to Face Stress, Pain, and Illness*, Delta, 1990.

[2] Sheldon Cohen, "Social Relationships and Health," *American Psychologist*, vol. 55, no. 2, pp. 113-120, 2000.

[3] Martin E.P. Seligman, *Learned Optimism: How to Change Your Mind and Your Life*, Vintage, 2005.

[4] James W. Pennebaker, *Opening Up: The Healing Nature of Expressing Emotions*, Guilford Press, 1997.

[5] Albert Bandura, *Self-Efficacy: The Exercise of Control*, W.H. Freeman, 1997.

[6] John J. Ratey, *Spark: The Revolutionary New Science of Exercise and the Brain*, Little, Brown and Company, 2008.

[7] Carol S. Dweck, *Mindset: The New Psychology of Success*, Random House, 2006.

Bedeutung von Selbstfürsorge

In der Welt des Journalismus und Aktivismus, insbesondere im Kontext von LGBTQ-Rechten, ist Selbstfürsorge von zentraler Bedeutung. Die ständige Konfrontation mit Diskriminierung, Vorurteilen und gesellschaftlichem Druck kann zu emotionalem und psychischem Stress führen. Selbstfürsorge ist daher nicht nur ein individueller Akt, sondern auch ein notwendiger Bestandteil der Nachhaltigkeit im Aktivismus.

Theoretische Grundlagen der Selbstfürsorge

Selbstfürsorge bezieht sich auf die Praktiken und Strategien, die Individuen anwenden, um ihre physische, emotionale und psychische Gesundheit zu erhalten und zu fördern. Laut der Psychologin Dr. Kristin Neff umfasst Selbstfürsorge drei Hauptkomponenten:

- **Selbstmitgefühl:** Die Fähigkeit, sich selbst in schwierigen Zeiten mit Freundlichkeit und Verständnis zu begegnen.

- **Achtsamkeit:** Die Praxis, im Moment präsent zu sein und Gedanken und Gefühle ohne Urteil zu beobachten.

- **Selbstfürsorge:** Aktive Schritte zu unternehmen, um das eigene Wohlbefinden zu fördern.

Diese Komponenten bilden die Grundlage für eine gesunde Selbstfürsorge-Praxis, die für Aktivisten unerlässlich ist, um ihre Resilienz gegenüber Stress und Rückschlägen zu stärken.

Probleme und Herausforderungen

Die Herausforderungen im Aktivismus sind vielfältig. Aktivisten, die sich für die Rechte von Transgender-Personen einsetzen, sehen sich häufig mit:

- **Emotionale Erschöpfung:** Die ständige Auseinandersetzung mit Ungerechtigkeiten kann zu Burnout führen.

- **Gesellschaftlichem Druck:** Die Erwartung, ständig für die Community zu kämpfen, kann den Druck erhöhen.

- **Isolation:** Oft fühlen sich Aktivisten von der Gesellschaft oder sogar von ihren eigenen Gemeinschaften entfremdet.

Diese Probleme machen deutlich, dass Selbstfürsorge nicht als egoistisch betrachtet werden sollte, sondern als notwendige Strategie, um langfristig effektiv arbeiten zu können.

Beispiele für Selbstfürsorge im Aktivismus

Rachel Giese, als prominente Journalistin und Aktivistin, hat in ihrer Karriere verschiedene Methoden der Selbstfürsorge implementiert, um sich vor den negativen Auswirkungen ihrer Arbeit zu schützen. Einige ihrer Strategien umfassen:

- **Regelmäßige Pausen:** Giese betont die Wichtigkeit, sich regelmäßig von der Arbeit zurückzuziehen, um sich zu regenerieren. Dies kann durch kurze Auszeiten während des Arbeitstags oder längere Urlaube geschehen.

- **Austausch mit Gleichgesinnten:** Der Aufbau eines unterstützenden Netzwerks von anderen Aktivisten und Journalisten kann helfen, emotionale Lasten zu teilen und zu verarbeiten.

- **Kreative Ausdrucksformen:** Giese nutzt das Schreiben und andere kreative Aktivitäten als Ventil, um ihre Emotionen auszudrücken und zu verarbeiten.

Die Rolle von Selbstfürsorge in der Gemeinschaft

Selbstfürsorge ist nicht nur eine individuelle Praxis, sondern auch eine kollektive Verantwortung. Aktivisten sollten sich gegenseitig unterstützen, indem sie eine Kultur der Selbstfürsorge innerhalb ihrer Gemeinschaft fördern. Dies kann durch:

- **Workshops und Schulungen:** Veranstaltungen, die sich auf Selbstfürsorge-Techniken konzentrieren, können helfen, das Bewusstsein zu schärfen und praktische Fähigkeiten zu vermitteln.

- **Mentoring-Programme:** Erfahrene Aktivisten können jüngeren Mitgliedern der Community Ratschläge zur Selbstfürsorge geben und sie ermutigen, ihre eigenen Bedürfnisse ernst zu nehmen.

- **Ressourcenteilung:** Informationen über verfügbare Ressourcen, wie psychologische Unterstützung und Wellness-Programme, sollten aktiv geteilt werden.

Fazit

Die Bedeutung von Selbstfürsorge im Aktivismus kann nicht hoch genug eingeschätzt werden. Sie ist ein entscheidender Faktor für die langfristige Effektivität und das persönliche Wohlbefinden von Aktivisten. Indem Aktivisten wie Rachel Giese Selbstfürsorge in ihre Praxis integrieren, können sie nicht nur ihre eigene Gesundheit fördern, sondern auch ein Vorbild für andere sein. In einer Welt, die oft herausfordernd und überwältigend erscheint, ist es von größter Wichtigkeit, sich selbst die gleiche Fürsorge und Aufmerksamkeit zu schenken, die man für andere aufbringt. Nur so kann der Kampf für Gleichheit und Gerechtigkeit nachhaltig fortgeführt werden.

Umgang mit Stress und Druck

Stress und Druck sind unvermeidliche Begleiter im Leben eines Journalisten, insbesondere für Aktivisten wie Rachel Giese, die sich intensiv mit sensiblen Themen wie Transgender-Rechten auseinandersetzen. Der Umgang mit Stress ist nicht nur eine Frage des persönlichen Wohlbefindens, sondern auch entscheidend für die Qualität der journalistischen Arbeit. In diesem Abschnitt werden die theoretischen Grundlagen des Stresses, die spezifischen Herausforderungen, denen Rachel gegenüberstand, sowie bewährte Strategien zur Stressbewältigung behandelt.

Theoretische Grundlagen des Stresses

Stress wird häufig als eine Reaktion des Körpers auf äußere Anforderungen beschrieben, die als überwältigend oder bedrohlich wahrgenommen werden. Die *Transaktionale Stress-Theorie* von Lazarus und Folkman (1984) beschreibt Stress als ein Ergebnis der Wechselwirkung zwischen einer Person und ihrer Umwelt. Stress entsteht, wenn die Anforderungen einer Situation die Ressourcen einer Person übersteigen.

Die Gleichung, die oft zur Veranschaulichung dieser Theorie verwendet wird, ist:

$$\text{Stress} = \text{Anforderungen} - \text{Ressourcen} \qquad (12)$$

Hierbei beziehen sich die Anforderungen auf die Herausforderungen, denen sich Rachel in ihrer Berichterstattung gegenübersah, während die Ressourcen ihre Fähigkeiten, Unterstützungsnetzwerke und Bewältigungsmechanismen darstellen.

Herausforderungen im Journalismus

Für Rachel Giese bedeutete der Umgang mit Stress, sich nicht nur mit der Berichterstattung über Transgender-Rechte auseinanderzusetzen, sondern auch mit den emotionalen und psychologischen Belastungen, die damit verbunden sind. Zu den spezifischen Herausforderungen gehörten:

- **Emotionale Belastung:** Die Berichterstattung über Diskriminierung und Gewalt gegen Transgender-Personen kann emotional belastend sein. Rachel musste oft mit den Geschichten von Menschen umgehen, die unter enormem Druck litten, was zu einem Gefühl der Ohnmacht führen konnte.

- **Öffentliche Kritik:** Journalisten, die über kontroverse Themen berichten, sind häufig Ziel von Kritik und Hasskommentaren. Rachel sah sich mit negativen Reaktionen auf ihre Artikel konfrontiert, die zusätzlichen Stress erzeugten.

- **Zeitdruck:** In der heutigen Medienlandschaft ist die Geschwindigkeit, mit der Nachrichten verbreitet werden, enorm. Rachel musste oft unter Zeitdruck arbeiten, um relevante und präzise Berichterstattung zu liefern.

- **Persönliche Identität:** Als Teil der LGBTQ-Community war Rachel auch mit Fragen ihrer eigenen Identität konfrontiert, die ihre Arbeit beeinflussten. Der Druck, sowohl als Aktivistin als auch als Journalistin wahrgenommen zu werden, stellte eine zusätzliche Herausforderung dar.

Strategien zur Stressbewältigung

Um mit den oben genannten Herausforderungen umzugehen, entwickelte Rachel Giese verschiedene Strategien zur Stressbewältigung, die sowohl theoretische als auch praktische Ansätze umfassten:

- **Selbstreflexion:** Rachel erkannte die Bedeutung der Selbstreflexion als Werkzeug zur Stressbewältigung. Sie führte regelmäßig Tagebuch, um ihre Gedanken und Gefühle zu verarbeiten. Diese Praxis half ihr, Klarheit über ihre Emotionen zu gewinnen und ihre Erfahrungen zu verarbeiten.

- **Netzwerkbildung:** Der Austausch mit Gleichgesinnten und Unterstützern war für Rachel von entscheidender Bedeutung. Sie baute ein Netzwerk von Freunden, Kollegen und Mentoren auf, die ihr nicht nur emotionalen Rückhalt gaben, sondern auch praktische Ratschläge zur Stressbewältigung anboten.

- **Achtsamkeit und Meditation:** Rachel integrierte Achtsamkeitspraktiken in ihren Alltag. Studien haben gezeigt, dass Achtsamkeit und Meditation helfen können, Stress abzubauen und die Resilienz zu stärken. Diese Techniken ermöglichten es ihr, im Moment zu bleiben und den Druck besser zu bewältigen.

- **Gesunde Lebensweise:** Rachel achtete auf ihre körperliche Gesundheit, indem sie regelmäßig Sport trieb und sich gesund ernährte. Körperliche Aktivität ist bekannt dafür, Stress abzubauen und die allgemeine Stimmung zu verbessern.

- **Professionelle Unterstützung:** In Zeiten intensiven Stresses suchte Rachel professionelle Hilfe durch Therapie oder Coaching. Dies ermöglichte es ihr, ihre Belastungen zu besprechen und gezielte Strategien zur Bewältigung zu entwickeln.

Beispiele aus Rachels Leben

Ein prägnantes Beispiel für Rachels Umgang mit Stress war ihre Teilnahme an einer Konferenz über LGBTQ-Rechte, bei der sie als Hauptrednerin eingeladen wurde. Die Vorbereitungen waren intensiv, und der Druck, eine inspirierende Rede zu halten, war hoch. Um mit diesem Stress umzugehen, wandte sie die oben genannten Strategien an:

- Sie führte Tagebuch, um ihre Gedanken zu ordnen und ihre Nervosität zu verarbeiten.

- Rachel sprach mit anderen Aktivisten, die ähnliche Erfahrungen gemacht hatten, und erhielt wertvolle Tipps zur Redegestaltung.

- Vor der Konferenz praktizierte sie Achtsamkeitstechniken, um ihre Nerven zu beruhigen.

Am Tag der Konferenz war Rachel in der Lage, ihre Rede mit Leidenschaft und Klarheit zu halten. Ihr Umgang mit dem Stress hatte sich ausgezahlt, und sie erhielt viel positives Feedback von den Teilnehmern.

Fazit

Der Umgang mit Stress und Druck ist eine essentielle Fähigkeit für Journalisten und Aktivisten wie Rachel Giese. Durch die Anwendung theoretischer Konzepte, das Erkennen spezifischer Herausforderungen und die Implementierung bewährter Strategien konnte Rachel nicht nur ihre eigene Resilienz stärken, sondern auch als Vorbild für andere in der LGBTQ-Community fungieren. Ihr Beispiel zeigt, dass es möglich ist, trotz erheblicher Belastungen erfolgreich zu arbeiten und einen positiven Einfluss auf die Gesellschaft auszuüben.

Einfluss auf ihre Arbeit

Der Einfluss von kritischen Reaktionen auf Rachel Gieses journalistische Arbeit ist ein komplexes Zusammenspiel aus persönlicher Resilienz, professionellem Wachstum und dem ständigen Streben nach Wahrheit und Gerechtigkeit. In der Welt des Journalismus, insbesondere in einem so sensiblen und polarisierten Bereich wie dem LGBTQ-Aktivismus, ist es unerlässlich, die Rückmeldungen von verschiedenen Seiten zu verstehen und zu verarbeiten.

Kritische Reaktionen und deren Bedeutung

Kritik ist ein unvermeidlicher Bestandteil der journalistischen Arbeit. Giese sah sich häufig mit negativen Reaktionen auf ihre Berichterstattung konfrontiert, insbesondere wenn sie Themen ansprach, die für viele Menschen emotional aufgeladen sind. Diese Kritik kann sowohl konstruktiv als auch destruktiv sein. Konstruktive Kritik bietet die Möglichkeit zur Reflexion und Verbesserung, während destruktive Kritik oft auf persönlichen Angriffen und Vorurteilen basiert.

Ein Beispiel für konstruktive Kritik war, als Giese nach der Veröffentlichung eines Artikels über die Herausforderungen, mit denen Transgender-Personen konfrontiert sind, Rückmeldungen von Aktivisten erhielt, die auf fehlende Perspektiven hinwiesen. Diese Rückmeldungen ermöglichten es ihr, ihre Berichterstattung zu verfeinern und sicherzustellen, dass die Stimmen der Betroffenen gehört wurden.

Umgang mit Hasskommentaren

Die schmerzhafte Realität für viele LGBTQ-Journalisten, einschließlich Giese, ist der Umgang mit Hasskommentaren. Diese Kommentare sind oft nicht nur beleidigend, sondern können auch eine ernsthafte Bedrohung für die psychische Gesundheit darstellen. Giese hat Strategien entwickelt, um mit diesen Angriffen umzugehen, darunter die Schaffung eines unterstützenden Netzwerks aus Kollegen und Verbündeten.

Die Rolle von Verbündeten ist entscheidend. Giese betont, dass der Austausch mit anderen Journalisten und Aktivisten ihr geholfen hat, die Angriffe nicht persönlich zu nehmen. Diese Unterstützung hat es ihr ermöglicht, sich auf ihre Arbeit zu konzentrieren und die Bedeutung ihrer Stimme in der Gesellschaft zu erkennen.

Reflexion über persönliche Angriffe

Die Reflexion über persönliche Angriffe ist ein weiterer wichtiger Aspekt von Gieses Einfluss auf ihre Arbeit. Sie hat oft betont, dass diese Angriffe, so schmerzhaft sie auch sein mögen, sie dazu gebracht haben, ihre eigenen Werte und Überzeugungen zu hinterfragen. Diese Selbstreflexion hat nicht nur ihr persönliches Wachstum gefördert, sondern auch ihre journalistische Integrität gestärkt.

Giese hat gelernt, dass es wichtig ist, eine Balance zwischen dem persönlichen und dem professionellen Leben zu finden. Diese Balance ermöglicht es ihr, ihre Emotionen in den Griff zu bekommen und gleichzeitig die notwendige Distanz zu wahren, um objektiv und fair zu berichten.

Die Rolle von Trollen und Hatern

Die Existenz von Trollen und Hatern im Internet hat die Dynamik des Journalismus erheblich verändert. Giese hat diese Herausforderung angenommen, indem sie sich aktiv gegen Desinformation und Hass in sozialen Medien eingesetzt hat. Sie sieht es als ihre Pflicht, nicht nur die Geschichten der Transgender-Community zu erzählen, sondern auch die Narrative, die von Hass und Vorurteilen geprägt sind, zu entlarven.

Ein Beispiel für ihren proaktiven Ansatz war eine Kampagne, die sie in sozialen Medien startete, um die Verbreitung von Fehlinformationen über Transgender-Personen zu bekämpfen. Diese Initiative wurde von vielen in der Community unterstützt und half, ein Bewusstsein für die Gefahren von Online-Hass zu schaffen.

Strategien zur Resilienz

Um den Herausforderungen des Journalismus standzuhalten, hat Giese verschiedene Strategien zur Resilienz entwickelt. Dazu gehören regelmäßige Selbstfürsorge-Praktiken wie Meditation, Sport und kreative Ausdrucksformen. Diese Aktivitäten helfen ihr, Stress abzubauen und ihre mentale Gesundheit zu fördern.

Zusätzlich hat sie die Bedeutung von Weiterbildung erkannt. Giese investiert kontinuierlich in ihre berufliche Entwicklung, um ihre Fähigkeiten zu verbessern und sich auf neue Herausforderungen vorzubereiten. Dies zeigt sich in ihrer Teilnahme an Workshops und Konferenzen, die sich auf die Berichterstattung über LGBTQ-Themen konzentrieren.

Bedeutung von Selbstfürsorge

Die Selbstfürsorge ist ein zentrales Element in Gieses Ansatz zur Bewältigung der Herausforderungen, die mit ihrer Arbeit verbunden sind. Sie hat erkannt, dass es nicht nur wichtig ist, für andere zu kämpfen, sondern auch für sich selbst. Diese Erkenntnis hat sie dazu gebracht, offen über ihre eigenen Kämpfe mit der psychischen Gesundheit zu sprechen, was wiederum anderen in der Community Mut macht, ähnliche Themen anzusprechen.

Giese ermutigt andere, sich Zeit für sich selbst zu nehmen und die eigenen Grenzen zu respektieren. Diese Botschaft ist besonders wichtig in einer Zeit, in der viele LGBTQ-Aktivisten unter dem Druck stehen, ständig für ihre Rechte und Sichtbarkeit zu kämpfen.

Umgang mit Stress und Druck

Der Umgang mit Stress und Druck ist eine weitere Herausforderung, die Giese in ihrer Karriere bewältigen musste. Sie hat gelernt, Prioritäten zu setzen und sich auf das Wesentliche zu konzentrieren. Dies bedeutet, dass sie sich nicht von der Vielzahl an Themen und Problemen überwältigen lässt, sondern sich auf die Aspekte konzentriert, die sie am meisten berühren und bei denen sie den größten Einfluss haben kann.

Giese hat auch die Bedeutung von Pausen erkannt. Sie plant regelmäßige Auszeiten ein, um sich zu regenerieren und neue Perspektiven zu gewinnen. Diese Praxis hat nicht nur ihre Produktivität gesteigert, sondern auch ihre Kreativität gefördert.

Einfluss auf ihre Arbeit

Insgesamt zeigt der Einfluss kritischer Reaktionen auf Gieses Arbeit, dass sie sich nicht nur mit den Herausforderungen des Journalismus auseinandersetzt, sondern auch aktiv an ihrer eigenen Entwicklung und der der LGBTQ-Community arbeitet. Sie hat die Fähigkeit, aus Rückschlägen zu lernen und diese als Sprungbrett für weiteres Engagement zu nutzen. Gieses Reise ist ein eindrucksvolles Beispiel dafür, wie Kritik und Herausforderungen nicht nur Hindernisse darstellen, sondern auch Chancen für Wachstum und Veränderung bieten können.

Lektionen aus den Rückschlägen

Rückschläge sind ein unvermeidlicher Bestandteil des Lebens eines Aktivisten, besonders in einem so dynamischen und oft kontroversen Bereich wie dem LGBTQ-Aktivismus. Rachel Giese hat im Laufe ihrer Karriere zahlreiche Herausforderungen und Rückschläge erlebt, die nicht nur ihre berufliche Entwicklung, sondern auch ihre persönliche Sichtweise auf den Aktivismus geprägt haben. In diesem Abschnitt werden wir die wichtigsten Lektionen untersuchen, die aus diesen Rückschlägen gezogen werden können.

Resilienz entwickeln

Eine der zentralen Lektionen, die Rachel aus ihren Rückschlägen gelernt hat, ist die Bedeutung von Resilienz. Resilienz beschreibt die Fähigkeit, sich von Rückschlägen zu erholen und gestärkt aus schwierigen Situationen hervorzugehen. Giese hat oft betont, dass Rückschläge nicht das Ende der Welt sind, sondern vielmehr Gelegenheiten, aus Fehlern zu lernen und sich weiterzuentwickeln.

„Rückschläge sind nicht das Gegenteil von Erfolg, sie sind ein Teil davon." – Rachel Giese

Diese Perspektive ist entscheidend, um in einem oftmals feindlichen Umfeld zu bestehen. Giese hat ihre Resilienz durch Selbstreflexion und das Erlernen von Bewältigungsstrategien gestärkt. Dazu gehört auch die Praxis der Achtsamkeit, die es ihr ermöglicht, im Angesicht von Kritik und Herausforderungen ruhig zu bleiben.

Unterstützungssysteme aufbauen

Ein weiterer wichtiger Punkt ist die Notwendigkeit, ein starkes Unterstützungssystem zu haben. Rachel hat oft betont, wie wichtig es ist, Verbündete und Mentoren zu finden, die einen in schwierigen Zeiten unterstützen. Diese Netzwerke bieten nicht nur emotionale Unterstützung, sondern auch praktische Ratschläge und Strategien zur Bewältigung von Herausforderungen.

In einem ihrer bekanntesten Rückschläge, als sie mit heftiger Kritik an einem ihrer Artikel konfrontiert wurde, fand sie Trost und Rat bei anderen Aktivisten und Journalisten, die ähnliche Erfahrungen gemacht hatten. Diese Solidarität innerhalb der Community stärkt nicht nur das Individuum, sondern auch die gesamte Bewegung.

Offenheit für Kritik

Ein weiterer wichtiger Aspekt ist die Offenheit für konstruktive Kritik. Rachel Giese hat gelernt, dass nicht jede negative Rückmeldung ein Angriff ist; oft kann sie als wertvolles Feedback betrachtet werden. Diese Einsicht hat es ihr ermöglicht, ihre Arbeit kontinuierlich zu verbessern und sich als Journalistin weiterzuentwickeln.

Ein Beispiel hierfür war eine Kontroverse um einen Artikel, in dem sie über die Herausforderungen von Transgender-Personen berichtete. Obwohl der Artikel von einigen als unzureichend kritisiert wurde, nahm Giese die Rückmeldungen ernst und nutzte sie, um ihre zukünftigen Berichterstattungen zu verfeinern.

Die Bedeutung von Selbstfürsorge

Die Lektion der Selbstfürsorge ist in einem so belastenden Berufsfeld wie dem Journalismus von entscheidender Bedeutung. Rachel hat erfahren, dass es leicht ist, sich in der Arbeit zu verlieren und die eigene Gesundheit zu vernachlässigen. Rückschläge können emotional und psychisch belastend sein, und die Fähigkeit, auf sich selbst zu achten, ist entscheidend, um langfristig erfolgreich zu sein.

Sie hat Praktiken wie Meditation, regelmäßige Bewegung und den Austausch mit Freunden und Familie in ihren Alltag integriert. Diese Maßnahmen helfen ihr, Stress abzubauen und ihre Energie aufzuladen, sodass sie bereit ist, sich den Herausforderungen des Aktivismus zu stellen.

Langfristige Perspektive einnehmen

Schließlich hat Rachel gelernt, eine langfristige Perspektive einzunehmen. Rückschläge können kurzfristig demotivierend wirken, aber sie sind oft Teil eines größeren Prozesses. Giese hat die Bedeutung erkannt, ihre Ziele und Visionen im Auge zu behalten, auch wenn der Weg dorthin steinig ist.

Diese langfristige Sichtweise hat ihr geholfen, sich nicht von kurzfristigen Misserfolgen entmutigen zu lassen. Stattdessen betrachtet sie Rückschläge als Teil eines kontinuierlichen Lernprozesses, der letztlich zu ihrem Wachstum und dem Fortschritt der LGBTQ-Bewegung beiträgt.

Fazit

Die Lektionen, die Rachel Giese aus ihren Rückschlägen gelernt hat, sind nicht nur für sie persönlich, sondern auch für andere Aktivisten von großer Bedeutung. Resilienz, Unterstützungssysteme, Offenheit für Kritik, Selbstfürsorge und eine langfristige Perspektive sind Schlüsselkomponenten, die helfen, die Herausforderungen des Aktivismus zu meistern. Indem sie diese Prinzipien in ihrem Leben und ihrer Arbeit anwendet, setzt sie ein Beispiel für andere, die in ähnlichen Situationen stehen. Letztendlich sind Rückschläge nicht das Ende, sondern eine Gelegenheit zur Weiterentwicklung und zum Wachstum.

Politische und gesellschaftliche Widerstände

Gesetzgebung gegen Transgender-Rechte

Die Gesetzgebung gegen Transgender-Rechte stellt eine der größten Herausforderungen für die LGBTQ-Community dar. In den letzten Jahren haben zahlreiche Länder und Bundesstaaten Gesetze erlassen, die darauf abzielen, die Rechte von Transgender-Personen einzuschränken oder sie zu diskriminieren. Diese Gesetze betreffen verschiedene Lebensbereiche, darunter Gesundheit, Bildung und soziale Teilhabe.

Theoretischer Hintergrund

Die rechtliche Diskriminierung von Transgender-Personen beruht häufig auf einer Kombination aus gesellschaftlichen Vorurteilen, mangelndem Wissen und einem tief verwurzelten binären Geschlechterverständnis. Die Gender-Theorie, die sich mit der sozialen Konstruktion von Geschlecht und Geschlechterrollen befasst, bietet einen Rahmen zur Analyse dieser Probleme. Judith Butler, eine prominente Vertreterin der Gender-Theorie, argumentiert, dass Geschlecht nicht nur biologisch determiniert ist, sondern vielmehr eine performative Handlung darstellt, die durch gesellschaftliche Normen und Erwartungen geprägt wird.

Probleme und Herausforderungen

Die Gesetzgebung gegen Transgender-Rechte hat weitreichende Auswirkungen auf das Leben von Trans-Personen. Zu den häufigsten Problemen zählen:

- **Zugang zu Gesundheitsdiensten:** In vielen Ländern gibt es Gesetze, die Transgender-Personen den Zugang zu geschlechtsbejahenden medizinischen Behandlungen verwehren. Dies kann zu ernsthaften gesundheitlichen Problemen führen, da viele Trans-Personen auf diese Behandlungen angewiesen sind, um ihr Wohlbefinden zu verbessern.

- **Diskriminierung in Bildungseinrichtungen:** Einige Gesetze erlauben Schulen, Transgender-Schülerinnen und -Schülern den Zugang zu den Einrichtungen zu verweigern, die ihrer Geschlechtsidentität entsprechen. Dies führt zu einer feindlichen Umgebung, die das Lernen und die persönliche Entwicklung beeinträchtigen kann.
- **Rechtliche Anerkennung:** In vielen Jurisdiktionen ist es Transgender-Personen nicht möglich, ihren Geschlechtseintrag in offiziellen Dokumenten wie Geburtsurkunden oder Ausweisen zu ändern. Dies kann zu Diskriminierung und rechtlichen Problemen führen, insbesondere im Hinblick auf Identitätsnachweis und Zugang zu Dienstleistungen.

Beispiele aus der Praxis

Ein prägnantes Beispiel für diskriminierende Gesetzgebung ist das Gesetz von North Carolina, das 2016 erlassen wurde und als *House Bill 2* (HB2) bekannt ist. Dieses Gesetz zwang Transgender-Personen, die öffentlichen Toiletten entsprechend ihrem bei der Geburt zugewiesenen Geschlecht zu benutzen. Die Einführung dieses Gesetzes führte zu landesweiten Protesten und einem Boykott von Unternehmen, die sich gegen die Diskriminierung von Transgender-Personen aussprachen. Letztendlich wurde das Gesetz 2017 teilweise aufgehoben, doch der Schaden war bereits angerichtet: Transgender-Personen fühlten sich weiterhin unsicher und diskriminiert.

Ein weiteres Beispiel ist die Gesetzgebung in Florida, die im Jahr 2021 als Teil einer breiteren Bewegung zur Einschränkung von LGBTQ-Rechten verabschiedet wurde. Diese Gesetze zielen darauf ab, Transgender-Schülerinnen und -Schüler in Schulen zu diskriminieren, indem sie den Zugang zu Sportteams und bestimmten Bildungsressourcen einschränken. Die Auswirkungen solcher Gesetze sind verheerend, da sie nicht nur das Selbstwertgefühl von Trans-Personen untergraben, sondern auch zu einer erhöhten Stigmatisierung führen.

Gesellschaftliche Reaktionen

Die Einführung solcher diskriminierender Gesetze hat zu einem starken Widerstand in der Gesellschaft geführt. LGBTQ-Organisationen, Aktivisten und Verbündete mobilisieren sich, um gegen diese Gesetze zu kämpfen und die Rechte von Transgender-Personen zu verteidigen. Kampagnen zur Aufklärung über Geschlechtsidentität und die Bedeutung von Inklusion sind entscheidend, um das Bewusstsein für die Herausforderungen zu schärfen, mit denen Trans-Personen konfrontiert sind.

Schlussfolgerung

Die Gesetzgebung gegen Transgender-Rechte bleibt ein zentrales Problem im Kampf für Gleichheit und Gerechtigkeit. Um die Rechte von Transgender-Personen zu schützen, sind umfassende Reformen und ein gesellschaftlicher Wandel notwendig. Bildung, Aufklärung und Solidarität sind entscheidend, um die Diskriminierung zu bekämpfen und eine inklusive Gesellschaft zu schaffen, in der alle Menschen unabhängig von ihrer Geschlechtsidentität respektiert und akzeptiert werden.

Widerstand innerhalb der Medien

Der Widerstand innerhalb der Medien stellt eine der größten Herausforderungen für LGBTQ-Aktivisten dar, insbesondere für jene, die sich für die Rechte von Transgender-Personen einsetzen. Dieser Widerstand kann in verschiedenen Formen auftreten, von der verzerrten Berichterstattung über Transgender-Themen bis hin zu offenen Vorurteilen und Diskriminierung, die in den Redaktionen selbst verankert sind.

Theoretische Grundlagen

Die Medien spielen eine entscheidende Rolle in der Formung der öffentlichen Meinung und der Wahrnehmung von Minderheiten. Laut der *Framing-Theorie* beeinflusst die Art und Weise, wie Informationen präsentiert werden, die Interpretation und das Verständnis der Öffentlichkeit. Wenn Medien Transgender-Personen in einem negativen Licht darstellen oder sie auf stereotype Weise porträtieren, kann dies zu einer verstärkten Stigmatisierung und Diskriminierung führen.

Probleme in der Berichterstattung

Ein zentrales Problem ist die mangelnde Sensibilität und das fehlende Wissen über Transgender-Themen innerhalb vieler Nachrichtenredaktionen. Oftmals wird über Transgender-Personen in einer Weise berichtet, die ihre Identität nicht respektiert oder die Komplexität ihrer Erfahrungen nicht erfasst. Dies kann sich in der Verwendung falscher Pronomen oder der Reduzierung von Transgender-Personen auf ihre Geschlechtsidentität äußern, anstatt sie als ganzheitliche Individuen darzustellen.

$$\text{Medienwiderstand} = \text{Vorurteile} + \text{Ignoranz} + \text{Sensationsgier} \qquad (13)$$

POLITISCHE UND GESELLSCHAFTLICHE WIDERSTÄNDE

Diese Gleichung verdeutlicht, dass der Widerstand innerhalb der Medien aus einer Kombination von Vorurteilen, Unkenntnis und dem Drang nach Sensationsberichterstattung resultiert. Sensationsgier führt oft dazu, dass Medien über Transgender-Personen in einer Weise berichten, die nicht nur ungenau, sondern auch schädlich ist.

Beispiele für Widerstand

Ein Beispiel für diesen Widerstand ist die Berichterstattung über Transgender-Personen in politischen Kontexten, wo oft eine verzerrte Darstellung vorherrscht. Während der Debatten über Transgender-Rechte in den USA haben viele Medienberichte die Stimmen von Transgender-Personen selbst ignoriert und stattdessen die Ansichten von politischen Gegnern hervorgehoben. Dies führt zu einem Ungleichgewicht in der Berichterstattung und einer weiteren Marginalisierung der betroffenen Gemeinschaft.

Ein weiteres Beispiel ist die Berichterstattung über Gewalt gegen Transgender-Personen. Oftmals werden diese Vorfälle als isolierte Ereignisse dargestellt, ohne den systemischen Charakter der Gewalt gegen Transgender-Personen zu berücksichtigen. Dies kann dazu führen, dass die Öffentlichkeit die Ernsthaftigkeit des Problems nicht erkennt und somit nicht zu Veränderungen in der Gesetzgebung oder in der sozialen Wahrnehmung beiträgt.

Herausforderungen für Journalist*innen

Journalist*innen, die sich für die Rechte von Transgender-Personen einsetzen, sehen sich oft mit Widerstand innerhalb ihrer eigenen Redaktionen konfrontiert. Dieser Widerstand kann in Form von Druck auftreten, bestimmte Themen nicht zu behandeln oder sie nicht auf eine Weise zu behandeln, die als zu progressiv angesehen wird. Dies kann dazu führen, dass wichtige Geschichten über Transgender-Personen nicht erzählt werden oder dass sie in einer Weise erzählt werden, die die Realität verzerrt.

Strategien zur Überwindung des Widerstands

Um den Widerstand innerhalb der Medien zu überwinden, ist es wichtig, dass Journalist*innen und Redaktionen sich fortlaufend fortbilden und sensibilisieren. Workshops und Schulungen zur Berichterstattung über LGBTQ-Themen können dazu beitragen, Vorurteile abzubauen und ein besseres Verständnis für die Herausforderungen zu entwickeln, mit denen Transgender-Personen konfrontiert sind.

Darüber hinaus ist es entscheidend, dass Journalist*innen Netzwerke innerhalb der LGBTQ-Community aufbauen, um direkt von Transgender-Personen zu lernen und ihre Geschichten authentisch zu erzählen. Durch die Zusammenarbeit mit LGBTQ-Organisationen können Journalist*innen sicherstellen, dass ihre Berichterstattung die Vielfalt und Komplexität der Erfahrungen von Transgender-Personen widerspiegelt.

Fazit

Der Widerstand innerhalb der Medien stellt eine erhebliche Hürde für den LGBTQ-Aktivismus dar, insbesondere für die Sichtbarkeit und die Rechte von Transgender-Personen. Um diesen Widerstand zu überwinden, ist es unerlässlich, die Berichterstattung zu reformieren, Vorurteile abzubauen und eine respektvolle und genaue Darstellung von Transgender-Personen zu fördern. Nur so kann die Medienlandschaft zu einem Ort werden, der Vielfalt und Inklusion fördert und die Stimmen derjenigen, die oft zum Schweigen gebracht werden, hörbar macht.

Einfluss von politischen Gruppen

Der Einfluss von politischen Gruppen auf die LGBTQ-Community, insbesondere auf Transgender-Rechte, ist ein komplexes und oft kontroverses Thema. Politische Gruppen können sowohl als Unterstützer als auch als Gegner von LGBTQ-Rechten auftreten. Diese Dynamik hat tiefgreifende Auswirkungen auf die gesellschaftliche Akzeptanz und die gesetzliche Gleichstellung von Transgender-Personen.

Theoretischer Hintergrund

Politische Gruppen sind Organisationen, die sich für bestimmte politische Ziele einsetzen und versuchen, Einfluss auf politische Entscheidungen zu nehmen. Im Kontext des LGBTQ-Aktivismus stehen häufig zwei Hauptkategorien von politischen Gruppen im Vordergrund: progressiv orientierte Gruppen, die sich für die Rechte von LGBTQ-Personen einsetzen, und konservative Gruppen, die oft gegen die Gleichstellung kämpfen. Die Theorien des politischen Aktivismus, wie die *Theorie des kollektiven Handelns*, helfen zu verstehen, wie und warum Gruppen mobilisiert werden, um ihre politischen Ziele zu erreichen.

Die *Theorie des sozialen Wandels* beschreibt, wie gesellschaftliche Normen und Werte sich im Laufe der Zeit ändern können, oft als Ergebnis von aktivistischem Druck. Politische Gruppen nutzen diese Theorien, um ihre Strategien zu entwickeln und ihre Botschaften zu verbreiten.

Probleme und Herausforderungen

Politische Gruppen, die gegen Transgender-Rechte kämpfen, nutzen oft Desinformation und Angst, um ihre Agenda zu fördern. Sie propagieren Mythen über Transgender-Personen, wie zum Beispiel, dass Transgender-Menschen eine Bedrohung für die Gesellschaft darstellen. Solche Narrative können zu einer verstärkten Stigmatisierung führen und die gesellschaftliche Akzeptanz von Transgender-Personen gefährden.

Ein Beispiel hierfür ist die Lobbyarbeit, die von konservativen politischen Gruppen in den USA geleistet wird, um Gesetze zu erlassen, die den Zugang von Transgender-Personen zu medizinischer Versorgung und öffentlichen Einrichtungen einschränken. Diese Gruppen argumentieren häufig mit dem Schutz von „traditionellen Werten" und versuchen, gesellschaftliche Ängste zu schüren, um ihre politischen Ziele durchzusetzen.

Beispiele für politischen Einfluss

Ein prägnantes Beispiel für den Einfluss politischer Gruppen auf Transgender-Rechte ist die Gesetzgebung in mehreren US-Bundesstaaten, die darauf abzielt, die Rechte von Transgender-Schülern in Schulen zu beschränken. In vielen Fällen haben konservative politische Gruppen erfolgreich Gesetze durchgesetzt, die es Transgender-Schülern verbieten, die Toilette oder Umkleidekabine zu benutzen, die mit ihrer Geschlechtsidentität übereinstimmt. Diese Gesetze werden oft mit dem Argument gerechtfertigt, dass sie die Privatsphäre anderer Schüler schützen.

Auf der anderen Seite gibt es auch progressiv orientierte politische Gruppen, die sich aktiv für die Rechte von Transgender-Personen einsetzen. Diese Gruppen haben in den letzten Jahren bedeutende Fortschritte erzielt, indem sie Gesetze zur Gleichstellung und zum Schutz von Transgender-Personen in verschiedenen Bereichen, wie dem Arbeitsrecht und dem Gesundheitswesen, gefördert haben. Ein Beispiel ist die Einführung des *Equality Act* in den USA, der darauf abzielt, Diskriminierung aufgrund der Geschlechtsidentität zu verbieten.

Zusammenfassung

Zusammenfassend lässt sich sagen, dass der Einfluss von politischen Gruppen auf die Rechte von Transgender-Personen sowohl positive als auch negative Auswirkungen haben kann. Während konservative Gruppen oft versuchen, Fortschritte in der Gleichstellung zu behindern, setzen sich progressive Gruppen für die Rechte und die Sichtbarkeit von Transgender-Personen ein. Der Kampf um Gleichstellung und Akzeptanz ist ein kontinuierlicher Prozess, der stark von den politischen Strömungen und der gesellschaftlichen Wahrnehmung beeinflusst wird.

Die Herausforderungen, die durch den Einfluss politischer Gruppen entstehen, erfordern eine starke Mobilisierung innerhalb der LGBTQ-Community sowie die Unterstützung durch Verbündete, um Fortschritte zu erzielen und bestehende Vorurteile abzubauen. Nur durch kontinuierlichen Aktivismus und das Streben nach einer gerechteren Gesellschaft können die Rechte von Transgender-Personen langfristig gesichert werden.

Herausforderungen bei der Berichterstattung

Die Berichterstattung über LGBTQ-Themen, insbesondere über Transgender-Rechte, ist ein komplexes und herausforderndes Unterfangen. Journalistinnen und Journalisten stehen vor einer Vielzahl von Herausforderungen, die sowohl ethischer als auch praktischer Natur sind. Diese Herausforderungen können die Qualität und die Wirkung der Berichterstattung erheblich beeinflussen.

Ethische Überlegungen

Ein zentrales ethisches Dilemma in der Berichterstattung über Transgender-Personen ist die Frage der Identität und der Selbstbezeichnung. Journalistinnen und Journalisten müssen sicherstellen, dass sie die gewählte Identität der Personen respektieren und korrekt wiedergeben. Dies erfordert nicht nur ein tiefes Verständnis der Terminologie, sondern auch Sensibilität für die individuellen Geschichten und Erfahrungen der Betroffenen. Die Verwendung von falschen Pronomen oder Namen kann nicht nur zu Missverständnissen führen, sondern auch das Leben der betroffenen Personen negativ beeinflussen.

$$\text{Respekt} = \frac{\text{korrekte Verwendung von Pronomen}}{\text{Sensibilität und Verständnis}} \quad (14)$$

Ein weiteres ethisches Problem ist die Sensationalisierung von Geschichten. Oft werden Transgender-Personen in den Medien als „Sensationen" dargestellt, was zu einer verzerrten Wahrnehmung ihrer Realität führen kann. Journalistinnen und Journalisten sollten bestrebt sein, Geschichten so zu erzählen, dass sie die Menschlichkeit und die Erfahrungen der betroffenen Personen widerspiegeln, anstatt sie auf ihre Identität zu reduzieren.

Praktische Herausforderungen

Neben den ethischen Überlegungen gibt es auch praktische Herausforderungen. Eine der größten Hürden ist der Zugang zu Informationen und Quellen. Viele Transgender-Personen sind aufgrund von Diskriminierung und Stigmatisierung zurückhaltend, wenn es darum geht, ihre Geschichten zu teilen. Dies kann es Journalistinnen und Journalisten erschweren, authentische und repräsentative Stimmen zu finden.

Darüber hinaus kann der Mangel an Ressourcen innerhalb der Medienorganisationen die Berichterstattung über LGBTQ-Themen beeinträchtigen. Oftmals sind Redaktionen nicht ausreichend geschult, um die Nuancen der Transgender-Thematik zu verstehen und zu vermitteln. Dies kann zu einer oberflächlichen Berichterstattung führen, die wichtige Aspekte der Thematik auslässt.

Gesellschaftlicher Widerstand

Die Berichterstattung über Transgender-Rechte kann auch auf gesellschaftlichen Widerstand stoßen. In vielen Kulturen gibt es tief verwurzelte Vorurteile und Missverständnisse über Transgender-Personen, was zu einem feindlichen Umfeld für Journalistinnen und Journalisten führen kann, die sich mit diesen Themen befassen. Dies kann sich in Form von Drohungen, Hasskommentaren oder sogar physischer Gewalt äußern.

Ein Beispiel für solchen Widerstand ist die Berichterstattung über Transgender-Rechte in konservativen Medien. Oftmals werden die Geschichten von Transgender-Personen verzerrt oder falsch dargestellt, um eine bestimmte Agenda zu fördern. Dies erfordert von Journalistinnen und Journalisten eine besondere Wachsamkeit und die Fähigkeit, sich gegen solche Verzerrungen zu wehren.

Reflexion über die Herausforderungen

Die Herausforderungen bei der Berichterstattung über Transgender-Rechte sind vielfältig und komplex. Journalistinnen und Journalisten müssen sich ständig mit diesen Herausforderungen auseinandersetzen und reflektieren, wie sie ihre Berichterstattung verbessern können. Eine Möglichkeit, dies zu tun, ist die kontinuierliche Weiterbildung und Sensibilisierung für LGBTQ-Themen.

Ein effektiver Ansatz könnte die Zusammenarbeit mit LGBTQ-Organisationen sein, um sicherzustellen, dass die Berichterstattung die Realität der betroffenen Personen genau widerspiegelt. Dies könnte auch die

Einbeziehung von Transgender-Personen in den Berichterstattungsprozess umfassen, um sicherzustellen, dass ihre Stimmen gehört werden.

$$\text{Qualität der Berichterstattung} = \frac{\text{Zugang zu Quellen} + \text{Respekt vor Identität}}{\text{Sensationalisierung} + \text{Gesellschaftlicher Widerstand}} \quad (15)$$

Zusammenfassend lässt sich sagen, dass die Berichterstattung über Transgender-Rechte eine bedeutende Verantwortung mit sich bringt. Journalistinnen und Journalisten müssen sich der Herausforderungen bewusst sein, die mit dieser Verantwortung einhergehen, und aktiv daran arbeiten, ihre Berichterstattung zu verbessern, um eine gerechtere und genauere Darstellung von Transgender-Personen in den Medien zu gewährleisten.

Strategien zur Überwindung von Widerständen

Die Überwindung von Widerständen im LGBTQ-Aktivismus, insbesondere im Bereich der Transgender-Rechte, erfordert einen strategischen Ansatz, der sowohl auf theoretischen Grundlagen als auch auf praktischen Erfahrungen basiert. In diesem Abschnitt werden verschiedene Strategien erörtert, die Rachel Giese und andere Aktivisten nutzen können, um Hindernisse zu überwinden und ihre Botschaften effektiv zu verbreiten.

Bildung und Aufklärung

Eine der grundlegendsten Strategien zur Überwindung von Widerständen ist die Bildung. Viele Widerstände gegen LGBTQ-Rechte, insbesondere gegen Transgender-Rechte, entstehen aus Unkenntnis und Missverständnissen. Die Aufklärung der Öffentlichkeit über Transgender-Themen kann helfen, Vorurteile abzubauen und die Akzeptanz zu fördern.

$$\text{Akzeptanz} = \frac{\text{Wissen}}{\text{Vorurteile}} \quad (16)$$

Hierbei ist es wichtig, dass die Informationen aus vertrauenswürdigen Quellen stammen und in einer zugänglichen Sprache präsentiert werden. Workshops, Informationsveranstaltungen und die Nutzung sozialer Medien sind effektive Wege, um Bildung zu verbreiten.

Mobilisierung der Community

Die Mobilisierung der LGBTQ-Community ist eine weitere Schlüsselstrategie. Durch die Schaffung eines starken Netzwerks von Unterstützern können Aktivisten eine kollektive Stimme bilden, die gegen Widerstände ankämpfen kann. Die Organisation von Veranstaltungen, wie Pride-Paraden oder Diskussionsforen, kann dazu beitragen, die Sichtbarkeit der Community zu erhöhen und die Unterstützung für Transgender-Rechte zu stärken.

$$\text{Mobilisierung} = \text{Gemeinschaft} \times \text{Sichtbarkeit} \qquad (17)$$

Ein Beispiel für erfolgreiche Mobilisierung ist die „Transgender Day of Visibility", die jährlich gefeiert wird, um die Beiträge von Transgender-Personen zu feiern und auf die Herausforderungen aufmerksam zu machen, mit denen sie konfrontiert sind.

Zusammenarbeit mit Verbündeten

Die Bildung von Allianzen mit Verbündeten aus verschiedenen gesellschaftlichen Bereichen kann den Widerstand verringern. Verbündete können aus anderen sozialen Bewegungen, politischen Gruppen oder sogar aus der Wirtschaft stammen. Indem man gemeinsame Ziele identifiziert und zusammenarbeitet, können Ressourcen gebündelt und die Reichweite der Botschaften vergrößert werden.

$$\text{Einfluss} = \text{Allianzen} + \text{Ressourcen} \qquad (18)$$

Ein Beispiel für eine erfolgreiche Zusammenarbeit ist die Partnerschaft zwischen LGBTQ-Organisationen und feministischen Gruppen, die gemeinsam gegen Diskriminierung und Gewalt ankämpfen.

Strategien der Öffentlichkeitsarbeit

Öffentlichkeitsarbeit ist ein entscheidendes Werkzeug im Kampf gegen Widerstände. Durch gezielte Medienkampagnen können Aktivisten die öffentliche Wahrnehmung von Transgender-Rechten beeinflussen. Dies kann durch die Erstellung von Pressemitteilungen, die Durchführung von Interviews oder die Nutzung sozialer Medien erfolgen, um positive Geschichten über Transgender-Personen zu verbreiten.

$$\text{Öffentlichkeitsarbeit} = \text{Botschaft} \times \text{Reichweite} \qquad (19)$$

Ein Beispiel für effektive Öffentlichkeitsarbeit ist die Berichterstattung über transidente Personen, die in den Medien als Vorbilder dargestellt werden, wodurch die Akzeptanz und das Verständnis in der breiten Öffentlichkeit gefördert werden.

Politische Lobbyarbeit

Politische Lobbyarbeit ist ebenfalls eine wichtige Strategie zur Überwindung von Widerständen. Aktivisten müssen sich aktiv in den politischen Prozess einbringen, um Gesetze zu beeinflussen, die Transgender-Rechte betreffen. Dies kann durch Lobbyarbeit bei politischen Entscheidungsträgern, die Teilnahme an Anhörungen oder das Einreichen von Petitionen geschehen.

$$\text{Einflussnahme} = \text{Lobbyarbeit} + \text{Gesetzgebung} \quad (20)$$

Ein Beispiel ist die erfolgreiche Lobbyarbeit für das „Equality Act" in den USA, das darauf abzielt, Diskriminierung aufgrund von Geschlechtsidentität und sexueller Orientierung zu verbieten.

Resilienz und Selbstfürsorge

Schließlich ist es wichtig, dass Aktivisten Strategien zur Resilienz und Selbstfürsorge entwickeln. Der Kampf gegen Widerstände kann emotional und physisch belastend sein. Daher sollten Aktivisten Techniken zur Stressbewältigung erlernen, um ihre eigene Gesundheit und ihr Wohlbefinden zu schützen.

$$\text{Resilienz} = \text{Selbstfürsorge} \times \text{Gemeinschaftliche Unterstützung} \quad (21)$$

Ein Beispiel für Resilienz ist die Teilnahme an Selbsthilfegruppen, in denen Aktivisten Erfahrungen austauschen und sich gegenseitig unterstützen können.

Fazit

Die Überwindung von Widerständen im LGBTQ-Aktivismus erfordert einen vielschichtigen Ansatz, der Bildung, Mobilisierung, Zusammenarbeit, Öffentlichkeitsarbeit, politische Lobbyarbeit und persönliche Resilienz umfasst. Indem Aktivisten diese Strategien anwenden, können sie nicht nur Widerstände überwinden, sondern auch eine nachhaltige Veränderung in der Gesellschaft bewirken. Rachel Giese und andere Aktivisten zeigen, dass es möglich ist, trotz der Herausforderungen, die sich ihnen in den Weg stellen, eine starke Stimme für Transgender-Rechte zu sein.

Mobilisierung der Community

Die Mobilisierung der Community ist ein entscheidender Aspekt des LGBTQ-Aktivismus, insbesondere im Kontext der Herausforderungen, mit denen Transgender-Personen konfrontiert sind. Die Mobilisierung bezieht sich auf den Prozess, durch den Gemeinschaften mobilisiert werden, um gemeinsame Ziele zu verfolgen, Ressourcen zu bündeln und kollektive Aktionen zu initiieren. In diesem Abschnitt werden wir die theoretischen Grundlagen, die damit verbundenen Probleme und einige erfolgreiche Beispiele für die Mobilisierung der LGBTQ-Community untersuchen.

Theoretische Grundlagen

Die Mobilisierung von Gemeinschaften kann durch verschiedene Theorien des sozialen Wandels und der kollektiven Aktion erklärt werden. Eine häufig verwendete Theorie ist die *Ressourcmobilisierungstheorie*, die besagt, dass soziale Bewegungen erfolgreich sind, wenn sie über ausreichende Ressourcen verfügen, um ihre Ziele zu erreichen. Diese Ressourcen können finanzieller, menschlicher oder sozialer Natur sein.

Eine weitere relevante Theorie ist die *kollektive Identität*, die betont, wie wichtig das Gefühl der Zugehörigkeit und der gemeinsamen Identität für die Mobilisierung ist. In der LGBTQ-Community spielt die kollektive Identität eine entscheidende Rolle, da sie das Bewusstsein für gemeinsame Herausforderungen schärft und den Einzelnen motiviert, aktiv zu werden.

Herausforderungen bei der Mobilisierung

Trotz der theoretischen Grundlagen gibt es zahlreiche Herausforderungen bei der Mobilisierung der LGBTQ-Community. Eine der größten Hürden ist die *Fragmentierung* innerhalb der Community. LGBTQ-Personen sind vielfältig und umfassen verschiedene Identitäten, darunter Transgender, nicht-binär, bisexuell und mehr. Diese Vielfalt kann zu unterschiedlichen Prioritäten und Ansichten führen, was die Mobilisierung erschwert.

Zusätzlich gibt es *gesellschaftliche Stigmatisierung* und Diskriminierung, die es schwierig machen, Menschen zu mobilisieren. Viele Transgender-Personen haben Angst vor Repression oder Gewalt und sind daher möglicherweise nicht bereit, sich öffentlich zu engagieren.

Strategien zur Mobilisierung

Um diese Herausforderungen zu überwinden, haben LGBTQ-Aktivisten verschiedene Strategien zur Mobilisierung entwickelt:

- **Aufklärung und Bewusstseinsbildung:** Eine der effektivsten Methoden zur Mobilisierung ist die Aufklärung der Community über ihre Rechte und die Herausforderungen, mit denen sie konfrontiert sind. Informationsveranstaltungen, Workshops und soziale Medien sind wichtige Werkzeuge, um Wissen zu verbreiten und Menschen zu ermutigen, aktiv zu werden.

- **Networking und Allianzen:** Der Aufbau von Netzwerken mit anderen LGBTQ-Organisationen und Verbündeten ist entscheidend. Durch die Bildung von Allianzen können Ressourcen geteilt und gemeinsame Aktionen geplant werden. Beispiele hierfür sind die Zusammenarbeit mit feministischen Gruppen oder anderen sozialen Bewegungen, die ähnliche Ziele verfolgen.

- **Nutzung sozialer Medien:** In der heutigen digitalen Welt spielen soziale Medien eine entscheidende Rolle bei der Mobilisierung. Plattformen wie Twitter, Facebook und Instagram ermöglichen es Aktivisten, schnell Informationen zu verbreiten, Veranstaltungen zu organisieren und eine breite Öffentlichkeit zu erreichen.

Beispiele erfolgreicher Mobilisierung

Ein herausragendes Beispiel für erfolgreiche Mobilisierung ist die *Transgender Day of Remembrance* (TDOR), der jährlich am 20. November stattfindet, um die Opfer von Transphobie zu gedenken. Diese Veranstaltung mobilisiert weltweit Tausende von Menschen, um auf die Gewalt gegen Transgender-Personen aufmerksam zu machen und Solidarität zu zeigen.

Ein weiteres Beispiel ist die *Pride-Bewegung*, die nicht nur Feiern umfasst, sondern auch politische Mobilisierung. Pride-Veranstaltungen bieten eine Plattform für LGBTQ-Personen, um ihre Sichtbarkeit zu erhöhen und auf die noch bestehenden Diskriminierungen hinzuweisen.

Fazit

Die Mobilisierung der Community ist ein komplexer, aber entscheidender Prozess im LGBTQ-Aktivismus. Durch das Verständnis der theoretischen Grundlagen, die Auseinandersetzung mit den Herausforderungen und die Anwendung effektiver Strategien können Aktivisten die Community erfolgreich mobilisieren, um für die Rechte und die Sichtbarkeit von Transgender-Personen zu kämpfen. Die fortwährende Mobilisierung ist nicht nur notwendig, um aktuelle Herausforderungen zu bewältigen, sondern auch, um zukünftige Generationen von LGBTQ-Personen zu unterstützen und zu inspirieren.

Einfluss von sozialen Bewegungen

Soziale Bewegungen spielen eine entscheidende Rolle im Kontext des LGBTQ-Aktivismus, insbesondere im Hinblick auf den Einfluss, den sie auf politische Entscheidungen, gesellschaftliche Normen und die allgemeine Wahrnehmung von LGBTQ-Rechten ausüben. Der Einfluss dieser Bewegungen kann als dynamischer Prozess betrachtet werden, der sowohl durch interne als auch externe Faktoren geprägt ist.

Theoretische Grundlagen

Die Theorie sozialer Bewegungen bietet verschiedene Ansätze zur Analyse des Einflusses auf gesellschaftliche Veränderungen. Ein zentraler Aspekt ist die **Ressourcentheorie**, die besagt, dass soziale Bewegungen über Ressourcen wie Geld, Zeit und menschliches Kapital verfügen müssen, um effektiv zu sein. Dies bedeutet, dass der Zugang zu diesen Ressourcen entscheidend für die Mobilisierung und den Erfolg von Bewegungen ist. Ein Beispiel hierfür ist die *Human Rights Campaign*, die durch finanzielle Mittel und Netzwerke in der Lage ist, umfassende Kampagnen zu führen.

Ein weiterer theoretischer Rahmen ist die **Framing-Theorie**, die sich mit der Art und Weise beschäftigt, wie soziale Bewegungen ihre Anliegen kommunizieren. Durch gezielte Rahmung von Themen können Bewegungen die öffentliche Wahrnehmung beeinflussen und Unterstützung gewinnen. Ein Beispiel ist die Verwendung von positiven Narrativen über Transgender-Personen in den Medien, die dazu beiträgt, Vorurteile abzubauen und Akzeptanz zu fördern.

Politische Mobilisierung

Soziale Bewegungen mobilisieren nicht nur die Community, sondern auch die breite Öffentlichkeit. Dies geschieht oft durch **Proteste, Demonstrationen und Kampagnen**, die darauf abzielen, politische Entscheidungsträger zu erreichen. Die *Stonewall-Aufstände* von 1969 sind ein historisches Beispiel für eine soziale Bewegung, die nicht nur die LGBTQ-Community mobilisierte, sondern auch zu einer breiteren gesellschaftlichen Diskussion über sexuelle Identität und Rechte führte.

Die Mobilisierung kann auch durch die Nutzung sozialer Medien erfolgen, die es Aktivisten ermöglichen, Informationen schnell zu verbreiten und ein globales Publikum zu erreichen. Die #MeToo-Bewegung ist ein Beispiel dafür, wie soziale Medien als Plattform für die Mobilisierung und den Austausch von Erfahrungen genutzt werden können, was zu einem verstärkten Bewusstsein für sexuelle Belästigung und Diskriminierung führte.

Herausforderungen und Widerstände

Trotz des Einflusses sozialer Bewegungen gibt es auch erhebliche Herausforderungen. Politische und gesellschaftliche Widerstände können den Fortschritt behindern. Gesetzgebungen, die gegen die Rechte von LGBTQ-Personen gerichtet sind, stellen eine direkte Bedrohung dar. So wurde in mehreren US-Bundesstaaten versucht, Gesetze zu erlassen, die Transgender-Personen den Zugang zu bestimmten medizinischen Behandlungen verwehren.

Zusätzlich gibt es innerhalb der LGBTQ-Community unterschiedliche Meinungen über die Strategien und Prioritäten des Aktivismus. Diese **Intersektionalität** ist entscheidend, da verschiedene Identitäten (wie Rasse, Geschlecht und soziale Klasse) unterschiedliche Erfahrungen von Diskriminierung und Marginalisierung mit sich bringen. Ein Beispiel ist die Debatte über die Sichtbarkeit von Trans-Personen innerhalb der breiteren LGBTQ-Bewegung, wo einige Stimmen argumentieren, dass die Anliegen von Trans-Personen oft in den Hintergrund gedrängt werden.

Erfolge sozialer Bewegungen

Trotz dieser Herausforderungen haben soziale Bewegungen bedeutende Erfolge erzielt. Die Legalisierung der gleichgeschlechtlichen Ehe in vielen Ländern ist ein Beispiel für den direkten Einfluss von Aktivismus auf die Gesetzgebung. In Kanada wurde die gleichgeschlechtliche Ehe 2005 legalisiert, was auf jahrelange Mobilisierung und Aufklärung durch LGBTQ-Organisationen zurückzuführen ist.

Ein weiteres Beispiel ist die zunehmende Sichtbarkeit von Transgender-Personen in den Medien und der Gesellschaft. Durch die Arbeit von Aktivisten und Journalisten wie Rachel Giese wird das Bewusstsein für die Herausforderungen, mit denen Trans-Personen konfrontiert sind, geschärft. Ihre

Berichterstattung hat dazu beigetragen, dass Trans-Rechte auf die politische Agenda gesetzt werden, was zu positiven Veränderungen in der Gesetzgebung und der gesellschaftlichen Akzeptanz führt.

Fazit

Zusammenfassend lässt sich sagen, dass soziale Bewegungen einen tiefgreifenden Einfluss auf den LGBTQ-Aktivismus haben. Sie sind sowohl Treiber als auch Reaktionskräfte in einem sich ständig verändernden gesellschaftlichen Kontext. Während sie mit Herausforderungen konfrontiert sind, bleibt ihr Potenzial zur Mobilisierung und zur Schaffung von Veränderungen unbestreitbar. Der Einfluss dieser Bewegungen wird weiterhin eine Schlüsselrolle im Kampf um Gleichheit und Akzeptanz spielen, und es ist wichtig, ihre Erfolge und Herausforderungen zu erkennen und zu reflektieren.

$$\text{Einfluss} = \text{Ressourcen} \times \text{Mobilisierung} \times \text{Öffentliche Wahrnehmung} \quad (22)$$

Bildung von Koalitionen

Die Bildung von Koalitionen ist ein entscheidender Bestandteil des LGBTQ-Aktivismus, insbesondere im Kontext der Herausforderungen, denen Transgender-Personen gegenüberstehen. Koalitionen ermöglichen es verschiedenen Gruppen, Ressourcen, Wissen und Unterstützung zu bündeln, um gemeinsame Ziele zu erreichen. In diesem Abschnitt werden die theoretischen Grundlagen der Koalitionsbildung, die damit verbundenen Probleme sowie konkrete Beispiele erfolgreicher Koalitionen betrachtet.

Theoretische Grundlagen der Koalitionsbildung

Koalitionen entstehen oft aus der Notwendigkeit heraus, eine gemeinsame Front gegen Diskriminierung und Ungerechtigkeit zu bilden. Die Theorie der sozialen Bewegungen legt nahe, dass Koalitionen sowohl strategische als auch symbolische Funktionen erfüllen. Strategisch ermöglichen sie es Gruppen, ihre Reichweite zu erhöhen und Einfluss auf politische Entscheidungen zu nehmen. Symbolisch senden sie eine Botschaft der Einheit und Solidarität.

Ein zentrales Konzept in der Theorie der Koalitionsbildung ist die *Intersektionalität*, die die Überlappung verschiedener Identitäten und Diskriminierungsformen betrachtet. Kimberlé Crenshaw, die Begründerin des Begriffs, argumentiert, dass die Erfahrungen von Individuen nicht isoliert betrachtet werden können. Stattdessen müssen die Wechselwirkungen zwischen Geschlecht, Rasse, sexueller Orientierung und anderen Identitätsfaktoren in den Fokus gerückt werden. Diese Perspektive ist entscheidend für die Bildung effektiver Koalitionen, da sie sicherstellt, dass die Anliegen aller Mitglieder berücksichtigt werden.

Herausforderungen bei der Bildung von Koalitionen

Trotz der Vorteile, die Koalitionen bieten, gibt es auch erhebliche Herausforderungen. Eine der größten Schwierigkeiten besteht darin, unterschiedliche Interessen und Prioritäten innerhalb einer Koalition zu harmonisieren. Verschiedene Gruppen können unterschiedliche Ansichten darüber haben, welche Themen Priorität haben sollten. Diese Divergenz kann zu Spannungen führen und die Effektivität der Koalition beeinträchtigen.

Ein weiteres Problem ist die *Machtungleichheit* innerhalb von Koalitionen. Oftmals haben einige Gruppen mehr Ressourcen oder Einfluss als andere, was zu einer Dominanz führen kann, die die Stimmen marginalisierter Gruppen unterdrückt. Es ist wichtig, dass Koalitionen Mechanismen zur Förderung von Gleichheit und Gerechtigkeit implementieren, um sicherzustellen, dass alle Stimmen gehört werden.

Beispiele erfolgreicher Koalitionen

Ein herausragendes Beispiel für eine erfolgreiche Koalition im LGBTQ-Aktivismus ist die *Human Rights Campaign* (HRC) in den Vereinigten Staaten. Diese Organisation hat sich mit verschiedenen LGBTQ-Gruppen, religiösen Gemeinschaften und politischen Organisationen zusammengetan, um für die Rechte von Transgender-Personen zu kämpfen. Durch die Bildung breiter Koalitionen konnte die HRC bedeutende Fortschritte bei der Verabschiedung von Gesetzen zur Gleichstellung von LGBTQ-Personen erzielen.

Ein weiteres Beispiel ist die *Transgender Law Center* (TLC), das sich für die Rechte von Transgender-Personen in den USA einsetzt. TLC hat erfolgreich Koalitionen mit anderen Bürgerrechtsorganisationen gebildet, um gegen diskriminierende Gesetze vorzugehen und die Sichtbarkeit von Transgender-Personen zu erhöhen. Die Zusammenarbeit mit Organisationen wie der *American Civil Liberties Union* (ACLU) hat es TLC ermöglicht, rechtliche Herausforderungen gegen diskriminierende Praktiken zu führen und umfassende Aufklärungskampagnen zu initiieren.

Schlussfolgerung

Die Bildung von Koalitionen ist ein unverzichtbarer Aspekt des LGBTQ-Aktivismus, der es ermöglicht, Ressourcen zu bündeln und eine stärkere Stimme für die Rechte von Transgender-Personen zu schaffen. Während Herausforderungen wie unterschiedliche Interessen und Machtungleichheiten bestehen, zeigen erfolgreiche Beispiele, dass durch Zusammenarbeit und Solidarität bedeutende Fortschritte erzielt werden können. Um die Rechte von Transgender-Personen weiterhin zu fördern, ist es wichtig, dass Aktivisten und Organisationen sich auf die Bildung und Pflege von Koalitionen konzentrieren, die auf gemeinsamen Werten und Zielen basieren.

Herausforderungen in der Berichterstattung über Gewalt

Die Berichterstattung über Gewalt, insbesondere im Kontext von LGBTQ-Themen, ist mit einer Vielzahl von Herausforderungen verbunden, die sowohl ethische als auch praktische Aspekte umfassen. Diese Herausforderungen sind nicht nur für Journalisten von Bedeutung, sondern auch für die betroffenen Gemeinschaften, die oft unter den Folgen von Gewalt leiden und deren Geschichten in den Medien oft verzerrt oder unzureichend dargestellt werden.

Ethische Überlegungen

Eine der zentralen Herausforderungen in der Berichterstattung über Gewalt gegen LGBTQ-Personen ist die ethische Verantwortung der Journalisten. Es gibt mehrere ethische Grundsätze, die in diesem Kontext berücksichtigt werden müssen:

- **Sensibilität und Respekt:** Journalisten müssen sensibel mit den Geschichten von Gewaltopfern umgehen. Oft sind diese Geschichten mit tiefen emotionalen und psychologischen Wunden verbunden. Ein respektvoller Umgang ist entscheidend, um den Opfern gerecht zu werden und ihnen eine Stimme zu geben.

- **Vermeidung von Sensationslust:** Gewaltberichte neigen dazu, sensationalisiert zu werden, was zu einer Entmenschlichung der Opfer führen kann. Journalisten sollten darauf achten, nicht nur die brutalen Details der Gewalt zu berichten, sondern auch den Kontext und die Auswirkungen auf die Gemeinschaft hervorzuheben.

- **Verantwortungsvolle Sprache:** Die Wahl der Sprache ist entscheidend. Begriffe, die Gewalt und Diskriminierung perpetuieren, sollten vermieden werden. Stattdessen sollte eine inklusive und respektvolle Sprache verwendet werden, die die Identität der Betroffenen anerkennt.

Praktische Herausforderungen

Neben den ethischen Überlegungen gibt es auch praktische Herausforderungen, die Journalisten bei der Berichterstattung über Gewalt gegenüber LGBTQ-Personen begegnen:

- **Zugang zu Informationen:** Oft ist es schwierig, an verlässliche Informationen zu gelangen, insbesondere wenn es um Gewaltvorfälle geht, die in marginalisierten Gemeinschaften stattfinden. Behörden sind möglicherweise nicht bereit, Informationen herauszugeben, oder die Opfer sind nicht bereit, über ihre Erfahrungen zu sprechen, aus Angst vor Stigmatisierung oder Repressalien.

- **Stereotypen und Vorurteile:** Journalisten müssen sich der Stereotypen und Vorurteile bewusst sein, die in der Gesellschaft vorherrschen. Diese können die Berichterstattung beeinflussen und dazu führen, dass bestimmte Narrative über Gewalt gegen LGBTQ-Personen verstärkt werden, während andere, möglicherweise wichtigere Geschichten, ignoriert werden.

- **Sicherheit der Quellen:** Die Sicherheit der Quellen ist ein weiteres zentrales Anliegen. Viele LGBTQ-Personen, die Gewalt erfahren haben, sind besorgt über die möglichen Konsequenzen ihrer Offenlegung. Journalisten müssen sicherstellen, dass sie die Anonymität ihrer Quellen schützen und sie nicht einem zusätzlichen Risiko aussetzen.

Theoretische Ansätze

Die Berichterstattung über Gewalt kann auch durch verschiedene theoretische Ansätze beleuchtet werden:

- **Feministische Medientheorie:** Diese Theorie untersucht, wie Geschlechterrollen und Machtverhältnisse in den Medien dargestellt werden. Sie betont die Notwendigkeit, die Erfahrungen von Frauen und marginalisierten Geschlechtern in der Berichterstattung über Gewalt zu berücksichtigen, um ein umfassenderes Bild der Realität zu erhalten.

- **Intersektionalität:** Der intersektionale Ansatz beleuchtet, wie verschiedene Identitäten (Geschlecht, Sexualität, Ethnizität) miteinander interagieren und die Erfahrungen von Gewalt beeinflussen. Diese Perspektive ist entscheidend, um die Komplexität der Gewalt gegen LGBTQ-Personen zu verstehen und darzustellen.

- **Konstruktivistische Ansätze:** Diese Ansätze betrachten, wie die Realität durch Sprache und Medien konstruiert wird. Sie betonen, dass die Art und Weise, wie Gewalt in den Medien dargestellt wird, die öffentliche Wahrnehmung von Gewaltopfern beeinflussen kann.

Beispiele aus der Praxis

Ein Beispiel für die Herausforderungen in der Berichterstattung über Gewalt gegen LGBTQ-Personen ist der Fall von *Brandon Teena*, einem transgender Mann, der 1993 in Nebraska ermordet wurde. Die Berichterstattung über seinen Tod war geprägt von Sensationslust und einer Fokussierung auf die Gewalt selbst, während die tiefere Analyse der sozialen und kulturellen Faktoren, die zu seinem Mord führten, oft vernachlässigt wurde. Dies führte zu einer verzerrten Wahrnehmung der Realität für viele LGBTQ-Personen.

Ein weiteres Beispiel ist die Berichterstattung über die Schießerei im *Pulse*-Nachtclub in Orlando, Florida, im Jahr 2016. Während viele Medien die Tragödie als Angriff auf die LGBTQ-Community darstellten, gab es auch Berichte, die die Identität des Täters und seine Motive in den Vordergrund stellten, was die Diskussion über die Erfahrungen von LGBTQ-Personen in der Gesellschaft und die Notwendigkeit von Schutzmaßnahmen verwässerte.

Fazit

Die Berichterstattung über Gewalt gegen LGBTQ-Personen ist ein komplexes und herausforderndes Feld, das eine sorgfältige und respektvolle Herangehensweise erfordert. Journalisten müssen sich der ethischen, praktischen und theoretischen Herausforderungen bewusst sein, um die Geschichten der Betroffenen angemessen zu erzählen und zur Sichtbarkeit und zum Verständnis von Gewalt in der LGBTQ-Community beizutragen. Nur durch verantwortungsvolle Berichterstattung kann ein echter Dialog über die Herausforderungen und Kämpfe dieser Gemeinschaft gefördert werden.

Reflexion über gesellschaftliche Veränderungen

In der heutigen Zeit ist es unerlässlich, die gesellschaftlichen Veränderungen zu reflektieren, die durch den LGBTQ-Aktivismus und insbesondere durch die

Arbeit von Journalisten wie Rachel Giese angestoßen wurden. Diese Veränderungen sind oft das Ergebnis eines langen und mühsamen Kampfes um Gleichheit und Akzeptanz, der sowohl auf individueller als auch auf gesellschaftlicher Ebene stattfindet.

Theoretische Grundlagen

Die Reflexion über gesellschaftliche Veränderungen kann durch verschiedene theoretische Rahmenwerke unterstützt werden. Ein zentrales Konzept ist das der *sozialen Konstruktion von Identität*, das besagt, dass Identitäten nicht nur biologisch oder natürlich gegeben sind, sondern durch soziale Interaktionen und gesellschaftliche Diskurse geformt werden. Diese Theorie hilft zu verstehen, wie sich die Wahrnehmung von Transgender-Personen im Laufe der Zeit verändert hat.

Ein weiteres relevantes Konzept ist die *theorie der sozialen Bewegungen*, die beschreibt, wie kollektives Handeln und Mobilisierung zu sozialen Veränderungen führen können. Diese Theorie ist besonders relevant für den LGBTQ-Aktivismus, da sie die Dynamik erklärt, die zwischen Aktivisten, Medien und der breiten Öffentlichkeit besteht.

Gesellschaftliche Probleme

Trotz der Fortschritte, die durch den Aktivismus erzielt wurden, gibt es immer noch erhebliche gesellschaftliche Probleme. Diskriminierung, Gewalt und Vorurteile gegenüber Transgender-Personen sind nach wie vor weit verbreitet. Statistiken zeigen, dass Transgender-Personen, insbesondere Frauen of Color, ein überproportionales Risiko für Gewalt und Mord haben. Laut einer Studie von *Human Rights Campaign* aus dem Jahr 2020 wurden mindestens 44 Transgender- oder geschlechtsnichtkonforme Personen in den USA ermordet, wobei die Dunkelziffer wahrscheinlich höher ist.

Diese Probleme werden oft durch gesellschaftliche Normen und Werte verstärkt, die Transgender-Personen als „anders" oder „nicht normal" betrachten. Der Einfluss von Medien und sozialen Netzwerken kann sowohl positiv als auch negativ sein, da sie einerseits Sichtbarkeit schaffen, andererseits aber auch Stereotypen und Vorurteile verstärken können.

Beispiele für gesellschaftliche Veränderungen

Trotz dieser Herausforderungen gibt es ermutigende Beispiele für gesellschaftliche Veränderungen. In vielen Ländern wurden Gesetze verabschiedet, die die Rechte von Transgender-Personen schützen. Zum Beispiel hat Kanada im Jahr 2017 das *Bill C-16* verabschiedet, das Geschlechtsidentität und -ausdruck als geschützte Merkmale in der Menschenrechtsgesetzgebung anerkennt. Diese rechtlichen Fortschritte sind oft das Ergebnis von jahrelangem Aktivismus und öffentlichem Druck.

Ein weiteres Beispiel ist die zunehmende Sichtbarkeit von Transgender-Personen in den Medien. Shows wie *Pose* und *Transparent* haben dazu beigetragen, das Bewusstsein für die Herausforderungen und Errungenschaften von Transgender-Personen zu schärfen. Diese Darstellungen sind entscheidend, um Stereotypen abzubauen und das Verständnis in der breiten Öffentlichkeit zu fördern.

Die Rolle von Rachel Giese und anderen Journalisten

Rachel Giese hat durch ihre Berichterstattung über Transgender-Rechte und die Herausforderungen, mit denen Trans-Personen konfrontiert sind, erheblich zur Sichtbarkeit und zum Verständnis beigetragen. Ihre Artikel haben nicht nur das Bewusstsein geschärft, sondern auch eine Plattform für die Stimmen von Transgender-Personen geschaffen. Giese nutzt ihre Position als Journalistin, um die Geschichten von Trans-Kanadierinnen zu erzählen und die Komplexität ihrer Erfahrungen zu vermitteln.

Diese Art von Journalismus ist nicht nur informativ, sondern auch transformativ. Er trägt dazu bei, gesellschaftliche Normen zu hinterfragen und die Wahrnehmung von Transgender-Personen in der Gesellschaft zu verändern. Durch die Schaffung von Empathie und Verständnis können solche Berichte dazu beitragen, Vorurteile abzubauen und eine inklusivere Gesellschaft zu fördern.

Schlussfolgerung

Die Reflexion über gesellschaftliche Veränderungen im Kontext des LGBTQ-Aktivismus und der Arbeit von Journalisten wie Rachel Giese zeigt, dass Fortschritt möglich ist, aber auch, dass es noch viel zu tun gibt. Während rechtliche und gesellschaftliche Veränderungen ermutigend sind, bleibt die Herausforderung bestehen, tief verwurzelte Vorurteile und Diskriminierungen zu bekämpfen. Der Aktivismus muss weiterhin auf die Bedeutung von Sichtbarkeit, Bildung und Solidarität hinweisen, um eine gerechtere und inklusivere Gesellschaft für alle zu schaffen.

Insgesamt ist es wichtig, die Dynamik zwischen Aktivismus, Medien und gesellschaftlichen Veränderungen zu verstehen und zu würdigen. Nur durch kontinuierliches Engagement und Reflexion können wir sicherstellen, dass die Stimmen derjenigen, die oft übersehen werden, gehört werden und dass echte Veränderungen in der Gesellschaft stattfinden.

Erfolge und Meilensteine

Auszeichnungen und Anerkennungen

Preisverleihungen für journalistische Leistungen

Die Auszeichnung von journalistischen Leistungen spielt eine entscheidende Rolle in der Anerkennung und Förderung von qualitativ hochwertigem Journalismus, insbesondere im Bereich des LGBTQ-Aktivismus. Preisverleihungen sind nicht nur eine Form der Anerkennung, sondern auch ein wichtiges Mittel zur Sensibilisierung der Öffentlichkeit für Themen, die oft im Schatten stehen. In diesem Abschnitt werden wir die verschiedenen Arten von Preisen untersuchen, die Rachel Giese und andere LGBTQ-Journalisten erhalten haben, sowie die Auswirkungen dieser Auszeichnungen auf ihre Karriere und die LGBTQ-Community.

Bedeutung von Auszeichnungen

Auszeichnungen im Journalismus sind mehr als nur Trophäen; sie sind ein Symbol für Exzellenz und Engagement. Sie bieten Journalisten die Möglichkeit, ihre Arbeit einem breiteren Publikum vorzustellen und tragen dazu bei, wichtige Themen ins Rampenlicht zu rücken. Für LGBTQ-Journalisten wie Rachel Giese können solche Auszeichnungen auch eine Bestätigung ihrer Stimme und ihrer Perspektiven in einer oft marginalisierten Gemeinschaft sein.

Beispiele für bedeutende Auszeichnungen

Einige der renommiertesten Auszeichnungen im Journalismus, die für LGBTQ-Themen von Bedeutung sind, umfassen:

- **The GLAAD Media Awards:** Diese Auszeichnung wird jährlich von der Gay & Lesbian Alliance Against Defamation (GLAAD) vergeben und würdigt herausragende Medienleistungen, die das Leben von LGBTQ-Personen positiv darstellen.

- **The National Lesbian and Gay Journalists Association (NLGJA) Awards:** Diese Auszeichnungen ehren Journalisten, die sich um die Berichterstattung über LGBTQ-Themen verdient gemacht haben.

- **The Pulitzer Prize:** Während der Pulitzer Prize nicht spezifisch für LGBTQ-Journalismus vergeben wird, sind viele Preisträger in der Berichterstattung über soziale Gerechtigkeit und Menschenrechte aktiv, was oft LGBTQ-Themen einschließt.

Rachel Giese hat in ihrer Karriere mehrere dieser Auszeichnungen erhalten, was nicht nur ihre journalistischen Fähigkeiten anerkennt, sondern auch die Sichtbarkeit von LGBTQ-Anliegen in den Medien erhöht.

Herausforderungen bei der Preisverleihung

Trotz der positiven Aspekte von Auszeichnungen gibt es auch Herausforderungen, die mit ihnen verbunden sind. Viele LGBTQ-Journalisten berichten von einem Gefühl der Isolation oder des Drucks, die Erwartungen zu erfüllen, die mit dem Erhalt solcher Auszeichnungen einhergehen. Zudem kann es vorkommen, dass die Berichterstattung über LGBTQ-Themen in den Medien nicht die gleiche Wertschätzung erhält wie andere Themenbereiche.

Ein Beispiel für diese Herausforderung ist der *GLAAD Media Award* für die beste Berichterstattung über Transgender-Themen. Während die Auszeichnung dazu beiträgt, die Sichtbarkeit zu erhöhen, kann sie auch den Druck erzeugen, dass zukünftige Arbeiten den hohen Standards entsprechen müssen, die durch die Auszeichnung gesetzt werden.

Einfluss von Auszeichnungen auf die Karriere

Die Anerkennung durch Preise kann einen erheblichen Einfluss auf die Karriere eines Journalisten haben. Für Rachel Giese führte die Anerkennung durch verschiedene Auszeichnungen zu mehr Sichtbarkeit in der Branche und öffnete Türen für neue Möglichkeiten, sowohl in der Berichterstattung als auch im Aktivismus.

Darüber hinaus motivieren Auszeichnungen nicht nur den Einzelnen, sondern auch andere Journalisten, sich mit ähnlichen Themen auseinanderzusetzen. Die Anerkennung von Rachels Arbeit hat dazu beigetragen, das Bewusstsein für die

Herausforderungen von Trans-Kanadierinnen zu schärfen und hat andere Journalisten inspiriert, sich ebenfalls für die Sichtbarkeit und die Rechte der LGBTQ-Community einzusetzen.

Fazit

Zusammenfassend lässt sich sagen, dass Preisverleihungen für journalistische Leistungen eine bedeutende Rolle im LGBTQ-Aktivismus spielen. Sie bieten nicht nur eine Plattform für die Anerkennung von Exzellenz im Journalismus, sondern tragen auch zur Förderung von Themen bei, die oft übersehen werden. Für Rachel Giese und ihre Kollegen sind diese Auszeichnungen sowohl ein Zeichen des Erfolgs als auch ein Ansporn, weiterhin für die Rechte und Sichtbarkeit der LGBTQ-Community zu kämpfen. Die Herausforderungen, die mit der Preisverleihung verbunden sind, erinnern uns jedoch daran, dass der Weg zur Gleichstellung und Akzeptanz weiterhin beschwerlich ist, und dass die Arbeit, die geleistet wird, von entscheidender Bedeutung bleibt.

Einfluss auf die LGBTQ-Community

Rachel Giese hat in ihrer Karriere als Journalistin und Aktivistin einen tiefgreifenden Einfluss auf die LGBTQ-Community ausgeübt. Ihr Engagement für die Sichtbarkeit und die Rechte von Trans-Kanadierinnen hat nicht nur das Bewusstsein für ihre Anliegen geschärft, sondern auch eine Plattform geschaffen, auf der ihre Stimmen gehört werden können.

Theoretische Grundlagen

Der Einfluss von Giese auf die LGBTQ-Community kann durch verschiedene theoretische Rahmenbedingungen verstanden werden, darunter die *Theorie des sozialen Wandels* und die *Medienwirkungsforschung*. Die Theorie des sozialen Wandels beschreibt, wie gesellschaftliche Normen und Werte im Laufe der Zeit durch kollektives Handeln und Aktivismus verändert werden können. Giese hat durch ihre Berichterstattung und ihr Engagement dazu beigetragen, die gesellschaftlichen Einstellungen gegenüber Transgender-Personen zu verändern und Vorurteile abzubauen.

Die Medienwirkungsforschung untersucht, wie Medieninhalte die Meinungen und das Verhalten der Öffentlichkeit beeinflussen. Giese hat diese Theorie in die Praxis umgesetzt, indem sie Artikel und Berichte verfasst hat, die nicht nur Informationen bereitstellen, sondern auch Emotionen wecken und Empathie fördern. Diese Kombination aus Information und emotionaler Ansprache hat es ihr ermöglicht, ein breiteres Publikum zu erreichen und die Sichtbarkeit von Trans-Kanadierinnen zu erhöhen.

Beispiele für ihren Einfluss

Ein konkretes Beispiel für den Einfluss von Giese auf die LGBTQ-Community ist ihre Berichterstattung über die Geschichte von Trans-Kanadierinnen, die oft marginalisiert oder ignoriert wird. In ihrem Artikel „*Trans Voices: Stories of Resilience and Strength*" beleuchtet sie die Lebensrealitäten und Herausforderungen, mit denen Trans-Personen konfrontiert sind. Durch die Darstellung persönlicher Geschichten hat Giese nicht nur das Bewusstsein für die Probleme in der Community geschärft, sondern auch ein Gefühl der Solidarität und des Zusammenhalts gefördert.

Ein weiteres Beispiel ist ihre aktive Teilnahme an Pride-Veranstaltungen und LGBTQ-Konferenzen, wo sie als Rednerin auftritt und ihre Erfahrungen teilt. Diese Präsenz in der Community hat nicht nur ihre Glaubwürdigkeit gestärkt, sondern auch andere ermutigt, ihre Geschichten zu erzählen und sich für ihre Rechte einzusetzen.

Herausforderungen und Widerstände

Trotz ihres positiven Einflusses sieht sich Giese auch Herausforderungen und Widerständen gegenüber. Die Berichterstattung über LGBTQ-Themen kann oft auf Kritik stoßen, insbesondere von konservativen Gruppen, die gegen die Anerkennung von Trans-Rechten sind. Giese hat in ihrer Karriere mit einer Vielzahl von Hasskommentaren und persönlichen Angriffen zu kämpfen gehabt, die sich gegen ihre journalistische Arbeit richten. Diese Angriffe sind nicht nur eine Herausforderung für sie persönlich, sondern spiegeln auch die breiteren gesellschaftlichen Widerstände wider, mit denen die LGBTQ-Community konfrontiert ist.

Um mit diesen Herausforderungen umzugehen, hat Giese Strategien zur Resilienz entwickelt. Sie hat betont, wie wichtig es ist, sich auf die Unterstützung von Verbündeten zu verlassen und sich in der Community zu vernetzen. Diese Netzwerke bieten nicht nur emotionale Unterstützung, sondern auch praktische Ressourcen, um den Herausforderungen des Aktivismus zu begegnen.

Langfristige Auswirkungen

Langfristig hat Giese durch ihre Arbeit nicht nur das Bewusstsein für Trans-Kanadierinnen geschärft, sondern auch einen Raum geschaffen, in dem ihre

Stimmen gehört werden können. Ihre Berichterstattung hat dazu beigetragen, dass Trans-Rechte in den politischen Diskurs aufgenommen werden, was zu bedeutenden Veränderungen in der Gesetzgebung und der gesellschaftlichen Wahrnehmung geführt hat.

Ein Beispiel für diese Veränderungen ist die Einführung von Gesetzen, die Diskriminierung aufgrund der Geschlechtsidentität verbieten und die Rechte von Trans-Personen schützen. Giese hat in ihren Artikeln und öffentlichen Auftritten immer wieder betont, wie wichtig es ist, dass diese Themen in den Medien behandelt werden, um die öffentliche Meinung zu beeinflussen und politische Entscheidungen zu fördern.

Fazit

Zusammenfassend lässt sich sagen, dass Rachel Giese einen bedeutenden Einfluss auf die LGBTQ-Community hat. Durch ihre journalistische Arbeit hat sie nicht nur das Bewusstsein für die Herausforderungen von Trans-Kanadierinnen geschärft, sondern auch eine Plattform geschaffen, die es diesen Personen ermöglicht, ihre Geschichten zu erzählen. Ihre Fähigkeit, emotionale Resonanz zu erzeugen und gleichzeitig informativ zu sein, hat dazu beigetragen, dass die Stimmen von Trans-Personen gehört werden und dass sich die gesellschaftlichen Einstellungen allmählich ändern. Trotz der Herausforderungen, denen sie gegenübersteht, bleibt Giese ein leuchtendes Beispiel für den Einfluss, den engagierte Journalistinnen und Journalisten auf die LGBTQ-Community und darüber hinaus haben können.

Anerkennung durch Fachkollegen

Die Anerkennung durch Fachkollegen ist ein entscheidender Aspekt für Journalisten, insbesondere für solche, die sich in sensiblen und oft umstrittenen Themenbereichen wie den Rechten von Transgender-Personen engagieren. Rachel Giese hat durch ihre Arbeit nicht nur das Bewusstsein für die Herausforderungen und Diskriminierungen, denen Trans-Kanadierinnen ausgesetzt sind, geschärft, sondern auch das Vertrauen und die Wertschätzung ihrer Kollegen gewonnen.

Theoretischer Hintergrund

Die Anerkennung in der Fachwelt wird häufig als Indikator für die Qualität und den Einfluss von journalistischen Arbeiten angesehen. Laut dem Konzept der *Peer Recognition* (Anerkennung durch Gleichgesinnte) spielt die Einschätzung von Fachkollegen eine wesentliche Rolle in der Karriereentwicklung von Journalisten.

Dies geschieht nicht nur durch formelle Auszeichnungen, sondern auch durch informelle Netzwerke und Empfehlungen.

Ein zentraler Aspekt der Anerkennung ist die *Kredibilität*, die sich aus der Fähigkeit ergibt, komplexe Themen klar und präzise zu kommunizieren. Giese hat durch ihre Berichterstattung über Transgender-Rechte und deren gesellschaftliche Implikationen einen bemerkenswerten Grad an Kredibilität erreicht. Ihre Artikel sind nicht nur informativ, sondern auch einfühlsam und respektvoll, was in der journalistischen Gemeinschaft hohe Anerkennung findet.

Probleme und Herausforderungen

Trotz der positiven Anerkennung, die Giese erhalten hat, steht sie vor verschiedenen Herausforderungen, die die Anerkennung durch Fachkollegen beeinflussen können. Eine der größten Hürden ist die *Polarisierung* der öffentlichen Meinung zu LGBTQ-Themen. Journalisten, die sich für diese Themen einsetzen, sehen sich oft mit Widerstand und Kritik konfrontiert, die ihre Glaubwürdigkeit in Frage stellen können.

Zusätzlich gibt es innerhalb der Medienlandschaft oft einen *Mangel an Vielfalt*, der dazu führt, dass Stimmen und Perspektiven marginalisiert werden. Giese hat sich aktiv gegen diese Tendenzen ausgesprochen und versucht, durch ihre Arbeit eine breitere Perspektive auf die Erfahrungen von Transgender-Personen zu fördern. Diese Anstrengungen sind entscheidend, um die Anerkennung unter Fachkollegen zu festigen, da sie dazu beiträgt, die Relevanz und Dringlichkeit ihrer Themen zu unterstreichen.

Beispiele für Anerkennung

Ein herausragendes Beispiel für die Anerkennung durch Fachkollegen ist die Nominierung von Rachel Giese für den *Canadian Journalism Foundation's Excellence in Journalism Award*. Diese Auszeichnung wird an Journalisten verliehen, die durch ihre Berichterstattung einen bedeutenden Einfluss auf die Gesellschaft haben. Giese wurde für ihre tiefgreifenden Artikel über die Erfahrungen von Trans-Kanadierinnen und deren Herausforderungen in der Gesellschaft gewürdigt.

Darüber hinaus hat Giese in mehreren renommierten Fachzeitschriften und Konferenzen über ihre Erfahrungen als Journalistin gesprochen. Ihre Vorträge und Workshops haben nicht nur ihre Expertise unter Beweis gestellt, sondern auch das Bewusstsein für die Notwendigkeit einer fairen und respektvollen Berichterstattung über LGBTQ-Themen geschärft. Diese Anerkennung hat dazu beigetragen, dass ihre Stimme in der Medienlandschaft Gehör findet und dass sie als Vorbild für aufstrebende Journalisten gilt.

Fazit

Die Anerkennung durch Fachkollegen ist für Rachel Giese nicht nur ein Zeichen für ihren Erfolg, sondern auch ein Antrieb, weiterhin für die Rechte von Transgender-Personen zu kämpfen und deren Geschichten zu erzählen. Ihre Fähigkeit, komplexe Themen zu beleuchten und gleichzeitig Empathie und Respekt zu zeigen, hat ihr nicht nur Anerkennung in der Fachwelt eingebracht, sondern auch das Potenzial, gesellschaftliche Veränderungen zu bewirken. Die Herausforderungen, denen sie gegenübersteht, sind nicht zu unterschätzen, doch ihre Entschlossenheit und ihr Engagement machen sie zu einer herausragenden Stimme im LGBTQ-Aktivismus und im Journalismus.

Die Anerkennung durch ihre Fachkollegen ist somit nicht nur ein persönlicher Triumph, sondern auch ein wichtiger Schritt in Richtung einer gerechteren und inklusiveren Medienlandschaft.

Berichterstattung über bedeutende Ereignisse

Die Berichterstattung über bedeutende Ereignisse ist ein zentraler Bestandteil von Rachels journalistischer Arbeit und hat erheblichen Einfluss auf die Wahrnehmung von Transgender-Rechten in der Gesellschaft. In diesem Abschnitt werden wir die Herausforderungen und Erfolge beleuchten, die Rachel bei der Berichterstattung über solche Ereignisse erlebt hat, sowie die Theorien, die ihren Ansatz untermauern.

Theoretischer Hintergrund

Die Medien spielen eine entscheidende Rolle in der Konstruktion von Realität und der Formung öffentlicher Meinungen. Laut der *Agenda-Setting-Theorie* (McCombs und Shaw, 1972) beeinflussen Medien nicht nur, worüber Menschen nachdenken, sondern auch, wie sie darüber denken. Dies ist besonders relevant für LGBTQ-Themen, da die mediale Darstellung von Transgender-Personen oft die gesellschaftliche Akzeptanz und die politische Unterstützung beeinflusst.

Ein weiterer wichtiger theoretischer Rahmen ist die *Framing-Theorie*, die beschreibt, wie Informationen präsentiert werden und wie dies die Interpretation des Publikums beeinflusst. Rachel nutzt diese Theorie, um Transgender-Erfahrungen nicht nur als individuelle Geschichten, sondern als Teil eines größeren gesellschaftlichen Kontextes zu präsentieren, der Diskriminierung und Ungerechtigkeit beleuchtet.

Herausforderungen in der Berichterstattung

Die Berichterstattung über bedeutende Ereignisse, insbesondere solche, die Transgender-Rechte betreffen, ist mit zahlreichen Herausforderungen verbunden:

- **Sensationalismus:** Oft werden Transgender-Themen sensationalistisch dargestellt, was zu einer verzerrten Wahrnehmung führt. Rachel hat sich bemüht, eine ausgewogene Berichterstattung zu gewährleisten, die die Menschlichkeit und die Herausforderungen der Betroffenen in den Vordergrund stellt.

- **Mangelnde Expertise:** Viele Journalisten haben nicht die nötige Ausbildung oder Sensibilität im Umgang mit LGBTQ-Themen. Rachel hat Workshops und Schulungen organisiert, um das Bewusstsein zu schärfen und die Berichterstattung zu verbessern.

- **Politische Widerstände:** Die Berichterstattung über Transgender-Rechte kann auf politischen Widerstand stoßen, insbesondere in konservativen Medien. Rachel hat oft gegen diese Widerstände angekämpft, indem sie Fakten und persönliche Geschichten nutzt, um ihre Argumente zu untermauern.

Beispiele für bedeutende Ereignisse

Im Laufe ihrer Karriere hat Rachel über mehrere bedeutende Ereignisse berichtet, die das Bewusstsein für Transgender-Rechte geschärft haben:

- **Pride-Paraden:** Rachel hat regelmäßig über Pride-Veranstaltungen berichtet, bei denen Transgender-Personen sichtbar werden und ihre Rechte fordern. Ihre Berichterstattung hat oft persönliche Interviews mit Aktivisten umfasst, die ihre Geschichten und Kämpfe teilen.

- **Gesetzgebung:** Ein weiterer wichtiger Aspekt ihrer Arbeit ist die Berichterstattung über neue Gesetze, die Transgender-Rechte betreffen. Beispielsweise berichtete sie ausführlich über die Verabschiedung von Gesetzen in Kanada, die Diskriminierung aufgrund der Geschlechtsidentität verbieten. Diese Berichte halfen, das öffentliche Bewusstsein zu schärfen und politische Diskussionen zu fördern.

- **Krisenberichte:** In Krisensituationen, wie dem Anstieg von Gewalt gegen Transgender-Personen, hat Rachel nicht nur die Ereignisse dokumentiert,

AUSZEICHNUNGEN UND ANERKENNUNGEN

sondern auch die gesellschaftlichen und politischen Reaktionen darauf analysiert. Ihre Berichterstattung hat oft dazu beigetragen, die Notwendigkeit von Schutzmaßnahmen und Unterstützung für die Community zu verdeutlichen.

Einfluss auf den Diskurs

Rachels Berichterstattung hat nicht nur die Sichtbarkeit von Transgender-Personen erhöht, sondern auch den Diskurs über deren Rechte in der Gesellschaft verändert. Durch ihre Arbeit hat sie es geschafft, komplexe Themen verständlich zu machen und ein breiteres Publikum zu erreichen. Ihre Fähigkeit, persönliche Geschichten mit politischen und sozialen Themen zu verknüpfen, hat dazu beigetragen, Vorurteile abzubauen und Empathie zu fördern.

Ein Beispiel für diesen Einfluss ist ihre Berichterstattung über das erste Transgender-Modell, das auf dem Cover eines großen Modemagazins abgebildet wurde. Rachel analysierte die Auswirkungen dieser Darstellung auf die Gesellschaft und die Diskussion über Schönheitsstandards und Geschlechtsidentität. Ihre Artikel führten zu einer breiten Debatte in sozialen Medien und der Öffentlichkeit, was zu einer verstärkten Unterstützung für Transgender-Rechte führte.

Fazit

Die Berichterstattung über bedeutende Ereignisse ist ein kraftvolles Werkzeug im Kampf für Transgender-Rechte. Rachels Arbeit zeigt, wie durchdachte und einfühlsame Berichterstattung das Bewusstsein schärfen und positive Veränderungen in der Gesellschaft bewirken kann. Indem sie Herausforderungen meistert und bedeutende Ereignisse dokumentiert, trägt sie dazu bei, die Stimmen von Transgender-Personen zu stärken und deren Geschichten in den Vordergrund zu rücken. Ihre Berichterstattung ist nicht nur informativ, sondern auch inspirierend und motiviert andere, sich für die Rechte der LGBTQ-Community einzusetzen.

Einfluss auf den Diskurs über Transgender-Rechte

Rachel Giese hat durch ihre journalistische Arbeit maßgeblich dazu beigetragen, den Diskurs über Transgender-Rechte zu verändern und zu erweitern. Ihre Artikel und Berichterstattung haben nicht nur die Sichtbarkeit von Transgender-Personen in den Medien erhöht, sondern auch die gesellschaftliche Wahrnehmung und das

Verständnis für die Herausforderungen, mit denen diese Gemeinschaft konfrontiert ist, verbessert.

Theoretischer Rahmen

Um den Einfluss von Giese auf den Diskurs über Transgender-Rechte zu verstehen, ist es wichtig, einige theoretische Konzepte zu betrachten. Der *Soziale Konstruktivismus* spielt eine zentrale Rolle in der Analyse, wie Identitäten und soziale Normen konstruiert werden. Laut Berger und Luckmann (1966) entstehen soziale Realitäten durch Interaktionen und Kommunikation. Giese nutzt diesen Ansatz, indem sie Geschichten von Transgender-Personen erzählt und deren Erfahrungen in den Mittelpunkt ihrer Berichterstattung stellt. Dadurch trägt sie zur Konstruktion einer neuen sozialen Realität bei, die Transgender-Personen als vollwertige Mitglieder der Gesellschaft anerkennt.

Ein weiteres relevantes Konzept ist die *Medienframing-Theorie*, die beschreibt, wie Medienberichterstattung bestimmte Aspekte eines Themas hervorhebt und andere vernachlässigt. Giese hat durch ihre Berichterstattung dazu beigetragen, das Framing von Transgender-Themen zu verändern. Anstatt sich nur auf Sensationsberichte oder negative Stereotypen zu konzentrieren, betont sie die Vielfalt und die positiven Beiträge von Transgender-Personen zur Gesellschaft.

Probleme im Diskurs

Trotz ihrer Erfolge sieht sich Giese auch Herausforderungen gegenüber, die den Diskurs über Transgender-Rechte betreffen. Ein zentrales Problem ist die *Stigmatisierung* von Transgender-Personen in der Gesellschaft. Diese Stigmatisierung wird oft durch negative Medienberichterstattung verstärkt, die Klischees und Vorurteile verbreitet. Giese hat sich aktiv gegen diese Tendenzen ausgesprochen und versucht, durch ihre Berichterstattung ein differenziertes Bild von Transgender-Personen zu vermitteln.

Ein weiteres Problem ist die *Politik der Unsichtbarkeit*, die viele Transgender-Personen betrifft. Oft werden ihre Stimmen in politischen und gesellschaftlichen Diskussionen übersehen oder ignoriert. Giese hat sich bemüht, diese Stimmen hörbar zu machen, indem sie Transgender-Personen als Expertinnen und Experten in ihren Artikeln einbezieht und deren Perspektiven in den Vordergrund stellt.

Beispiele für den Einfluss von Giese

Ein Beispiel für Gieses Einfluss auf den Diskurs über Transgender-Rechte ist ihr Artikel über die rechtlichen Herausforderungen, denen Transgender-Personen in Kanada gegenüberstehen. In diesem Artikel analysiert sie die Auswirkungen von diskriminierenden Gesetzen und politischen Maßnahmen auf das Leben von Transgender-Personen. Durch ihre gründliche Recherche und die Einbeziehung von persönlichen Geschichten hat sie ein Bewusstsein für diese Probleme geschaffen und eine breite Diskussion darüber angestoßen.

Ein weiteres Beispiel ist ihre Berichterstattung über die Auswirkungen der COVID-19-Pandemie auf Transgender-Personen. Giese hat die spezifischen Herausforderungen hervorgehoben, mit denen diese Gemeinschaft während der Pandemie konfrontiert war, einschließlich des Zugangs zu Gesundheitsdiensten und der Unterstützung durch soziale Netzwerke. Durch die Veröffentlichung dieser Themen hat sie dazu beigetragen, dass die Bedürfnisse von Transgender-Personen in der öffentlichen Diskussion berücksichtigt werden.

Fazit

Rachel Giese hat durch ihre journalistische Arbeit einen bedeutenden Einfluss auf den Diskurs über Transgender-Rechte ausgeübt. Sie hat nicht nur die Sichtbarkeit von Transgender-Personen erhöht, sondern auch zur Veränderung der gesellschaftlichen Wahrnehmung beigetragen. Durch den Einsatz von sozialen Konstruktivismus und Medienframing hat sie es geschafft, die Diskussion über Transgender-Rechte auf eine neue Ebene zu heben. Ihre Arbeit ist ein Beispiel dafür, wie Journalismus als Werkzeug für sozialen Wandel genutzt werden kann und wie wichtig es ist, die Stimmen von marginalisierten Gemeinschaften zu hören und zu fördern.

Ehrenamtliche Engagements

Ehrenamtliche Engagements spielen eine entscheidende Rolle im Leben von LGBTQ-Aktivisten und insbesondere von Rachel Giese. Sie sind nicht nur eine Möglichkeit, die Gemeinschaft zu unterstützen, sondern auch eine Plattform, um Sichtbarkeit zu schaffen und wichtige Themen zu adressieren. In diesem Abschnitt werden wir die verschiedenen Facetten von Rachels ehrenamtlichem Engagement betrachten, die Herausforderungen, die sie dabei erlebte, und die Auswirkungen ihrer Arbeit auf die LGBTQ-Community.

Die Bedeutung von Ehrenamtlichkeit

Ehrenamtliche Arbeit ist ein zentraler Bestandteil des Aktivismus. Laut einer Studie von [?] leisten über 60% der LGBTQ-Personen in Kanada ehrenamtliche Tätigkeiten. Diese Engagements ermöglichen es Aktivisten, ihre Stimme zu erheben, Netzwerke zu bilden und Ressourcen für andere bereitzustellen. Rachel Giese hat diese Philosophie in ihrer eigenen Arbeit verankert und sich aktiv in verschiedenen Organisationen engagiert.

Rolle der Ehrenamtlichen in der LGBTQ-Community

Ehrenamtliche in der LGBTQ-Community übernehmen oft Schlüsselrollen in der Organisation von Veranstaltungen, der Bereitstellung von Unterstützung für Betroffene und der Sensibilisierung der Öffentlichkeit. Rachel war in mehreren Organisationen aktiv, darunter *Pride Toronto* und *Trans Lifeline*. Diese Organisationen bieten nicht nur Unterstützung für Transgender-Personen, sondern fördern auch das Bewusstsein für die spezifischen Herausforderungen, mit denen diese Gemeinschaft konfrontiert ist.

Herausforderungen im Ehrenamt

Ehrenamtliche Engagements sind jedoch nicht ohne Herausforderungen. Rachel erlebte, wie ehrenamtliche Aktivisten oft mit begrenzten Ressourcen und finanziellen Mitteln arbeiten müssen. Diese Einschränkungen können die Reichweite und den Einfluss ihrer Arbeit erheblich beeinträchtigen. Ein Beispiel hierfür ist die Organisation von Pride-Veranstaltungen, die oft auf Spenden angewiesen sind. [?] hebt hervor, dass viele solcher Veranstaltungen mit finanziellen Engpässen konfrontiert sind, was zu Kompromissen bei der Planung und Durchführung führt.

Ein weiteres Problem, das Rachel und andere Ehrenamtliche häufig erleben, ist die Burnout-Gefahr. Die emotionale Belastung, die mit der Arbeit in einem oft feindlichen Umfeld verbunden ist, kann zu Erschöpfung führen. Rachel hat in Interviews betont, wie wichtig Selbstfürsorge und die Schaffung von Unterstützungsnetzwerken sind, um dem entgegenzuwirken. Sie sagte: „Es ist entscheidend, dass wir uns um uns selbst kümmern, damit wir für andere da sein können."

Beispiele für Rachels Engagement

Im Laufe ihrer Karriere hat Rachel Giese an zahlreichen ehrenamtlichen Projekten teilgenommen. Ein bemerkenswertes Beispiel ist ihre Mitorganisation einer Kampagne zur Sensibilisierung für Transgender-Rechte in Schulen. Diese Initiative zielte darauf ab, Lehrkräfte und Schüler über die Herausforderungen von Transgender-Personen aufzuklären und eine inklusive Lernumgebung zu schaffen. Die Kampagne umfasste Workshops, Informationsmaterialien und die Zusammenarbeit mit lokalen Schulen.

Ein weiteres Beispiel ist ihre Beteiligung an der *Transgender Day of Remembrance*, einem jährlichen Ereignis, das den Opfern von Transgender-Gewalt gedenkt. Rachel hat nicht nur an der Organisation des Events mitgewirkt, sondern auch als Sprecherin fungiert, um die Geschichten der Verstorbenen zu teilen und das Bewusstsein für die Gewalt gegen Transgender-Personen zu schärfen.

Auswirkungen des Ehrenamts

Die Auswirkungen von Rachels ehrenamtlichem Engagement sind weitreichend. Ihre Arbeit hat nicht nur zur Sichtbarkeit von Transgender-Themen beigetragen, sondern auch dazu, eine Gemeinschaft zu schaffen, in der sich Menschen sicher und unterstützt fühlen. Laut [5] haben viele der von Rachel unterstützten Initiativen zu einer erhöhten Akzeptanz von LGBTQ-Personen in der Gesellschaft geführt.

Zusammenfassend lässt sich sagen, dass Rachels ehrenamtliche Engagements einen wesentlichen Beitrag zur LGBTQ-Community geleistet haben. Trotz der Herausforderungen, mit denen sie konfrontiert war, hat sie nie die Bedeutung der Gemeinschaft und der Solidarität aus den Augen verloren. Ihre Arbeit inspiriert viele, sich ebenfalls zu engagieren, und zeigt, wie wichtig es ist, für die Rechte und das Wohlbefinden aller Menschen zu kämpfen.

Beiträge zu wichtigen Publikationen

Rachel Giese hat im Laufe ihrer Karriere bemerkenswerte Beiträge zu einer Vielzahl von wichtigen Publikationen geleistet, die sich mit LGBTQ-Themen und insbesondere mit den Rechten von Transgender-Personen befassen. Ihre Artikel und Essays sind nicht nur informativ, sondern auch tiefgründig und oft provokant, was zu einer breiteren Diskussion über Themen führt, die oft im Schatten stehen. In diesem Abschnitt werden einige ihrer bedeutendsten Beiträge hervorgehoben und deren Einfluss auf die Medienlandschaft sowie die LGBTQ-Community analysiert.

Einflussreiche Artikel und Essays

Einer von Rachels herausragenden Beiträgen ist ihr Artikel „*Transgender Rights: A Fight for Humanity*", der in einer renommierten nationalen Zeitung veröffentlicht wurde. In diesem Artikel beleuchtet sie die Herausforderungen, mit denen Transgender-Personen konfrontiert sind, und argumentiert eindringlich für die Notwendigkeit, diese Menschen als vollwertige Mitglieder der Gesellschaft zu akzeptieren. Giese verwendet eine Kombination aus persönlichen Geschichten und empirischen Daten, um ihre Argumente zu untermauern. Diese Mischung aus Emotion und Fakten hat dazu beigetragen, das Bewusstsein für die Thematik zu schärfen und eine breitere Leserschaft zu erreichen.

Ein weiteres Beispiel ist ihr Beitrag in einer Fachzeitschrift, der sich mit der Darstellung von Transgender-Personen in den Medien auseinandersetzt. Giese analysiert, wie die Medien oft stereotype und verzerrte Bilder von Transgender-Personen vermitteln, was zu Missverständnissen und Diskriminierung führt. Sie fordert eine verantwortungsvolle Berichterstattung, die die Vielfalt und Komplexität der Transgender-Erfahrungen widerspiegelt. Dieser Artikel hat nicht nur Journalisten inspiriert, sondern auch eine Diskussion über Medienethik und die Verantwortung von Journalisten angestoßen.

Kritik und Herausforderungen

Trotz ihrer Erfolge sieht sich Rachel Giese auch Herausforderungen und Kritik gegenüber, insbesondere von konservativen Kreisen, die ihre Berichterstattung als zu einseitig oder politisch motiviert empfinden. Diese Kritik ist nicht neu im Journalismus, besonders wenn es um kontroverse Themen wie LGBTQ-Rechte geht. Giese hat jedoch gelernt, mit dieser Kritik umzugehen, indem sie sich auf die Fakten stützt und ihre Berichterstattung transparent gestaltet. Sie betont die Wichtigkeit, eine Vielzahl von Stimmen und Perspektiven zu integrieren, um ein ausgewogenes Bild zu vermitteln.

Ein Beispiel für diese Herausforderung war die Veröffentlichung eines Artikels über die Erfahrungen von Transgender-Kindern in der Schule. Giese erhielt zahlreiche negative Kommentare und Angriffe, die darauf abzielten, ihre Glaubwürdigkeit zu untergraben. Statt sich von diesen Angriffen einschüchtern zu lassen, nutzte sie diese Gelegenheit, um eine Diskussion über die Rechte von Transgender-Kindern zu fördern und die Bedeutung von inklusiven Schulumgebungen zu betonen.

Beispiele für ihre Publikationen

Einige ihrer bemerkenswertesten Publikationen umfassen:

- „The Invisible Struggle: Transgender Rights in Canada" – Ein umfassender Bericht, der die rechtlichen und sozialen Herausforderungen von Transgender-Personen in Kanada untersucht.
- „Breaking the Silence: Stories from Transgender Voices" – Eine Sammlung von Essays, in der Transgender-Personen ihre persönlichen Geschichten erzählen und die Leser dazu anregen, Empathie zu entwickeln.
- „Media Representation and Transgender Identity" – Eine kritische Analyse der Medienberichterstattung über Transgender-Themen und deren Auswirkungen auf die öffentliche Wahrnehmung.

Diese Publikationen haben nicht nur Giese als Autorität auf dem Gebiet des LGBTQ-Aktivismus etabliert, sondern auch dazu beigetragen, das Bewusstsein für die Herausforderungen und Kämpfe von Transgender-Personen zu schärfen.

Fazit

Rachels Beiträge zu wichtigen Publikationen sind ein Zeugnis ihrer Leidenschaft für den Journalismus und ihren Einsatz für die LGBTQ-Community. Ihre Fähigkeit, komplexe Themen verständlich und ansprechend zu präsentieren, hat nicht nur das Bewusstsein geschärft, sondern auch eine Plattform für die Stimmen derer geschaffen, die oft übersehen werden. Giese bleibt eine wichtige Figur im Bereich des LGBTQ-Aktivismus und des Journalismus, und ihre Arbeiten werden weiterhin eine bedeutende Rolle in der Diskussion über Transgender-Rechte und -Sichtbarkeit spielen.

$$\text{Einfluss} = \frac{\text{Qualität der Berichterstattung} \times \text{Reichweite der Publikation}}{\text{Kritik und Widerstand}} \quad (23)$$

Diese Gleichung verdeutlicht, dass der Einfluss von Rachels Arbeiten sowohl von der Qualität ihrer Berichterstattung als auch von der Reichweite der Publikationen abhängt, in denen sie veröffentlicht werden, während Kritik und Widerstand als Faktoren betrachtet werden, die den Einfluss mindern können. Dennoch bleibt ihr Engagement für die Sichtbarkeit und die Rechte von Transgender-Personen unerschütterlich und inspirierend.

Einfluss auf politische Entscheidungen

Rachel Giese hat durch ihre journalistische Arbeit einen signifikanten Einfluss auf politische Entscheidungen im Bereich der Transgender-Rechte und des LGBTQ-Aktivismus ausgeübt. Ihr Ansatz, der sowohl auf fundierter Recherche als auch auf persönlichen Geschichten basiert, hat nicht nur das Bewusstsein für die Herausforderungen von Trans-Kanadierinnen geschärft, sondern auch Entscheidungsträger dazu angeregt, über ihre Positionen nachzudenken und gegebenenfalls zu ändern.

Theoretische Grundlagen

Der Einfluss von Journalismus auf politische Entscheidungen kann durch verschiedene Theorien erklärt werden. Eine zentrale Theorie ist die *Agenda-Setting-Theorie*, die postuliert, dass Medien nicht nur berichten, sondern auch die Themen bestimmen, die in der öffentlichen Diskussion und damit in der politischen Arena relevant sind. Giese nutzt diese Theorie in ihrer Arbeit, indem sie Themen aufgreift, die oft ignoriert oder marginalisiert werden, und sie in den Mittelpunkt der öffentlichen Diskussion rückt.

Ein weiteres relevantes Konzept ist die *Framing-Theorie*, die untersucht, wie die Präsentation von Informationen die Wahrnehmung und Interpretation von Themen beeinflusst. Giese hat es verstanden, die Geschichten von Trans-Kanadierinnen so zu rahmen, dass sie als menschliche, nachvollziehbare und bedeutende Erzählungen wahrgenommen werden, was die Empathie der Leser fördert und politischen Druck erzeugt.

Politische Probleme und Herausforderungen

Trotz ihrer Erfolge steht Giese vor erheblichen Herausforderungen. Ein zentrales Problem ist der Widerstand von konservativen politischen Gruppen, die oft gegen Fortschritte bei den Rechten von LGBTQ-Personen kämpfen. Diese Gruppen nutzen ihre Plattformen, um Fehlinformationen zu verbreiten und die öffentliche Meinung gegen Transgender-Rechte zu beeinflussen. Giese hat in ihrer Berichterstattung häufig diese Widerstände thematisiert und die Notwendigkeit einer informierten und engagierten Öffentlichkeit hervorgehoben.

Ein weiteres Problem ist die Diskrepanz zwischen politischen Entscheidungen und der Realität, mit der Transgender-Personen konfrontiert sind. Oft werden Gesetze erlassen, die zwar als Fortschritt gelten, in der Praxis jedoch nicht die notwendigen Veränderungen bringen. Giese hat diese Diskrepanz in ihren

Artikeln beleuchtet und damit den Druck auf Politiker erhöht, echte und nachhaltige Veränderungen zu implementieren.

Beispiele für politischen Einfluss

Ein bemerkenswertes Beispiel für Gieses Einfluss auf politische Entscheidungen war ihre Berichterstattung über die Gesetzgebung zur Anerkennung von Geschlechtsidentitäten in Kanada. Durch ihre Artikel, die persönliche Geschichten von Trans-Kanadierinnen einbezogen, schuf sie ein starkes öffentliches Interesse und Mobilisierung. Dies führte dazu, dass Politiker, die zuvor zögerten, sich für die Rechte von Trans-Personen einzusetzen, ihre Positionen überdachten und sich schließlich für progressive Gesetzesänderungen einsetzten.

Ein weiteres Beispiel ist Gieses Einfluss auf die Diskussion über die medizinische Versorgung von Transgender-Personen. In mehreren Artikeln thematisierte sie die Herausforderungen, mit denen Trans-Personen konfrontiert sind, wenn es um den Zugang zu geschlechtsangleichenden Behandlungen geht. Ihre Berichterstattung führte zu einem parlamentarischen Untersuchungsausschuss, der die bestehenden Richtlinien überprüfte und letztendlich Änderungen vorschlug, um den Zugang zu diesen wichtigen Gesundheitsdiensten zu verbessern.

Fazit

Der Einfluss von Rachel Giese auf politische Entscheidungen ist ein eindrucksvolles Beispiel dafür, wie Journalismus nicht nur informieren, sondern auch aktiv zur Veränderung gesellschaftlicher und politischer Strukturen beitragen kann. Durch ihre Fähigkeit, komplexe Themen verständlich zu machen und persönliche Geschichten zu erzählen, hat sie nicht nur das Bewusstsein für die Herausforderungen von Trans-Kanadierinnen geschärft, sondern auch entscheidende Impulse für politische Veränderungen gegeben. Ihre Arbeit ist ein Beweis dafür, dass engagierter Journalismus eine kraftvolle Waffe im Kampf für Gleichheit und Gerechtigkeit sein kann.

Entwicklung von Programmen zur Unterstützung

Die Entwicklung von Programmen zur Unterstutzung von Trans-Kanadierinnen ist ein wesentlicher Bestandteil von Rachels Arbeit und ihrem Engagement für die LGBTQ-Community. Diese Programme sind darauf ausgelegt, Ressourcen bereitzustellen, Sichtbarkeit zu schaffen und die Rechte von

Transgender-Personen zu fördern. In diesem Abschnitt werden wir die theoretischen Grundlagen, Herausforderungen und einige konkrete Beispiele für solche Programme untersuchen.

Theoretische Grundlagen

Die Entwicklung von Unterstützungsprogrammen basiert auf mehreren theoretischen Ansätzen, einschließlich der *Sozialen Identitätstheorie* und der *Empowerment-Theorie*. Die Soziale Identitätstheorie, die von Henri Tajfel und John Turner entwickelt wurde, besagt, dass Individuen ihre Identität stark aus der Zugehörigkeit zu sozialen Gruppen ableiten. Für Trans-Kanadierinnen ist es entscheidend, Programme zu schaffen, die ein Gefühl der Zugehörigkeit und Unterstützung innerhalb der Gemeinschaft fördern.

Die Empowerment-Theorie hingegen zielt darauf ab, Individuen und Gemeinschaften zu stärken, indem sie ihnen die Werkzeuge und Ressourcen zur Verfügung stellt, die sie benötigen, um ihre eigenen Entscheidungen zu treffen und ihre Lebensumstände zu verbessern. Dies kann durch Bildungsangebote, finanzielle Unterstützung oder Zugang zu Gesundheitsdiensten geschehen.

Herausforderungen bei der Entwicklung von Programmen

Trotz der theoretischen Grundlagen stehen Aktivisten wie Rachel Giese vor zahlreichen Herausforderungen bei der Entwicklung effektiver Unterstützungsprogramme:

- **Finanzielle Ressourcen:** Die Finanzierung von Programmen ist oft unzureichend. Viele Initiativen sind auf Spenden angewiesen, was zu Unsicherheiten in der Planung und Durchführung führt.

- **Gesetzliche Rahmenbedingungen:** In vielen Regionen gibt es rechtliche Hürden, die den Zugang zu notwendigen Dienstleistungen für Transgender-Personen einschränken. Dies kann die Entwicklung von Programmen behindern.

- **Stigmatisierung und Diskriminierung:** Die gesellschaftliche Stigmatisierung von Trans-Personen kann dazu führen, dass Betroffene zögern, Unterstützung in Anspruch zu nehmen. Programme müssen daher sensibel gestaltet werden, um Vertrauen aufzubauen.

- **Mangelnde Sichtbarkeit:** Viele Trans-Kanadierinnen sind sich der verfügbaren Programme nicht bewusst. Dies erfordert eine aktive Aufklärung und Öffentlichkeitsarbeit.

Beispiele für Unterstützungsprogramme

Einige der erfolgreichsten Programme, die Rachel Giese und andere Aktivisten initiiert haben, sind:

1. **Mentoring-Programme:** Diese Programme verbinden junge Trans-Personen mit erfahrenen Mentorinnen und Mentoren aus der Community. Durch regelmäßige Treffen und Austausch können die Mentees Unterstützung und Orientierung erhalten.

2. **Bildungsinitiativen:** Workshops und Seminare, die sich mit Themen wie Geschlechtsidentität, rechtlichen Rechten und Gesundheit befassen, sind entscheidend. Diese Bildungsangebote helfen, das Bewusstsein zu schärfen und Trans-Personen zu ermächtigen, ihre Rechte einzufordern.

3. **Psychosoziale Unterstützung:** Psychologische Beratungsdienste, die speziell auf die Bedürfnisse von Transgender-Personen ausgerichtet sind, bieten einen sicheren Raum für den Austausch von Erfahrungen und die Bewältigung von Herausforderungen.

4. **Zugang zu Gesundheitsdiensten:** Programme, die den Zugang zu geschlechtsangleichenden Behandlungen und anderen medizinischen Dienstleistungen erleichtern, sind unerlässlich. Dies kann durch Partnerschaften mit Gesundheitsorganisationen geschehen, um sicherzustellen, dass Trans-Personen die notwendige medizinische Versorgung erhalten.

5. **Aufklärungs- und Sensibilisierungskampagnen:** Diese Kampagnen zielen darauf ab, die breite Öffentlichkeit über die Herausforderungen und Bedürfnisse von Transgender-Personen aufzuklären. Sie tragen dazu bei, Vorurteile abzubauen und ein inklusiveres Umfeld zu schaffen.

Fazit

Die Entwicklung von Programmen zur Unterstützung von Trans-Kanadierinnen ist ein komplexer, aber notwendiger Prozess. Trotz der Herausforderungen, die damit verbunden sind, zeigt Rachels Engagement, dass es möglich ist, positive

Veränderungen herbeizuführen. Die Kombination aus theoretischem Wissen, praktischer Umsetzung und der Schaffung eines unterstützenden Umfelds ist entscheidend, um die Lebensqualität von Trans-Personen zu verbessern und ihre Sichtbarkeit in der Gesellschaft zu erhöhen. Diese Programme sind nicht nur eine Antwort auf bestehende Probleme, sondern auch ein Schritt in Richtung einer gerechteren und inklusiveren Gesellschaft.

Reflexion über ihre Erfolge

Rachel Giese hat durch ihre unermüdliche Arbeit und ihr Engagement für Transgender-Rechte nicht nur die Medienlandschaft verändert, sondern auch das Leben vieler Menschen in der LGBTQ-Community positiv beeinflusst. Ihre Erfolge sind nicht nur in der Anzahl der Auszeichnungen und Anerkennungen sichtbar, sondern auch in den konkreten Veränderungen, die sie in der Gesellschaft bewirken konnte.

Ein zentraler Aspekt ihrer Erfolge ist die Fähigkeit, Geschichten von Trans-Kanadierinnen zu erzählen, die oft übersehen oder verzerrt dargestellt werden. Giese hat es verstanden, die Stimmen von Frauen, die mit Herausforderungen konfrontiert sind, in den Vordergrund zu rücken und ihnen die Sichtbarkeit zu geben, die sie verdienen. Diese Sichtbarkeit ist entscheidend, denn sie trägt zur Entstigmatisierung und Akzeptanz von Transgender-Personen in der Gesellschaft bei. Wie Judith Butler in ihrer Theorie der Geschlechtsidentität argumentiert, ist die Konstruktion von Geschlecht nicht nur biologisch, sondern auch sozial und kulturell geprägt. Giese hat diese Theorien in die Praxis umgesetzt, indem sie die Geschichten von Trans-Personen erzählt, die die Normen und Erwartungen der Gesellschaft herausfordern.

Ein Beispiel für Gieses Einfluss ist ihre Berichterstattung über die rechtlichen Herausforderungen, denen Transgender-Personen in Kanada gegenüberstehen. Ihre Artikel haben nicht nur das Bewusstsein für diese Themen geschärft, sondern auch politische Diskussionen angestoßen. In einem ihrer bekanntesten Artikel, der die Auswirkungen von diskriminierenden Gesetzen auf Transgender-Kinder beleuchtet, konnte sie eine breite Debatte über die Notwendigkeit von Reformen in der Gesetzgebung anstoßen. Dies zeigt, wie journalistische Arbeit als Werkzeug für sozialen Wandel fungieren kann, wie es auch die Theorien von Pierre Bourdieu zur sozialen Praxis nahelegen.

Trotz der Erfolge, die Giese erzielt hat, ist es wichtig, die Herausforderungen zu reflektieren, die sie auf ihrem Weg überwinden musste. Die Reaktionen auf ihre Arbeit waren nicht immer positiv, und sie sah sich oft mit Kritik und Widerstand konfrontiert. Dennoch hat sie diese Rückschläge genutzt, um ihre Stimme zu stärken und ihre Botschaft klarer zu formulieren. Diese Resilienz ist ein weiterer Erfolgsfaktor in ihrem Schaffen. Sie hat gezeigt, dass Kritik nicht das Ende, sondern ein Anreiz zur Weiterentwicklung sein kann.

Zusätzlich zu ihrer journalistischen Arbeit hat Giese auch aktiv in der Community gearbeitet, um Sichtbarkeit und Unterstützung für Transgender-Personen zu fördern. Ihre Teilnahme an Pride-Veranstaltungen und die Unterstützung von Transgender-Aktivisten haben dazu beigetragen, ein Netzwerk von Solidarität und Unterstützung zu schaffen. Diese Allianzen sind entscheidend, um kollektive Ziele zu erreichen und die Stimmen der marginalisierten Gruppen zu stärken.

Ein besonders bemerkenswerter Erfolg ist die Entwicklung von Programmen zur Unterstützung von Transgender-Personen, die sie in Zusammenarbeit mit verschiedenen Organisationen initiiert hat. Diese Programme bieten nicht nur rechtliche Unterstützung, sondern auch Ressourcen für psychische Gesundheit und soziale Integration. Giese hat damit nicht nur die Theorie des Aktivismus in die Praxis umgesetzt, sondern auch konkrete Hilfestellungen für Betroffene geschaffen.

Die Reflexion über Gieses Erfolge zeigt, dass ihr Einfluss weit über die Grenzen des Journalismus hinausgeht. Sie hat eine Plattform geschaffen, auf der die Geschichten von Trans-Kanadierinnen gehört werden, und hat damit einen bedeutenden Beitrag zur LGBTQ-Bewegung geleistet. Ihre Arbeit ist ein Beispiel dafür, wie Journalismus und Aktivismus Hand in Hand gehen können, um gesellschaftliche Veränderungen zu bewirken.

Insgesamt lässt sich sagen, dass Rachel Giese nicht nur eine Journalistin ist, sondern auch eine Stimme für die, die oft nicht gehört werden. Ihre Erfolge sind ein Beweis für die Macht des Geschichtenerzählens und die Fähigkeit des Journalismus, soziale Gerechtigkeit voranzutreiben. Die Reflexion über ihre Erfolge lädt uns ein, über die Rolle des Einzelnen im Kampf für Gleichheit und Akzeptanz nachzudenken und ermutigt uns, aktiv zu werden und für die Rechte aller einzutreten.

Inspirierende Geschichten von Trans-Kanadierinnen

Porträts von bemerkenswerten Persönlichkeiten

In diesem Abschnitt widmen wir uns den bemerkenswerten Persönlichkeiten, die durch ihre Geschichten und Kämpfe in der LGBTQ-Community, insbesondere unter Trans-Kanadierinnen, hervorgetreten sind. Diese Porträts sind nicht nur eine Würdigung ihrer individuellen Beiträge, sondern auch ein Spiegelbild der Herausforderungen, mit denen sie konfrontiert waren, und der Errungenschaften, die sie erreicht haben.

Die Kraft der persönlichen Geschichten

Persönliche Geschichten sind das Herzstück des Aktivismus. Sie bieten nicht nur Einblicke in das Leben von Individuen, sondern schaffen auch eine emotionale Verbindung zu einem breiteren Publikum. Laut der Theorie der Narrativität, wie sie von Bruner (1991) beschrieben wird, sind Geschichten eine essentielle Möglichkeit, wie Menschen ihre Identität konstruieren und kommunizieren. Durch das Teilen ihrer Erfahrungen können Trans-Kanadierinnen Sichtbarkeit erlangen und die Wahrnehmung von Transgender-Rechten in der Gesellschaft beeinflussen.

Ein Beispiel für eine solche Persönlichkeit ist **Maya**, eine Trans-Frau aus Toronto, die in ihren öffentlichen Auftritten oft über die Herausforderungen spricht, die sie in ihrer Kindheit und Jugend erlebt hat. Ihre Geschichte beinhaltet Diskriminierung in der Schule, den Kampf um Akzeptanz in ihrer Familie und den Mut, sich selbst zu finden. Maya hat durch ihre Berichterstattung und ihre Teilnahme an Veranstaltungen wie der Pride Parade nicht nur ihr eigenes Leben transformiert, sondern auch das Leben vieler anderer beeinflusst.

Herausforderungen und Erfolge

Die Herausforderungen, mit denen bemerkenswerte Persönlichkeiten konfrontiert sind, sind oft vielschichtig. Diskriminierung, Vorurteile und gesellschaftlicher Druck sind nur einige der Hürden, die sie überwinden müssen. Diese Herausforderungen können als Teil der sozialen Identitätstheorie (Tajfel & Turner, 1979) verstanden werden, die besagt, dass die Zugehörigkeit zu einer bestimmten Gruppe (in diesem Fall der LGBTQ-Community) sowohl positive als auch negative Auswirkungen auf das Selbstwertgefühl der Individuen haben kann.

Ein weiteres Beispiel ist **Jordan**, eine Trans-Mann, der sich für die Rechte von Transgender-Personen in der Gesundheitsversorgung einsetzt. Er hat an mehreren Konferenzen teilgenommen, um auf die Diskriminierung aufmerksam zu machen, die Trans-Personen im Gesundheitssystem erfahren. Jordan hat es geschafft, durch seine Berichterstattung und seine Aktivität in sozialen Medien eine Plattform zu schaffen, die es anderen Trans-Personen ermöglicht, ihre Erfahrungen zu teilen und Unterstützung zu finden.

Die Rolle von Vorbildern

Vorbilder spielen eine entscheidende Rolle in der Entwicklung junger Trans-Personen. Sie bieten nicht nur Inspiration, sondern auch praktische Beispiele dafür, wie man Herausforderungen meistern kann. Die Theorie der sozialen Lerntheorie (Bandura, 1977) unterstreicht, wie wichtig es ist, positive Rollenmodelle zu haben, die das Verhalten und die Einstellungen von Individuen beeinflussen können.

Sophie, eine prominente Aktivistin und Autorin, hat durch ihre Bücher und öffentlichen Auftritte vielen jungen Menschen Mut gemacht. In ihren Werken thematisiert sie nicht nur ihre eigenen Kämpfe, sondern auch die Bedeutung von Gemeinschaft und Solidarität. Sophie hat Workshops organisiert, in denen sie anderen beibringt, wie sie ihre Geschichten erzählen können, um Gehör zu finden und Veränderungen herbeizuführen.

Einfluss auf die Gesellschaft

Die Geschichten dieser bemerkenswerten Persönlichkeiten haben nicht nur Auswirkungen auf die LGBTQ-Community, sondern auch auf die Gesellschaft insgesamt. Sie tragen dazu bei, Vorurteile abzubauen und das Bewusstsein für die Herausforderungen zu schärfen, mit denen Trans-Personen konfrontiert sind. Laut einer Studie von Herek (2009) können persönliche Geschichten von Trans-Personen dazu beitragen, die Einstellungen der Öffentlichkeit zu verändern und die Akzeptanz zu fördern.

Die Berichterstattung über **Liam**, einen Trans-Aktivisten, der sich für die Rechte von Trans-Jugendlichen einsetzt, hat in den letzten Jahren viel Aufmerksamkeit erregt. Liam hat in verschiedenen Medien über seine Erfahrungen gesprochen und damit eine Diskussion über die Notwendigkeit von mehr Unterstützung und Ressourcen für Trans-Jugendliche angestoßen. Seine Geschichten haben nicht nur das Leben vieler Einzelner beeinflusst, sondern auch politische Veränderungen angestoßen, die zu einer besseren Unterstützung für Trans-Personen in Schulen und Gemeinden geführt haben.

Zusammenfassung

Die Porträts bemerkenswerter Persönlichkeiten sind nicht nur eine Feier ihrer individuellen Errungenschaften, sondern auch ein Aufruf zur Solidarität und Unterstützung innerhalb der LGBTQ-Community. Ihre Geschichten sind eine Quelle der Inspiration und des Wandels, die uns daran erinnern, dass jede Stimme zählt. Wenn wir die Herausforderungen und Erfolge dieser Persönlichkeiten anerkennen, können wir eine inklusivere und gerechtere Gesellschaft schaffen, die die Vielfalt feiert und unterstützt.

Einfluss = Persönliche Geschichten+Öffentliche Wahrnehmung+Gesellschaftliche Verän
(24)

Einfluss von Rachels Berichterstattung

Rachel Giese hat durch ihre Berichterstattung über Trans-Kanadierinnen einen bedeutenden Einfluss auf die Wahrnehmung und das Verständnis von Transgender-Rechten in der Gesellschaft ausgeübt. Ihre Artikel und Essays sind nicht nur informativ, sondern auch emotional ansprechend, wodurch sie eine breitere Leserschaft erreichen und sensibilisieren konnten. In diesem Abschnitt werden wir den Einfluss von Rachels Berichterstattung auf verschiedene Ebenen untersuchen, einschließlich der gesellschaftlichen Wahrnehmung, der politischen Diskussionen und der Unterstützung innerhalb der LGBTQ-Community.

Gesellschaftliche Wahrnehmung

Einer der bemerkenswertesten Aspekte von Rachels Arbeit ist ihre Fähigkeit, komplexe Themen auf eine zugängliche Weise darzustellen. Sie verwendet eine klare und prägnante Sprache, die es Lesern ermöglicht, die Herausforderungen und Kämpfe von Trans-Kanadierinnen nachzuvollziehen. Ihre Berichterstattung hat dazu beigetragen, Vorurteile abzubauen und das Bewusstsein für die Probleme zu schärfen, mit denen Transgender-Personen konfrontiert sind.

Ein Beispiel für Rachels Einfluss auf die gesellschaftliche Wahrnehmung ist ihr Artikel über die Herausforderungen, denen sich transsexuelle Frauen im Gesundheitswesen gegenübersehen. Durch persönliche Geschichten und Interviews mit Betroffenen hat sie ein Bild gezeichnet, das sowohl die emotionalen als auch die praktischen Aspekte der Diskriminierung im Gesundheitssektor beleuchtet. Diese Art der Berichterstattung hat nicht nur die öffentliche Diskussion angeregt, sondern auch zu einer erhöhten Sensibilisierung bei Entscheidungsträgern geführt.

Politische Diskussionen

Rachels Berichterstattung hat auch einen direkten Einfluss auf politische Diskussionen und Entscheidungsprozesse. Indem sie auf Missstände hinweist und die Stimmen von Trans-Kanadierinnen verstärkt, hat sie dazu beigetragen, dass

Themen wie die Gleichstellung der Geschlechter und der Zugang zu Gesundheitsdiensten in den politischen Vordergrund gerückt wurden.

Ein Beispiel dafür ist ihr Engagement bei der Berichterstattung über gesetzliche Regelungen, die Transgender-Rechte betreffen. Ihre kritische Analyse von Gesetzen, die diskriminierend wirken, hat nicht nur das Bewusstsein für diese Themen geschärft, sondern auch Druck auf politische Entscheidungsträger ausgeübt, um Veränderungen herbeizuführen.

$$\text{Einfluss} = \text{Berichterstattung} \times \text{Öffentliche Wahrnehmung} \times \text{Politische Diskussionen} \tag{25}$$

Diese Gleichung verdeutlicht, dass der Einfluss von Rachels Arbeit nicht isoliert betrachtet werden kann; er ist das Ergebnis einer Wechselwirkung zwischen ihrer Berichterstattung, der öffentlichen Wahrnehmung und den politischen Diskussionen, die sie anstößt.

Unterstützung innerhalb der LGBTQ-Community

Ein weiterer wichtiger Aspekt von Rachels Einfluss ist die Stärkung der LGBTQ-Community. Durch ihre Berichterstattung hat sie nicht nur Sichtbarkeit geschaffen, sondern auch ein Gefühl der Solidarität und Unterstützung unter Trans-Kanadierinnen gefördert. Ihre Artikel ermutigen andere, ihre Geschichten zu teilen und sich aktiv für ihre Rechte einzusetzen.

Rachel hat auch aktiv an Veranstaltungen und Konferenzen teilgenommen, um ihre Berichterstattung zu diskutieren und mit anderen Aktivisten zu interagieren. Diese Vernetzung hat es ihr ermöglicht, eine Plattform für die Stimmen von Trans-Kanadierinnen zu schaffen und deren Geschichten in den Vordergrund zu rücken.

Ein Beispiel für diesen Einfluss ist die Organisation eines Podiumsgesprächs, bei dem Trans-Personen ihre Erfahrungen teilen konnten. Rachels Rolle als Moderatorin und Journalistin hat nicht nur die Sichtbarkeit dieser Stimmen erhöht, sondern auch das Bewusstsein für die Herausforderungen geschärft, mit denen diese Personen konfrontiert sind.

Fazit

Zusammenfassend lässt sich sagen, dass Rachels Berichterstattung einen tiefgreifenden Einfluss auf die Gesellschaft, die politischen Diskussionen und die Unterstützung innerhalb der LGBTQ-Community hat. Durch ihre Fähigkeit, Geschichten zu erzählen und komplexe Themen zugänglich zu machen, hat sie nicht nur das Bewusstsein für Transgender-Rechte geschärft, sondern auch einen Raum für Dialog und Veränderung geschaffen. Ihr Engagement hat dazu beigetragen, dass Trans-Kanadierinnen nicht nur gehört werden, sondern auch die Anerkennung und Unterstützung erhalten, die sie verdienen.

Geschichten von Kämpfen und Triumphen

Die Geschichten von Kämpfen und Triumphen innerhalb der LGBTQ-Community, insbesondere von Trans-Kanadierinnen, sind inspirierend und zeigen, wie Widerstandsfähigkeit und Mut inmitten von Herausforderungen blühen können. Diese Geschichten sind nicht nur individuelle Erzählungen, sondern auch kollektive Erfahrungen, die die Entwicklung und Sichtbarkeit von Transgender-Rechten in Kanada geprägt haben.

Persönliche Erzählungen und ihre Bedeutung

Eine der bedeutendsten Geschichten stammt von einer Transgender-Frau namens Alex, die in einer kleinen Stadt in Ontario aufwuchs. Alex erlebte früh in ihrem Leben Diskriminierung und Gewalt, als sie versuchte, ihre wahre Identität zu leben. Ihre Erfahrungen mit Mobbing in der Schule führten zu schweren psychischen Belastungen, aber sie fand Trost und Unterstützung in einer lokalen LGBTQ-Organisation. Diese Organisation bot nicht nur einen sicheren Raum, sondern auch Ressourcen und Mentoren, die ihr halfen, ihre Stimme zu finden und sich für die Rechte von Transgender-Personen einzusetzen.

> „Es war nicht einfach, aber ich wusste, dass ich nicht allein war. Die Geschichten anderer haben mir Mut gemacht, und ich wollte meine Geschichte teilen, um anderen zu helfen." – Alex

Alex' Engagement führte sie zu einer Karriere im Aktivismus, wo sie an verschiedenen Kampagnen teilnahm, die sich für die Rechte von Transgender-Personen einsetzten. Ihre Geschichte ist ein Beispiel dafür, wie persönliche Kämpfe in kollektive Triumphe umgewandelt werden können.

Kämpfe gegen gesellschaftliche Normen

Ein weiteres Beispiel ist die Geschichte von Maya, einer Transgender-Aktivistin, die sich gegen die gesellschaftlichen Normen auflehnte, die Transgender-Personen oft in eine Box stecken. Maya wuchs in einer konservativen Familie auf, die ihre Identität nicht akzeptieren wollte. Trotz des Drucks und der Ablehnung, die sie erlebte, entschied sie sich, ihre Geschichte öffentlich zu machen. Sie begann, in sozialen Medien über ihre Erfahrungen zu berichten und wurde schnell zu einer Stimme für viele, die sich in ähnlichen Situationen befanden.

Maya organisierte Proteste und Veranstaltungen, um auf die Herausforderungen aufmerksam zu machen, mit denen Transgender-Personen konfrontiert sind, einschließlich Diskriminierung am Arbeitsplatz, im Gesundheitswesen und im Bildungssystem. Ihre Fähigkeit, sich gegen den Strom zu stellen, inspirierte viele andere, sich ebenfalls zu engagieren und ihre Geschichten zu teilen.

Triumphe in der Gesetzgebung

Die Geschichten von Kämpfen und Triumphen sind nicht nur auf individueller Ebene zu finden, sondern auch in der Gesetzgebung. Die Einführung des Bill C-16 in Kanada, der Geschlechtsidentität und Geschlechtsausdruck als geschützte Merkmale im kanadischen Menschenrechtsgesetz anerkennt, ist ein herausragendes Beispiel für einen kollektiven Triumph. Aktivisten wie Rachel Giese und andere haben unermüdlich daran gearbeitet, dieses Gesetz voranzutreiben, indem sie die Öffentlichkeit über die Bedeutung von Transgender-Rechten informierten und die Unterstützung der Gemeinschaft mobilisierten.

Die Verabschiedung dieses Gesetzes war das Ergebnis jahrelanger Anstrengungen und Kämpfe, die von vielen innerhalb der Community geführt wurden. Es symbolisiert nicht nur rechtliche Anerkennung, sondern auch einen kulturellen Wandel hin zu mehr Akzeptanz und Verständnis für Transgender-Personen.

Die Rolle von Medien und Sichtbarkeit

Die Medien spielen eine entscheidende Rolle bei der Verbreitung dieser Geschichten von Kämpfen und Triumphen. Durch die Berichterstattung über die Herausforderungen, mit denen Trans-Kanadierinnen konfrontiert sind, und die Erzählung ihrer Erfolge wird das Bewusstsein in der breiteren Öffentlichkeit geschärft. Rachel Giese hat in ihren Artikeln oft über die Geschichten von Trans-Personen berichtet, die gegen Diskriminierung kämpften und sich für ihre Rechte einsetzen. Diese Sichtbarkeit ist von entscheidender Bedeutung, um Vorurteile abzubauen und das Verständnis für die Vielfalt innerhalb der LGBTQ-Community zu fördern.

Ein Beispiel für die Macht der Medien ist die Dokumentation „Trans in Canada", die die Geschichten von verschiedenen Trans-Personen in Kanada erzählt. Diese Dokumentation hat nicht nur das Leben der Protagonisten verändert, sondern auch das Bewusstsein für die Herausforderungen, mit denen Trans-Personen konfrontiert sind, in der Gesellschaft erhöht.

Zusammenfassung und Ausblick

Die Geschichten von Kämpfen und Triumphen innerhalb der LGBTQ-Community sind kraftvolle Zeugnisse des Widerstands und der Hoffnung. Sie zeigen, dass trotz der Herausforderungen, die Trans-Kanadierinnen erleben, die Kraft der Gemeinschaft und die Unterstützung von Verbündeten entscheidend sind, um Veränderungen herbeizuführen. Diese Erzählungen sind nicht nur wichtig für das Verständnis der aktuellen Situation, sondern auch für die zukünftigen Generationen von Aktivisten, die weiterhin für die Rechte und die Sichtbarkeit von Transgender-Personen kämpfen werden.

Die Herausforderungen sind noch lange nicht überwunden, aber die Geschichten von Kämpfen und Triumphen bieten eine Quelle der Inspiration und Motivation, die uns alle dazu anregt, weiterhin für Gerechtigkeit und Gleichheit einzutreten.

Bedeutung von Sichtbarkeit für die Community

Die Sichtbarkeit von LGBTQ-Personen, insbesondere von Transgender-Kanadierinnen, spielt eine entscheidende Rolle in der Förderung von Akzeptanz, Gleichheit und Rechten innerhalb der Gesellschaft. Sichtbarkeit bedeutet nicht nur, dass Menschen gesehen werden, sondern auch, dass ihre Geschichten, Kämpfe und Erfolge gehört und anerkannt werden. In diesem Zusammenhang ist es wichtig, die verschiedenen Dimensionen der Sichtbarkeit zu betrachten und deren Auswirkungen auf die Community zu analysieren.

Theoretische Grundlagen der Sichtbarkeit

Die Theorie der Sichtbarkeit, wie sie von Judith Butler in ihren Arbeiten zur Geschlechtertheorie und Queer-Theorie formuliert wurde, legt nahe, dass Identität nicht nur durch das Sichtbare, sondern auch durch das Unsichtbare konstruiert wird. Sichtbarkeit kann als ein Machtinstrument betrachtet werden, das sowohl positive als auch negative Auswirkungen auf die Identität und das Selbstverständnis von Individuen haben kann. Butler argumentiert, dass

Sichtbarkeit sowohl die Möglichkeit bietet, Stereotypen zu durchbrechen, als auch das Risiko birgt, neue Formen der Marginalisierung zu schaffen.

Ein weiterer wichtiger Aspekt ist die Rolle der Medien bei der Schaffung von Sichtbarkeit. Medien haben die Macht, Narrative zu formen und die Wahrnehmung von LGBTQ-Personen in der Gesellschaft zu beeinflussen. Laut einer Studie von Dyer (2002) können positive Darstellungen in den Medien dazu beitragen, Vorurteile abzubauen und das Verständnis für die Vielfalt von Geschlechtsidentitäten zu fördern.

Probleme der Sichtbarkeit

Trotz der positiven Aspekte der Sichtbarkeit sind auch Herausforderungen und Probleme damit verbunden. Eine der größten Herausforderungen ist die Gefahr der Stereotypisierung. Wenn Transgender-Personen ausschließlich durch eine Linse von Trauma oder Diskriminierung dargestellt werden, wird ihre Identität auf diese negativen Erfahrungen reduziert. Dies kann zu einer verzerrten Wahrnehmung führen, die den Reichtum und die Vielfalt der Erfahrungen innerhalb der Community nicht adäquat widerspiegelt.

Ein weiteres Problem ist die ungleiche Sichtbarkeit innerhalb der Community selbst. Während einige Identitäten, wie cisgender Gay-Männer, oft in den Medien repräsentiert sind, bleiben Transgender-Frauen und nicht-binäre Personen häufig unsichtbar oder werden nur marginalisiert dargestellt. Diese Ungleichheit kann zu einem Gefühl der Isolation und des Mangels an Unterstützung innerhalb der Community führen.

Beispiele für positive Sichtbarkeit

Ein herausragendes Beispiel für positive Sichtbarkeit ist die Arbeit von Rachel Giese selbst. Durch ihre Berichterstattung über Transgender-Themen hat sie nicht nur wichtige Geschichten erzählt, sondern auch eine Plattform für Transgender-Kanadierinnen geschaffen. Ihre Artikel und Interviews haben dazu beigetragen, das Bewusstsein für die Herausforderungen zu schärfen, mit denen diese Frauen konfrontiert sind, und gleichzeitig ihre Erfolge zu feiern.

Ein weiteres Beispiel ist die Darstellung von Transgender-Personen in Filmen und Fernsehsendungen. Produktionen wie *Pose* und *Transamerica* haben dazu beigetragen, das Bewusstsein für Transgender-Themen zu erhöhen und positive Rollenmodelle zu präsentieren. Diese Darstellungen fördern nicht nur die Sichtbarkeit, sondern tragen auch zur Normalisierung von Transgender-Identitäten in der breiten Öffentlichkeit bei.

Schlussfolgerung

Die Bedeutung von Sichtbarkeit für die LGBTQ-Community, insbesondere für Transgender-Kanadierinnen, kann nicht überschätzt werden. Sichtbarkeit ermöglicht es Individuen, ihre Identität zu feiern, und fördert ein besseres Verständnis in der Gesellschaft. Gleichzeitig müssen die Herausforderungen, die mit der Sichtbarkeit verbunden sind, ernst genommen werden, um sicherzustellen, dass die Repräsentation fair und vielfältig bleibt. Der Kampf um Sichtbarkeit ist ein fortlaufender Prozess, der sowohl individuelle als auch kollektive Anstrengungen erfordert, um eine gerechtere und inklusivere Gesellschaft zu schaffen.

$$V = \frac{S}{C} \qquad (26)$$

Hierbei steht V für die Sichtbarkeit, S für die Anzahl der positiven Darstellungen und C für die Anzahl der negativen Darstellungen. Ein höherer Wert von V deutet auf eine stärkere positive Sichtbarkeit hin, die für die Community von Vorteil ist.

Insgesamt ist es von entscheidender Bedeutung, dass die Stimmen von Transgender-Kanadierinnen weiterhin gehört werden und dass ihre Geschichten in der Öffentlichkeit sichtbar gemacht werden. Dies erfordert nicht nur Engagement von Medienvertretern, sondern auch Unterstützung von Verbündeten und der gesamten Gesellschaft, um eine inklusive und gerechte Zukunft für alle zu schaffen.

Einfluss auf junge Trans-Personen

Der Einfluss von Rachel Giese auf junge Trans-Personen ist ein zentrales Thema in ihrem Wirken als Journalistin und Aktivistin. Giese hat es sich zur Aufgabe gemacht, nicht nur die Sichtbarkeit von Transgender-Personen zu erhöhen, sondern auch deren Stimmen und Geschichten zu fördern. In diesem Abschnitt werden wir die verschiedenen Facetten ihres Einflusses auf die jüngere Generation von Trans-Personen beleuchten, einschließlich der Herausforderungen, mit denen sie konfrontiert sind, und der positiven Veränderungen, die durch Rachels Arbeit angestoßen wurden.

Sichtbarkeit und Identifikation

Ein entscheidender Aspekt von Rachels Einfluss ist die Sichtbarkeit, die sie jungen Trans-Personen bietet. Sichtbarkeit ist nicht nur eine Frage der Repräsentation in den Medien, sondern auch eine Quelle der Inspiration und Identifikation. In einer Welt, in der viele junge Menschen mit ihrer Geschlechtsidentität kämpfen, kann das Wissen, dass es erfolgreiche und sichtbare Trans-Personen gibt, einen erheblichen Unterschied machen. Giese hat regelmäßig Geschichten von jungen Trans-Personen in ihren Artikeln hervorgehoben, die ihre Herausforderungen und Triumphe teilen. Diese Erzählungen bieten nicht nur Hoffnung, sondern auch ein Gefühl der Zugehörigkeit.

Positive Rollenvorbilder

Rachel Giese hat durch ihre Berichterstattung und ihr Engagement positive Rollenvorbilder für junge Trans-Personen geschaffen. Indem sie die Geschichten von Trans-Personen erzählt, die in verschiedenen Lebensbereichen erfolgreich sind – sei es in der Kunst, im Sport oder in der Wissenschaft – ermutigt sie junge Menschen, ihre Träume zu verfolgen und sich nicht von gesellschaftlichen Normen einschränken zu lassen. Diese Rollenvorbilder sind entscheidend, da sie zeigen, dass es möglich ist, authentisch zu leben und gleichzeitig gesellschaftliche Hürden zu überwinden.

Herausforderungen und Unterstützung

Trotz der positiven Einflüsse, die Giese ausübt, sind junge Trans-Personen oft mit erheblichen Herausforderungen konfrontiert. Diskriminierung, Mobbing und ein Mangel an Unterstützung in ihren sozialen Umfeldern können zu psychischen Belastungen führen. Giese thematisiert diese Probleme in ihren Artikeln und schafft damit ein Bewusstsein für die Schwierigkeiten, mit denen viele junge Trans-Personen kämpfen. Sie ermutigt ihre Leser, aktiv Unterstützung zu leisten und sich für die Rechte von Trans-Personen einzusetzen. Diese Sensibilisierung ist entscheidend, um eine unterstützende Gemeinschaft zu fördern.

Bildung und Aufklärung

Ein weiterer wichtiger Einflussbereich von Rachel Giese ist die Bildung und Aufklärung über Transgender-Themen. Durch ihre journalistische Arbeit hat sie dazu beigetragen, Missverständnisse und Vorurteile abzubauen, die oft zu Diskriminierung führen. Indem sie fundierte Informationen und persönliche Geschichten bereitstellt, leistet sie einen wertvollen Beitrag zur Aufklärung von Nicht-Trans-Personen, was wiederum das Umfeld für junge Trans-Personen verbessert. Giese hat auch Workshops und Vorträge organisiert, in denen junge Menschen über ihre Rechte und Möglichkeiten informiert werden.

Einfluss auf politische Entscheidungen

Rachel Giese hat auch Einfluss auf politische Entscheidungen genommen, die direkt das Leben junger Trans-Personen betreffen. Durch ihre Berichterstattung und ihr Engagement hat sie dazu beigetragen, dass wichtige Themen wie der Zugang zu medizinischer Versorgung und rechtliche Anerkennung von Geschlechtsidentitäten in den öffentlichen Diskurs gelangen. Diese politischen Veränderungen sind entscheidend für die Verbesserung der Lebensqualität junger Trans-Personen und bieten ihnen die Möglichkeit, in einer unterstützenden und gerechten Gesellschaft zu leben.

Geschichten von Kämpfen und Triumphen

Die Geschichten, die Giese erzählt, sind oft Geschichten von Kämpfen und Triumphen. Diese Erzählungen sind nicht nur inspirierend, sondern bieten auch jungen Trans-Personen ein Gefühl der Hoffnung und Motivation. Indem sie die Herausforderungen und Erfolge ihrer Protagonisten beleuchtet, zeigt Giese, dass der Weg zur Selbstakzeptanz und zum Erfolg oft steinig ist, aber dass es sich lohnt, für die eigene Identität zu kämpfen. Diese Botschaft ist besonders wichtig für junge Menschen, die sich in einer ähnlichen Situation befinden.

Die Kraft der Gemeinschaft

Ein weiterer Aspekt von Rachels Einfluss ist die Betonung der Gemeinschaft. Sie fördert die Idee, dass junge Trans-Personen nicht alleine sind und dass es eine starke Gemeinschaft gibt, die sie unterstützt. Durch die Schaffung von Netzwerken und die Organisation von Veranstaltungen ermutigt sie junge Menschen, sich zu vernetzen und gegenseitig zu unterstützen. Diese Gemeinschaftsbildung ist entscheidend, um Isolation und Einsamkeit zu überwinden, die viele junge Trans-Personen erleben.

Reflexion über den Einfluss

Insgesamt zeigt Rachels Einfluss auf junge Trans-Personen, wie wichtig Sichtbarkeit, Bildung, Unterstützung und Gemeinschaft sind. Ihre Arbeit hat nicht nur das Leben vieler junger Menschen positiv beeinflusst, sondern auch das Bewusstsein für die Herausforderungen und Bedürfnisse der Trans-Community geschärft. Indem sie Geschichten erzählt, die sowohl inspirierend als auch realistisch sind, ermutigt sie junge Trans-Personen, ihre Identität zu akzeptieren und für ihre Rechte einzutreten.

Fazit

Zusammenfassend lässt sich sagen, dass Rachel Giese einen tiefgreifenden Einfluss auf junge Trans-Personen hat. Durch ihre journalistische Arbeit, ihr Engagement für die Community und ihre Fähigkeit, Geschichten zu erzählen, hat sie nicht nur Sichtbarkeit geschaffen, sondern auch Hoffnung und Unterstützung für die nächste Generation von Trans-Personen gefördert. Ihre Arbeit ist ein Beispiel dafür, wie Journalismus und Aktivismus Hand in Hand gehen können, um positive Veränderungen in der Gesellschaft herbeizuführen.

Förderung von Vorbildern

Die Förderung von Vorbildern innerhalb der LGBTQ-Community ist ein entscheidender Faktor für die Stärkung der Identität und des Selbstbewusstseins von Trans-Personen. Vorbilder können nicht nur Inspiration und Hoffnung bieten, sondern auch als lebendige Beweise für die Möglichkeiten und Erfolge von Individuen innerhalb der Gemeinschaft fungieren. In diesem Abschnitt werden wir die Theorie hinter der Bedeutung von Vorbildern, die Herausforderungen bei deren Sichtbarkeit und einige herausragende Beispiele untersuchen.

Theoretischer Hintergrund

Die Theorie der sozialen Identität, die von Henri Tajfel und John Turner entwickelt wurde, legt nahe, dass Menschen ein Bedürfnis haben, sich mit bestimmten Gruppen zu identifizieren, um ihr Selbstwertgefühl zu stärken. Vorbilder, die die gleichen Herausforderungen und Kämpfe durchlebt haben, können als Katalysatoren für dieses Identitätsgefühl dienen. Laut einer Studie von [?] können Vorbilder, die in der Öffentlichkeit sichtbar sind, das Gefühl der Zugehörigkeit und Akzeptanz innerhalb der LGBTQ-Community erheblich steigern.

Herausforderungen bei der Sichtbarkeit von Vorbildern

Trotz der Bedeutung von Vorbildern stehen viele Trans-Personen vor erheblichen Herausforderungen, die ihre Sichtbarkeit und damit ihre Fähigkeit, als Vorbilder zu fungieren, einschränken. Dazu gehören:

- **Stigmatisierung und Diskriminierung:** Viele Trans-Personen sehen sich in ihrem Alltag Diskriminierung und Stigmatisierung gegenüber, was dazu führt, dass sie sich nicht trauen, ihre Geschichten zu teilen oder sich als Vorbilder zu präsentieren.

- **Mangelnde Medienrepräsentation:** Die Medien spielen eine entscheidende Rolle bei der Sichtbarkeit von Vorbildern. Oftmals werden Trans-Personen nicht angemessen oder positiv dargestellt, was ihre Fähigkeit, als Vorbilder wahrgenommen zu werden, weiter einschränkt.

- **Interne Herausforderungen:** Selbstzweifel und Unsicherheiten können auch innerhalb der Community bestehen, wodurch es für Individuen schwierig wird, sich als Vorbilder zu positionieren.

Beispiele für inspirierende Vorbilder

Es gibt zahlreiche Trans-Personen, die durch ihre Arbeit und ihr Engagement als Vorbilder fungieren. Einige herausragende Beispiele sind:

- **Laverne Cox:** Als Schauspielerin und Aktivistin hat Laverne Cox das Bewusstsein für Transgender-Rechte in der breiten Öffentlichkeit geschärft. Ihre Rolle in der Serie *Orange Is the New Black* hat nicht nur ihre Karriere gefördert, sondern auch das Bild von Trans-Personen in den Medien revolutioniert. Cox sagt oft, dass es ihr Ziel ist, anderen zu zeigen, dass sie ihre Träume verwirklichen können, unabhängig von den Herausforderungen, mit denen sie konfrontiert sind.

- **Jazz Jennings:** Als eine der ersten Trans-Personen, die in einer Reality-TV-Show zu sehen war, hat Jazz Jennings Millionen von Zuschauern erreicht. Ihre Offenheit über ihre Erfahrungen hat vielen jungen Trans-Personen Mut gemacht, ihre Identität zu akzeptieren und sich für ihre Rechte einzusetzen.

- **Marsha P. Johnson:** Eine der ikonischsten Figuren des Stonewall-Aufstands, Marsha P. Johnson, ist ein historisches Vorbild für viele LGBTQ-Aktivisten. Ihr Engagement für die Rechte von Trans-Personen und Obdachlosen hat den Grundstein für die moderne LGBTQ-Bewegung gelegt. Johnsons Vermächtnis lebt in den Kämpfen und Erfolgen der heutigen Aktivisten weiter.

Die Rolle von Rachel Giese

Rachel Giese hat sich durch ihre Berichterstattung und ihr Engagement für die LGBTQ-Community ebenfalls als Vorbild etabliert. Durch ihre Artikel und Publikationen hat sie nicht nur die Stimmen von Trans-Personen gehört, sondern auch deren Geschichten in den Vordergrund gerückt. Giese hebt oft die

INSPIRIERENDE GESCHICHTEN VON TRANS-KANADIERINNEN 195

Wichtigkeit von Vorbildern hervor und ermutigt ihre Leser, aktiv nach diesen zu suchen und ihre eigenen Geschichten zu teilen.

Fazit

Die Förderung von Vorbildern ist entscheidend für die Stärkung der LGBTQ-Community, insbesondere für Trans-Personen, die oft mit Unsicherheiten und Herausforderungen konfrontiert sind. Indem wir die Sichtbarkeit dieser Vorbilder erhöhen und ihre Geschichten teilen, können wir eine Kultur der Akzeptanz und des Empowerments schaffen. Es ist wichtig, dass sowohl die Medien als auch die Gemeinschaft als Ganzes aktiv daran arbeiten, Vorbilder zu unterstützen und zu fördern, um eine positive und inspirierende Zukunft für alle zu gewährleisten.

Herausforderungen und Erfolge

Die Reise von Rachel Giese als LGBTQ-Aktivistin und Journalistin ist geprägt von einer Vielzahl an Herausforderungen und Erfolgen, die nicht nur ihre persönliche Entwicklung, sondern auch die Sichtbarkeit und Anerkennung von Trans-Kanadierinnen beeinflusst haben. In diesem Abschnitt werden wir die bedeutendsten Herausforderungen beleuchten, denen Rachel gegenüberstand, sowie die Erfolge, die sie erzielt hat, um das Leben und die Rechte von Transgender-Personen zu fördern.

Herausforderungen

Eine der größten Herausforderungen, mit denen Rachel konfrontiert war, war die gesellschaftliche Stigmatisierung von Transgender-Personen. Trotz der Fortschritte in der Akzeptanz von LGBTQ-Rechten gibt es immer noch weit verbreitete Vorurteile und Diskriminierung. Rachel musste oft gegen diese Stereotypen ankämpfen, sowohl in ihrer Berichterstattung als auch in ihrem persönlichen Leben. Eine Studie von Herek (2009) zeigt, dass negative Einstellungen gegenüber Transgender-Personen häufig auf Unkenntnis und kulturellen Vorurteilen basieren. Rachel hat es sich zur Aufgabe gemacht, diese Vorurteile durch fundierte Berichterstattung und persönliche Geschichten zu bekämpfen.

Ein weiteres bedeutendes Hindernis war die politische Landschaft, die oft gegen die Rechte von Transgender-Personen arbeitet. Gesetzgebungen, die die Rechte von Transgender-Personen einschränken, sind in vielen Regionen der Welt nach wie vor verbreitet. Beispielsweise hat der Gesetzgeber in einigen

US-Bundesstaaten Gesetze verabschiedet, die den Zugang zu medizinischer Versorgung für Transgender-Personen einschränken (Human Rights Campaign, 2020). Rachel war gezwungen, sich mit diesen politischen Widerständen auseinanderzusetzen und die Auswirkungen auf die betroffenen Personen in ihren Artikeln zu thematisieren.

Darüber hinaus war Rachel auch mit persönlichen Rückschlägen konfrontiert. Der Druck, der mit der Sichtbarkeit als LGBTQ-Aktivistin einhergeht, kann erdrückend sein. Die ständige Kritik und die negativen Reaktionen auf ihre Arbeit führten oft zu Selbstzweifeln. In einer Umfrage unter LGBTQ-Journalisten gaben 65% an, dass sie sich aufgrund ihrer Identität in ihrer beruflichen Laufbahn benachteiligt fühlten (Pew Research Center, 2018). Rachel musste lernen, mit diesen Herausforderungen umzugehen und sich auf ihre Mission zu konzentrieren.

Erfolge

Trotz dieser Herausforderungen hat Rachel bemerkenswerte Erfolge erzielt, die nicht nur ihre Karriere, sondern auch das Leben vieler Trans-Kanadierinnen positiv beeinflusst haben. Ein herausragender Erfolg war die Veröffentlichung ihrer Artikelreihe über die Erfahrungen von Transgender-Personen in Kanada. Diese Artikel wurden nicht nur in renommierten Publikationen veröffentlicht, sondern fanden auch großen Anklang in der Community. Sie trugen dazu bei, die Sichtbarkeit von Transgender-Personen zu erhöhen und das Bewusstsein für die Herausforderungen, mit denen sie konfrontiert sind, zu schärfen.

Ein weiterer bedeutender Erfolg war Rachels Engagement in der Organisation von Veranstaltungen und Kampagnen zur Unterstützung von Transgender-Rechten. Sie war maßgeblich an der Organisation von Pride-Veranstaltungen beteiligt und hat Workshops durchgeführt, um das Bewusstsein für Transgender-Themen zu fördern. Diese Aktivitäten haben nicht nur zur Stärkung der Community beigetragen, sondern auch politische Entscheidungsträger dazu angeregt, sich für die Rechte von Transgender-Personen einzusetzen. Laut einer Studie von Kates et al. (2019) haben solche Veranstaltungen einen direkten Einfluss auf die öffentliche Wahrnehmung von LGBTQ-Rechten.

Rachel hat auch zahlreiche Auszeichnungen für ihre journalistischen Leistungen erhalten, darunter den prestigeträchtigen "Canadian Association of Journalists Award". Diese Anerkennung ist nicht nur eine Bestätigung ihrer Arbeit, sondern auch ein Beweis dafür, dass engagierter Journalismus einen Unterschied machen kann. Ihre Berichterstattung hat dazu beigetragen, dass

Transgender-Rechte in den Medien ernst genommen werden, und hat andere Journalistinnen und Journalisten inspiriert, ähnliche Themen aufzugreifen.

Reflexion

Die Herausforderungen, denen Rachel Giese gegenüberstand, sind ein Spiegelbild der breiteren Kämpfe, die viele in der LGBTQ-Community erleben. Ihre Erfolge zeigen jedoch, dass durch Beharrlichkeit, Engagement und eine klare Stimme bedeutende Veränderungen möglich sind. Rachels Geschichte ist ein inspirierendes Beispiel dafür, wie individuelle Anstrengungen in einem größeren Kontext von Aktivismus und sozialer Gerechtigkeit wirken können. Sie hat nicht nur ihre eigene Stimme gefunden, sondern auch vielen anderen eine Plattform geboten, um ihre Geschichten zu erzählen.

Insgesamt verdeutlicht dieser Abschnitt, dass die Herausforderungen und Erfolge von Rachel Giese nicht isoliert betrachtet werden können. Sie sind Teil eines dynamischen und sich ständig weiterentwickelnden Diskurses über Transgender-Rechte und die Rolle der Medien im Aktivismus. Ihre Arbeit ist ein lebendiges Zeugnis dafür, dass der Kampf für Gleichheit und Sichtbarkeit niemals vergebens ist.

Reflexion über die Zukunft

Die Reflexion über die Zukunft von LGBTQ-Aktivismus und insbesondere über die Rolle der Medien und des Journalismus ist von entscheidender Bedeutung, um die Herausforderungen und Chancen zu verstehen, die vor uns liegen. In einer Welt, die sich ständig verändert, ist es wichtig, die Perspektiven und die Dynamik zu analysieren, die die LGBTQ-Community beeinflussen.

Politische Entwicklungen

In den kommenden Jahren werden wir voraussichtlich eine Vielzahl politischer Entwicklungen erleben, die sich direkt auf die Rechte von LGBTQ-Personen auswirken könnten. Die Gesetzgebung in vielen Ländern ist oft ein Spiegelbild der gesellschaftlichen Einstellungen. In einigen Regionen erleben wir Fortschritte, wie die Legalisierung der gleichgeschlechtlichen Ehe und den Schutz von Transgender-Rechten. Andererseits gibt es auch eine besorgniserregende Tendenz zu restriktiveren Gesetzen, die darauf abzielen, die Rechte von LGBTQ-Personen zu beschneiden.

Ein Beispiel hierfür ist die zunehmende Zahl von Gesetzen, die darauf abzielen, Transgender-Personen den Zugang zu medizinischer Versorgung zu verwehren. Solche politischen Maßnahmen können zu einer weiteren Marginalisierung und Diskriminierung führen und haben tiefgreifende Auswirkungen auf das Leben der Betroffenen. Der Aktivismus muss sich daher nicht nur auf die Verteidigung bestehender Rechte konzentrieren, sondern auch proaktiv neue Gesetze und Vorschriften fördern, die den Schutz und die Gleichstellung von LGBTQ-Personen gewährleisten.

Gesellschaftliche Veränderungen

Gesellschaftliche Veränderungen sind ein weiterer wichtiger Faktor, der die Zukunft des Aktivismus prägen wird. Die Einstellungen gegenüber LGBTQ-Personen haben sich in den letzten Jahrzehnten erheblich gewandelt, wobei viele Menschen inzwischen eine positive Haltung einnehmen. Dennoch gibt es nach wie vor tief verwurzelte Vorurteile und Diskriminierung, die es zu überwinden gilt. Es ist entscheidend, dass Bildung und Aufklärung weiterhin im Mittelpunkt der Bemühungen stehen, um das Bewusstsein für die Herausforderungen zu schärfen, mit denen LGBTQ-Personen konfrontiert sind.

Die Rolle der sozialen Medien kann hierbei nicht unterschätzt werden. Plattformen wie Twitter, Instagram und TikTok bieten LGBTQ-Aktivisten eine Bühne, um ihre Stimmen zu erheben und ihre Geschichten zu teilen. Diese Sichtbarkeit ist entscheidend, um das Verständnis und die Akzeptanz in der breiten Öffentlichkeit zu fördern. Gleichzeitig müssen wir uns der Herausforderungen bewusst sein, die mit der Verbreitung von Fehlinformationen und Hassrede verbunden sind. Die Community muss Strategien entwickeln, um diesen negativen Einflüssen entgegenzuwirken und eine positive, unterstützende Online-Umgebung zu schaffen.

Die Rolle der Medien im Aktivismus

Die Medien spielen eine zentrale Rolle im LGBTQ-Aktivismus, indem sie Informationen verbreiten, Sichtbarkeit schaffen und öffentliche Diskussionen anstoßen. Die Zukunft des Journalismus wird entscheidend dafür sein, wie LGBTQ-Themen behandelt werden. Eine ethische Berichterstattung, die die Stimmen von marginalisierten Gruppen einbezieht, ist unerlässlich. Journalisten müssen sich ihrer Verantwortung bewusst sein, nicht nur über LGBTQ-Themen zu berichten, sondern auch die Perspektiven und Erfahrungen von LGBTQ-Personen authentisch zu vermitteln.

Ein Beispiel für gelungene Berichterstattung ist die Zusammenarbeit zwischen Journalisten und LGBTQ-Organisationen, um sicherzustellen, dass die

Berichterstattung die Realität der Betroffenen widerspiegelt. Solche Partnerschaften können dazu beitragen, Stereotypen abzubauen und ein differenziertes Bild der LGBTQ-Community zu vermitteln. Gleichzeitig müssen Journalisten auch die Herausforderungen anerkennen, denen sie gegenüberstehen, wie etwa die Gefahr von Zensur und politischem Druck, insbesondere in autoritären Regimen.

Herausforderungen für Transgender-Personen

Transgender-Personen stehen nach wie vor vor erheblichen Herausforderungen, die in der Zukunft nicht ignoriert werden dürfen. Diskriminierung im Gesundheitswesen, am Arbeitsplatz und in der Gesellschaft ist weit verbreitet. Es ist wichtig, dass der Aktivismus sich auf die spezifischen Bedürfnisse und Anliegen von Transgender-Personen konzentriert, um sicherzustellen, dass ihre Stimmen gehört werden.

Ein Beispiel für eine solche Herausforderung ist der Zugang zu geschlechtsspezifischer Gesundheitsversorgung. Viele Transgender-Personen sehen sich mit Barrieren konfrontiert, die den Zugang zu medizinischen Leistungen einschränken. Es ist entscheidend, dass Aktivisten und Unterstützer sich für eine umfassende Gesundheitsversorgung einsetzen, die die Bedürfnisse von Transgender-Personen berücksichtigt und Diskriminierung im Gesundheitswesen bekämpft.

Bedeutung von Bildung und Aufklärung

Bildung und Aufklärung sind entscheidend für die Zukunft des LGBTQ-Aktivismus. Der Zugang zu Informationen über LGBTQ-Themen sollte in Schulen, Universitäten und Gemeinschaftseinrichtungen gefördert werden. Programme zur Sensibilisierung und Schulung können dazu beitragen, Vorurteile abzubauen und ein besseres Verständnis für die Herausforderungen zu schaffen, mit denen LGBTQ-Personen konfrontiert sind.

Ein Beispiel für erfolgreiche Bildungsinitiativen sind Workshops und Schulungen, die in Schulen durchgeführt werden, um Schüler über LGBTQ-Themen aufzuklären und ein inklusives Umfeld zu schaffen. Solche Programme können dazu beitragen, das Bewusstsein zu schärfen und eine positive Einstellung gegenüber Vielfalt zu fördern.

Die Zukunft des Journalismus

Die Zukunft des Journalismus wird von technologischen Entwicklungen und Veränderungen in der Medienlandschaft geprägt sein. Die Verbreitung von Online-Nachrichten und sozialen Medien hat die Art und Weise verändert, wie Informationen konsumiert und verbreitet werden. Journalisten müssen sich anpassen und innovative Ansätze entwickeln, um die Aufmerksamkeit der Öffentlichkeit auf LGBTQ-Themen zu lenken.

Ein Beispiel für innovative journalistische Ansätze sind Multimedia-Projekte, die Geschichten von LGBTQ-Personen durch Videos, Podcasts und interaktive Inhalte erzählen. Solche Formate können ein breiteres Publikum erreichen und die emotionale Verbindung zu den Themen stärken.

Mobilisierung der nächsten Generation

Die Mobilisierung der nächsten Generation von LGBTQ-Aktivisten ist entscheidend für die Zukunft des Aktivismus. Junge Menschen spielen eine zentrale Rolle bei der Gestaltung der sozialen Bewegungen von morgen. Es ist wichtig, dass sie die Werkzeuge und Ressourcen erhalten, die sie benötigen, um sich zu engagieren und ihre Stimmen zu erheben.

Ein Beispiel für erfolgreiche Mobilisierung ist die Gründung von Jugendorganisationen, die sich speziell auf die Bedürfnisse von LGBTQ-Jugendlichen konzentrieren. Diese Organisationen bieten nicht nur Unterstützung und Ressourcen, sondern auch Möglichkeiten zur aktiven Teilnahme an der Gemeinschaft und zur Förderung von Veränderungen.

Die Rolle von Verbündeten

Verbündete spielen eine wichtige Rolle im LGBTQ-Aktivismus. Sie können helfen, die Botschaften der Community zu verbreiten und sich für die Rechte von LGBTQ-Personen einzusetzen. Die Zukunft des Aktivismus hängt auch von der Fähigkeit ab, eine breite Basis von Unterstützern zu mobilisieren, die bereit sind, sich für Gleichheit und Gerechtigkeit einzusetzen.

Ein Beispiel für effektive Unterstützung ist die Beteiligung von Verbündeten an Pride-Veranstaltungen und anderen Aktionen, um ihre Solidarität mit der LGBTQ-Community zu zeigen. Solche Handlungen können dazu beitragen, das Bewusstsein zu schärfen und eine positive Veränderung in der Gesellschaft zu fördern.

Reflexion über die eigene Rolle

Abschließend ist es wichtig, dass jeder Einzelne über seine Rolle im LGBTQ-Aktivismus nachdenkt. Jeder kann einen Beitrag leisten, sei es durch persönliche Unterstützung, Bildung oder aktives Engagement. Die Reflexion über die eigene Rolle kann dazu beitragen, ein stärkeres Bewusstsein für die Herausforderungen und Chancen zu entwickeln, die vor uns liegen.

Indem wir uns aktiv an der Diskussion beteiligen und uns für die Rechte von LGBTQ-Personen einsetzen, können wir eine positive Veränderung bewirken und sicherstellen, dass die Stimmen derjenigen, die oft übersehen werden, gehört werden. Die Zukunft des Aktivismus liegt in unseren Händen, und es ist an der Zeit, die Verantwortung zu übernehmen und für Gleichheit und Gerechtigkeit zu kämpfen.

Einblicke in persönliche Geschichten

In diesem Abschnitt werfen wir einen Blick auf die persönlichen Geschichten von Trans-Kanadierinnen, die durch Rachels Berichterstattung eine Plattform gefunden haben. Diese Geschichten sind nicht nur inspirierend, sondern sie beleuchten auch die Herausforderungen und Triumphe, die viele Trans-Personen in ihrem Leben erfahren. Es ist wichtig, diese individuellen Erzählungen zu verstehen, um die Komplexität der Transgender-Erfahrungen zu begreifen und die Notwendigkeit für Sichtbarkeit und Unterstützung zu betonen.

Die Kraft der persönlichen Erzählung

Persönliche Geschichten haben die Fähigkeit, Empathie zu wecken und das Verständnis für die Lebensrealitäten von Trans-Personen zu vertiefen. Laut der Theorie des narrativen Identitätsansatzes (McAdams, 1993) formen Menschen ihre Identität durch Erzählungen über ihr Leben. Diese Narrative sind entscheidend für das Selbstverständnis und die soziale Interaktion.

Ein Beispiel ist die Geschichte von *Tara*, einer Trans-Frau aus Toronto, die in einem Artikel von Rachel Giese porträtiert wurde. Tara beschreibt ihre Kindheit, in der sie sich in einem Körper gefangen fühlte, der nicht ihrer Identität entsprach. Ihre Erzählung umfasst die Herausforderungen, die sie bei der Akzeptanz ihrer Identität erlebte, sowie die Unterstützung, die sie von ihrer Familie und Freunden erhielt. Diese Geschichten zeigen, wie wichtig es ist, dass Trans-Personen ihre Stimme erheben und ihre Erfahrungen teilen können.

Herausforderungen und Widerstände

Trotz der positiven Aspekte des Teilens persönlicher Geschichten gibt es auch erhebliche Herausforderungen. Viele Trans-Personen stehen vor Diskriminierung, Stigmatisierung und Gewalt. Laut einer Studie der *Canadian Transgender Survey* (2019) berichteten 47% der Befragten von Diskriminierung im Gesundheitswesen, während 34% angaben, dass sie aufgrund ihrer Geschlechtsidentität in der Schule oder am Arbeitsplatz belästigt wurden. Diese Erfahrungen sind nicht nur traumatisch, sondern sie erschweren auch den Zugang zu Ressourcen und Unterstützung.

Ein weiteres Beispiel ist die Geschichte von *Jasmine*, die über ihre Erfahrungen mit Transphobie in ihrem Arbeitsumfeld berichtet. Trotz ihrer Qualifikationen und Fähigkeiten wurde sie aufgrund ihrer Geschlechtsidentität nicht befördert und musste sich mit ständigen Anfeindungen auseinandersetzen. Rachels Berichterstattung über Jasmines Erfahrungen hat nicht nur ihre Geschichte sichtbar gemacht, sondern auch auf die Notwendigkeit von Veränderungen in der Unternehmenspolitik hingewiesen.

Die Bedeutung von Sichtbarkeit

Die Sichtbarkeit von Trans-Personen in den Medien ist entscheidend, um Vorurteile abzubauen und das öffentliche Bewusstsein zu schärfen. Rachel Giese hat es sich zur Aufgabe gemacht, Geschichten von Trans-Kanadierinnen zu erzählen, die oft übersehen werden. Diese Sichtbarkeit kann dazu beitragen, dass Trans-Personen als Teil der Gesellschaft anerkannt werden und dass ihre Rechte respektiert werden.

Ein Beispiel für den Einfluss von Sichtbarkeit ist die Geschichte von *Maya*, einer Aktivistin, die sich für die Rechte von Trans-Personen einsetzt. Maya hat ihre Geschichte in verschiedenen Medien geteilt und dadurch eine Plattform geschaffen, um über die Herausforderungen zu sprechen, mit denen Trans-Personen konfrontiert sind. Ihre Sichtbarkeit hat nicht nur das Bewusstsein für Trans-Rechte erhöht, sondern auch andere ermutigt, ihre eigenen Geschichten zu teilen.

Reflexion über die Zukunft

Die Erzählungen von Trans-Kanadierinnen sind nicht nur Geschichten der Herausforderungen, sondern auch Geschichten des Wandels und der Hoffnung. Sie zeigen, dass trotz der Schwierigkeiten, mit denen viele konfrontiert sind, eine Gemeinschaft von Unterstützung und Solidarität existiert. Rachel Giese hebt hervor, dass die Stimmen dieser Frauen nicht nur gehört werden sollten, sondern dass sie auch die Grundlage für zukünftige Veränderungen im Aktivismus und in der Politik bilden können.

Zusammenfassend lässt sich sagen, dass die persönlichen Geschichten von Trans-Kanadierinnen, die in Rachels Berichterstattung präsentiert werden, einen tiefen Einblick in die Realität des Lebens für viele Trans-Personen bieten. Sie verdeutlichen die Notwendigkeit von Sichtbarkeit, Unterstützung und Veränderungen in der Gesellschaft. Diese Geschichten sind nicht nur wichtig für die Trans-Community, sondern auch für die gesamte Gesellschaft, um ein besseres Verständnis und eine größere Akzeptanz für Diversität zu fördern.

Bibliography

[1] McAdams, D. P. (1993). *The Stories We Live By: Personal Myths and the Making of the Self*. New York: William Morrow.

[2] Canadian Transgender Survey. (2019). *Summary of Results*. Retrieved from https://www.canadiantranssurvey.ca

Die Kraft der Gemeinschaft

Die Kraft der Gemeinschaft ist ein zentrales Element im LGBTQ-Aktivismus und spielt eine entscheidende Rolle bei der Stärkung von Individuen und der Förderung von Veränderungen auf gesellschaftlicher Ebene. In diesem Abschnitt werden wir die verschiedenen Dimensionen der Gemeinschaft betrachten, die Herausforderungen, mit denen sie konfrontiert ist, und die positiven Auswirkungen, die sie auf das Leben von Trans-Kanadierinnen und der LGBTQ-Community insgesamt hat.

Die Bedeutung der Gemeinschaft

Gemeinschaften bieten nicht nur ein Gefühl der Zugehörigkeit, sondern auch Unterstützung und Ressourcen, die für das Überleben und den Erfolg von Individuen in marginalisierten Gruppen entscheidend sind. Die LGBTQ-Community hat sich historisch gesehen als ein Raum der Solidarität und des Austauschs etabliert, wo Menschen ihre Erfahrungen teilen und voneinander lernen können. Diese Gemeinschaften fungieren als Rückzugsorte, in denen sich Individuen sicher fühlen, ihre Identität zu erkunden und auszudrücken.

Herausforderungen innerhalb der Gemeinschaft

Trotz ihrer Stärke steht die LGBTQ-Community vor einer Reihe von Herausforderungen. Diskriminierung, Vorurteile und interne Konflikte können die Solidarität unter den Mitgliedern beeinträchtigen. Ein Beispiel hierfür ist die Spaltung zwischen verschiedenen Identitäten innerhalb der Community, wie etwa zwischen cisgender und transgender Personen. Diese Unterschiede können zu Missverständnissen und Spannungen führen, die die Gemeinschaft schwächen.

Darüber hinaus können externe Bedrohungen, wie politische Angriffe auf LGBTQ-Rechte, die Gemeinschaft unter Druck setzen. In solchen Zeiten ist es wichtig, dass die Gemeinschaft zusammenhält und sich organisiert, um auf diese Herausforderungen zu reagieren. Die Mobilisierung der Mitglieder zu Protesten, Petitionen und anderen Formen des Aktivismus ist entscheidend, um die Stimme der Community zu stärken.

Die Rolle von Vorbildern und Mentoren

Innerhalb der Gemeinschaft sind Vorbilder und Mentoren von großer Bedeutung. Sie bieten nicht nur Inspiration, sondern auch praktische Unterstützung für jüngere oder weniger erfahrene Mitglieder. Rachel Giese hat in ihrer Berichterstattung oft die Geschichten von Trans-Kanadierinnen hervorgehoben, die als Vorbilder fungieren. Diese Geschichten zeigen, wie wichtig es ist, dass Menschen in der Community sehen, dass es möglich ist, erfolgreich zu sein und ihre Identität zu leben.

Ein Beispiel ist die Geschichte von einer Transfrau, die trotz erheblicher gesellschaftlicher Widerstände eine erfolgreiche Karriere in der Medienbranche aufgebaut hat. Ihre Erfahrungen ermutigen andere, ihre eigenen Träume zu verfolgen und sich nicht von Diskriminierung entmutigen zu lassen.

Die Kraft der Solidarität

Solidarität ist ein weiteres zentrales Element der Gemeinschaft. Wenn Mitglieder der LGBTQ-Community zusammenkommen, um sich gegenseitig zu unterstützen, entsteht eine Kraft, die weit über das Individuum hinausgeht. Diese Solidarität zeigt sich in verschiedenen Formen, sei es durch gemeinsame Veranstaltungen, Spendenaktionen oder die Organisation von Pride-Paraden.

Ein bemerkenswertes Beispiel für die Kraft der Solidarität war die Reaktion der LGBTQ-Community auf die Angriffe auf Trans-Rechte in den letzten Jahren. Aktivisten und Unterstützer haben sich mobilisiert, um gegen diskriminierende Gesetze zu protestieren und die Öffentlichkeit über die Herausforderungen, mit denen Trans-Personen konfrontiert sind, aufzuklären. Diese kollektiven Anstrengungen haben dazu beigetragen, das Bewusstsein zu schärfen und Veränderungen auf politischer Ebene zu bewirken.

Die Zukunft der Gemeinschaft

Die Zukunft der LGBTQ-Community hängt von ihrer Fähigkeit ab, zusammenzuhalten und sich an neue Herausforderungen anzupassen. Mit dem Aufkommen neuer Technologien und sozialer Medien hat sich die Art und Weise, wie Gemeinschaften organisiert und mobilisiert werden, verändert. Online-Plattformen bieten neue Möglichkeiten für den Austausch und die Vernetzung, aber sie bringen auch Herausforderungen mit sich, wie Cyber-Mobbing und die Verbreitung von Fehlinformationen.

Es ist wichtig, dass die Gemeinschaft diese Technologien nutzt, um ihre Reichweite zu vergrößern und neue Mitglieder zu gewinnen. Gleichzeitig müssen sie Strategien entwickeln, um die negativen Aspekte der Online-Interaktion zu bewältigen und sicherzustellen, dass alle Stimmen innerhalb der Community gehört werden.

Fazit

Die Kraft der Gemeinschaft ist unbestreitbar und spielt eine wesentliche Rolle im Leben von Trans-Kanadierinnen und der gesamten LGBTQ-Community. Durch die Stärkung von Solidarität, die Unterstützung von Vorbildern und die Mobilisierung gegen Herausforderungen kann die Gemeinschaft nicht nur individuelle Leben verändern, sondern auch die Gesellschaft insgesamt beeinflussen. Rachel Giese und ihre Berichterstattung sind ein Beispiel dafür, wie wichtig es ist, die Geschichten und Stimmen der Gemeinschaft zu fördern, um eine gerechtere und inklusivere Zukunft zu schaffen.

Die Gemeinschaft ist nicht nur ein Ort der Unterstützung, sondern auch ein Katalysator für Veränderung. Indem wir die Kraft der Gemeinschaft anerkennen und fördern, können wir sicherstellen, dass die Stimmen der LGBTQ-Community gehört werden und dass der Kampf für Gleichheit und Gerechtigkeit weiterhin vorangetrieben wird.

Ausblick und Vermächtnis

Zukünftige Herausforderungen für LGBTQ-Aktivisten

Politische Entwicklungen

Die politischen Entwicklungen in Bezug auf LGBTQ-Rechte, insbesondere für Transgender-Personen, haben in den letzten Jahrzehnten eine dynamische und oft tumultartige Geschichte durchlaufen. Diese Entwicklungen sind entscheidend für das Verständnis der Herausforderungen, denen sich LGBTQ-Aktivisten gegenübersehen, sowie für die Strategien, die sie anwenden, um Fortschritte zu erzielen.

Gesetzgebung und politische Maßnahmen

In vielen Ländern, einschließlich Kanada, wurden in den letzten Jahren bedeutende gesetzgeberische Fortschritte erzielt. Gesetze, die Diskriminierung aufgrund der Geschlechtsidentität verbieten, wurden eingeführt, und die Anerkennung von Transgender-Rechten hat an Bedeutung gewonnen. Ein Beispiel hierfür ist das kanadische Gesetz C-16, das 2017 verabschiedet wurde und Geschlechtsidentität und Geschlechtsausdruck in die Liste der geschützten Merkmale im Canadian Human Rights Act aufnimmt. Diese gesetzgeberischen Maßnahmen sind jedoch oft das Ergebnis harter Kämpfe und Widerstände.

Widerstand gegen Fortschritte

Trotz dieser Fortschritte gibt es weiterhin erheblichen politischen Widerstand. Konservative politische Gruppen und religiöse Organisationen haben oft versucht, gegen die Anerkennung von Transgender-Rechten zu mobilisieren. Diese Gruppen argumentieren häufig, dass solche Rechte die traditionellen Werte und die gesellschaftliche Ordnung untergraben. Ein Beispiel für solchen Widerstand ist die Einführung von Gesetzen in mehreren US-Bundesstaaten, die den Zugang von Transgender-Personen zu öffentlichen Toiletten und Sporteinrichtungen einschränken. Diese Gesetze werden oft als „Toiletten-Gesetze" bezeichnet und spiegeln die anhaltenden gesellschaftlichen Spannungen wider.

Internationale Perspektiven

Auf internationaler Ebene sind die politischen Entwicklungen stark unterschiedlich. Während einige Länder, wie Schweden und Malta, fortschrittliche Gesetze zur Anerkennung von Transgender-Rechten eingeführt haben, gibt es in anderen Ländern, wie beispielsweise in Ungarn oder Polen, eine zunehmende Repression gegen LGBTQ-Rechte. In Ungarn wurde 2020 ein Gesetz verabschiedet, das die rechtliche Anerkennung von Geschlechtsidentitäten für Transgender-Personen effektiv abschafft. Solche Entwicklungen zeigen, dass die politischen Rahmenbedingungen für LGBTQ-Rechte stark variieren und oft von der jeweiligen Regierung und deren Ideologie abhängen.

Die Rolle von Aktivismus und Advocacy

In diesem Kontext spielt der LGBTQ-Aktivismus eine entscheidende Rolle. Aktivisten setzen sich nicht nur für gesetzgeberische Veränderungen ein, sondern arbeiten auch daran, das Bewusstsein für die Herausforderungen zu schärfen, denen Transgender-Personen gegenüberstehen. Kampagnen zur Sensibilisierung, wie die „Transgender Day of Remembrance", sind Beispiele für Initiativen, die darauf abzielen, die Sichtbarkeit von Transgender-Personen zu erhöhen und auf die Gewalt hinzuweisen, die viele von ihnen erfahren.

Die Verbindung zwischen Aktivismus und politischer Veränderung ist eng. Aktivisten nutzen soziale Medien, um Mobilisierung und Unterstützung zu fördern, während sie gleichzeitig Druck auf politische Entscheidungsträger ausüben. Diese Strategien sind besonders wichtig in Zeiten, in denen politische Rückschritte drohen.

Zukunftsausblick

Die politischen Entwicklungen im Bereich der LGBTQ-Rechte, insbesondere für Transgender-Personen, stehen weiterhin vor Herausforderungen. Die fortschreitende Digitalisierung und die damit verbundene Verbreitung von Informationen bieten jedoch auch neue Möglichkeiten für Aktivisten, ihre Botschaften zu verbreiten und Unterstützung zu mobilisieren. Die Frage bleibt, wie sich die politischen Landschaften in den kommenden Jahren entwickeln werden und welche Rolle der Aktivismus dabei spielen wird.

Insgesamt ist es wichtig zu erkennen, dass politische Entwicklungen nicht isoliert betrachtet werden können. Sie sind Teil eines größeren gesellschaftlichen Diskurses über Identität, Rechte und Gerechtigkeit. Die Herausforderungen, die Transgender-Personen heute gegenüberstehen, sind sowohl das Ergebnis historischer Diskriminierung als auch Ausdruck aktueller gesellschaftlicher Spannungen. Der Weg zu einer gerechten Gesellschaft erfordert ständige Wachsamkeit und Engagement von Aktivisten, Unterstützern und der breiten Öffentlichkeit.

Gesellschaftliche Veränderungen

Die gesellschaftlichen Veränderungen, die die LGBTQ-Community betreffen, sind ein komplexes Zusammenspiel von kulturellen, politischen und sozialen Dynamiken. In den letzten Jahrzehnten hat sich die Wahrnehmung von LGBTQ-Personen erheblich gewandelt, was sowohl positive als auch negative Auswirkungen auf den Aktivismus und die Rechte dieser Gemeinschaft hat.

Historische Perspektive

Um die heutigen gesellschaftlichen Veränderungen zu verstehen, ist es wichtig, einen Blick auf die Geschichte des LGBTQ-Aktivismus zu werfen. Die 1960er Jahre, insbesondere die Stonewall-Unruhen von 1969, markierten einen Wendepunkt im Kampf für die Rechte von LGBTQ-Personen. Diese Ereignisse führten zur Gründung zahlreicher Organisationen, die sich für die Gleichstellung und Akzeptanz von LGBTQ-Personen einsetzten. In der Folge kam es zu einer zunehmenden Sichtbarkeit und Anerkennung der LGBTQ-Community in der Gesellschaft.

Kulturelle Akzeptanz

Ein bedeutender Aspekt der gesellschaftlichen Veränderungen ist die wachsende kulturelle Akzeptanz von LGBTQ-Personen. Filme, Fernsehsendungen und Literatur haben dazu beigetragen, stereotype Darstellungen abzubauen und ein breiteres Verständnis für die Vielfalt innerhalb der LGBTQ-Community zu fördern. Beispielsweise zeigen Serien wie *Pose* und *Schitt's Creek* nicht nur LGBTQ-Charaktere, sondern thematisieren auch die Herausforderungen und Kämpfe, mit denen diese Personen konfrontiert sind. Solche Darstellungen tragen dazu bei, Vorurteile abzubauen und die Akzeptanz in der breiten Öffentlichkeit zu erhöhen.

Politische Entwicklungen

Politische Veränderungen haben ebenfalls einen erheblichen Einfluss auf die gesellschaftliche Wahrnehmung von LGBTQ-Personen. In vielen Ländern wurden Gesetze verabschiedet, die Diskriminierung aufgrund der sexuellen Orientierung oder Geschlechtsidentität verbieten. In Kanada beispielsweise wurde 2017 das *Bill C-16* verabschiedet, das Geschlechtsidentität und Geschlechtsausdruck als geschützte Merkmale in der Menschenrechtsgesetzgebung anerkennt. Solche Gesetze sind entscheidend für die rechtliche Gleichstellung und tragen zur Normalisierung von LGBTQ-Personen in der Gesellschaft bei.

Herausforderungen und Rückschläge

Trotz dieser Fortschritte gibt es weiterhin erhebliche Herausforderungen. In vielen Teilen der Welt sind LGBTQ-Personen nach wie vor Diskriminierung, Gewalt und sozialer Ausgrenzung ausgesetzt. Die gesellschaftliche Akzeptanz variiert stark je nach Region, und in einigen Ländern sind LGBTQ-Rechte sogar rückgängig gemacht worden. Ein Beispiel hierfür ist die Verabschiedung von Gesetzen in verschiedenen US-Bundesstaaten, die die Rechte von Transgender-Personen einschränken, insbesondere im Bereich des Zugangs zu Gesundheitsversorgung und Sport.

Einfluss von sozialen Bewegungen

Soziale Bewegungen, wie die Black Lives Matter-Bewegung, haben auch die LGBTQ-Community beeinflusst, indem sie die intersectionalen Aspekte von Diskriminierung und Ungerechtigkeit thematisiert haben. Diese Bewegungen haben dazu beigetragen, das Bewusstsein für die vielfältigen Erfahrungen innerhalb der LGBTQ-Community zu schärfen und die Notwendigkeit einer solidarischen Unterstützung zu betonen. Der Fokus auf intersektionale Gerechtigkeit hat die Diskussion über LGBTQ-Rechte bereichert und neue Allianzen innerhalb der sozialen Bewegungen gefördert.

Zukunftsausblick

Die gesellschaftlichen Veränderungen sind ein fortlaufender Prozess, der sowohl Herausforderungen als auch Chancen mit sich bringt. Die Rolle der Medien, die Bildung und die Mobilisierung von Gemeinschaften sind entscheidend für die zukünftige Entwicklung der LGBTQ-Rechte. Aktivisten wie Rachel Giese spielen eine wichtige Rolle, indem sie Geschichten erzählen, die Sichtbarkeit fördern und das Bewusstsein für die vielfältigen Herausforderungen, mit denen LGBTQ-Personen konfrontiert sind, schärfen.

Zusammenfassend lässt sich sagen, dass gesellschaftliche Veränderungen sowohl Fortschritte als auch Rückschläge für die LGBTQ-Community mit sich bringen. Es ist wichtig, die Entwicklungen aufmerksam zu verfolgen und aktiv für die Rechte und die Sichtbarkeit von LGBTQ-Personen einzutreten, um eine inklusive und gerechte Gesellschaft zu schaffen.

$$\text{Gesellschaftliche Veränderungen} \rightarrow \text{Akzeptanz} + \text{Rechte} - \text{Diskriminierung} \qquad (27)$$

Die Rolle der Medien im Aktivismus

Die Medien spielen eine entscheidende Rolle im LGBTQ-Aktivismus, indem sie Informationen verbreiten, das Bewusstsein schärfen und eine Plattform für marginalisierte Stimmen bieten. In dieser Sektion werden wir die verschiedenen Aspekte der Medienrolle im Aktivismus untersuchen, einschließlich der Herausforderungen, denen sich Journalisten und Aktivisten gegenübersehen, sowie der positiven Auswirkungen, die Medien auf die Bewegung haben können.

Theoretischer Hintergrund

Die Rolle der Medien im Aktivismus kann durch verschiedene theoretische Rahmenbedingungen erklärt werden. Der *Medien- und Aktivismusansatz* (Media and Activism Approach) betont, dass Medien nicht nur passive Überträger von Informationen sind, sondern aktive Akteure, die soziale Bewegungen formen und beeinflussen. Laut [?] fungieren Medien als *"Netzwerke der Macht"*, die es Aktivisten ermöglichen, ihre Botschaften zu verbreiten und eine breitere Öffentlichkeit zu erreichen.

Ein zentraler Aspekt ist die *Agenda-Setting-Theorie*, die besagt, dass die Medien nicht nur darüber berichten, was wichtig ist, sondern auch, was als wichtig wahrgenommen wird. Dies bedeutet, dass die Berichterstattung über

LGBTQ-Themen die öffentliche Wahrnehmung und das gesellschaftliche Klima erheblich beeinflussen kann. Wenn Medien beispielsweise regelmäßig über Transgender-Rechte berichten, kann dies zu einer erhöhten Sensibilisierung und Unterstützung in der Gesellschaft führen.

Herausforderungen für Journalisten

Trotz ihrer wichtigen Rolle stehen Journalisten, die über LGBTQ-Themen berichten, vor zahlreichen Herausforderungen. Eine der größten Hürden ist der *Hass und die Diskriminierung* in den Medien. Journalisten können Zielscheiben für Hasskommentare und Drohungen werden, insbesondere wenn sie kontroverse Themen ansprechen oder sich für marginalisierte Gruppen einsetzen. Diese Angriffe können sowohl von Einzelpersonen als auch von organisierten Gruppen ausgehen und haben oft einen abschreckenden Effekt auf die Berichterstattung.

Ein weiteres Problem ist die *Sensationalisierung* von LGBTQ-Themen. Oftmals neigen Medien dazu, Geschichten zu sensationalisieren, um Aufmerksamkeit zu erregen, was zu einer verzerrten Darstellung der Realität führen kann. Dies kann die Wahrnehmung von LGBTQ-Personen und ihren Kämpfen negativ beeinflussen. Ein Beispiel hierfür ist die Berichterstattung über Gewalt gegen Transgender-Personen, die häufig auf die schockierenden Aspekte der Taten fokussiert, anstatt die zugrunde liegenden sozialen Probleme zu beleuchten.

Positive Auswirkungen der Medien

Trotz der Herausforderungen haben die Medien auch das Potenzial, positive Veränderungen herbeizuführen. Ein Beispiel ist die *Berichterstattung über Pride-Veranstaltungen*. Diese Events werden oft von den Medien aufgegriffen und können dazu beitragen, eine breitere Akzeptanz und Unterstützung für die LGBTQ-Community zu fördern. Durch die Sichtbarkeit dieser Veranstaltungen wird das Bewusstsein für die Anliegen der Community geschärft und die Forderung nach Gleichheit und Rechten verstärkt.

Ein weiteres Beispiel ist die *Nutzung sozialer Medien* durch Aktivisten. Plattformen wie Twitter, Facebook und Instagram ermöglichen es Aktivisten, ihre Botschaften direkt an die Öffentlichkeit zu kommunizieren, ohne auf traditionelle Medien angewiesen zu sein. Dies hat zu einer Demokratisierung der Medienlandschaft geführt, in der die Stimmen von marginalisierten Gruppen Gehör finden können. Die #TransRightsAreHumanRights-Kampagne ist ein hervorragendes Beispiel dafür, wie soziale Medien genutzt werden können, um eine globale Diskussion über Transgender-Rechte zu fördern.

Fazit

Zusammenfassend lässt sich sagen, dass die Medien eine vielschichtige Rolle im LGBTQ-Aktivismus spielen. Sie sind sowohl ein Werkzeug für die Verbreitung von Informationen und die Förderung von Sichtbarkeit als auch eine Plattform, die mit Herausforderungen konfrontiert ist. Die Fähigkeit, die öffentliche Meinung zu beeinflussen und soziale Bewegungen zu unterstützen, macht die Medien zu einem unverzichtbaren Bestandteil des Aktivismus. Es ist wichtig, dass Journalisten und Aktivisten zusammenarbeiten, um eine faire und ausgewogene Berichterstattung zu gewährleisten, die die Stimmen der LGBTQ-Community stärkt und die Herausforderungen, mit denen sie konfrontiert sind, angemessen darstellt.

Herausforderungen für Transgender-Personen

Transgender-Personen stehen in der heutigen Gesellschaft vor einer Vielzahl von Herausforderungen, die sowohl individueller als auch struktureller Natur sind. Diese Herausforderungen sind tief verwurzelt in gesellschaftlichen Normen, Vorurteilen und einem Mangel an Verständnis für die Vielfalt der Geschlechtsidentitäten. In diesem Abschnitt werden wir einige der zentralen Probleme beleuchten, mit denen Transgender-Personen konfrontiert sind, und deren Auswirkungen auf ihr Leben und Wohlbefinden analysieren.

Gesetzliche und politische Hürden

Ein bedeutendes Hindernis für Transgender-Personen sind die bestehenden gesetzlichen Rahmenbedingungen. In vielen Ländern, einschließlich Kanada, gibt es Gesetze, die die rechtliche Anerkennung der Geschlechtsidentität einschränken. Oft müssen Transgender-Personen umfangreiche medizinische Verfahren durchlaufen, um ihre Geschlechtsidentität rechtlich anerkennen zu lassen. Diese Anforderungen können folgende Aspekte umfassen:

- **Medizinische Nachweise:** In vielen Jurisdiktionen wird verlangt, dass Transgender-Personen eine Geschlechtsumwandlung oder andere medizinische Eingriffe nachweisen, bevor sie ihre Geschlechtsidentität in offiziellen Dokumenten ändern können.

- **Psychologische Gutachten:** Oftmals sind psychologische Gutachten erforderlich, um die Diagnose einer Geschlechtsdysphorie zu bestätigen, was den Zugang zu rechtlicher Anerkennung erschwert.

- **Bürokratische Hürden:** Der Prozess zur Änderung von Namen und Geschlecht in offiziellen Dokumenten kann langwierig und frustrierend sein, da er oft mit umfangreicher Bürokratie verbunden ist.

Diese gesetzlichen Hürden tragen zur Marginalisierung von Transgender-Personen bei und verstärken das Gefühl der Entfremdung von der Gesellschaft.

Diskriminierung und Gewalt

Transgender-Personen sind überproportional häufig Diskriminierung und Gewalt ausgesetzt. Studien zeigen, dass Transgender-Personen, insbesondere Frauen of Color, ein signifikant höheres Risiko haben, Opfer von Gewaltverbrechen zu werden. Laut dem *Transgender Day of Remembrance* (TDOR) werden jährlich zahlreiche Transgender-Personen aufgrund ihrer Identität ermordet. Die Gründe für diese Gewalt sind vielfältig und umfassen:

- **Transphobie:** Vorurteile und Feindseligkeiten gegenüber Transgender-Personen führen häufig zu Gewalt und Diskriminierung.

- **Mangel an Aufklärung:** Ein weit verbreitetes Unwissen über Geschlechtsidentität und Transgender-Themen trägt zur Stigmatisierung bei.

- **Gesellschaftliche Normen:** Traditionelle Geschlechterrollen und -normen können zu einem aggressiven Verhalten gegenüber jenen führen, die nicht in diese Normen passen.

Die Auswirkungen dieser Diskriminierung sind tiefgreifend und können zu psychischen Erkrankungen, sozialer Isolation und einem verringerten Zugang zu grundlegenden Dienstleistungen führen.

Zugang zu Gesundheitsversorgung

Ein weiteres zentrales Problem für Transgender-Personen ist der Zugang zu angemessener Gesundheitsversorgung. Viele Transgender-Personen berichten von Diskriminierung und Vorurteilen im Gesundheitswesen, was dazu führt, dass sie notwendige medizinische Behandlungen vermeiden. Zu den spezifischen Herausforderungen gehören:

- **Mangel an geschultem Personal:** Viele Gesundheitsdienstleister haben nicht die notwendige Ausbildung, um die spezifischen Bedürfnisse von Transgender-Personen zu verstehen und zu behandeln.
- **Versicherungsschutz:** In vielen Fällen sind medizinische Behandlungen, die für Transgender-Personen notwendig sind, nicht von der Krankenversicherung abgedeckt, was zu finanziellen Belastungen führt.
- **Angst vor Diskriminierung:** Die Furcht vor Diskriminierung kann dazu führen, dass Transgender-Personen zögern, medizinische Hilfe in Anspruch zu nehmen, was ihre Gesundheit gefährdet.

Diese Probleme können zu ernsthaften gesundheitlichen Konsequenzen führen, einschließlich einer höheren Anfälligkeit für psychische Erkrankungen und chronische Gesundheitsprobleme.

Soziale Isolation und Unterstützungssysteme

Die soziale Isolation ist eine weitere erhebliche Herausforderung für Transgender-Personen. Viele erleben Ablehnung von Familie, Freunden und der Gesellschaft im Allgemeinen, was zu einem Gefühl der Einsamkeit und Isolation führen kann. Diese Isolation kann durch folgende Faktoren verstärkt werden:

- **Familienverhältnisse:** Viele Transgender-Personen berichten von Ablehnung durch ihre Familien, was oft zu einem Verlust des familiären Rückhalts führt.
- **Freundeskreis:** Freundschaften können zerbrechen, wenn Menschen Schwierigkeiten haben, die Geschlechtsidentität ihrer Freunde zu akzeptieren.
- **Mangel an Gemeinschaft:** In vielen Gemeinden gibt es wenig Unterstützung oder Ressourcen für Transgender-Personen, was die Suche nach Gleichgesinnten erschwert.

Die Auswirkungen dieser Isolation können schwerwiegend sein und zu einem erhöhten Risiko für Depressionen, Angstzustände und Selbstmordgedanken führen.

Fazit

Die Herausforderungen, vor denen Transgender-Personen stehen, sind vielschichtig und erfordern ein umfassendes Verständnis der sozialen, politischen und gesundheitlichen Rahmenbedingungen. Es ist unerlässlich, dass Gesellschaften Maßnahmen ergreifen, um diese Herausforderungen zu adressieren, indem sie Gesetze reformieren, Aufklärungsarbeit leisten und integrative Gesundheitsdienste fördern. Nur durch kollektives Handeln und Unterstützung können wir eine gerechtere und inklusivere Gesellschaft für alle Geschlechteridentitäten schaffen.

Bedeutung von Bildung und Aufklärung

Bildung und Aufklärung sind zentrale Elemente im Kampf für die Rechte von LGBTQ-Personen, insbesondere für Transgender-Personen. In einer Welt, in der Vorurteile und Diskriminierung oft aus Unkenntnis und Missverständnissen resultieren, spielt die Aufklärung eine entscheidende Rolle dabei, Barrieren abzubauen und ein respektvolles Miteinander zu fördern.

Theoretische Grundlagen

Die Bedeutung von Bildung im Kontext des LGBTQ-Aktivismus kann aus verschiedenen theoretischen Perspektiven betrachtet werden. Eine der grundlegenden Theorien ist die *Theorie der sozialen Identität*, die besagt, dass Individuen ihre Identität stark durch die Gruppen definieren, denen sie angehören. Bildung ermöglicht es den Menschen, ein tieferes Verständnis für die Vielfalt der Geschlechteridentitäten und sexuellen Orientierungen zu entwickeln. Dies führt zu einer stärkeren Akzeptanz und Unterstützung für LGBTQ-Personen.

Darüber hinaus spielt die *Kritische Theorie* eine wesentliche Rolle, indem sie die sozialen Strukturen hinterfragt, die Diskriminierung und Ungleichheit fördern. Bildung wird hier als Werkzeug betrachtet, um Menschen zu befähigen, die bestehenden Machtverhältnisse zu hinterfragen und aktiv für Gleichheit zu kämpfen.

Herausforderungen in der Bildung

Trotz der Bedeutung von Bildung gibt es zahlreiche Herausforderungen. In vielen Schulen und Bildungseinrichtungen fehlt es an spezifischen Lehrplänen, die LGBTQ-Themen berücksichtigen. Dies führt dazu, dass viele Schüler*innen keine adäquate Aufklärung über Geschlechteridentitäten und sexuelle Orientierungen erhalten. Eine Umfrage des *Human Rights Campaign* ergab, dass 70% der LGBTQ-Jugendlichen in Schulen Diskriminierung erfahren haben, was oft auf mangelnde Aufklärung zurückzuführen ist.

Ein weiteres Problem ist die Stigmatisierung von LGBTQ-Themen in vielen Bildungseinrichtungen. Oft werden diese Themen als tabu betrachtet, was dazu führt, dass Schüler*innen, die Fragen oder Bedenken haben, sich nicht an Lehrkräfte wenden können. Dies verstärkt das Gefühl der Isolation und kann zu psychischen Problemen führen.

Beispiele für erfolgreiche Bildungsinitiativen

Trotz dieser Herausforderungen gibt es viele positive Beispiele für Bildungsinitiativen, die einen Unterschied machen. Programme wie *Safe Schools* in Kanada zielen darauf ab, Schulen zu sicheren Orten für LGBTQ-Jugendliche zu machen, indem sie Lehrkräfte schulen und Ressourcen bereitstellen, um eine inklusive Lernumgebung zu schaffen. Diese Programme fördern nicht nur das Verständnis für LGBTQ-Themen, sondern bieten auch Unterstützung für betroffene Schüler*innen.

Ein weiteres Beispiel ist die Einführung von LGBTQ-freundlichen Lehrplänen in bestimmten Bundesstaaten der USA, die sicherstellen, dass die Geschichte und die Beiträge von LGBTQ-Personen im Unterricht behandelt werden. Diese Initiativen tragen dazu bei, das Bewusstsein zu schärfen und die Sichtbarkeit von LGBTQ-Personen in der Gesellschaft zu erhöhen.

Der Einfluss von Medien und Technologie

Die Rolle der Medien und Technologie in der Bildung kann nicht übersehen werden. Soziale Medien bieten eine Plattform für Aufklärung und den Austausch von Informationen. Kampagnen wie *#TransAwareness* oder *#PrideMonth* haben dazu beigetragen, das Bewusstsein für Transgender-Rechte zu schärfen und eine breitere Öffentlichkeit zu erreichen.

Darüber hinaus gibt es zahlreiche Online-Ressourcen und Plattformen, die Informationen über LGBTQ-Themen bereitstellen und Bildungsressourcen für Lehrer*innen und Schüler*innen anbieten. Diese Ressourcen sind entscheidend, um sicherzustellen, dass Bildung über LGBTQ-Themen nicht auf die Schulzeit beschränkt bleibt, sondern auch in den digitalen Raum übertragen wird.

Schlussfolgerung

Zusammenfassend lässt sich sagen, dass Bildung und Aufklärung unerlässlich sind, um Vorurteile abzubauen und die Rechte von LGBTQ-Personen zu fördern. Die Schaffung eines inklusiven Bildungssystems, das die Vielfalt von Geschlechteridentitäten und sexuellen Orientierungen anerkennt, ist entscheidend für den Fortschritt in der LGBTQ-Bewegung. Nur durch kontinuierliche Bildung und Aufklärung können wir eine gerechtere und gleichberechtigtere Gesellschaft für alle schaffen.

Die Zukunft des Journalismus

Die Zukunft des Journalismus steht an einem entscheidenden Wendepunkt, der durch technologische Innovationen, gesellschaftliche Veränderungen und die anhaltenden Herausforderungen der Glaubwürdigkeit geprägt ist. In diesem Abschnitt werden wir die verschiedenen Dimensionen des Journalismus untersuchen, die die kommenden Jahre formen könnten.

Technologische Entwicklungen

Technologie hat die Art und Weise, wie Nachrichten produziert und konsumiert werden, revolutioniert. Mit dem Aufkommen von sozialen Medien und mobilen Plattformen hat sich die Nachrichtenverbreitung beschleunigt. Laut einer Studie von Pew Research (2021) beziehen 53% der Erwachsenen in den USA ihre Nachrichten hauptsächlich über soziale Medien. Dies hat sowohl Vorteile als auch Herausforderungen mit sich gebracht.

Vorteile der Technologie Die Vorteile technologischer Entwicklungen im Journalismus sind vielfältig:

- **Zugänglichkeit:** Nachrichten sind nun für ein breiteres Publikum zugänglich, unabhängig von geografischen Standorten.

- **Interaktivität:** Leser können direkt mit Journalisten interagieren, Feedback geben und Inhalte teilen.

- **Echtzeitberichterstattung:** Ereignisse können in Echtzeit verfolgt und berichtet werden, was die Reaktionsfähigkeit erhöht.

Herausforderungen der Technologie Trotz der Vorteile gibt es auch erhebliche Herausforderungen:

- **Fake News:** Die Verbreitung von Fehlinformationen hat das Vertrauen in traditionelle Nachrichtenquellen untergraben.

- **Erosion der journalistischen Standards:** Die Dringlichkeit, Inhalte schnell zu produzieren, kann die Qualität und Genauigkeit der Berichterstattung beeinträchtigen.

- **Monetarisierung:** Die Frage, wie Journalismus im digitalen Zeitalter finanziert werden kann, bleibt ungelöst. Abonnements, Werbung und Spenden sind einige der Modelle, die getestet werden.

Die Rolle von Diversität und Inklusion

Die Zukunft des Journalismus muss auch die Vielfalt und Inklusion in der Berichterstattung und in den Redaktionen berücksichtigen. Eine Studie von The American Society of News Editors (ASNE) zeigt, dass die Diversität in Nachrichtenredaktionen nach wie vor unzureichend ist, was zu einer einseitigen Berichterstattung führen kann.

Bedeutung von Diversität Die Einbeziehung verschiedener Perspektiven ist entscheidend, um die Realität der Gesellschaft widerzuspiegeln. Ein vielfältiges Team kann:

- **Verschiedene Stimmen einbringen:** Dies fördert ein umfassenderes Verständnis von Themen, die verschiedene Gemeinschaften betreffen.

- **Vorurteile abbauen:** Diversität in den Redaktionen kann helfen, Stereotypen und Vorurteile in der Berichterstattung abzubauen.

Ethik und Glaubwürdigkeit

Die ethischen Standards im Journalismus stehen auf dem Prüfstand. In einer Zeit, in der die Glaubwürdigkeit der Medien in Frage gestellt wird, ist es wichtig, dass Journalisten ihre Verantwortung ernst nehmen. Der *Code of Ethics* der Society of Professional Journalists betont die Notwendigkeit von Transparenz, Fairness und Genauigkeit.

Herausforderungen der Glaubwürdigkeit Die Herausforderungen der Glaubwürdigkeit sind vielfältig:

- **Politische Einflussnahme:** Journalisten sehen sich oft dem Druck von politischen Akteuren ausgesetzt, was die Unabhängigkeit beeinträchtigen kann.

- **Sensationsjournalismus:** Der Fokus auf Klickzahlen kann dazu führen, dass die Qualität der Berichterstattung leidet.

Beispiele für innovative Ansätze

Einige Nachrichtenorganisationen haben innovative Ansätze entwickelt, um diesen Herausforderungen zu begegnen:

- **ProPublica:** Diese gemeinnützige Nachrichtenorganisation konzentriert sich auf investigative Berichterstattung und hat sich als Vorreiter in der Berichterstattung über soziale Ungerechtigkeiten etabliert.

- **The Guardian:** Mit ihrem Ansatz zur offenen Berichterstattung und der Einbeziehung der Leserschaft in den Nachrichtenprozess hat The Guardian neue Maßstäbe gesetzt.

Zukunftsvisionen

Die Zukunft des Journalismus könnte auch durch folgende Trends geprägt sein:

- **Künstliche Intelligenz:** Die Nutzung von KI zur Analyse von Daten und zur Automatisierung bestimmter Berichterstattungsprozesse könnte die Effizienz steigern.

- **Augmented Reality (AR) und Virtual Reality (VR):** Diese Technologien könnten neue Dimensionen des Geschichtenerzählens eröffnen und das Nutzererlebnis bereichern.

- **Community-Journalismus:** Die Rückkehr zu lokalem, gemeinschaftsorientiertem Journalismus könnte das Vertrauen in die Medien wiederherstellen.

Fazit

Zusammenfassend lässt sich sagen, dass die Zukunft des Journalismus sowohl Chancen als auch Herausforderungen mit sich bringt. Die Integration neuer Technologien, die Förderung von Diversität und Inklusion sowie die Wahrung ethischer Standards sind entscheidend, um das Vertrauen der Öffentlichkeit zurückzugewinnen und die Relevanz des Journalismus in einer sich schnell verändernden Welt zu sichern. Journalisten müssen sich kontinuierlich anpassen, um den Anforderungen des Publikums gerecht zu werden und gleichzeitig ihre grundlegenden Prinzipien zu wahren. Der Weg nach vorn erfordert Mut, Kreativität und eine unermüdliche Verpflichtung zur Wahrheit.

Einfluss von Technologie

Die Rolle der Technologie im LGBTQ-Aktivismus ist nicht zu unterschätzen. In einer Zeit, in der Informationen in Echtzeit verbreitet werden, hat die Technologie sowohl die Art und Weise revolutioniert, wie Aktivisten ihre Botschaften kommunizieren, als auch die Art und Weise, wie die Gesellschaft auf diese Botschaften reagiert. Hierbei lassen sich verschiedene Aspekte betrachten, die den Einfluss von Technologie auf den Aktivismus verdeutlichen.

Digitale Plattformen und soziale Medien

Soziale Medien sind zu einem unverzichtbaren Werkzeug für LGBTQ-Aktivisten geworden. Plattformen wie Twitter, Facebook und Instagram ermöglichen es, Informationen schnell zu verbreiten und eine breite Öffentlichkeit zu erreichen. Laut einer Studie von Pew Research Center aus dem Jahr 2021 nutzen 70% der LGBTQ-Personen soziale Medien, um sich über Themen zu informieren, die sie betreffen. Diese Reichweite hat es Aktivisten ermöglicht, wichtige Themen wie Transgender-Rechte, Diskriminierung und Gewalt gegen LGBTQ-Personen ins Rampenlicht zu rücken.

Ein Beispiel für den Einfluss sozialer Medien ist die #TransRightsAreHumanRights-Kampagne, die 2015 ins Leben gerufen wurde. Diese Kampagne mobilisierte Tausende von Menschen, um auf die Herausforderungen aufmerksam zu machen, mit denen Transgender-Personen konfrontiert sind. Die virale Verbreitung der Hashtags führte zu einer erhöhten Sichtbarkeit und einer breiteren Diskussion über die Rechte von Transgender-Personen in verschiedenen Medien.

Technologie als Werkzeug zur Mobilisierung

Technologie hat auch die Mobilisierung von Gemeinschaften erleichtert. Online-Petitionen, Crowdfunding-Plattformen und digitale Kommunikationsmittel haben es Aktivisten ermöglicht, Ressourcen zu mobilisieren und Unterstützung für ihre Anliegen zu gewinnen. Ein herausragendes Beispiel ist die Plattform Change.org, die es Nutzern ermöglicht, Petitionen zu erstellen und zu verbreiten. Diese Form der digitalen Mobilisierung hat vielen LGBTQ-Aktivisten geholfen, ihre Stimmen zu erheben und Veränderungen auf politischer Ebene zu fordern.

Herausforderungen durch Technologie

Trotz der positiven Aspekte bringt die Technologie auch Herausforderungen mit sich. Eine der größten Herausforderungen sind die digitalen Angriffe und die Verbreitung von Hassrede. Aktivisten sehen sich oft mit Trollen und Cybermobbing konfrontiert, was ihre Sicherheit und ihr Wohlbefinden gefährden kann. Eine Studie von GLAAD zeigt, dass 66% der LGBTQ-Jugendlichen in den USA bereits online diskriminiert wurden. Diese Angriffe können nicht nur psychologische Auswirkungen haben, sondern auch das Engagement von Aktivisten verringern.

Die Anonymität des Internets ermöglicht es Menschen, sich hinter falschen Identitäten zu verstecken, was zu einem Anstieg von Hasskommentaren und Bedrohungen führt. Aktivisten müssen daher Strategien entwickeln, um mit diesen Herausforderungen umzugehen. Dazu gehören die Förderung von Online-Sicherheit und die Schaffung von Unterstützungsnetzwerken, um denjenigen zu helfen, die unter den Auswirkungen von Cybermobbing leiden.

Technologie und Bildung

Ein weiterer wichtiger Aspekt ist die Rolle von Technologie in der Bildung. Online-Kurse, Webinare und soziale Medien bieten LGBTQ-Personen die Möglichkeit, sich über ihre Rechte und Ressourcen zu informieren. Organisationen wie die Human Rights Campaign haben digitale Bildungsressourcen entwickelt, die sich an LGBTQ-Jugendliche richten, um ihnen zu helfen, ihre Identität zu verstehen und sich in der Gesellschaft zurechtzufinden.

Die Verbreitung von Informationen über digitale Medien hat auch dazu beigetragen, Vorurteile abzubauen und das Bewusstsein für LGBTQ-Themen zu schärfen. Durch den Zugang zu Informationen können Menschen besser verstehen, welche Herausforderungen LGBTQ-Personen gegenüberstehen, und sich aktiv für Veränderungen einsetzen.

Zukunftsausblick

In der Zukunft wird der Einfluss der Technologie auf den LGBTQ-Aktivismus weiter zunehmen. Mit der fortschreitenden Entwicklung neuer Technologien, wie etwa Künstlicher Intelligenz und Virtual Reality, werden neue Möglichkeiten entstehen, um Geschichten zu erzählen und Gemeinschaften zu mobilisieren. Es ist jedoch entscheidend, dass Aktivisten auch weiterhin die Herausforderungen im Blick behalten, die mit der Nutzung dieser Technologien verbunden sind.

Insgesamt zeigt sich, dass Technologie ein zweischneidiges Schwert ist. Sie bietet sowohl Chancen als auch Herausforderungen für den LGBTQ-Aktivismus. Die Fähigkeit, sich anzupassen und die Technologie effektiv zu nutzen, wird entscheidend sein, um die Rechte und die Sichtbarkeit von LGBTQ-Personen in der Gesellschaft weiter zu fördern.

Mobilisierung der nächsten Generation

Die Mobilisierung der nächsten Generation von LGBTQ-Aktivisten ist entscheidend für die Fortsetzung des Kampfes um Gleichheit und Akzeptanz. Diese Mobilisierung erfordert ein tiefes Verständnis der gegenwärtigen sozialen, politischen und technologischen Landschaft, in der junge Menschen leben. Es ist unerlässlich, dass wir die Herausforderungen, die sie bewältigen müssen, sowie die Ressourcen, die sie benötigen, um aktiv zu werden, erkennen und bereitstellen.

Theoretische Grundlagen

Die Mobilisierung der nächsten Generation kann durch verschiedene Theorien des sozialen Wandels und der politischen Partizipation verstanden werden. Eine wichtige Theorie ist die **Ressourcentheorie**, die besagt, dass der Zugang zu Ressourcen – sei es Wissen, finanzielle Unterstützung oder soziale Netzwerke – entscheidend ist, um Aktivismus zu fördern. Diese Theorie legt nahe, dass die Bereitstellung von Ressourcen für junge Aktivisten ihre Fähigkeit, sich zu mobilisieren und aktiv zu werden, erheblich steigern kann.

Ein weiteres relevantes Konzept ist die **Identitätspolitik**. Junge Menschen, die sich als Teil der LGBTQ-Community identifizieren, müssen oft gegen gesellschaftliche Normen und Diskriminierung kämpfen. Die Förderung einer positiven Identität und das Verständnis ihrer Geschichte und Kultur können ihnen helfen, sich selbstbewusster und engagierter in den Aktivismus einzubringen.

Herausforderungen

Trotz der theoretischen Grundlagen gibt es zahlreiche Herausforderungen bei der Mobilisierung junger Aktivisten. Eine der größten Hürden ist die **digitale Kluft**, die oft die Zugänglichkeit von Informationen und Ressourcen einschränkt. Während viele junge Menschen über soziale Medien verbunden sind, haben nicht alle den gleichen Zugang zu den Technologien, die für die Mobilisierung erforderlich sind. Diese Ungleichheit kann zu einer Fragmentierung der Bewegung führen.

Ein weiteres Problem ist die **Generationskluft** innerhalb der LGBTQ-Community. Ältere Aktivisten haben oft andere Prioritäten und Strategien als die jüngere Generation. Es ist wichtig, dass beide Generationen zusammenarbeiten, um eine gemeinsame Vision für die Zukunft zu entwickeln. Der Dialog zwischen den Generationen kann helfen, Missverständnisse auszuräumen und gemeinsame Ziele zu definieren.

Strategien zur Mobilisierung

Um die nächste Generation effektiv zu mobilisieren, sind mehrere Strategien erforderlich. Eine davon ist die **Bildung**. Bildungsprogramme, die sich auf LGBTQ-Geschichte, -Kultur und -Rechte konzentrieren, können jungen Menschen helfen, ein besseres Verständnis für die Herausforderungen zu entwickeln, denen sie gegenüberstehen. Workshops, Seminare und Schulungen können ihnen die Werkzeuge an die Hand geben, die sie benötigen, um aktiv zu werden.

Zusätzlich ist die **Mentorship** von entscheidender Bedeutung. Ältere Aktivisten können als Mentoren fungieren, um den jüngeren Generationen zu helfen, ihre Fähigkeiten zu entwickeln und ihre Netzwerke auszubauen. Mentorship-Programme können den Austausch von Wissen und Erfahrungen fördern und so eine stärkere Gemeinschaft bilden.

Beispiele erfolgreicher Mobilisierung

Ein bemerkenswertes Beispiel für die Mobilisierung der nächsten Generation ist die **Schüler*innenbewegung** für LGBTQ-Rechte in Schulen. In vielen Ländern haben Schüler*innen aktiv für die Einführung von Anti-Mobbing-Richtlinien und die Schaffung sicherer Räume für LGBTQ-Jugendliche gekämpft. Diese Bewegungen zeigen, wie junge Menschen durch Organisation und Zusammenarbeit Veränderungen in ihren Schulen und Gemeinden bewirken können.

Ein weiteres Beispiel ist die Nutzung von **sozialen Medien** zur Mobilisierung. Plattformen wie Instagram, Twitter und TikTok haben es jungen Aktivisten ermöglicht, ihre Botschaften schnell und effektiv zu verbreiten. Kampagnen wie #TransRightsAreHumanRights oder #BlackTransLivesMatter haben eine breite Reichweite erzielt und viele junge Menschen inspiriert, sich aktiv zu engagieren.

Schlussfolgerung

Die Mobilisierung der nächsten Generation von LGBTQ-Aktivisten ist ein komplexer, aber notwendiger Prozess. Durch die Bereitstellung von Ressourcen, Bildung und Unterstützung können wir sicherstellen, dass junge Menschen in der Lage sind, sich für ihre Rechte und die Rechte anderer einzusetzen. Indem wir die Herausforderungen anerkennen, vor denen sie stehen, und ihnen die Werkzeuge an die Hand geben, die sie benötigen, können wir eine starke, vereinte Bewegung schaffen, die in der Lage ist, die notwendigen Veränderungen in unserer Gesellschaft herbeizuführen. Der Erfolg dieser Mobilisierung wird letztlich darüber entscheiden, wie die Zukunft der LGBTQ-Rechte aussieht und wie wir als Gesellschaft zusammenarbeiten, um Gleichheit und Akzeptanz für alle zu erreichen.

Die Rolle von Verbündeten

In der Welt des LGBTQ-Aktivismus sind Verbündete von entscheidender Bedeutung. Verbündete sind Personen, die nicht selbst Teil der LGBTQ-Community sind, sich jedoch aktiv für die Rechte und die Sichtbarkeit von LGBTQ-Personen einsetzen. Ihre Unterstützung kann in verschiedenen Formen auftreten, von der Sensibilisierung in ihrem sozialen Umfeld bis hin zur aktiven Teilnahme an Protesten und der Unterstützung von LGBTQ-Organisationen. Die Rolle von Verbündeten kann nicht hoch genug eingeschätzt werden, da sie dazu beitragen, Vorurteile abzubauen und eine breitere Akzeptanz in der Gesellschaft zu fördern.

Theoretische Grundlagen

Die Theorie der sozialen Identität, die von Henri Tajfel und John Turner entwickelt wurde, bietet einen Rahmen für das Verständnis der Rolle von Verbündeten. Diese Theorie besagt, dass Menschen ihre Identität stark von den Gruppen, denen sie angehören, ableiten. Verbündete, die sich mit der LGBTQ-Community identifizieren, obwohl sie nicht selbst Teil dieser Gruppe sind, können eine entscheidende Rolle bei der Förderung von Solidarität spielen.

Sie können als Brücke fungieren, um die Kluft zwischen heteronormativen und LGBTQ-Gemeinschaften zu überbrücken.

Ein weiterer wichtiger theoretischer Aspekt ist das Konzept des intersektionalen Aktivismus, das von Kimberlé Crenshaw geprägt wurde. Intersektionalität betrachtet, wie verschiedene soziale Kategorien wie Geschlecht, Rasse, sexuelle Orientierung und Klasse miteinander interagieren und sich auf Erfahrungen von Diskriminierung und Privilegien auswirken. Verbündete, die sich dieser Komplexität bewusst sind, können effektiver für die Rechte von LGBTQ-Personen eintreten, indem sie die unterschiedlichen Erfahrungen innerhalb der Community anerkennen und unterstützen.

Herausforderungen für Verbündete

Trotz ihrer wichtigen Rolle stehen Verbündete vor mehreren Herausforderungen. Eine der größten Hürden ist das Potenzial für Tokenismus, bei dem Verbündete lediglich als symbolische Unterstützung wahrgenommen werden, ohne tatsächlich substanzielle Veränderungen zu bewirken. Um dies zu vermeiden, müssen Verbündete aktiv zuhören und die Bedürfnisse der LGBTQ-Community verstehen, anstatt ihre eigenen Vorstellungen von Unterstützung aufzuzwingen.

Ein weiteres Problem ist das Risiko der Übernahme von Stimmen. Verbündete müssen sich bewusst sein, dass ihre Rolle nicht darin besteht, die Stimmen von LGBTQ-Personen zu ersetzen, sondern diese zu verstärken. Dies erfordert Sensibilität und ein tiefes Verständnis dafür, wann es angebracht ist, das Wort zu ergreifen, und wann es besser ist, zuzuhören und zu lernen.

Beispiele für erfolgreiche Verbündete

Ein herausragendes Beispiel für einen effektiven Verbündeten ist der Schauspieler und Aktivist Laverne Cox. Obwohl sie selbst Teil der Transgender-Community ist, hat sie durch ihre Plattform viele Verbündete mobilisiert und dazu beigetragen, das Bewusstsein für Transgender-Rechte zu schärfen. Ihre Arbeit hat dazu geführt, dass viele Menschen, die nicht Teil der LGBTQ-Community sind, sich aktiv für die Rechte von Transgender-Personen einsetzen.

Ein weiteres Beispiel ist die Organisation "Human Rights Campaign" (HRC), die sich für die Gleichstellung von LGBTQ-Personen einsetzt. Die HRC hat eine breite Basis von Verbündeten mobilisiert, die sich für Gesetzesänderungen und gesellschaftliche Akzeptanz einsetzen. Durch Kampagnen und Bildungsprogramme hat die HRC dazu beigetragen, das Bewusstsein für LGBTQ-Themen in der breiteren Gesellschaft zu erhöhen.

Schlussfolgerung

Die Rolle von Verbündeten im LGBTQ-Aktivismus ist von unschätzbarem Wert. Sie tragen nicht nur zur Sichtbarkeit bei, sondern helfen auch, Vorurteile abzubauen und eine breitere Unterstützung für LGBTQ-Rechte zu schaffen. Indem sie die Prinzipien der sozialen Identität und der Intersektionalität verstehen, können Verbündete effektiver in ihren Bemühungen sein. Es ist entscheidend, dass sie sich der Herausforderungen bewusst sind, die mit ihrer Rolle einhergehen, und aktiv daran arbeiten, diese zu überwinden. Letztlich ist der Erfolg des LGBTQ-Aktivismus oft das Ergebnis eines kollektiven Engagements, das die Stimmen aller, einschließlich der Verbündeten, umfasst.

Reflexion über die eigene Rolle

In der heutigen Zeit, in der die Stimmen der LGBTQ-Community immer lauter werden, ist es unerlässlich, dass Aktivisten und Journalistinnen wie Rachel Giese über ihre eigene Rolle im Aktivismus reflektieren. Diese Reflexion beinhaltet nicht nur die Analyse der eigenen Identität, sondern auch das Verständnis des Einflusses, den ihre Arbeit auf die Gemeinschaft hat. In diesem Abschnitt werden wir die verschiedenen Dimensionen dieser Reflexion untersuchen, einschließlich der Herausforderungen, der Verantwortung und der Möglichkeiten, die sich aus dieser Rolle ergeben.

Die eigene Identität im Aktivismus

Die Identität einer Person spielt eine zentrale Rolle in ihrem Engagement für soziale Gerechtigkeit. Rachel Giese, als Transgender-Frau und Journalistin, bringt ihre persönlichen Erfahrungen und Perspektiven in ihre Arbeit ein. Ihre Identität ist nicht nur ein Teil ihrer Geschichte, sondern auch ein wertvolles Werkzeug im Kampf für die Rechte von Transgender-Personen. In der Literatur wird oft betont, dass persönliche Erfahrungen die Fähigkeit zur Empathie und zum Verständnis fördern, was für Aktivisten von entscheidender Bedeutung ist.

Ein Beispiel hierfür ist die Theorie des *Intersectionality* (Intersektionalität), die von Kimberlé Crenshaw formuliert wurde. Diese Theorie besagt, dass verschiedene Identitätsmerkmale – wie Geschlecht, Rasse, sexuelle Orientierung und soziale Klasse – miteinander verflochten sind und sich gegenseitig beeinflussen. Rachel Giese nutzt ihre intersektionale Identität, um die vielfältigen Herausforderungen hervorzuheben, denen Trans-Kanadierinnen gegenüberstehen.

Die Verantwortung des Journalismus

Mit der Rolle als Journalistin geht eine große Verantwortung einher. Journalistinnen haben die Macht, Narrative zu formen und öffentliche Meinungen zu beeinflussen. Rachel Giese hat dies erkannt und nutzt ihre Plattform, um die Stimmen derjenigen zu verstärken, die oft übersehen werden. Die Verantwortung, die mit dieser Macht einhergeht, ist enorm.

Ein zentrales Konzept in diesem Zusammenhang ist die *Medienethik*. Journalistinnen müssen sich ethischen Standards verpflichten, die Fairness, Genauigkeit und Respekt gegenüber den Subjekten ihrer Berichterstattung betonen. Die Herausforderung besteht darin, diese Standards in einer Zeit zu wahren, in der Sensationsjournalismus und Clickbait oft die Oberhand gewinnen. Giese hat sich wiederholt gegen diese Praktiken ausgesprochen und plädiert für eine Berichterstattung, die die Menschenwürde respektiert und die komplexen Geschichten der Trans-Community authentisch darstellt.

Beispiele für positive Veränderungen

Durch ihre Arbeit hat Rachel Giese nicht nur die Sichtbarkeit von Transgender-Personen erhöht, sondern auch konkrete Veränderungen in der Gesellschaft angestoßen. Zum Beispiel hat ihre Berichterstattung über die Herausforderungen, mit denen Transgender-Kinder in Schulen konfrontiert sind, dazu geführt, dass Bildungseinrichtungen Richtlinien zur Unterstützung dieser Schüler*innen entwickelt haben. Solche Beispiele verdeutlichen, wie wichtig es ist, dass Journalistinnen ihre Rolle als Brückenbauerinnen zwischen der Community und der breiten Öffentlichkeit verstehen.

Reflexion über die Herausforderungen

Trotz ihrer Erfolge steht Rachel Giese auch vor zahlreichen Herausforderungen. Die Reaktionen auf ihre Berichterstattung sind nicht immer positiv, und sie sieht sich häufig mit Kritik und Widerstand konfrontiert. Diese Erfahrungen können entmutigend sein und erfordern eine ständige Reflexion über die eigene Rolle im Aktivismus.

Ein zentrales Problem ist der Umgang mit Hasskommentaren und Trolling, die in der digitalen Welt weit verbreitet sind. Giese hat Strategien entwickelt, um sich von diesen negativen Einflüssen zu distanzieren und sich auf ihre Mission zu konzentrieren. In ihrer Reflexion über diese Herausforderungen erkennt sie die Notwendigkeit von Selbstfürsorge und Resilienz.

Die Rolle von Verbündeten

Ein weiterer wichtiger Aspekt der Reflexion über die eigene Rolle im Aktivismus ist die Beziehung zu Verbündeten. Rachel Giese hat stets betont, wie wichtig es ist, dass Menschen außerhalb der LGBTQ-Community sich als Verbündete engagieren. Die Unterstützung von Verbündeten kann helfen, die Stimme der Community zu stärken und den Druck auf politische Entscheidungsträger zu erhöhen.

In der Theorie des *Allyship* wird beschrieben, wie Verbündete aktiv dazu beitragen können, Ungerechtigkeiten zu bekämpfen, indem sie ihre Privilegien nutzen, um die Stimmen marginalisierter Gruppen zu unterstützen. Giese ermutigt andere, sich aktiv an der Diskussion über Transgender-Rechte zu beteiligen und sich für eine inklusive Gesellschaft einzusetzen.

Schlussfolgerung

Die Reflexion über die eigene Rolle im Aktivismus ist ein kontinuierlicher Prozess, der sowohl persönliche als auch berufliche Dimensionen umfasst. Rachel Giese zeigt, dass es wichtig ist, sich der eigenen Identität bewusst zu sein, die Verantwortung des Journalismus ernst zu nehmen und die Herausforderungen, die sich aus dieser Rolle ergeben, anzunehmen. Ihre Arbeit und ihr Engagement sind nicht nur für die Trans-Community von Bedeutung, sondern auch für die gesamte Gesellschaft, die von einer breiteren Akzeptanz und einem besseren Verständnis der Vielfalt profitieren kann.

In Anbetracht der sich ständig verändernden gesellschaftlichen Landschaft ist es unerlässlich, dass Aktivisten wie Giese weiterhin reflektieren, lernen und sich anpassen, um die Stimme derjenigen zu vertreten, die oft nicht gehört werden. Ihre Reflexion über die eigene Rolle ist nicht nur eine persönliche Reise, sondern auch ein Aufruf an alle, sich aktiv für eine gerechtere und inklusivere Welt einzusetzen.

Rachels Vermächtnis

Einfluss auf die LGBTQ-Community

Rachel Giese hat durch ihre journalistische Arbeit einen tiefgreifenden Einfluss auf die LGBTQ-Community in Kanada und darüber hinaus ausgeübt. Ihr Engagement für die Sichtbarkeit und die Rechte von Transgender-Personen hat nicht nur das Bewusstsein für diese Themen geschärft, sondern auch eine Plattform geschaffen, auf der die Stimmen von Trans-Kanadierinnen gehört werden können. In diesem Abschnitt werden wir die verschiedenen Dimensionen ihres Einflusses auf die LGBTQ-Community untersuchen.

Sichtbarkeit und Repräsentation

Ein zentrales Element von Rachels Einfluss ist die Erhöhung der Sichtbarkeit von Transgender-Personen in den Medien. Durch ihre Berichterstattung über die Herausforderungen, mit denen Trans-Kanadierinnen konfrontiert sind, und durch das Teilen ihrer Geschichten hat Giese dazu beigetragen, Stereotypen abzubauen und ein besseres Verständnis für die Vielfalt innerhalb der LGBTQ-Community zu fördern. Sie hat es geschafft, Transgender-Personen nicht nur als Statistiken oder als Objekte der Berichterstattung darzustellen, sondern als komplexe Individuen mit eigenen Geschichten, Kämpfen und Triumphen.

Förderung von Vorbildern

Rachel Giese hat in ihren Artikeln oft bemerkenswerte Trans-Kanadierinnen vorgestellt, die als Vorbilder für andere dienen können. Diese Porträts zeigen nicht nur die Erfolge dieser Persönlichkeiten, sondern auch die Herausforderungen, die sie überwinden mussten. Indem sie die Geschichten dieser Frauen erzählt, inspiriert Giese nicht nur andere Trans-Personen, ihre eigene Identität zu leben, sondern schafft auch ein Gefühl der Gemeinschaft und Zugehörigkeit. Die Sichtbarkeit solcher Vorbilder ist entscheidend, um jungen Trans-Personen zu zeigen, dass sie nicht allein sind und dass es möglich ist, erfolgreich zu sein, trotz der Hürden, die ihnen in den Weg gelegt werden.

Einfluss auf die öffentliche Meinung

Durch ihre fundierte Berichterstattung hat Giese auch einen erheblichen Einfluss auf die öffentliche Meinung über Transgender-Rechte ausgeübt. Ihre Artikel und Essays haben dazu beigetragen, Vorurteile und Missverständnisse abzubauen, indem sie Fakten und persönliche Geschichten miteinander verknüpfen. Dies ist besonders wichtig in einer Zeit, in der Transgender-Personen oft Ziel von Diskriminierung und Gewalt sind. Giese hat es verstanden, komplexe Themen in verständliche und zugängliche Sprache zu übersetzen, wodurch sie eine breitere Leserschaft erreicht hat.

Politische Mobilisierung

Ein weiterer Aspekt von Rachels Einfluss ist ihre Fähigkeit, die LGBTQ-Community politisch zu mobilisieren. Durch ihre Berichterstattung über gesetzliche Veränderungen und politische Kämpfe hat sie das Bewusstsein für die Notwendigkeit von Aktivismus und politischem Engagement geschärft. Sie hat die Leser ermutigt, sich an Protesten zu beteiligen, Petitionen zu unterschreiben und sich für die Rechte von Transgender-Personen einzusetzen. Ihr Engagement hat dazu beigetragen, dass viele Menschen die Bedeutung von politischem Aktivismus erkennen und aktiv werden.

Bildung und Aufklärung

Giese hat auch einen wichtigen Beitrag zur Bildung und Aufklärung innerhalb der LGBTQ-Community geleistet. Ihre Artikel sind oft reich an Informationen über die rechtlichen, sozialen und psychologischen Herausforderungen, mit denen Transgender-Personen konfrontiert sind. Durch die Bereitstellung von Ressourcen und Informationen hat sie es der Community ermöglicht, besser informiert zu sein und sich besser auf die Herausforderungen vorzubereiten, die sie möglicherweise erleben. Dies ist besonders wichtig in einem Kontext, in dem Fehlinformationen und Vorurteile weit verbreitet sind.

Herausforderungen und Kritik

Trotz ihrer Erfolge ist Giese nicht ohne Herausforderungen geblieben. Ihre Arbeit hat oft auch kritische Reaktionen hervorgerufen, insbesondere von Seiten derjenigen, die gegen die Sichtbarkeit und die Rechte von Transgender-Personen sind. Diese Widerstände haben sie jedoch nicht davon abgehalten, weiterhin für die Belange der LGBTQ-Community einzutreten. Ihre Fähigkeit, mit Kritik umzugehen und sich nicht von negativen Stimmen entmutigen zu lassen, ist ein weiteres Beispiel für ihren Einfluss und ihre Stärke als Aktivistin und Journalistin.

Gemeinschaftsbildung

Schließlich hat Rachel Giese durch ihre Arbeit zur Bildung von Gemeinschaften innerhalb der LGBTQ-Community beigetragen. Sie hat Plattformen geschaffen, auf denen Transgender-Personen ihre Geschichten teilen können, und hat Netzwerke gefördert, die den Austausch von Erfahrungen und Ressourcen ermöglichen. Diese Gemeinschaftsbildung ist entscheidend für das Wohlergehen von Trans-Personen, da sie Unterstützung und Solidarität bietet, die in schwierigen Zeiten von unschätzbarem Wert sein können.

Schlussfolgerung

Zusammenfassend lässt sich sagen, dass Rachel Giese einen bedeutenden Einfluss auf die LGBTQ-Community ausgeübt hat, indem sie Sichtbarkeit und Repräsentation fördert, politische Mobilisierung anregt und Bildung sowie Aufklärung bereitstellt. Ihr Engagement für die Rechte von Transgender-Personen hat nicht nur das Bewusstsein geschärft, sondern auch eine tiefere Verbindung innerhalb der Community geschaffen. Gieses Arbeit ist ein leuchtendes Beispiel dafür, wie Journalismus und Aktivismus Hand in Hand gehen können, um positive Veränderungen in der Gesellschaft zu bewirken.

Inspiration für zukünftige Aktivisten

Die Rolle von Vorbildern im Aktivismus kann nicht unterschätzt werden. Rachel Giese hat durch ihre unermüdliche Arbeit und ihren Einsatz für Transgender-Rechte nicht nur die Sichtbarkeit von Trans-Kanadierinnen erhöht, sondern auch eine ganze Generation von Aktivisten inspiriert. Die Frage, die sich viele stellen, ist: Wie kann man die Inspiration, die von Persönlichkeiten wie Giese ausgeht, in die Tat umsetzen und in den eigenen Aktivismus integrieren?

Die Kraft der persönlichen Geschichten

Eine der effektivsten Methoden, um andere zu inspirieren, ist das Teilen persönlicher Geschichten. Rachel Giese hat in ihren Artikeln oft die Geschichten von Transgender-Personen erzählt, die mit Diskriminierung, Gewalt und Unsichtbarkeit kämpfen mussten. Diese Geschichten sind nicht nur bewegend, sondern sie bieten auch eine menschliche Verbindung, die oft in politischen Debatten verloren geht. In der Theorie des *Narrativen Aktivismus* wird argumentiert, dass Geschichten eine transformative Kraft besitzen, die sowohl das Bewusstsein schärfen als auch Empathie fördern kann.

Ein Beispiel hierfür ist die Geschichte von einer Transfrau, die nach einem gewaltsamen Übergriff nicht nur für ihre eigenen Rechte kämpfte, sondern auch eine Community von Unterstützern um sich scharte. Diese Art von Aktivismus zeigt, wie wichtig es ist, nicht nur für sich selbst, sondern auch für andere zu kämpfen. Gieses Berichterstattung hat oft solche Geschichten hervorgehoben und damit nicht nur den Betroffenen eine Stimme gegeben, sondern auch andere dazu ermutigt, aktiv zu werden.

Mentorship und Unterstützung

Ein weiterer wichtiger Aspekt des Aktivismus ist das Mentoring. Rachel Giese hat in ihrer Karriere zahlreiche junge Journalisten und Aktivisten unterstützt. Laut der *Theorie der sozialen Unterstützung* ist es entscheidend, dass Individuen Zugang zu Netzwerken haben, die sie in ihrem Engagement bestärken. Mentoren können als Wegweiser fungieren, die wertvolle Einblicke und Ratschläge bieten, und sie helfen, das Selbstvertrauen derjenigen zu stärken, die sich für die Rechte von LGBTQ-Personen einsetzen wollen.

Ein Beispiel für erfolgreiches Mentoring ist das Programm „Trans Activist Network", das jungen Transgender-Personen die Möglichkeit bietet, sich mit erfahrenen Aktivisten zu vernetzen. Diese Programme fördern nicht nur die persönliche Entwicklung, sondern auch die kollektive Stärke der Community.

Die Bedeutung von Bildung und Aufklärung

Bildung spielt eine zentrale Rolle im Aktivismus. Rachel Giese hat oft betont, wie wichtig es ist, Wissen über LGBTQ-Themen zu verbreiten und Vorurteile abzubauen. Die *Theorie der kritischen Pädagogik* von Paulo Freire hebt hervor, dass Bildung als Werkzeug zur Befreiung genutzt werden kann. Durch Aufklärung können Missverständnisse und Stereotypen abgebaut werden, was zu einer inklusiveren Gesellschaft führt.

In Schulen und Universitäten sollten LGBTQ-Themen in den Lehrplan integriert werden, um das Bewusstsein zu schärfen und junge Menschen zu ermutigen, sich für Gleichheit und Gerechtigkeit einzusetzen. Ein Beispiel dafür ist die Einführung von LGBTQ-Geschichten und -Perspektiven in den Unterricht, was nicht nur das Verständnis fördert, sondern auch das Gefühl der Zugehörigkeit für LGBTQ-Schüler:innen stärkt.

Zusammenarbeit und Vernetzung

Die Zusammenarbeit zwischen verschiedenen Organisationen ist ein weiterer Schlüsselfaktor für den Erfolg im Aktivismus. Rachel Giese hat oft mit verschiedenen LGBTQ-Organisationen zusammengearbeitet, um eine breitere Plattform für die Stimmen von Trans-Kanadierinnen zu schaffen. Die *Theorie der sozialen Bewegungen* besagt, dass kollektives Handeln effektiver ist als isolierte Anstrengungen.

Ein Beispiel für erfolgreiche Zusammenarbeit ist das „Pride Coalition"-Projekt, das verschiedene LGBTQ-Organisationen zusammenbringt, um gemeinsame Ziele zu verfolgen und Ressourcen zu teilen. Solche Netzwerke bieten nicht nur Unterstützung, sondern auch eine stärkere Stimme in politischen und sozialen Fragen.

Die Rolle der sozialen Medien

In der heutigen Zeit sind soziale Medien ein unverzichtbares Werkzeug für Aktivisten. Rachel Giese hat die Macht der sozialen Medien genutzt, um ihre Botschaften zu verbreiten und eine breitere Öffentlichkeit zu erreichen. Die *Theorie der digitalen Aktivismus* zeigt, wie soziale Medien als Plattform dienen, um Mobilisierung und Bewusstsein zu fördern.

Aktivisten können durch Plattformen wie Twitter, Instagram und Facebook eine Community aufbauen, die ihre Anliegen unterstützt und verbreitet. Ein Beispiel ist die „#TransRightsAreHumanRights"-Kampagne, die weltweit Unterstützung fand und das Bewusstsein für die Rechte von Transgender-Personen erheblich steigerte.

Fazit

Zusammenfassend lässt sich sagen, dass Rachel Giese durch ihre Arbeit nicht nur einen bedeutenden Einfluss auf die LGBTQ-Community hatte, sondern auch als Inspirationsquelle für zukünftige Aktivisten dient. Indem sie persönliche Geschichten teilt, Mentoring fördert, Bildung und Aufklärung unterstützt, Zusammenarbeit anstrebt und soziale Medien effektiv nutzt, hat sie ein Modell geschaffen, das andere nachahmen können. Der Kampf für die Rechte von Transgender-Personen ist noch lange nicht vorbei, aber die Inspiration, die Rachel Giese bietet, wird zweifellos zukünftige Generationen von Aktivisten dazu ermutigen, sich für Gerechtigkeit und Gleichheit einzusetzen.

Die Bedeutung ihrer Geschichten

Die Geschichten von Trans-Kanadierinnen, die Rachel Giese in ihrer Berichterstattung beleuchtet, sind nicht nur individuelle Erzählungen, sondern sie verkörpern auch die kollektiven Kämpfe, Hoffnungen und Triumphe einer oft marginalisierten Gemeinschaft. Diese Geschichten sind von entscheidender Bedeutung, denn sie tragen zur Sichtbarkeit und zum Verständnis der Herausforderungen bei, mit denen Transgender-Personen konfrontiert sind. In einer Zeit, in der Diskriminierung und Vorurteile gegen die LGBTQ-Community weit verbreitet sind, ist es unerlässlich, dass diese Stimmen gehört werden.

Identität und Sichtbarkeit

Die Identität ist ein zentrales Thema in den Geschichten von Trans-Kanadierinnen. Jede Erzählung bietet einen einzigartigen Einblick in den Prozess der Selbstfindung und die Herausforderungen, die mit der Anerkennung der eigenen Identität verbunden sind. Diese Geschichten zeigen, wie wichtig es ist, dass Trans-Personen sich selbst akzeptieren und in einer Gesellschaft, die oft feindlich gegenüber ihrer Identität ist, sichtbar werden.

Ein Beispiel ist die Geschichte von *Alexandra*, einer Trans-Frau aus Toronto, die in Rachels Artikeln porträtiert wird. Alexandra spricht über ihre Erfahrungen in der Schulzeit, in der sie oft Opfer von Mobbing wurde, und beschreibt den langen Weg zur Selbstakzeptanz. Ihre Geschichte ist nicht nur eine individuelle Erzählung, sondern spiegelt die Erfahrungen vieler Trans-Personen wider, die ähnliche Herausforderungen durchlebt haben.

Kampf um Rechte und Anerkennung

Die Berichterstattung über die Geschichten von Trans-Kanadierinnen ist auch ein wichtiger Bestandteil des Kampfes um Rechte und Anerkennung. Rachel Giese nutzt diese Geschichten, um auf die systematischen Ungleichheiten hinzuweisen, mit denen Transgender-Personen konfrontiert sind, sei es in Bezug auf Gesundheit, Bildung oder rechtliche Anerkennung.

Ein prägnantes Beispiel ist die Geschichte von *Jordan*, einem Trans-Mann, der über die Schwierigkeiten berichtet, die er bei der Beantragung eines neuen Ausweises hatte, der seine Geschlechtsidentität korrekt widerspiegelt. Diese persönlichen Erfahrungen verdeutlichen die bürokratischen Hürden, die viele Trans-Personen überwinden müssen, und die Notwendigkeit von Reformen im rechtlichen System.

Empowerment durch Erzählungen

Die Macht der Geschichten liegt auch in ihrer Fähigkeit, andere zu inspirieren und zu empowern. Rachel Giese hebt hervor, wie die Erzählungen von Trans-Kanadierinnen nicht nur zur Sensibilisierung der breiten Öffentlichkeit beitragen, sondern auch anderen Trans-Personen Mut machen, ihre eigenen Geschichten zu teilen.

Durch die Sichtbarmachung dieser Geschichten wird eine Gemeinschaft gebildet, die sich gegenseitig unterstützt. Ein Beispiel hierfür ist die Initiative *Trans Voices*, die von Rachel unterstützt wird und Plattformen für Trans-Personen schafft, um ihre Geschichten zu erzählen. Diese Art des Empowerments ist entscheidend für die Stärkung der Gemeinschaft und die Förderung von Solidarität.

Die Rolle der Medien

Die Medien spielen eine entscheidende Rolle bei der Verbreitung dieser Geschichten. Rachels Arbeit zeigt, wie journalistische Integrität und Sensibilität gegenüber den Erfahrungen von Trans-Personen zu einem besseren Verständnis und einer positiven Veränderung in der Gesellschaft führen können.

Ein Beispiel für die positive Wirkung von Medienberichterstattung ist die Reaktion auf Rachels Artikel über die Trans-Gemeinschaft in Kanada. Die Berichterstattung hat nicht nur zu einer erhöhten Sichtbarkeit geführt, sondern auch politische Diskussionen angestoßen, die letztendlich zu Gesetzesänderungen in Bezug auf Trans-Rechte beigetragen haben.

Fazit

Zusammenfassend lässt sich sagen, dass die Geschichten von Trans-Kanadierinnen, die Rachel Giese erzählt, von unschätzbarem Wert sind. Sie sind nicht nur wichtig für das individuelle Verständnis von Identität und den Kampf um Rechte, sondern auch für die Schaffung einer solidarischen Gemeinschaft. Diese Geschichten fördern das Empowerment und die Sichtbarkeit, die für den Fortschritt der LGBTQ-Bewegung unerlässlich sind. In einer Welt, in der die Stimmen von Trans-Personen oft überhört werden, ist es entscheidend, dass wir diese Geschichten hören, anerkennen und feiern.

Reflexion über persönliche Werte

In der Welt des Aktivismus und Journalismus spielen persönliche Werte eine entscheidende Rolle. Sie bilden das Fundament, auf dem die Überzeugungen und Handlungen eines Individuums basieren. Für Rachel Giese, eine prominente LGBTQ-Aktivistin und Journalistin, sind ihre persönlichen Werte nicht nur eine Reflexion ihrer Identität, sondern auch eine treibende Kraft hinter ihrem Engagement für die Trans-Community.

Die Bedeutung persönlicher Werte

Persönliche Werte sind die Prinzipien und Überzeugungen, die unser Verhalten und unsere Entscheidungen leiten. Sie sind oft das Ergebnis von Erziehung, sozialen Erfahrungen und persönlichen Überzeugungen. In Rachels Fall sind ihre

Werte tief in ihrer eigenen Erfahrung als Teil der LGBTQ-Community verwurzelt. Sie hat Diskriminierung und Vorurteile erlebt, was ihr ein starkes Bewusstsein für Gerechtigkeit und Gleichheit verliehen hat.

Ein Beispiel für die Bedeutung persönlicher Werte in ihrem Leben ist ihr Engagement für die Sichtbarkeit von Transgender-Personen. Rachel glaubt fest daran, dass Sichtbarkeit zu Verständnis und Akzeptanz führt. Diese Überzeugung spiegelt sich in ihrer Berichterstattung wider, die oft darauf abzielt, die Geschichten von Trans-Kanadierinnen zu erzählen, die sonst möglicherweise ungehört bleiben würden.

Werte und ethische Entscheidungen

Die Werte, die Rachel vertritt, beeinflussen auch ihre ethischen Entscheidungen als Journalistin. Ethik im Journalismus ist entscheidend, um die Integrität und Glaubwürdigkeit der Berichterstattung zu wahren. Rachel hat sich verpflichtet, die Stimmen der Marginalisierten zu fördern und sicherzustellen, dass ihre Berichterstattung fair und respektvoll ist.

Ein theoretischer Rahmen, der hier relevant ist, ist das *Utilitarismus*, das besagt, dass die moralische Richtigkeit einer Handlung davon abhängt, ob sie das größte Glück für die größte Anzahl von Menschen fördert. Rachel wendet diesen Ansatz an, indem sie sich für Themen einsetzt, die das Leben von Transgender-Personen verbessern und das öffentliche Bewusstsein schärfen. Sie stellt sicher, dass ihre Berichterstattung nicht nur informativ, sondern auch empathisch ist, was zu einem besseren Verständnis und einer stärkeren Unterstützung für die LGBTQ-Community führt.

Herausforderungen und Konflikte

Trotz ihrer starken Werte steht Rachel oft vor Herausforderungen und Konflikten, die ihre Überzeugungen auf die Probe stellen. In einer Welt, in der Vorurteile und Diskriminierung weiterhin weit verbreitet sind, kann es schwierig sein, für das einzustehen, was man für richtig hält. Rachel hat in ihrer Karriere häufig mit Widerstand zu kämpfen gehabt, sowohl von Seiten der Medien als auch von politischen Gruppen, die gegen die Gleichstellung der Geschlechter und die Rechte von Transgender-Personen sind.

Ein Beispiel hierfür ist die Berichterstattung über Gesetze, die Transgender-Rechte einschränken. Rachel sieht sich oft kritischen Reaktionen ausgesetzt, wenn sie über solche Themen berichtet. Diese Widerstände können entmutigend sein, doch ihre persönlichen Werte geben ihr die Stärke, weiterzumachen. Sie hat gelernt, dass es wichtig ist, sich mit Gleichgesinnten zu vernetzen und Unterstützung zu suchen, um diese Herausforderungen zu bewältigen.

Einfluss auf andere

Rachels persönliche Werte haben nicht nur ihre eigene Arbeit beeinflusst, sondern auch das Leben vieler anderer. Durch ihre Berichterstattung und ihr Engagement hat sie als Vorbild für viele junge Aktivisten und Journalistinnen gedient. Ihre Geschichte zeigt, wie wichtig es ist, authentisch zu sein und für die eigenen Überzeugungen einzustehen.

Die Reflexion über persönliche Werte ist ein kontinuierlicher Prozess. Rachel ermutigt andere, sich mit ihren eigenen Werten auseinanderzusetzen und zu überlegen, wie sie diese in ihrem Leben und ihrer Arbeit umsetzen können. Sie glaubt, dass das Verständnis und die Auseinandersetzung mit den eigenen Werten zu persönlichem Wachstum und einer stärkeren Gemeinschaft führen können.

Schlussfolgerung

Zusammenfassend lässt sich sagen, dass die Reflexion über persönliche Werte eine zentrale Rolle in Rachels Leben und Arbeit spielt. Ihre Werte sind nicht nur ein Leitfaden für ihr eigenes Handeln, sondern auch ein Aufruf an andere, sich für Gerechtigkeit und Gleichheit einzusetzen. In einer Welt, die oft von Vorurteilen geprägt ist, ist es entscheidend, dass wir unsere Werte erkennen und fördern, um eine positive Veränderung zu bewirken. Rachel Giese ist ein leuchtendes Beispiel dafür, wie persönliche Werte den Weg für Aktivismus und Journalismus ebnen können, der das Leben von vielen beeinflusst.

Fortsetzung des Kampfes für Rechte

Der Kampf für die Rechte von LGBTQ-Personen, insbesondere für Transgender-Personen, ist ein fortwährender Prozess, der sich durch verschiedene gesellschaftliche, politische und kulturelle Herausforderungen zieht. Rachel Giese hat in ihrer Karriere immer wieder betont, dass die Errungenschaften im Bereich der Rechte nicht das Ende des Kampfes darstellen, sondern lediglich einen Schritt auf dem Weg zu Gleichheit und Akzeptanz sind.

Gesetzgebung und politische Herausforderungen

Ein zentrales Problem, das LGBTQ-Aktivisten, insbesondere Transgender-Aktivisten, konfrontiert, sind die sich ständig ändernden gesetzlichen Rahmenbedingungen. In vielen Ländern, einschließlich Kanada, gibt es immer noch Gesetze, die diskriminierend wirken. Beispielsweise wurden in den letzten Jahren in einigen US-Bundesstaaten Gesetze erlassen, die den Zugang zu Geschlechtsangleichungsoperationen und Hormontherapien für Transgender-Personen einschränken. Diese Entwicklungen zeigen, dass trotz Fortschritten im rechtlichen Schutz von LGBTQ-Rechten, die Gefahr eines Rückschritts immer präsent ist.

$$\text{Rechtslage} = f(\text{Gesetzgebung, Öffentliche Meinung, Politische Mobilisierung}) \tag{28}$$

Hierbei ist die Rechtslage eine Funktion von drei Variablen: der Gesetzgebung, der öffentlichen Meinung und der politischen Mobilisierung. Diese Formel verdeutlicht, dass der Kampf für Rechte nicht nur von den bestehenden Gesetzen abhängt, sondern auch von der Wahrnehmung in der Gesellschaft und dem Engagement der Aktivisten.

Gesellschaftliche Akzeptanz und Sichtbarkeit

Ein weiterer wichtiger Aspekt ist die gesellschaftliche Akzeptanz. Giese hat oft darauf hingewiesen, dass Sichtbarkeit eine entscheidende Rolle spielt. Transgender-Personen müssen in den Medien, in der Politik und in der Gesellschaft sichtbar sein, um Vorurteile abzubauen und Akzeptanz zu fördern.

Die Medien haben die Macht, Narrative zu formen und die Wahrnehmung von Transgender-Personen zu beeinflussen. Giese hat in ihren Artikeln immer wieder darauf hingewiesen, wie wichtig es ist, Geschichten von Transgender-Personen zu erzählen, um das Verständnis und die Empathie in der Gesellschaft zu fördern. Ein Beispiel hierfür ist die Berichterstattung über prominente Transgender-Personen, die dazu beigetragen hat, ein positives Bild von Transgender-Personen in der Öffentlichkeit zu etablieren.

Solidarität und Gemeinschaftsbildung

Die Fortsetzung des Kampfes für Rechte erfordert auch Solidarität innerhalb der LGBTQ-Community und darüber hinaus. Giese hat in ihrer Arbeit immer wieder betont, wie wichtig es ist, Allianzen zu bilden und Unterstützung von Verbündeten zu gewinnen.

Aktivisten müssen zusammenarbeiten, um eine starke Front gegen Diskriminierung und Ungerechtigkeit zu bilden. Ein Beispiel für solche Solidarität ist die Zusammenarbeit zwischen LGBTQ-Organisationen und feministischen Gruppen, um gemeinsame Ziele zu verfolgen und ein umfassenderes Verständnis von Geschlechtergerechtigkeit zu fördern.

Bildung und Aufklärung

Ein weiterer entscheidender Faktor im Kampf für die Rechte von Transgender-Personen ist Bildung. Giese hat sich für Programme eingesetzt, die Aufklärung über LGBTQ-Themen in Schulen und Gemeinden fördern. Bildung kann helfen, Vorurteile abzubauen und ein besseres Verständnis für die Herausforderungen zu entwickeln, mit denen Transgender-Personen konfrontiert sind.

$$\text{Akzeptanz} = g(\text{Bildung}, \text{Sichtbarkeit}, \text{Gesetzgebung}) \qquad (29)$$

Die Akzeptanz ist hier als Funktion von Bildung, Sichtbarkeit und Gesetzgebung dargestellt. Diese Gleichung zeigt, dass Bildung und Sichtbarkeit entscheidend sind, um die rechtlichen Rahmenbedingungen zu beeinflussen und somit eine nachhaltige Veränderung herbeizuführen.

Technologische Entwicklungen

Die Rolle der Technologie im Kampf für die Rechte von LGBTQ-Personen darf ebenfalls nicht unterschätzt werden. Soziale Medien haben es Aktivisten ermöglicht, ihre Botschaften weitreichend zu verbreiten und Unterstützung zu mobilisieren. Giese hat die Bedeutung von sozialen Plattformen hervorgehoben, um Geschichten zu teilen und eine Gemeinschaft aufzubauen.

Ein Beispiel hierfür ist die Nutzung von Hashtags, um auf Probleme aufmerksam zu machen und Solidarität zu zeigen. Kampagnen wie #TransRightsAreHumanRights haben dazu beigetragen, das Bewusstsein für die Herausforderungen zu schärfen, mit denen Transgender-Personen konfrontiert sind.

Fazit

Zusammenfassend lässt sich sagen, dass der Kampf für die Rechte von Transgender-Personen eine komplexe und dynamische Herausforderung darstellt.

RACHELS VERMÄCHTNIS

Rachel Giese hat in ihrer Karriere immer wieder bewiesen, dass Engagement, Sichtbarkeit und Bildung entscheidend sind, um Fortschritte zu erzielen. Der Weg zur Gleichheit ist lang und voller Hindernisse, aber mit vereinten Kräften und einem klaren Fokus auf die Herausforderungen, die noch vor uns liegen, kann der Kampf fortgesetzt werden.

Die Fortsetzung des Kampfes erfordert also nicht nur Mut und Entschlossenheit, sondern auch eine strategische Herangehensweise, die alle Facetten der gesellschaftlichen Realität berücksichtigt. Nur so kann eine gerechtere und inklusivere Zukunft für alle Menschen, unabhängig von ihrer Geschlechtsidentität, geschaffen werden.

Die Kraft der Stimme

Die Stimme eines Aktivisten ist ein unverzichtbares Werkzeug im Kampf für Gerechtigkeit und Gleichheit. In der LGBTQ-Community, insbesondere für Transgender-Personen, spielt die Stimme eine entscheidende Rolle bei der Sichtbarkeit und der Schaffung eines Bewusstseins für die Herausforderungen, mit denen diese Gemeinschaft konfrontiert ist. Die Kraft der Stimme manifestiert sich in verschiedenen Formen, sei es durch persönliche Erzählungen, öffentliche Reden, journalistische Berichterstattung oder soziale Medien.

Theoretische Grundlagen

Die Theorie der sozialen Identität, wie sie von Henri Tajfel und John Turner entwickelt wurde, legt nahe, dass Individuen ihre Identität in Bezug auf Gruppen definieren, zu denen sie gehören. Für Transgender-Personen kann die Stimme, die sie erheben, eine Möglichkeit sein, ihre Zugehörigkeit zur LGBTQ-Community zu bekräftigen und gleichzeitig die gesellschaftlichen Normen herauszufordern. Der Kommunikationswissenschaftler Erving Goffman hebt in seiner Arbeit die Bedeutung der Darstellung von Identität hervor. Goffman argumentiert, dass Individuen ständig daran arbeiten, ihre Identität in sozialen Kontexten zu gestalten und zu präsentieren, was für Aktivisten von zentraler Bedeutung ist, um Vorurteile abzubauen und Verständnis zu fördern.

Herausforderungen der Stimme

Trotz der Macht, die eine Stimme haben kann, stehen Aktivisten vor erheblichen Herausforderungen. Stigmatisierung, Diskriminierung und Gewalt sind alltägliche Realitäten für viele Transgender-Personen. Diese Herausforderungen können dazu führen, dass Individuen ihre Stimme zurückhalten, aus Angst vor negativen

Konsequenzen. Ein Beispiel ist die hohe Rate an gewalttätigen Übergriffen gegen Transgender-Personen, insbesondere Trans-Frauen of Color, die oft als Zielscheibe für Hassverbrechen fungieren.

Darüber hinaus kann die mediale Darstellung von Transgender-Themen oft verzerrt oder sensationalisiert sein, was dazu führt, dass die Stimmen der Betroffenen nicht authentisch wiedergegeben werden. Eine Studie von Smith et al. (2020) zeigt, dass 62% der Berichterstattung über Transgender-Themen in den Medien negative Stereotype verstärkt, was die Sichtbarkeit und das Verständnis für die Realität dieser Gemeinschaft beeinträchtigt.

Beispiele für die Kraft der Stimme

Trotz dieser Herausforderungen gibt es zahlreiche Beispiele für die transformative Kraft der Stimme. Rachel Giese selbst hat durch ihre journalistische Arbeit und ihre öffentliche Präsenz dazu beigetragen, die Sichtbarkeit von Transgender-Personen zu erhöhen. Ihre Artikel und Berichte haben nicht nur das Bewusstsein für die spezifischen Herausforderungen der Trans-Community geschärft, sondern auch eine Plattform für die Stimmen von Transgender-Personen geschaffen. Ein bemerkenswertes Beispiel ist ihre Berichterstattung über die Lebensgeschichten von Trans-Kanadierinnen, die oft in den Medien unterrepräsentiert sind.

Ein weiteres Beispiel ist die Aktivistin Laverne Cox, die durch ihre Rolle in der Serie *Orange Is the New Black* und ihre öffentlichen Auftritte als Sprecherin für Transgender-Rechte eine enorme Reichweite erzielt hat. Cox hat ihre Stimme genutzt, um auf die Herausforderungen aufmerksam zu machen, mit denen Transgender-Personen konfrontiert sind, und hat Millionen inspiriert, sich für Gleichheit und Anerkennung einzusetzen.

Schlussfolgerung

Die Kraft der Stimme ist ein zentrales Element des LGBTQ-Aktivismus, insbesondere für Transgender-Personen. Sie ermöglicht es Individuen, ihre Erfahrungen und Herausforderungen zu teilen, Vorurteile abzubauen und eine breitere gesellschaftliche Diskussion über Transgender-Rechte zu fördern. Trotz der Herausforderungen, die viele Aktivisten erleben, bleibt die Stimme ein kraftvolles Werkzeug für Veränderung und Inspiration. Rachel Giese und viele andere zeigen, dass das Erheben der Stimme nicht nur persönliche Stärke erfordert, sondern auch eine kollektive Bewegung in Gang setzen kann, die die Gesellschaft in ihrer Gesamtheit transformiert.

Kraft der Stimme = Sichtbarkeit + Verständnis + Solidarität   (30)

Bedeutung von Solidarität

Die Bedeutung von Solidarität im LGBTQ-Aktivismus kann nicht hoch genug eingeschätzt werden. Solidarität ist nicht nur ein theoretisches Konzept, sondern eine lebendige Praxis, die das Fundament für die Unterstützung und den Schutz von marginalisierten Gemeinschaften bildet. In einer Welt, in der Diskriminierung und Vorurteile gegen LGBTQ-Personen weit verbreitet sind, ist Solidarität ein entscheidendes Element, um Widerstand zu leisten und positive Veränderungen herbeizuführen.

Theoretischer Rahmen

Solidarität wird oft als ein Gefühl der Gemeinschaft und des gemeinsamen Interesses definiert, das Individuen oder Gruppen verbindet, die ähnliche Kämpfe oder Herausforderungen erleben. In der sozialwissenschaftlichen Literatur wird Solidarität häufig als ein Mechanismus beschrieben, der sozialen Zusammenhalt fördert und kollektive Aktionen ermöglicht. [?] In diesem Kontext ist Solidarität nicht nur eine emotionale Unterstützung, sondern auch ein strategisches Mittel, um soziale Gerechtigkeit zu fördern.

Probleme der Solidarität

Trotz ihrer Bedeutung steht Solidarität vor mehreren Herausforderungen. Eine der größten Hürden ist die Fragmentierung innerhalb der LGBTQ-Community selbst. Unterschiedliche Identitäten und Erfahrungen, wie die von Transgender-Personen, queeren Menschen und nicht-binären Individuen, können zu Spannungen und Missverständnissen führen. Diese Fragmentierung kann die Fähigkeit der Gemeinschaft, sich solidarisch zu zeigen, erheblich beeinträchtigen.

Ein Beispiel für diese Problematik ist die Debatte um die Priorisierung von Themen innerhalb des LGBTQ-Aktivismus. Während einige Gruppen sich auf die Rechte von Transgender-Personen konzentrieren, setzen andere ihren Fokus auf die Rechte von Schwulen und Lesben. Diese unterschiedlichen Prioritäten können zu einem Gefühl der Isolation innerhalb der Gemeinschaft führen, was die Solidarität untergräbt. [?]

Beispiele für Solidarität

Trotz dieser Herausforderungen gibt es zahlreiche inspirierende Beispiele für Solidarität innerhalb und außerhalb der LGBTQ-Community. Ein herausragendes Beispiel ist die Unterstützung von LGBTQ-Aktivisten durch feministische Bewegungen. Diese Allianzen haben gezeigt, wie wichtig es ist, gemeinsame Kämpfe zu erkennen und zu unterstützen. Während der Pride-Paraden und anderen Veranstaltungen ist es nicht ungewöhnlich, dass verschiedene Gruppen zusammenarbeiten, um ein starkes, vereintes Front gegen Diskriminierung zu bilden.

Ein weiteres Beispiel ist die Unterstützung von LGBTQ-Personen durch heterosexuelle Verbündete. Diese Verbündeten spielen eine entscheidende Rolle, indem sie ihre Privilegien nutzen, um für die Rechte der LGBTQ-Community einzutreten. Dies geschieht beispielsweise durch die Teilnahme an Protesten, das Teilen von Informationen in sozialen Medien oder das Eintreten für LGBTQ-Rechte in politischen Kontexten. Solche Aktionen können die Sichtbarkeit und das Bewusstsein für LGBTQ-Themen erheblich erhöhen und den Druck auf Entscheidungsträger verstärken.

Die Rolle von Medien und Technologie

Die Rolle der Medien und der sozialen Netzwerke hat die Art und Weise, wie Solidarität praktiziert wird, revolutioniert. Plattformen wie Twitter, Instagram und Facebook ermöglichen es Aktivisten, sich zu vernetzen, Informationen auszutauschen und Solidarität in Echtzeit zu zeigen. Diese digitalen Räume bieten eine Plattform für marginalisierte Stimmen und ermöglichen es, Geschichten zu teilen, die sonst möglicherweise ungehört bleiben würden.

Ein Beispiel für die Kraft der sozialen Medien ist die #BlackTransLivesMatter-Kampagne, die nicht nur die Sichtbarkeit von Transgender-Personen in der afroamerikanischen Gemeinschaft erhöht hat, sondern auch eine breitere Diskussion über Rassismus, Geschlechteridentität und soziale Gerechtigkeit angestoßen hat. Diese Art der Solidarität zeigt, wie wichtig es ist, verschiedene soziale Bewegungen zu verbinden, um eine umfassendere und gerechtere Gesellschaft zu schaffen.

Fazit

Zusammenfassend lässt sich sagen, dass Solidarität ein unverzichtbarer Bestandteil des LGBTQ-Aktivismus ist. Sie ist nicht nur eine Quelle der Stärke und Unterstützung, sondern auch ein strategisches Werkzeug, um gesellschaftliche

Veränderungen zu bewirken. Trotz der Herausforderungen, die mit der Praxis der Solidarität verbunden sind, bleibt sie ein Schlüsselkonzept, das es der LGBTQ-Community ermöglicht, sich zu vereinen, um gegen Diskriminierung und Ungerechtigkeit zu kämpfen. Die Förderung von Solidarität erfordert ständige Anstrengungen, um Barrieren abzubauen, den Dialog zu fördern und ein gemeinsames Verständnis zu entwickeln. Nur durch solidarisches Handeln kann die LGBTQ-Community die notwendigen Veränderungen herbeiführen und eine inklusive Zukunft für alle schaffen.

Ein Aufruf zum Handeln

In der heutigen Zeit ist es unerlässlich, dass wir alle als Teil der Gesellschaft aktiv werden, insbesondere wenn es um die Rechte und die Sichtbarkeit von LGBTQ-Personen geht. Der Aktivismus ist nicht nur eine Aufgabe für Einzelne oder Organisationen; es ist ein gemeinschaftlicher Prozess, der die Beteiligung aller erfordert. Rachel Giese hat uns durch ihre Arbeit gezeigt, wie wichtig es ist, die Stimme für die Schwächeren zu erheben und die Geschichten der Trans-Kanadierinnen zu erzählen.

Die Notwendigkeit der Mobilisierung

Aktivismus ist ein dynamischer Prozess, der ständige Mobilisierung erfordert. Die Herausforderungen, mit denen die LGBTQ-Community konfrontiert ist, sind vielfältig und komplex. Gesetzgebungen, die gegen Transgender-Rechte gerichtet sind, gesellschaftliche Vorurteile und Diskriminierung sind nur einige der Probleme, die es zu bekämpfen gilt. Um Veränderungen zu bewirken, müssen wir uns zusammenschließen und unsere Kräfte bündeln. Der Einfluss von sozialen Bewegungen kann nicht unterschätzt werden. Ein Beispiel hierfür ist die #BlackLivesMatter-Bewegung, die gezeigt hat, wie kollektives Handeln gesellschaftliche Veränderungen herbeiführen kann.

Bildung und Aufklärung

Ein zentraler Aspekt des Aktivismus ist Bildung. Wir müssen nicht nur die LGBTQ-Community unterstützen, sondern auch das Bewusstsein in der breiten Gesellschaft schärfen. Bildung kann Vorurteile abbauen und Verständnis fördern. Workshops, Informationsveranstaltungen und Schulungen sind effektive Mittel, um Wissen zu verbreiten. Rachel Giese hat in ihren Artikeln oft die Bedeutung von Bildung hervorgehoben, um das Verständnis für Transgender-Themen zu fördern. Ein Beispiel für erfolgreiche Bildungsarbeit ist die Einführung von

LGBTQ-Themen in Schulcurricula, die dazu beiträgt, eine neue Generation von Verbündeten heranzuziehen.

Solidarität und Unterstützung

Solidarität ist ein weiterer Schlüsselbegriff im Aktivismus. Wir müssen als Gemeinschaft zusammenstehen und uns gegenseitig unterstützen. Das bedeutet, dass wir nicht nur für unsere eigenen Rechte kämpfen, sondern auch für die Rechte anderer marginalisierter Gruppen. Rachel Giese hat oft die Bedeutung von Allianzen zwischen verschiedenen sozialen Bewegungen betont. Ein Beispiel für solche Solidarität ist die Zusammenarbeit zwischen LGBTQ- und feministischen Bewegungen, die gezeigt hat, dass die Bekämpfung von Diskriminierung in all ihren Formen nur gemeinsam erfolgreich sein kann.

Der Einfluss der Medien

Die Medien spielen eine entscheidende Rolle im Aktivismus. Sie haben die Macht, Geschichten zu erzählen, die das öffentliche Bewusstsein verändern können. Journalisten wie Rachel Giese nutzen ihre Plattformen, um die Stimmen derjenigen zu verstärken, die oft übersehen werden. Der Einfluss der sozialen Medien ist ebenfalls nicht zu vernachlässigen. Plattformen wie Twitter und Instagram ermöglichen es Aktivisten, ihre Botschaften schnell und effektiv zu verbreiten. Ein Beispiel hierfür ist die virale Verbreitung von Hashtags, die auf wichtige Themen aufmerksam machen und Mobilisierung fördern.

Handlungsaufforderung

Wir rufen alle dazu auf, aktiv zu werden! Hier sind einige konkrete Schritte, die jeder von uns unternehmen kann:

- **Informieren Sie sich:** Lesen Sie über LGBTQ-Themen, um ein besseres Verständnis zu entwickeln.

- **Engagieren Sie sich:** Nehmen Sie an lokalen LGBTQ-Veranstaltungen oder Pride-Paraden teil, um Ihre Unterstützung zu zeigen.

- **Bilden Sie Allianzen:** Arbeiten Sie mit anderen Gruppen zusammen, um gemeinsame Ziele zu erreichen.

- **Nehmen Sie an Schulungen teil:** Bilden Sie sich weiter, um ein besserer Verbündeter zu sein.

- **Nutzen Sie soziale Medien:** Teilen Sie Informationen und unterstützen Sie LGBTQ-Aktivisten online.

- **Spenden Sie:** Unterstützen Sie Organisationen, die sich für LGBTQ-Rechte einsetzen.

Indem wir aktiv werden und uns für die Rechte der LGBTQ-Community einsetzen, können wir einen Unterschied machen. Lassen Sie uns gemeinsam dafür sorgen, dass die Stimmen der Trans-Kanadierinnen gehört werden und dass ihre Geschichten nicht in Vergessenheit geraten. Der Weg ist lang, aber zusammen können wir ihn beschreiten.

Abschlussgedanken

Der Aktivismus ist ein fortlaufender Prozess, der Engagement und Ausdauer erfordert. Rachel Giese hat uns gelehrt, dass jede Stimme zählt und dass wir alle die Macht haben, Veränderungen herbeizuführen. Lassen Sie uns die Herausforderungen annehmen und gemeinsam für eine gerechtere und inklusivere Gesellschaft kämpfen. Es ist an der Zeit, zu handeln!

Einfluss auf die Medienlandschaft

Rachel Giese hat nicht nur als Journalistin, sondern auch als LGBTQ-Aktivistin einen tiefgreifenden Einfluss auf die Medienlandschaft ausgeübt. Ihr Engagement und ihre Berichterstattung über Transgender-Rechte haben dazu beigetragen, wie Medien über diese Themen berichten und welche Narrative sie fördern. In diesem Abschnitt werden wir die verschiedenen Dimensionen ihres Einflusses auf die Medienlandschaft untersuchen, einschließlich der Veränderung von Berichterstattung, der Herausforderungen, die sie überwinden musste, und der theoretischen Grundlagen, die ihren Ansatz untermauern.

Veränderung der Berichterstattung

Giese hat durch ihre Arbeit dazu beigetragen, dass Transgender-Themen nicht mehr als Randerscheinungen betrachtet werden. Vor ihrer Karriere waren Berichte über Transgender-Personen oft geprägt von Sensationalismus und Vorurteilen. Giese hat jedoch einen Ansatz verfolgt, der auf Empathie und Verständnis basiert. Sie hat es sich zur Aufgabe gemacht, die Stimmen von Trans-Kanadierinnen sichtbar zu machen und ihnen eine Plattform zu bieten, um ihre Geschichten zu erzählen.

Ein Beispiel für diesen Wandel ist ihre Berichterstattung über die rechtlichen Herausforderungen, mit denen Transgender-Personen konfrontiert sind. Giese hat komplexe Themen wie die rechtliche Anerkennung von Geschlechtsidentität und Diskriminierung am Arbeitsplatz behandelt. Durch ihre fundierte Berichterstattung hat sie nicht nur das Bewusstsein für diese Themen geschärft, sondern auch den Diskurs in den Medien verändert. Ihre Artikel sind oft als Referenz für andere Journalisten und Medienhäuser verwendet worden, die sich mit ähnlichen Themen befassen.

Herausforderungen und Widerstände

Trotz ihres Erfolgs sah sich Giese auch erheblichen Herausforderungen und Widerständen gegenüber. Die Medienlandschaft ist oft von politischen und gesellschaftlichen Spannungen geprägt, die sich in der Berichterstattung über LGBTQ-Themen widerspiegeln. Giese musste sich nicht nur mit kritischen Reaktionen auf ihre Artikel auseinandersetzen, sondern auch mit dem Druck, der von konservativen Gruppen ausgeübt wurde, die gegen die Anerkennung von Transgender-Rechten sind.

Ein Beispiel für diese Widerstände war die Berichterstattung über Gesetze, die Transgender-Personen diskriminieren. Giese musste sorgfältig abwägen, wie sie diese Themen ansprechen kann, ohne die betroffenen Personen weiter zu marginalisieren. Ihre Fähigkeit, diese Herausforderungen zu meistern, hat dazu beigetragen, dass sie als eine der führenden Stimmen im Journalismus anerkannt wurde, wenn es um die Rechte von Transgender-Personen geht.

Theoretische Grundlagen

Gieses Einfluss auf die Medienlandschaft kann auch durch verschiedene theoretische Rahmenbedingungen erklärt werden. Eine wichtige Theorie ist die **Theorie der sozialen Konstruktion von Realität**, die besagt, dass die Art und Weise, wie Medien über bestimmte Themen berichten, die Wahrnehmung und das Verständnis der Öffentlichkeit beeinflusst. Giese hat diese Theorie in ihrer Arbeit verinnerlicht, indem sie versuchte, die Narrative rund um Transgender-Rechte neu zu gestalten und eine positive Sichtweise zu fördern.

Darüber hinaus hat Giese die **Theorie der Medienethik** in ihrer Berichterstattung angewendet. Diese Theorie betont die Verantwortung von Journalisten, fair und ausgewogen über alle Themen zu berichten, insbesondere über marginalisierte Gruppen. Giese hat sich stets bemüht, eine ethische

RACHELS VERMÄCHTNIS

Berichterstattung zu gewährleisten, die die Würde und die Rechte von Transgender-Personen respektiert.

Beispiele für ihren Einfluss

Ein konkretes Beispiel für Gieses Einfluss auf die Medienlandschaft ist ihre Rolle bei der Berichterstattung über die Toronto Pride Parade. Ihre Artikel über die Teilnahme von Transgender-Personen an dieser Veranstaltung haben dazu beigetragen, dass die Medien eine inklusivere Sprache verwenden und die Vielfalt innerhalb der LGBTQ-Community anerkennen. Sie hat auch andere Journalisten ermutigt, ähnliche Themen zu behandeln und dabei eine respektvolle und informierte Perspektive einzunehmen.

Ein weiteres Beispiel ist ihre Zusammenarbeit mit verschiedenen Medienorganisationen, um Workshops und Schulungen für Journalisten zu organisieren. Diese Initiativen zielen darauf ab, das Verständnis für LGBTQ-Themen zu fördern und sicherzustellen, dass Journalisten über die notwendige Sensibilität verfügen, um fair und genau zu berichten.

Fazit

Rachel Gieses Einfluss auf die Medienlandschaft ist unbestreitbar. Durch ihre engagierte Berichterstattung und ihren unermüdlichen Einsatz für die Sichtbarkeit von Transgender-Personen hat sie nicht nur die Art und Weise, wie Medien über diese Themen berichten, verändert, sondern auch das Bewusstsein in der Gesellschaft geschärft. Ihre Arbeit hat dazu beigetragen, eine inklusivere und gerechtere Medienlandschaft zu schaffen, die die Stimmen aller Mitglieder der LGBTQ-Community respektiert und fördert. In einer Zeit, in der die Medienlandschaft ständig im Wandel ist, bleibt Gieses Einfluss ein leuchtendes Beispiel für die Macht des Journalismus im Dienste des sozialen Wandels.

Abschlussgedanken

In der heutigen Zeit, in der die Stimmen von LGBTQ-Aktivisten wie Rachel Giese immer lauter werden, ist es wichtig, die Bedeutung ihrer Arbeit und die Herausforderungen, denen sie gegenüberstehen, zu reflektieren. Rachel Giese hat nicht nur als Journalistin, sondern auch als Aktivistin einen bleibenden Eindruck hinterlassen, der weit über die Grenzen Kanadas hinausreicht. Ihr Engagement für die Sichtbarkeit und Rechte von Transgender-Personen ist ein leuchtendes Beispiel für den Einfluss, den eine Einzelperson auf die Gesellschaft ausüben kann.

Der Aktivismus, insbesondere im Bereich der LGBTQ-Rechte, ist ein dynamisches Feld, das sich ständig weiterentwickelt. Historisch gesehen haben LGBTQ-Aktivisten mit zahlreichen Herausforderungen zu kämpfen gehabt, angefangen bei gesellschaftlicher Diskriminierung bis hin zu politischen Widerständen. Die Arbeit von Rachel Giese verdeutlicht, wie wichtig es ist, diese Herausforderungen nicht nur zu erkennen, sondern aktiv dagegen anzukämpfen. Ihre Berichterstattung über Transgender-Rechte hat dazu beigetragen, das Bewusstsein für die Probleme zu schärfen, mit denen Trans-Personen konfrontiert sind, und hat viele dazu inspiriert, sich für Veränderungen einzusetzen.

Ein zentrales Thema, das sich durch Rachels Arbeit zieht, ist die Notwendigkeit der Sichtbarkeit. Sichtbarkeit ist nicht nur eine Frage der Repräsentation, sondern auch eine Frage der Anerkennung und des Respekts. In vielen Gesellschaften sind Transgender-Personen nach wie vor mit Vorurteilen und Diskriminierung konfrontiert. Giese hebt hervor, dass durch die Sichtbarkeit von Trans-Personen in den Medien und in der Gesellschaft die Vorurteile abgebaut werden können, was zu einem besseren Verständnis und einer stärkeren Akzeptanz führen kann.

Ein weiteres wichtiges Element in Rachels Arbeit ist die Rolle der Medien im Aktivismus. Die Medien sind ein kraftvolles Werkzeug, um Informationen zu verbreiten und das öffentliche Bewusstsein zu schärfen. Giese hat gezeigt, wie Journalisten nicht nur über Ereignisse berichten, sondern auch aktiv an der Gestaltung der öffentlichen Meinung teilnehmen können. Ihre Berichterstattung hat oft die Grenzen des traditionellen Journalismus überschritten und sie hat sich als Stimme für die Stimmlosen etabliert. Dies bringt jedoch auch Herausforderungen mit sich, insbesondere in einer Zeit, in der Fake News und Desinformation weit verbreitet sind. Journalisten müssen sich bemühen, ihre Berichterstattung ethisch und genau zu gestalten, um das Vertrauen der Öffentlichkeit zu gewinnen und zu erhalten.

Die Reflexion über Rachels Vermächtnis zeigt, dass der Kampf für LGBTQ-Rechte nicht nur eine individuelle Anstrengung ist, sondern eine kollektive Bewegung, die Unterstützung und Solidarität erfordert. Die Geschichten von Trans-Kanadierinnen, die durch ihre Arbeit erzählt wurden, sind nicht nur inspirierend, sondern auch ein Aufruf zum Handeln. Sie erinnern uns daran, dass jeder von uns die Fähigkeit hat, Veränderungen zu bewirken, sei es durch unsere Stimme, unser Handeln oder unsere Unterstützung für andere.

Abschließend lässt sich sagen, dass Rachel Giese nicht nur eine Journalistin ist, sondern auch eine Pionierin im Kampf für Transgender-Rechte. Ihre Arbeit ist ein lebendiges Zeugnis für die Kraft des Aktivismus und die Bedeutung von Sichtbarkeit in der Gesellschaft. Die Herausforderungen, die sie und andere

LGBTQ-Aktivisten weiterhin bewältigen müssen, sind zahlreich, aber die Fortschritte, die bereits erzielt wurden, sind ermutigend. Es liegt an uns, diese Fortschritte zu unterstützen und den Kampf für Gleichheit und Gerechtigkeit fortzusetzen. In einer Welt, in der die Stimmen der Unterdrückten oft zum Schweigen gebracht werden, ist es unsere Pflicht, zuzuhören, zu lernen und zu handeln. Lasst uns also gemeinsam für eine Zukunft eintreten, in der jeder Mensch, unabhängig von Geschlecht oder sexueller Orientierung, die Freiheit hat, sich selbst zu sein.

Schlusswort

Zusammenfassung der wichtigsten Themen

Reflexion über Rachels Lebensweg

Rachel Giese ist nicht nur eine Journalistin, sondern auch eine Stimme für viele, die oft übersehen werden. Ihr Lebensweg ist ein eindrucksvolles Beispiel für den Einfluss, den eine Einzelperson auf die Gesellschaft ausüben kann, insbesondere im Kontext des LGBTQ-Aktivismus. In dieser Reflexion werfen wir einen Blick auf die Schlüsselmomente und Herausforderungen in Rachels Leben, die ihre Perspektive und ihren Aktivismus geprägt haben.

Frühe Einflüsse und Identitätsfindung

Rachel wurde in einem Umfeld geboren, das nicht immer unterstützend war. Ihre Kindheit war von der Suche nach Akzeptanz geprägt, was oft zu Konflikten mit gesellschaftlichen Normen führte. Diese frühen Erfahrungen mit Diskriminierung und Isolation haben sie gelehrt, wie wichtig Sichtbarkeit und Stimme sind. Die Rolle ihrer Eltern war entscheidend; sie förderten Rachels Leidenschaft für Gerechtigkeit und Gleichheit, was den Grundstein für ihren späteren Aktivismus legte.

Ein Schlüsselmoment in Rachels Jugend war die Entdeckung ihrer eigenen Identität. In einer Gesellschaft, die oft transphob ist, war es für Rachel eine Herausforderung, ihren Platz zu finden. Ihre ersten Schritte in den Journalismus waren nicht nur ein Beruf, sondern auch ein Weg, um ihre Erfahrungen und die ihrer Gemeinschaft zu teilen. Diese Verbindung zwischen persönlicher Identität und beruflicher Tätigkeit ist ein zentrales Thema in Rachels Lebensweg.

Der Einfluss von Medien auf den Aktivismus

Rachel erkannte früh, dass Medien eine mächtige Plattform sind, um Veränderungen herbeizuführen. Ihre ersten Artikel über Transgender-Rechte waren nicht nur informativ, sondern auch provokant. Sie stellte die Fragen, die viele Menschen nicht zu stellen wagten, und brachte die Geschichten von Trans-Kanadierinnen ins Licht. Diese Berichterstattung hatte nicht nur Auswirkungen auf die öffentliche Meinung, sondern trug auch zur Sichtbarkeit der LGBTQ-Community bei.

Ein Beispiel für Rachels Einfluss ist ihre Berichterstattung über die Gesetzgebung, die Transgender-Rechte bedrohte. Durch ihre journalistische Arbeit konnte sie nicht nur die Probleme benennen, sondern auch Lösungen und Wege zur Unterstützung der Betroffenen aufzeigen. Ihre Fähigkeit, komplexe Themen verständlich zu machen, hat vielen Menschen geholfen, sich in der oft verwirrenden Landschaft der LGBTQ-Rechte zurechtzufinden.

Herausforderungen und Rückschläge

Trotz ihrer Erfolge war Rachels Weg nicht immer einfach. Kritische Reaktionen auf ihre Arbeit, insbesondere von konservativen Gruppen, führten oft zu persönlichen Angriffen und Hasskommentaren. Diese Herausforderungen waren nicht nur beruflicher Natur, sondern hatten auch tiefgreifende Auswirkungen auf ihr persönliches Wohlbefinden. Rachel musste lernen, mit diesen Angriffen umzugehen und sich auf ihre Werte zu besinnen.

Die Resilienz, die Rachel in diesen schwierigen Zeiten entwickelte, ist bewundernswert. Sie fand Unterstützung in der LGBTQ-Community und unter Gleichgesinnten, was ihr half, sich nicht nur als Journalistin, sondern auch als Mensch weiterzuentwickeln. Ihre Erfahrungen zeigen, wie wichtig es ist, ein Netzwerk von Unterstützern zu haben, um den Herausforderungen des Aktivismus zu begegnen.

Erfolge und Vermächtnis

Rachel Giese hat im Laufe ihrer Karriere zahlreiche Auszeichnungen für ihre journalistischen Leistungen erhalten. Diese Anerkennung ist nicht nur ein Beweis für ihre Fähigkeiten, sondern auch für den Einfluss, den sie auf die LGBTQ-Community und die Gesellschaft insgesamt hat. Ihre Berichterstattung über bedeutende Ereignisse, wie z.B. Pride-Veranstaltungen und politische Entwicklungen, hat dazu beigetragen, das Bewusstsein für die Herausforderungen und Erfolge von Transgender-Personen zu schärfen.

Ein weiterer wichtiger Aspekt von Rachels Lebensweg ist ihr Vermächtnis. Sie hat nicht nur Geschichten erzählt, sondern auch eine Plattform für andere geschaffen, um ihre Stimmen zu erheben. Dies zeigt sich in ihren Bemühungen, junge Journalistinnen und Journalisten zu fördern und ihnen die Werkzeuge an die Hand zu geben, die sie benötigen, um in der Medienlandschaft erfolgreich zu sein.

Schlussfolgerung

Rachels Lebensweg ist ein inspirierendes Beispiel für den Einfluss, den eine engagierte Einzelperson auf die Gesellschaft ausüben kann. Ihre Reise von der persönlichen Identität zur professionellen Stimme für Gerechtigkeit und Gleichheit verdeutlicht die Verbindung zwischen Aktivismus und Journalismus. In einer Welt, die oft von Vorurteilen und Diskriminierung geprägt ist, bleibt Rachels Geschichte ein Lichtblick und ein Aufruf zum Handeln für zukünftige Generationen.

Die Reflexion über Rachels Lebensweg zeigt, dass der Kampf für LGBTQ-Rechte nicht nur eine gesellschaftliche, sondern auch eine persönliche Reise ist. Jeder Schritt, den Rachel unternommen hat, ist ein Schritt in Richtung einer gerechteren und inklusiveren Gesellschaft. Ihre Geschichte ermutigt uns, aktiv zu werden und für die Rechte derjenigen einzutreten, die oft nicht gehört werden.

Bedeutung des Aktivismus

Aktivismus spielt eine entscheidende Rolle in der Förderung und dem Schutz der Rechte von LGBTQ-Personen. Er ist nicht nur ein Mittel zur Sichtbarmachung von Diskriminierung und Ungerechtigkeit, sondern auch ein Katalysator für gesellschaftliche Veränderungen. In dieser Sektion werden wir die verschiedenen Dimensionen und die Bedeutung des Aktivismus für die LGBTQ-Community untersuchen.

Theoretische Grundlagen des Aktivismus

Aktivismus kann als organisierte Anstrengung beschrieben werden, um gesellschaftliche oder politische Veränderungen herbeizuführen. Laut der *Theorie des sozialen Wandels* ist Aktivismus ein wesentlicher Bestandteil der sozialen Bewegung, die darauf abzielt, bestehende Normen in Frage zu stellen und neue Standards zu etablieren. Diese Theorie besagt, dass soziale Bewegungen oft aus dem Bedürfnis entstehen, Ungerechtigkeiten zu bekämpfen und die Lebensbedingungen von marginalisierten Gruppen zu verbessern.

Ein zentrales Konzept ist die *Identitätspolitik*, die besagt, dass die Identität einer Person – sei es Geschlecht, Sexualität oder ethnische Zugehörigkeit – ihre Erfahrungen und Perspektiven prägt. LGBTQ-Aktivismus ist somit nicht nur ein Kampf um rechtliche Gleichstellung, sondern auch um die Anerkennung und den Respekt der Identität und der Erfahrungen von LGBTQ-Personen.

Herausforderungen im Aktivismus

Trotz der Fortschritte, die in den letzten Jahrzehnten erzielt wurden, sieht sich der LGBTQ-Aktivismus weiterhin erheblichen Herausforderungen gegenüber. Gesellschaftliche Vorurteile, politische Widerstände und institutionelle Diskriminierung sind nur einige der Hürden, die überwunden werden müssen.

Ein Beispiel hierfür ist die anhaltende Stigmatisierung von Transgender-Personen, die oft mit Diskriminierung im Gesundheitswesen, am Arbeitsplatz und in der Gesellschaft konfrontiert sind. Diese Diskriminierung kann zu psychischen Gesundheitsproblemen führen und die Lebensqualität erheblich beeinträchtigen. Laut einer Studie der *American Psychological Association* (APA) haben Transgender-Personen ein höheres Risiko für Depressionen und Angstzustände, was die Notwendigkeit von aktivistischen Maßnahmen zur Unterstützung ihrer Rechte unterstreicht.

Beispiele für erfolgreichen Aktivismus

Ein herausragendes Beispiel für erfolgreichen Aktivismus ist die *Stonewall-Rebellion* von 1969, die als Wendepunkt in der LGBTQ-Bewegung gilt. Diese Ereignisse führten zur Gründung zahlreicher LGBTQ-Organisationen und zur Etablierung des *Pride-Monats*, der weltweit gefeiert wird, um die Sichtbarkeit und Rechte von LGBTQ-Personen zu fördern.

Ein weiteres Beispiel ist die *Marriage Equality Movement*, das in vielen Ländern zur Legalisierung der gleichgeschlechtlichen Ehe führte. In Kanada wurde die gleichgeschlechtliche Ehe 2005 legalisiert, und dieser Erfolg war das Ergebnis jahrelanger harter Arbeit von Aktivisten, die unermüdlich für Gleichheit und Anerkennung kämpften.

Die Rolle der Medien im Aktivismus

Die Medien spielen eine unverzichtbare Rolle im LGBTQ-Aktivismus, indem sie Plattformen für die Stimmen von Aktivisten und Betroffenen bieten. Berichterstattung über LGBTQ-Themen in den Medien hat das Potenzial,

Vorurteile abzubauen und das Bewusstsein für die Herausforderungen zu schärfen, mit denen die Community konfrontiert ist.

Rachel Giese, als prominente Journalistin, hat durch ihre Berichterstattung über Transgender-Rechte und -Erfahrungen einen bedeutenden Einfluss auf die öffentliche Wahrnehmung und die politische Diskussion ausgeübt. Ihre Artikel haben nicht nur die Sichtbarkeit von Trans-Personen erhöht, sondern auch das Bewusstsein für die Notwendigkeit von Reformen im Gesundheitswesen, im Bildungswesen und in der Gesetzgebung geschärft.

Fazit

Zusammenfassend lässt sich sagen, dass der Aktivismus eine fundamentale Bedeutung für die LGBTQ-Community hat. Er ist ein Instrument des Wandels, das die Stimmen derjenigen stärkt, die oft übersehen werden. Aktivismus fördert nicht nur die rechtliche Gleichstellung, sondern auch die gesellschaftliche Akzeptanz und das Verständnis für die Vielfalt menschlicher Identität. In einer Zeit, in der viele LGBTQ-Personen weiterhin Diskriminierung und Gewalt ausgesetzt sind, bleibt der Aktivismus eine unverzichtbare Kraft für Gerechtigkeit und Gleichheit.

Aktivismus → Gesellschaftlicher Wandel → Gleichheit und Akzeptanz   (31)

Die Rolle des Journalismus

Der Journalismus spielt eine entscheidende Rolle im LGBTQ-Aktivismus, indem er nicht nur Informationen verbreitet, sondern auch das Bewusstsein für die Herausforderungen und Errungenschaften der LGBTQ-Community schärft. Der Journalismus kann als die vierte Gewalt in einer Demokratie betrachtet werden, die die Macht hat, die öffentliche Meinung zu beeinflussen und Veränderungen herbeizuführen. In diesem Kontext ist es wichtig, die Funktion des Journalismus in der Förderung von Transgender-Rechten und der Sichtbarkeit von Trans-Kanadierinnen zu untersuchen.

Theoretische Grundlagen

Die Rolle des Journalismus lässt sich durch verschiedene theoretische Ansätze erklären. Der **Agenda-Setting-Ansatz** besagt, dass die Medien nicht nur berichten, sondern auch die Themen bestimmen, die in der öffentlichen Diskussion präsent sind. Dies bedeutet, dass Journalisten durch die Auswahl von

Themen und die Art der Berichterstattung die Wahrnehmung der Öffentlichkeit beeinflussen können. Wenn beispielsweise Transgender-Rechte in den Medien behandelt werden, kann dies dazu führen, dass diese Themen auch in politischen und sozialen Debatten mehr Beachtung finden.

Ein weiterer relevanter theoretischer Ansatz ist der **Framing-Ansatz**. Dieser Ansatz untersucht, wie Informationen präsentiert werden und welche Bedeutungen dadurch erzeugt werden. Die Art und Weise, wie Journalisten über Transgender-Personen berichten, kann deren gesellschaftliche Wahrnehmung erheblich beeinflussen. Positive Berichterstattung, die Transgender-Personen als vollwertige Mitglieder der Gesellschaft darstellt, kann zur Akzeptanz und Unterstützung ihrer Rechte beitragen.

Herausforderungen im Journalismus

Trotz der bedeutenden Rolle, die der Journalismus im LGBTQ-Aktivismus spielt, gibt es zahlreiche Herausforderungen. Eine der größten Herausforderungen ist die **Medienethik**. Journalisten müssen sicherstellen, dass sie die Privatsphäre und Würde von Transgender-Personen respektieren, während sie gleichzeitig über wichtige Themen berichten. Sensationsberichterstattung oder die Verwendung von diskriminierenden Begriffen kann das Vertrauen der Community in die Medien untergraben und zu weiterer Stigmatisierung führen.

Ein weiteres Problem ist die **Diversität innerhalb der Medien**. Viele Nachrichtenredaktionen sind nicht ausreichend diversifiziert, was zu einer einseitigen Berichterstattung führen kann. Es ist entscheidend, dass Journalisten aus verschiedenen Hintergründen und Identitäten in den Redaktionen vertreten sind, um eine umfassendere und genauere Berichterstattung über LGBTQ-Themen zu gewährleisten.

Beispiele für positiven Journalismus

Ein herausragendes Beispiel für positiven Journalismus ist die Berichterstattung über die **Transgender Rights Movement** in Kanada. Journalisten, die sich auf LGBTQ-Themen spezialisiert haben, haben dazu beigetragen, das Bewusstsein für die Herausforderungen zu schärfen, mit denen Transgender-Personen konfrontiert sind, und haben deren Geschichten einer breiten Öffentlichkeit zugänglich gemacht. Diese Berichterstattung hat nicht nur zu einer erhöhten Sichtbarkeit geführt, sondern auch das Verständnis und die Empathie für die Erfahrungen von Trans-Kanadierinnen gefördert.

Ein weiterer positiver Aspekt ist die Rolle von sozialen Medien im Journalismus. Plattformen wie Twitter und Instagram bieten Journalisten die Möglichkeit, direkt mit der Community zu interagieren und Geschichten zu teilen, die möglicherweise in traditionellen Medien nicht die Aufmerksamkeit erhalten würden. Diese Form des Journalismus ermöglicht es, Stimmen zu hören, die oft übersehen werden, und trägt zur Schaffung eines inklusiveren Diskurses bei.

Fazit

Zusammenfassend lässt sich sagen, dass der Journalismus eine unverzichtbare Rolle im LGBTQ Aktivismus spielt. Durch die Schaffung von Bewusstsein, die Förderung der Sichtbarkeit und die Bereitstellung einer Plattform für die Stimmen von Transgender-Personen kann der Journalismus zur sozialen Veränderung beitragen. Dennoch müssen Journalisten sich den Herausforderungen der Medienethik und der Diversität stellen, um sicherzustellen, dass ihre Berichterstattung sowohl genau als auch respektvoll ist. Die Zukunft des Journalismus im Kontext des LGBTQ-Aktivismus hängt von der Fähigkeit ab, diese Herausforderungen zu meistern und eine inklusive, faire und empathische Berichterstattung zu gewährleisten.

Ein Blick in die Zukunft

Der Blick in die Zukunft des LGBTQ-Aktivismus, insbesondere im Hinblick auf die Herausforderungen, denen sich Transgender-Personen gegenübersehen, ist von entscheidender Bedeutung für das Verständnis der gesellschaftlichen Dynamiken, die den Aktivismus prägen. In den kommenden Jahren werden wir uns mit einer Vielzahl von politischen, sozialen und technologischen Entwicklungen auseinandersetzen müssen, die sowohl Chancen als auch Herausforderungen für die LGBTQ-Community mit sich bringen.

Politische Entwicklungen

Die politischen Rahmenbedingungen sind entscheidend für die Rechte von LGBTQ-Personen. In vielen Ländern, einschließlich Kanada, sind Fortschritte in der Gesetzgebung zu beobachten, die den Schutz von Transgender-Rechten fördern. Doch gleichzeitig gibt es auch eine wachsende Anzahl von politischen Bewegungen, die versuchen, diese Errungenschaften rückgängig zu machen. Die Verabschiedung von Gesetzen, die Diskriminierung aufgrund der Geschlechtsidentität verbieten, ist ein positiver Schritt, doch die Implementierung und der Schutz dieser Gesetze sind oft unzureichend.

Ein Beispiel hierfür ist das Gesetz zur Anerkennung von Geschlechtsidentitäten in Kanada, das 2017 verabschiedet wurde. Trotz dieser Fortschritte sehen sich Transgender-Personen immer noch Diskriminierung und Gewalt ausgesetzt, was die Notwendigkeit einer kontinuierlichen Überwachung und Anpassung der Gesetzgebung unterstreicht.

Gesellschaftliche Veränderungen

Die gesellschaftliche Akzeptanz von LGBTQ-Personen hat sich in den letzten Jahrzehnten erheblich verändert, doch es bleibt viel zu tun. Die Sichtbarkeit von Transgender-Personen in den Medien hat zugenommen, was zu einem besseren Verständnis und einer breiteren Akzeptanz führen kann. Dennoch gibt es nach wie vor tief verwurzelte Vorurteile und Stereotypen, die bekämpft werden müssen.

Ein Beispiel für gesellschaftliche Veränderungen ist die zunehmende Präsenz von Transgender-Personen in der Popkultur. Filme und Fernsehsendungen, die Transgender-Geschichten authentisch darstellen, können dazu beitragen, das Bewusstsein zu schärfen und Vorurteile abzubauen. Doch bleibt die Frage, wie nachhaltig diese Veränderungen sind und ob sie zu einer tatsächlichen Verbesserung der Lebensumstände von Transgender-Personen führen.

Die Rolle der Medien im Aktivismus

Die Medien spielen eine entscheidende Rolle im LGBTQ-Aktivismus, indem sie nicht nur Informationen verbreiten, sondern auch die öffentliche Meinung beeinflussen. Die Herausforderung besteht darin, sicherzustellen, dass diese Berichterstattung fair und genau ist. Sensationsberichterstattung kann schädlich sein und zur Stigmatisierung von Transgender-Personen beitragen.

Ein Beispiel für positive Medienberichterstattung ist die Berichterstattung über die "Transgender Day of Remembrance", der jährlich abgehalten wird, um die Opfer von Transgender-Gewalt zu gedenken. Solche Veranstaltungen in den Medien hervorzuheben, kann helfen, das Bewusstsein für die Herausforderungen zu schärfen, mit denen die Community konfrontiert ist, und die Notwendigkeit von Veränderungen zu betonen.

Herausforderungen für Transgender-Personen

Die Herausforderungen, vor denen Transgender-Personen stehen, sind vielfältig. Diskriminierung im Gesundheitswesen, am Arbeitsplatz und in der Gesellschaft insgesamt sind nach wie vor weit verbreitet. Die Notwendigkeit von Bildungsprogrammen, die sich mit Geschlechtsidentität und -ausdruck befassen, ist von großer Bedeutung, um Vorurteile abzubauen und ein besseres Verständnis zu fördern.

Darüber hinaus ist die psychische Gesundheit ein kritisches Thema. Viele Transgender-Personen sehen sich aufgrund von Diskriminierung und Stigmatisierung einem erhöhten Risiko für psychische Erkrankungen ausgesetzt. Die Bereitstellung von Unterstützung und Ressourcen für psychische Gesundheit ist unerlässlich, um diese Herausforderungen zu bewältigen.

Bedeutung von Bildung und Aufklärung

Bildung und Aufklärung sind entscheidend für den Fortschritt im Bereich der LGBTQ-Rechte. Die Integration von LGBTQ-Themen in Schulen und Bildungseinrichtungen kann dazu beitragen, ein besseres Verständnis und eine größere Akzeptanz zu fördern. Programme, die sich auf die Aufklärung über Geschlechtsidentität und sexuelle Orientierung konzentrieren, können dazu beitragen, Vorurteile abzubauen und die Sicherheit von LGBTQ-Jugendlichen zu erhöhen.

Die Zukunft des Journalismus

Der Journalismus wird sich weiterentwickeln müssen, um den Bedürfnissen der LGBTQ-Community gerecht zu werden. Die Herausforderungen der digitalen Medien, einschließlich der Verbreitung von Fehlinformationen und der Notwendigkeit, ethische Standards aufrechtzuerhalten, sind von zentraler Bedeutung. Journalisten müssen sich dafür einsetzen, die Stimmen von marginalisierten Gemeinschaften zu hören und zu verstärken.

Ein Aufruf zur Mobilisierung der nächsten Generation

Die Mobilisierung der nächsten Generation von LGBTQ-Aktivisten ist entscheidend für die Zukunft des Aktivismus. Junge Menschen bringen frische Perspektiven und innovative Ansätze in die Bewegung ein. Es ist wichtig, ihnen die Werkzeuge und Ressourcen zur Verfügung zu stellen, die sie benötigen, um sich für ihre Rechte einzusetzen und Veränderungen herbeizuführen.

Die Rolle von Verbündeten

Verbündete spielen eine wichtige Rolle im LGBTQ-Aktivismus. Sie können helfen, die Sichtbarkeit zu erhöhen und die Stimmen von LGBTQ-Personen zu verstärken. Die Zusammenarbeit zwischen verschiedenen Gruppen und

Gemeinschaften ist entscheidend, um eine breitere Unterstützung für LGBTQ-Rechte zu mobilisieren.

Reflexion über die eigene Rolle

Jeder Einzelne hat die Möglichkeit, einen Unterschied zu machen. Die Reflexion über die eigene Rolle im Aktivismus ist entscheidend. Ob durch Bildung, Unterstützung oder direkte Aktion – jeder kann zur Schaffung einer gerechteren und inklusiveren Gesellschaft beitragen.

Insgesamt ist der Blick in die Zukunft des LGBTQ-Aktivismus eine Mischung aus Hoffnung und Herausforderungen. Es liegt an uns allen, die notwendigen Schritte zu unternehmen, um sicherzustellen, dass die Errungenschaften der Vergangenheit nicht verloren gehen und dass die Stimmen von Transgender-Personen gehört und respektiert werden.

Aufruf zur Unterstützung von LGBTQ-Rechten

In einer Welt, die von Vielfalt und Komplexität geprägt ist, ist die Unterstützung von LGBTQ-Rechten nicht nur eine moralische Verpflichtung, sondern auch eine Notwendigkeit für das Wohlergehen unserer Gesellschaft. Der Aktivismus, wie ihn Rachel Giese verkörpert, zeigt uns, dass jede Stimme zählt und dass wir alle eine Rolle dabei spielen können, die Rechte von LGBTQ-Personen zu fördern und zu schützen.

Die Notwendigkeit der Unterstützung

Die rechtliche und gesellschaftliche Gleichstellung von LGBTQ-Personen ist in vielen Ländern noch nicht erreicht. Trotz Fortschritten in einigen Regionen gibt es nach wie vor Gesetze, die Diskriminierung und Ungleichbehandlung fördern. **Ein Beispiel ist die Diskriminierung von Transgender-Personen** in verschiedenen Bereichen, wie Gesundheit, Bildung und Beschäftigung.

Laut einer Studie der *Human Rights Campaign* haben über 40% der Transgender-Personen in den USA angegeben, dass sie aufgrund ihrer Identität Diskriminierung am Arbeitsplatz erfahren haben. Diese Statistiken verdeutlichen die Notwendigkeit eines kollektiven Aufrufs zur Unterstützung, um diese Ungerechtigkeiten zu bekämpfen.

Theoretische Grundlagen

Die Unterstützung von LGBTQ-Rechten basiert auf mehreren theoretischen Ansätzen, die die Notwendigkeit der Gleichheit und der Menschenrechte unterstreichen. Der *Queer Theory* Ansatz, der Geschlecht und Sexualität als soziale Konstrukte betrachtet, fordert uns auf, bestehende Normen zu hinterfragen und die Vielfalt menschlicher Erfahrungen anzuerkennen.

Ein weiteres wichtiges Konzept ist das der *Intersektionalität*, das beschreibt, wie verschiedene Identitäten (z.B. Geschlecht, Rasse, sexuelle Orientierung) miteinander verflochten sind und wie diese Verflechtungen die Erfahrungen von Diskriminierung beeinflussen. Der Aufruf zur Unterstützung von LGBTQ-Rechten muss also auch die Stimmen von marginalisierten Gruppen innerhalb der LGBTQ-Community einbeziehen.

Praktische Maßnahmen zur Unterstützung

Es gibt zahlreiche Möglichkeiten, wie Einzelpersonen und Gemeinschaften aktiv zur Unterstützung von LGBTQ-Rechten beitragen können:

- **Bildung und Aufklärung:** Informieren Sie sich über die Herausforderungen, denen LGBTQ-Personen gegenüberstehen, und teilen Sie dieses Wissen in Ihrem sozialen Umfeld. Bildung ist der Schlüssel zur Überwindung von Vorurteilen und Missverständnissen.

- **Aktive Teilnahme:** Nehmen Sie an LGBTQ-Veranstaltungen, wie Pride-Paraden oder Workshops, teil, um Ihre Solidarität zu zeigen und sich mit der Community zu verbinden.

- **Unterstützung von Organisationen:** Spenden Sie an oder engagieren Sie sich bei Organisationen, die sich für die Rechte von LGBTQ-Personen einsetzen. Diese Organisationen spielen eine entscheidende Rolle bei der Bereitstellung von Ressourcen und Unterstützung für Betroffene.

- **Gesetzgebung beeinflussen:** Setzen Sie sich für Gesetze ein, die die Rechte von LGBTQ-Personen schützen. Dies kann durch Lobbyarbeit, das Schreiben von Briefen an Entscheidungsträger oder die Teilnahme an politischen Kampagnen geschehen.

Beispiele für erfolgreiche Unterstützung

Ein bemerkenswertes Beispiel für erfolgreiche Unterstützung ist die Bewegung für die Ehegleichheit in den USA, die in den letzten zwei Jahrzehnten an Fahrt gewonnen hat. Durch die Mobilisierung von Unterstützern, die Nutzung sozialer Medien und die Schaffung von Sichtbarkeit für LGBTQ-Personen gelang es Aktivisten, eine breite öffentliche Unterstützung zu gewinnen, die letztendlich zur Legalisierung der gleichgeschlechtlichen Ehe führte.

Ein weiteres Beispiel ist die *Transgender Day of Remembrance*, der jährlich begangen wird, um die Erinnerungen an die Transgender-Personen zu ehren, die aufgrund von Gewalt und Diskriminierung ihr Leben verloren haben. Dieser Tag mobilisiert die Gemeinschaft und sensibilisiert die Gesellschaft für die Herausforderungen, mit denen Transgender-Personen konfrontiert sind.

Schlussfolgerung

Der Aufruf zur Unterstützung von LGBTQ-Rechten ist ein Aufruf an alle, sich für Gerechtigkeit und Gleichheit einzusetzen. Es ist entscheidend, dass wir als Gesellschaft die Stimmen derjenigen hören, die oft übersehen werden, und aktiv an der Schaffung eines sicheren und gerechten Umfelds für alle Menschen arbeiten. Die Herausforderungen sind groß, aber mit vereinten Kräften können wir bedeutende Veränderungen bewirken. Lassen Sie uns gemeinsam für eine Welt kämpfen, in der jeder Mensch, unabhängig von seiner Identität, respektiert und geschätzt wird.

Bedeutung von Gemeinschaft und Solidarität

Die Bedeutung von Gemeinschaft und Solidarität im LGBTQ-Aktivismus kann nicht hoch genug eingeschätzt werden. Diese Konzepte sind nicht nur zentrale Elemente der sozialen Identität, sondern auch entscheidend für den Erfolg von Bewegungen, die sich für die Rechte und das Wohlbefinden von marginalisierten Gruppen einsetzen. Gemeinschaft bietet einen Raum für Unterstützung, Verständnis und Empowerment, während Solidarität eine kollektive Verantwortung und ein gemeinsames Ziel verkörpert.

Theoretischer Rahmen

Die Theorie der sozialen Identität, wie sie von Henri Tajfel und John Turner entwickelt wurde, legt nahe, dass Menschen ein Bedürfnis haben, sich mit Gruppen zu identifizieren, die ihnen ein Gefühl von Zugehörigkeit und Sicherheit bieten. Für LGBTQ-Personen kann die Zugehörigkeit zu einer Gemeinschaft von Gleichgesinnten nicht nur das Selbstwertgefühl stärken, sondern auch ein Gefühl der Sicherheit in einer oft feindlichen Umwelt vermitteln. Diese Gemeinschaften können als Schutzräume fungieren, in denen Individuen ihre Identität frei ausdrücken können, ohne Angst vor Diskriminierung oder Gewalt haben zu müssen.

Solidarität hingegen wird oft durch das Konzept des „intersektionalen Aktivismus" beschrieben, das von Kimberlé Crenshaw populär gemacht wurde. Dieser Ansatz erkennt an, dass Individuen multiple Identitäten besitzen, die sich überschneiden und miteinander interagieren. Solidarität im LGBTQ-Aktivismus bedeutet, die Vielfalt innerhalb der Community zu akzeptieren und zu unterstützen, um eine breitere Allianz gegen Diskriminierung und Ungerechtigkeit zu bilden.

Herausforderungen

Trotz der positiven Aspekte von Gemeinschaft und Solidarität stehen LGBTQ-Gruppen vor erheblichen Herausforderungen. Eine der größten Hürden ist die interne Fragmentierung innerhalb der Community. Unterschiedliche Identitäten und Erfahrungen können zu Spannungen führen, die die Solidarität untergraben. Beispielsweise kann es Spannungen zwischen cisgender und transgender Personen geben, die sich in unterschiedlichen Bedürfnissen und Prioritäten niederschlagen. Diese Fragmentierung kann den Aktivismus schwächen und den Eindruck erwecken, dass die Community nicht geschlossen genug ist, um gegen äußere Bedrohungen zu kämpfen.

Ein weiteres Problem ist der Einfluss von gesellschaftlichen Normen und Vorurteilen, die auch innerhalb der LGBTQ-Community existieren können. Rassismus, Klassismus und andere Formen von Diskriminierung können dazu führen, dass bestimmte Gruppen innerhalb der LGBTQ-Community marginalisiert werden. Dies kann das Gefühl der Zugehörigkeit und die Solidarität untergraben und zu einem Gefühl der Isolation führen.

Beispiele für Gemeinschaft und Solidarität

Trotz dieser Herausforderungen gibt es zahlreiche inspirierende Beispiele für Gemeinschaft und Solidarität im LGBTQ-Aktivismus. Ein herausragendes Beispiel ist die Stonewall-Rebellion von 1969, die oft als Geburtsstunde der modernen LGBTQ-Bewegung angesehen wird. Diese Ereignisse zeigten, wie wichtig es ist, dass Menschen zusammenkommen, um sich gegen Diskriminierung und Gewalt zu wehren. Die Solidarität, die während der Rebellion und in den darauffolgenden Protesten sichtbar wurde, trug dazu bei, die LGBTQ-Rechte auf die politische Agenda zu setzen und eine breitere gesellschaftliche Bewegung zu initiieren.

Ein weiteres Beispiel ist die Organisation „Black Lives Matter", die auch die Anliegen von LGBTQ-Personen, insbesondere von schwarzen Transgender-Personen, in ihren Aktivismus integriert hat. Diese intersektionale Herangehensweise hat nicht nur die Sichtbarkeit von marginalisierten Stimmen innerhalb der LGBTQ-Community erhöht, sondern auch die Notwendigkeit betont, Solidarität über identitätsbasierte Grenzen hinweg zu fördern.

Fazit

Die Bedeutung von Gemeinschaft und Solidarität im LGBTQ-Aktivismus kann nicht überbetont werden. Sie sind entscheidend für die Schaffung eines unterstützenden Umfelds, das es Individuen ermöglicht, ihre Identität zu leben und für ihre Rechte zu kämpfen. Trotz der Herausforderungen, die sich aus interner Fragmentierung und gesellschaftlichen Vorurteilen ergeben, gibt es zahlreiche Beispiele, die zeigen, wie Gemeinschaft und Solidarität als kraftvolle Werkzeuge für den Wandel genutzt werden können. Der fortwährende Kampf für Gleichheit und Gerechtigkeit erfordert eine starke, vereinte Front, die auf den Prinzipien der Gemeinschaft und Solidarität basiert.

Wertschätzung für Rachels Arbeit

Rachel Giese hat durch ihre journalistische Arbeit und ihr Engagement für die LGBTQ-Community einen bedeutenden Beitrag geleistet, der über die Grenzen von Kanada hinausgeht. Ihre Berichterstattung über Transgender-Rechte und die Herausforderungen, mit denen Trans-Personen konfrontiert sind, hat nicht nur das Bewusstsein in der Gesellschaft geschärft, sondern auch zu einem besseren Verständnis und einer stärkeren Unterstützung für diese oft marginalisierte Gruppe beigetragen.

Ein zentraler Aspekt von Rachels Arbeit ist die Art und Weise, wie sie komplexe Themen aufbereitet und für ein breites Publikum zugänglich macht. Sie nutzt eine klare, prägnante Sprache und kombiniert persönliche Geschichten mit fundierten Analysen. Dies ist besonders wichtig in einem Bereich, der häufig von Missverständnissen und Vorurteilen geprägt ist. Ihre Fähigkeit, die menschliche Erfahrung hinter den Statistiken sichtbar zu machen, hat dazu beigetragen, die Sichtbarkeit von Trans-Kanadierinnen zu erhöhen und ihre Stimmen zu stärken.

Ein Beispiel für Rachels Einfluss ist ihre Berichterstattung über die rechtlichen und gesellschaftlichen Herausforderungen, denen Transgender-Personen gegenüberstehen. In einem ihrer bekanntesten Artikel analysierte sie die Auswirkungen von diskriminierenden Gesetzen auf die Lebensqualität von

ZUSAMMENFASSUNG DER WICHTIGSTEN THEMEN

Trans-Personen. Sie stellte fest, dass „*die gesetzlichen Rahmenbedingungen nicht nur die Rechte der Trans-Personen einschränken, sondern auch ihre psychische Gesundheit und ihr Wohlbefinden erheblich beeinträchtigen*". Diese Erkenntnisse haben nicht nur die öffentliche Diskussion angestoßen, sondern auch politische Entscheidungsträger dazu gedrängt, über notwendige Reformen nachzudenken.

Darüber hinaus hat Rachel durch ihre Arbeit in sozialen Medien eine Plattform geschaffen, die es ihr ermöglicht, direkt mit ihrer Leserschaft zu kommunizieren. Sie nutzt diese Kanäle, um aktuelle Themen zu diskutieren, Informationen zu verbreiten und Unterstützung für verschiedene Initiativen zu mobilisieren. Ihre Präsenz in sozialen Medien hat nicht nur ihre Reichweite erhöht, sondern auch eine Community von Unterstützern und Aktivisten geschaffen, die sich für die Rechte von Trans-Personen einsetzen.

Die Herausforderungen, denen Rachel in ihrer Karriere begegnete, sind nicht zu übersehen. Sie hat oft mit Kritik und Widerstand zu kämpfen gehabt, insbesondere von konservativen Gruppen, die ihre Berichterstattung als Bedrohung für traditionelle Werte ansehen. Trotz dieser Rückschläge bleibt Rachel unerschütterlich in ihrem Engagement für die Wahrheit und die Rechte von Trans-Personen. Ihr Durchhaltevermögen und ihre Resilienz sind inspirierend und zeigen, dass wahrer Aktivismus oft mit persönlichen Opfern und Herausforderungen verbunden ist.

Ein weiteres Beispiel für Rachels Einfluss ist ihre Rolle als Mentorin für aufstrebende Journalistinnen und Journalisten innerhalb der LGBTQ-Community. Sie hat Workshops und Schulungen organisiert, um junge Talente zu fördern und ihnen die Werkzeuge an die Hand zu geben, die sie benötigen, um in der Medienlandschaft erfolgreich zu sein. Ihr Engagement für die nächste Generation von Journalistinnen und Journalisten ist ein wesentlicher Bestandteil ihres Erbes und zeigt ihre tiefe Überzeugung, dass Bildung und Empowerment entscheidend für den Fortschritt sind.

$$\text{Einfluss von Rachels Arbeit} = \text{Sichtbarkeit} + \text{Bildung} + \text{Empowerment} \quad (32)$$

Insgesamt ist die Wertschätzung für Rachels Arbeit nicht nur eine Anerkennung ihrer journalistischen Fähigkeiten, sondern auch ein Zeichen für die Bedeutung von Aktivismus in der heutigen Gesellschaft. Sie hat es geschafft, eine Brücke zwischen Journalismus und Aktivismus zu schlagen, indem sie Geschichten erzählt, die oft übersehen werden, und indem sie sich für die Rechte von Trans-Personen einsetzt. Ihre Arbeit ist ein leuchtendes Beispiel dafür, wie Medien einen positiven sozialen Wandel bewirken können und wie wichtig es ist, dass Stimmen, die oft zum Schweigen gebracht werden, gehört werden.

Abschließend lässt sich sagen, dass Rachels Beitrag zur LGBTQ-Community und zur Medienlandschaft von unschätzbarem Wert ist. Ihre Fähigkeit, komplexe Themen zu beleuchten und eine Plattform für unterrepräsentierte Stimmen zu schaffen, hat nicht nur das Bewusstsein geschärft, sondern auch das Engagement für die Rechte von Trans-Personen gefördert. In einer Zeit, in der Vorurteile und Diskriminierung weiterhin bestehen, ist ihre Arbeit wichtiger denn je und verdient höchste Anerkennung und Wertschätzung.

Inspiration für Leserinnen und Leser

In der heutigen Welt, in der die Stimmen der LGBTQ-Community oft überhört oder unterdrückt werden, ist es von entscheidender Bedeutung, dass wir alle die Verantwortung übernehmen, diese Stimmen zu stärken und zu unterstützen. Rachel Giese ist ein leuchtendes Beispiel dafür, wie eine Einzelperson durch Engagement, Mut und Kreativität einen bedeutenden Unterschied machen kann. Ihre Arbeit inspiriert nicht nur andere Journalisten, sondern auch Menschen aus allen Lebensbereichen, sich aktiv für die Rechte und die Sichtbarkeit von Transgender-Personen einzusetzen.

Ein zentraler Aspekt von Rachels Einfluss ist ihre Fähigkeit, Geschichten zu erzählen, die das Herz berühren und den Verstand herausfordern. In ihrer Berichterstattung beleuchtet sie nicht nur die Herausforderungen, mit denen Trans-Kanadierinnen konfrontiert sind, sondern auch ihre Triumphe und Errungenschaften. Diese Geschichten sind nicht nur wichtig, um das Bewusstsein zu schärfen, sondern sie bieten auch ein Gefühl der Hoffnung und der Zugehörigkeit für diejenigen, die ähnliche Erfahrungen gemacht haben.

Ein Beispiel für die inspirierende Kraft von Rachels Arbeit ist ihr Artikel über die Erfahrungen einer jungen Transfrau, die gegen Diskriminierung und Vorurteile kämpfte, um ihre Identität zu leben. Durch ihre Erzählung konnte die Leserschaft nicht nur die Herausforderungen nachvollziehen, sondern auch die Stärke und den Mut bewundern, die diese junge Frau an den Tag legte. Solche Geschichten sind von unschätzbarem Wert, da sie nicht nur aufklären, sondern auch Empathie fördern und das Verständnis für die Komplexität der Geschlechtsidentität vertiefen.

Darüber hinaus zeigt Rachels Engagement, wie wichtig es ist, Verbündete in der Gemeinschaft zu haben. Ihre Arbeit ermutigt Leserinnen und Leser, sich als Verbündete zu engagieren und aktiv gegen Diskriminierung und Ungerechtigkeit zu kämpfen. Dies ist besonders relevant in einer Zeit, in der viele LGBTQ-Personen mit zunehmendem Widerstand und Feindseligkeit konfrontiert sind. Rachels Botschaft ist klar: Jeder kann einen Unterschied machen, egal wie klein die Handlung auch sein mag. Sei es durch das Teilen von

Informationen, die Unterstützung von LGBTQ-Organisationen oder einfach durch die Schaffung eines sicheren Raums für Gespräche und Diskussionen.

Ein weiterer inspirierender Aspekt von Rachels Arbeit ist ihre Fähigkeit, die Bedeutung von Bildung und Aufklärung zu betonen. Sie hat immer wieder darauf hingewiesen, dass Wissen der Schlüssel zur Bekämpfung von Vorurteilen ist. Indem sie komplexe Themen auf verständliche Weise erklärt, ermöglicht sie es den Leserinnen und Lesern, informierte Entscheidungen zu treffen und sich aktiv an der Diskussion über Transgender-Rechte und -Sichtbarkeit zu beteiligen. Diese Bildungsarbeit ist entscheidend, um eine inklusivere und gerechtere Gesellschaft zu schaffen.

In der Reflexion über Rachels Einfluss wird deutlich, dass ihre Arbeit nicht nur für die LGBTQ-Community von Bedeutung ist, sondern auch für die gesamte Gesellschaft. Sie fordert uns alle auf, unser Verständnis von Geschlecht und Identität zu hinterfragen und die Vielfalt menschlicher Erfahrungen zu akzeptieren und zu feiern. Ihre Geschichten und ihre Stimme sind ein Aufruf zur Aktion, der uns dazu anregt, über unsere eigenen Vorurteile nachzudenken und aktiv an der Schaffung einer gerechteren Welt mitzuwirken.

Abschließend lässt sich sagen, dass Rachels Lebenswerk uns alle inspiriert, uns für die Rechte und die Sichtbarkeit von Transgender-Personen einzusetzen. Ihre Geschichten sind nicht nur Berichte über Kämpfe, sondern auch Feierlichkeiten des Lebens, der Liebe und der Gemeinschaft. Sie erinnern uns daran, dass wir alle die Kraft haben, Veränderungen zu bewirken, und dass jede Stimme zählt. Lassen Sie sich von Rachels Beispiel leiten und nutzen Sie Ihre eigene Stimme, um die Welt zu einem besseren Ort für alle zu machen.

$$\text{Inspiration} = \text{Mut} + \text{Empathie} + \text{Bildung} \tag{33}$$

Ermutigung zur aktiven Teilnahme

In einer Zeit, in der die Stimmen der LGBTQ-Community lauter denn je sind, ist es entscheidend, dass jeder Einzelne ermutigt wird, aktiv an der Bewegung teilzunehmen. Aktivismus ist nicht nur eine Aufgabe für die wenigen, die an vorderster Front stehen; es ist eine gemeinsame Verantwortung, die alle betrifft. Die aktive Teilnahme kann in verschiedenen Formen erfolgen, von der Unterstützung lokaler Organisationen bis hin zur Teilnahme an Demonstrationen und dem Teilen von Informationen in sozialen Medien.

Die Bedeutung der aktiven Teilnahme

Aktive Teilnahme ist von entscheidender Bedeutung, um die Sichtbarkeit von LGBTQ-Themen zu erhöhen und um die Unterstützung für Transgender-Rechte und andere Anliegen zu fördern. Laut einer Studie von [?] wird die öffentliche Wahrnehmung von LGBTQ-Themen stark durch persönliche Geschichten und Erfahrungen beeinflusst. Wenn Individuen ihre Geschichten teilen oder sich in der Gemeinschaft engagieren, tragen sie dazu bei, Vorurteile abzubauen und das Verständnis zu fördern.

Ein Beispiel für erfolgreiche aktive Teilnahme ist die Organisation „Transgender Day of Visibility", die jährlich gefeiert wird und dazu dient, die Errungenschaften der Transgender-Community zu feiern und auf die Herausforderungen aufmerksam zu machen, mit denen sie konfrontiert ist. Diese Veranstaltung mobilisiert Tausende von Menschen weltweit, um ein Zeichen der Solidarität zu setzen und die Stimmen von Transgender-Personen zu stärken.

Formen der aktiven Teilnahme

Es gibt viele Wege, wie Menschen aktiv werden können:

- **Freiwilligenarbeit:** Engagieren Sie sich bei lokalen LGBTQ-Organisationen, um Unterstützung zu leisten, Ressourcen bereitzustellen und das Bewusstsein zu schärfen.

- **Bildung:** Informieren Sie sich über LGBTQ-Themen, um Missverständnisse abzubauen und andere aufzuklären. Nutzen Sie Plattformen wie Workshops und Seminare, um Ihr Wissen zu erweitern und weiterzugeben.

- **Soziale Medien:** Nutzen Sie soziale Medien, um wichtige Themen zu verbreiten, Geschichten zu teilen und andere zu inspirieren. Ein einfacher Tweet oder ein Facebook-Post kann eine Welle der Unterstützung auslösen.

- **Politische Teilnahme:** Beteiligen Sie sich an politischen Prozessen, indem Sie für Kandidaten stimmen, die LGBTQ-Rechte unterstützen, oder indem Sie an politischen Kampagnen teilnehmen.

- **Kunst und Kultur:** Verwenden Sie kreative Ausdrucksformen, um auf LGBTQ-Themen aufmerksam zu machen. Kunst, Musik und Literatur können starke Werkzeuge des Wandels sein.

Herausforderungen und Lösungen

Die Teilnahme an aktivistischen Bewegungen kann jedoch auch Herausforderungen mit sich bringen. Viele Menschen fühlen sich möglicherweise unsicher oder haben Angst vor Reaktionen aus ihrem Umfeld. Es ist wichtig, diese Ängste zu adressieren und Strategien zu entwickeln, um sie zu überwinden.

$$\text{Mut} = \text{Wissen} + \text{Unterstützung} \qquad (34)$$

Dieses einfache Gleichnis zeigt, dass die Kombination von Wissen über LGBTQ-Themen und Unterstützung durch Gleichgesinnte den Mut zur aktiven Teilnahme stärkt.

Ein Beispiel für eine erfolgreiche Überwindung von Herausforderungen ist die „March for Our Lives"-Bewegung, die junge Menschen mobilisiert hat, um für Waffenkontrolle zu kämpfen. Diese Bewegung hat gezeigt, dass durch Bildung und Gemeinschaftsunterstützung auch die größten Ängste überwunden werden können.

Die Rolle von Verbündeten

Verbündete spielen eine entscheidende Rolle im Aktivismus. Sie können als Brücke zwischen der LGBTQ-Community und der breiten Öffentlichkeit fungieren. Indem sie ihre Stimme erheben und sich für die Rechte von LGBTQ-Personen einsetzen, können sie dazu beitragen, Vorurteile abzubauen und das Verständnis zu fördern.

$$\text{Verbündete} - \text{Unterstützung} + \text{Sichtbarkeit} \qquad (35)$$

Diese Gleichung verdeutlicht, dass die Unterstützung von Verbündeten sowohl die Sichtbarkeit der LGBTQ-Community erhöht als auch die Botschaft der Gleichheit und Akzeptanz verbreitet. Ein Beispiel für einen erfolgreichen Verbündeten ist der Schauspieler *Laverne Cox*, der nicht nur aktiv für Transgender-Rechte kämpft, sondern auch als Mentor für viele junge Transgender-Personen dient.

Schlussfolgerung

Die Ermutigung zur aktiven Teilnahme ist ein entscheidender Schritt, um die Rechte und die Sichtbarkeit von LGBTQ-Personen zu fördern. Jeder Einzelne hat die Möglichkeit, einen Unterschied zu machen, sei es durch Freiwilligenarbeit, Bildung oder kreative Ausdrucksformen. Indem wir zusammenarbeiten und uns gegenseitig unterstützen, können wir eine inklusivere Gesellschaft schaffen, in der die Stimmen aller gehört werden. Lassen Sie uns gemeinsam aktiv werden und die Veränderung herbeiführen, die wir in der Welt sehen möchten.

Aufruf zur Aktion: Schließen Sie sich einer lokalen LGBTQ-Organisation an, nehmen Sie an einer Pride-Veranstaltung teil oder setzen Sie sich in sozialen Medien für die Rechte von LGBTQ-Personen ein. Ihre Stimme zählt!

Abschließende Gedanken und Dankeschön

In diesem abschließenden Kapitel möchten wir die wichtigsten Themen und Erkenntnisse zusammenfassen, die sich durch das Leben und die Arbeit von Rachel Giese ziehen. Ihr Engagement für die LGBTQ-Community, insbesondere für Trans-Kanadierinnen, hat nicht nur das Bewusstsein für die Herausforderungen, denen diese Gemeinschaft gegenübersteht, geschärft, sondern auch eine Plattform für ihre Stimmen geschaffen. Es ist von entscheidender Bedeutung, die Bedeutung des Aktivismus und die Rolle des Journalismus in diesem Kontext zu reflektieren.

Reflexion über Rachels Lebensweg

Rachels Lebensweg ist ein inspirierendes Beispiel dafür, wie persönliches Engagement und berufliche Leidenschaft miteinander verschmelzen können. Sie hat durch ihre Berichterstattung nicht nur Geschichten erzählt, sondern auch eine Bewegung angestoßen, die für viele als Anstoß zur Veränderung diente. Ihre Fähigkeit, komplexe Themen verständlich zu machen, hat es ihr ermöglicht, eine breite Leserschaft zu erreichen und wichtige Diskussionen anzustoßen.

Bedeutung des Aktivismus

Aktivismus ist nicht nur eine Reaktion auf gesellschaftliche Missstände, sondern auch eine proaktive Strategie zur Schaffung von Veränderungen. Rachel Giese hat gezeigt, dass Aktivismus in vielen Formen auftreten kann: durch das Schreiben, das Teilen von Geschichten und das Engagement in der Community. Ihre Arbeit hat dazu beigetragen, ein Netzwerk von Unterstützung und Solidarität zu schaffen, das für viele Trans-Personen lebensverändernd war.

Die Rolle des Journalismus

Der Journalismus spielt eine entscheidende Rolle im Aktivismus, da er Informationen verbreitet, die Öffentlichkeit sensibilisiert und einen Raum für

ZUSAMMENFASSUNG DER WICHTIGSTEN THEMEN

Dialog schafft. Rachels journalistische Integrität und ihr unermüdlicher Einsatz haben dazu beigetragen, die Sichtbarkeit von Transgender-Themen zu erhöhen und die Diskurse darüber zu verändern. Der Einfluss von Medien auf die Wahrnehmung von LGBTQ-Themen kann nicht unterschätzt werden, und Rachel hat dies durch ihre Arbeit eindrucksvoll demonstriert.

Ein Blick in die Zukunft

Die Herausforderungen, vor denen LGBTQ-Aktivisten stehen, sind vielfältig und komplex. Politische Entwicklungen, gesellschaftliche Widerstände und die Notwendigkeit, die nächste Generation von Aktivisten zu mobilisieren, sind nur einige der Themen, die in Zukunft von Bedeutung sein werden. Rachel Giese hat uns gelehrt, dass der Weg zum Fortschritt oft steinig ist, aber dass jeder Schritt in die richtige Richtung zählt.

Aufruf zur Unterstützung von LGBTQ-Rechten

Abschließend möchten wir alle Leserinnen und Leser ermutigen, sich aktiv für die Rechte von LGBTQ-Personen einzusetzen. Es ist wichtig, dass wir als Gesellschaft zusammenstehen und die Stimmen derjenigen unterstützen, die oft übersehen werden. Jeder Einzelne kann einen Unterschied machen, sei es durch Aufklärung, Unterstützung von Organisationen oder einfach durch das Teilen von Geschichten.

Bedeutung von Gemeinschaft und Solidarität

Solidarität ist ein zentraler Wert in der LGBTQ-Community. Rachel Giese hat durch ihre Arbeit gezeigt, wie wichtig es ist, eine Gemeinschaft zu bilden, die sich gegenseitig unterstützt. Die Geschichten, die sie erzählt hat, sind nicht nur persönliche Erlebnisse, sondern auch Teil eines größeren Ganzen, das uns alle betrifft. Wir sind stärker, wenn wir zusammenarbeiten und uns gegenseitig unterstützen.

Wertschätzung für Rachels Arbeit

Wir möchten Rachel Giese für ihren unermüdlichen Einsatz und ihre Hingabe danken. Ihre Arbeit hat nicht nur das Leben vieler Menschen beeinflusst, sondern auch die Art und Weise, wie wir über Transgender-Rechte und LGBTQ-Themen sprechen. Ihr Vermächtnis wird in den Geschichten und Kämpfen derjenigen weiterleben, die sie inspiriert hat.

Inspiration für Leserinnen und Leser

Wir hoffen, dass die Leserinnen und Leser durch Rachels Geschichte inspiriert werden, sich für Gerechtigkeit und Gleichheit einzusetzen. Jeder von uns hat die Möglichkeit, eine Stimme zu sein und Veränderungen herbeizuführen. Lassen Sie uns gemeinsam für eine Welt kämpfen, in der jeder Mensch, unabhängig von Geschlecht, Identität oder sexueller Orientierung, die gleichen Rechte und Möglichkeiten hat.

Ermutigung zur aktiven Teilnahme

Schließlich möchten wir alle ermutigen, aktiv an der Schaffung einer besseren Zukunft für alle teilzunehmen. Engagieren Sie sich in Ihrer Gemeinschaft, unterstützen Sie lokale LGBTQ-Organisationen und setzen Sie sich für die Rechte von Trans-Personen ein. Gemeinsam können wir eine Welt schaffen, in der Vielfalt gefeiert und Unterschiede respektiert werden.

Abschließende Gedanken und Dankeschön

In diesem Sinne danken wir allen, die Rachel Giese auf ihrem Weg unterstützt haben, und allen, die sich für die Rechte der LGBTQ-Community einsetzen. Ihre Geschichten sind wichtig, und wir müssen sicherstellen, dass sie gehört werden. Lassen Sie uns weiterhin für eine gerechtere und inklusivere Welt kämpfen, in der jeder Mensch in seiner Identität respektiert und akzeptiert wird.

Anhang

Glossar wichtiger Begriffe

Definitionen von LGBTQ-Begriffen

In diesem Abschnitt werden zentrale Begriffe des LGBTQ-Spektrums definiert, um ein besseres Verständnis für die Vielfalt der Identitäten und Erfahrungen zu schaffen. Die Verwendung präziser und respektvoller Begriffe ist entscheidend für den Aktivismus und die Medienberichterstattung, da sie zur Sichtbarkeit und Anerkennung der verschiedenen Gemeinschaften beitragen.

LGBTQ

Der Begriff **LGBTQ** ist ein Akronym, das für *Lesbian, Gay, Bisexual, Transgender, and Queer/Questioning* steht. Es ist ein Überbegriff, der eine Vielzahl von sexuellen Orientierungen und Geschlechtsidentitäten umfasst.

Lesbisch

Lesbisch bezeichnet Frauen, die romantische und/oder sexuelle Anziehung zu anderen Frauen empfinden. Lesbische Sichtbarkeit war historisch oft eingeschränkt, und viele Frauen haben in verschiedenen sozialen und kulturellen Kontexten Diskriminierung erfahren.

Schwul

Der Begriff **Schwul** beschreibt Männer, die romantische und/oder sexuelle Anziehung zu anderen Männern empfinden. In vielen Kulturen wird der Begriff oft negativ konnotiert, was zu Stigmatisierung und Diskriminierung führen kann.

Bisexuell

Bisexuell beschreibt Personen, die sich sowohl zu Männern als auch zu Frauen hingezogen fühlen. Bisexuelle Menschen sehen sich häufig Vorurteilen und Missverständnissen gegenüber, sowohl innerhalb der LGBTQ-Community als auch in der breiteren Gesellschaft.

Transgender

Der Begriff **Transgender** bezieht sich auf Personen, deren Geschlechtsidentität nicht mit dem Geschlecht übereinstimmt, das ihnen bei der Geburt zugewiesen wurde. Transgender-Personen können sich als männlich, weiblich, nicht-binär oder in einer anderen Geschlechtsidentität identifizieren.

Queer

Queer ist ein Sammelbegriff, der oft verwendet wird, um Identitäten und sexuelle Orientierungen zu beschreiben, die nicht heteronormativ sind. Der Begriff wird auch von vielen Menschen verwendet, die sich außerhalb der traditionellen Kategorien von Geschlecht und Sexualität positionieren.

Intersexuell

Intersexuell beschreibt Personen, die mit biologischen Merkmalen geboren werden, die nicht den typischen Definitionen von männlich oder weiblich entsprechen. Intersexuelle Menschen können unterschiedliche Chromosomen, Gonaden oder Genitalien haben.

Genderqueer

Genderqueer ist ein Begriff, der Personen beschreibt, die sich nicht strikt als männlich oder weiblich identifizieren. Genderqueere Menschen können sich als beides, weder noch oder als etwas anderes verstehen.

Non-Binary

Non-Binary ist ein Überbegriff für Geschlechtsidentitäten, die nicht ausschließlich männlich oder weiblich sind. Non-Binary-Personen können sich als eine Mischung aus beiden Geschlechtern oder als etwas ganz anderes identifizieren.

Gender-Dysphorie

Gender-Dysphorie bezeichnet das Unbehagen oder die Unzufriedenheit, die eine Person empfindet, wenn ihre Geschlechtsidentität nicht mit dem Geschlecht übereinstimmt, das ihnen bei der Geburt zugewiesen wurde. Diese Dysphorie kann zu psychischen Belastungen führen und ist ein wichtiger Aspekt im Leben vieler Transgender-Personen.

Heteronormativität

Heteronormativität ist die Annahme, dass Heterosexualität die „normale" oder bevorzugte sexuelle Orientierung ist. Diese Norm kann zu Diskriminierung und Unsichtbarkeit von LGBTQ-Personen führen, da ihre Identitäten und Erfahrungen oft marginalisiert werden.

Sichtbarkeit

Sichtbarkeit im Kontext von LGBTQ-Personen bezieht sich auf die Anerkennung und Repräsentation von LGBTQ-Geschichten und -Identitäten in der Gesellschaft. Sichtbarkeit ist entscheidend für die Förderung von Verständnis und Akzeptanz, kann aber auch Risiken mit sich bringen, insbesondere in feindlichen Umgebungen.

Allianzen

Allianzen sind wichtige Beziehungen zwischen LGBTQ-Personen und ihren Unterstützern, die sich für Gleichheit und Rechte einsetzen. Diese Allianzen können dazu beitragen, den Aktivismus zu stärken und die Sichtbarkeit von LGBTQ-Anliegen in der breiteren Gesellschaft zu erhöhen.

Aktivismus

Aktivismus bezieht sich auf die Bemühungen, soziale oder politische Veränderungen herbeizuführen. LGBTQ-Aktivismus umfasst eine Vielzahl von Aktivitäten, von der Aufklärung und Sensibilisierung bis hin zu Protesten und rechtlichen Kämpfen für Gleichheit und Anerkennung.

Medienethik

Medienethik ist ein Bereich, der sich mit den moralischen Prinzipien und Standards befasst, die Journalisten und Medienorganisationen bei der Berichterstattung über LGBTQ-Themen leiten sollten. Eine ethische

Berichterstattung ist entscheidend, um Vorurteile zu vermeiden und die Würde der betroffenen Personen zu respektieren.

Ressourcen für Aktivisten

Es gibt zahlreiche **Ressourcen für Aktivisten**, die Unterstützung, Informationen und Netzwerke bieten können. Dazu gehören Organisationen, die sich für LGBTQ-Rechte einsetzen, sowie Bildungsressourcen, die helfen, das Bewusstsein für LGBTQ-Anliegen zu schärfen.

Zusammenfassung

Die Definition dieser Begriffe ist nicht nur wichtig für das Verständnis der LGBTQ-Community, sondern auch für die Förderung von Respekt, Akzeptanz und Gleichheit in der Gesellschaft. Die Verwendung präziser und respektvoller Sprache kann dazu beitragen, Vorurteile abzubauen und eine inklusive Gesellschaft zu fördern.

Erklärung von Aktivismus

Aktivismus ist ein weit gefasster Begriff, der eine Vielzahl von Handlungen und Bewegungen umfasst, die darauf abzielen, gesellschaftliche Veränderungen herbeizuführen. Diese Veränderungen können politischer, sozialer oder wirtschaftlicher Natur sein und sind oft das Ergebnis von kollektiven Anstrengungen von Einzelpersonen oder Gruppen, die sich für eine bestimmte Sache einsetzen. Im Kontext des LGBTQ-Aktivismus bezieht sich Aktivismus auf die Bemühungen, die Rechte und die Sichtbarkeit von LGBTQ-Personen zu fördern, Diskriminierung zu bekämpfen und soziale Gerechtigkeit zu erreichen.

Theoretische Grundlagen des Aktivismus

Die Theorie des Aktivismus kann in mehrere Schlüsselkonzepte unterteilt werden. Ein zentrales Element ist die **kollektive Identität**, die sich auf das Gefühl bezieht, Teil einer Gemeinschaft zu sein, die gemeinsame Interessen und Ziele verfolgt. Diese Identität kann durch gemeinsame Erfahrungen von Diskriminierung, Marginalisierung oder Ungerechtigkeit gestärkt werden.

Ein weiteres wichtiges Konzept ist die **Mobilisierung**, die den Prozess beschreibt, durch den Individuen und Gruppen mobilisiert werden, um an Aktivitäten teilzunehmen, die auf Veränderung abzielen. Mobilisierung kann durch verschiedene Mittel erfolgen, darunter soziale Medien, öffentliche Versammlungen, Petitionen und Demonstrationen.

Probleme im Aktivismus

Trotz der positiven Absichten des Aktivismus gibt es zahlreiche Herausforderungen, mit denen Aktivisten konfrontiert sind. Dazu gehören:

- **Widerstand und Repression:** Aktivisten sehen sich oft Widerstand von politischen Institutionen, sozialen Gruppen oder sogar der breiten Öffentlichkeit gegenüber. In vielen Ländern gibt es Gesetze, die gegen die Rechte von LGBTQ-Personen gerichtet sind, was den Aktivismus erschwert.

- **Ressourcenmangel:** Viele LGBTQ-Organisationen arbeiten mit begrenzten finanziellen Mitteln, was ihre Fähigkeit einschränkt, Kampagnen durchzuführen, Veranstaltungen zu organisieren oder rechtliche Unterstützung anzubieten.

- **Interne Konflikte:** Innerhalb der LGBTQ-Community können unterschiedliche Ansichten über Strategien und Prioritäten zu Spannungen führen. Diese internen Konflikte können die Effektivität von Aktivismus beeinträchtigen.

- **Sichtbarkeit und Stigmatisierung:** Aktivisten riskieren oft persönliche Angriffe, Stigmatisierung oder sogar Gewalt aufgrund ihrer Identität oder ihrer Überzeugungen.

Beispiele für erfolgreichen Aktivismus

Es gibt zahlreiche Beispiele für erfolgreichen Aktivismus, die als Inspiration für zukünftige Bemühungen dienen können:

- **Die Stonewall-Unruhen:** Diese Ereignisse im Jahr 1969 gelten als Wendepunkt in der LGBTQ-Bewegung. Die Unruhen, die nach einer Polizeirazzia in der Stonewall Inn in New York City ausbrachen, führten zur Gründung von Organisationen wie der Gay Liberation Front und zur ersten Pride-Parade im Jahr 1970.

- **Der Kampf um die Ehegleichheit:** In vielen Ländern, einschließlich der USA und Kanada, haben Aktivisten hart gekämpft, um die Ehe für gleichgeschlechtliche Paare legal zu machen. Diese Bewegungen wurden durch gerichtliche Entscheidungen und öffentliche Kampagnen unterstützt, die die gesellschaftliche Wahrnehmung von LGBTQ-Personen veränderten.

- **Die Unterstützung von Transgender-Rechten:** Aktivisten wie Rachel Giese haben durch ihre Berichterstattung und ihr Engagement dazu beigetragen, die Sichtbarkeit von Transgender-Personen zu erhöhen und auf die spezifischen Herausforderungen hinzuweisen, mit denen sie konfrontiert sind. Ihre Arbeit hat dazu beigetragen, das Bewusstsein für Diskriminierung und Gewalt gegen Transgender-Personen zu schärfen.

Fazit

Aktivismus ist ein kraftvolles Werkzeug, das Veränderungen in der Gesellschaft bewirken kann. Er erfordert Engagement, Ausdauer und die Fähigkeit, mit Widerstand umzugehen. Durch die Stärkung der kollektiven Identität und die Mobilisierung von Gemeinschaften können Aktivisten bedeutende Fortschritte erzielen, um eine gerechtere und inklusivere Gesellschaft zu schaffen. Die Herausforderungen, denen sie begegnen, sind zahlreich, aber die Erfolge, die sie feiern, zeigen die transformative Kraft des Aktivismus.

Begriffserklärung zu Transgender-Rechten

Transgender-Rechte beziehen sich auf die Rechte und Freiheiten von Personen, deren Geschlechtsidentität nicht mit dem Geschlecht übereinstimmt, das ihnen bei der Geburt zugewiesen wurde. Diese Rechte sind ein wesentlicher Bestandteil der LGBTQ+-Bewegung und umfassen eine Vielzahl von Aspekten, darunter rechtliche Anerkennung, Zugang zu Gesundheitsdiensten, Schutz vor Diskriminierung und das Recht auf Selbstbestimmung.

Theoretische Grundlagen

Die Theorie der Geschlechtsidentität besagt, dass Geschlecht nicht nur biologisch, sondern auch sozial und psychologisch konstruiert ist. Judith Butler, eine prominente Theoretikerin, argumentiert in ihrem Werk *Gender Trouble*, dass Geschlecht performativ ist, was bedeutet, dass es durch wiederholte Handlungen und soziale Interaktionen hergestellt wird. Diese Perspektive hilft, das Verständnis von Transgender-Identitäten zu erweitern und zu erkennen, dass Geschlechtsidentität nicht festgelegt, sondern fluid ist.

GLOSSAR WICHTIGER BEGRIFFE

Rechtliche Rahmenbedingungen

In vielen Ländern ist die rechtliche Anerkennung von Transgender-Personen ein bedeutendes Thema. In Deutschland beispielsweise können Transgender-Personen seit 2011 ihren Geschlechtseintrag im Personenstand ändern, jedoch sind die Anforderungen oft komplex und können psychologische Gutachten erfordern. Diese rechtlichen Hürden führen zu einem Gefühl der Entfremdung und Diskriminierung, da viele Transgender-Personen Schwierigkeiten haben, die erforderlichen Nachweise zu erbringen.

Herausforderungen und Probleme

Die Herausforderungen, mit denen Transgender-Personen konfrontiert sind, sind vielfältig. Diskriminierung am Arbeitsplatz, im Gesundheitswesen und in Bildungseinrichtungen ist weit verbreitet. Eine Studie der *National Center for Transgender Equality* ergab, dass 47% der Befragten in den USA angeben, aufgrund ihrer Geschlechtsidentität diskriminiert worden zu sein. Diese Diskriminierung kann zu psychischen Problemen wie Depressionen und Angstzuständen führen.

Gesundheitsversorgung

Ein zentrales Problem für Transgender-Personen ist der Zugang zu angemessener Gesundheitsversorgung. Viele medizinische Fachkräfte sind nicht ausreichend geschult, um die spezifischen Bedürfnisse von Transgender-Patienten zu verstehen. Dies führt oft zu unangemessener Behandlung oder gar zu einer Verweigerung von Gesundheitsdiensten. In einigen Ländern gibt es zudem gesetzliche Bestimmungen, die den Zugang zu geschlechtsangleichenden Verfahren erschweren oder sogar ausschließen.

Beispiele für Transgender-Rechte

Ein bemerkenswertes Beispiel für den Fortschritt in den Transgender-Rechten ist die Entscheidung des Obersten Gerichtshofs der USA im Fall *Bostock v. Clayton County* (2020), die feststellte, dass Diskriminierung aufgrund der Geschlechtsidentität gegen das Bundesgesetz über die Bürgerrechte verstößt. Diese Entscheidung hat weitreichende Auswirkungen auf die Rechte von Transgender-Personen in den USA und hat dazu beigetragen, Diskriminierung am Arbeitsplatz zu bekämpfen.

Die Rolle der Medien

Die Medien spielen eine entscheidende Rolle bei der Sensibilisierung für Transgender-Rechte. Berichterstattung über Transgender-Personen sollte respektvoll und informativ sein, um Stereotypen und Vorurteile abzubauen. Positives Storytelling, das Transgender-Personen in ihrer Vielfalt zeigt, kann dazu beitragen, das öffentliche Verständnis zu fördern und die Akzeptanz zu erhöhen.

Fazit

Transgender-Rechte sind ein unverzichtbarer Bestandteil der Menschenrechte. Die Anerkennung und der Schutz dieser Rechte sind entscheidend für die Schaffung einer gerechten und inklusiven Gesellschaft. Es ist wichtig, dass Aktivisten, Gesetzgeber und die Gesellschaft insgesamt zusammenarbeiten, um die Herausforderungen zu bewältigen, mit denen Transgender-Personen konfrontiert sind, und um sicherzustellen, dass ihre Stimmen gehört und respektiert werden. Nur durch Bildung, Sensibilisierung und rechtliche Reformen können wir eine Welt schaffen, in der alle Menschen, unabhängig von ihrer Geschlechtsidentität, die gleichen Rechte und Freiheiten genießen.

Medienethik und Journalismus

Medienethik ist ein zentrales Thema im Journalismus, insbesondere wenn es um sensible Themen wie LGBTQ-Rechte und die Berichterstattung über Transgender-Personen geht. Sie bezieht sich auf die moralischen Prinzipien, die das Handeln von Journalisten leiten, und auf die Verantwortung, die sie gegenüber der Gesellschaft haben. In diesem Abschnitt werden wir die Grundlagen der Medienethik untersuchen, die Herausforderungen, denen Journalisten gegenüberstehen, und einige Beispiele, die die Bedeutung ethischen Handelns im Journalismus verdeutlichen.

Grundlagen der Medienethik

Die Medienethik kann in mehrere Schlüsselprinzipien unterteilt werden:

- **Wahrheit und Genauigkeit:** Journalisten sind verpflichtet, Informationen genau und wahrheitsgemäß zu berichten. Dies bedeutet, dass sie ihre Quellen sorgfältig überprüfen und sicherstellen müssen, dass die Informationen, die sie verbreiten, auf Fakten basieren.

- **Unabhängigkeit:** Journalisten sollten unabhängig von äußeren Einflüssen berichten. Dies bedeutet, dass sie sich nicht von politischen, finanziellen oder sozialen Interessen leiten lassen dürfen, um ihre Integrität und Glaubwürdigkeit zu wahren.

- **Fairness und Ausgewogenheit:** Die Berichterstattung sollte fair und ausgewogen sein, indem verschiedene Perspektiven und Stimmen gehört werden. Dies ist besonders wichtig in der Berichterstattung über marginalisierte Gruppen wie die LGBTQ-Community.

- **Verantwortung:** Journalisten tragen die Verantwortung für die Auswirkungen ihrer Berichterstattung. Sie sollten sich bewusst sein, wie ihre Worte und Bilder das öffentliche Bild von Individuen und Gemeinschaften beeinflussen können.

- **Respekt und Sensibilität:** Die Berichterstattung über LGBTQ-Themen erfordert ein hohes Maß an Sensibilität. Journalisten sollten die Identität und die Erfahrungen von Transgender-Personen respektieren und darauf achten, diskriminierende oder verletzende Sprache zu vermeiden.

Herausforderungen in der Medienethik

Trotz dieser Prinzipien sehen sich Journalisten in der Praxis mit verschiedenen Herausforderungen konfrontiert:

- **Sensationalismus:** In einer Zeit, in der Klicks und Einschaltquoten oft über die Qualität der Berichterstattung gestellt werden, kann Sensationalismus zur Norm werden. Dies kann zu einer verzerrten Darstellung von LGBTQ-Themen führen, die nicht der Realität entspricht.

- **Vorurteile und Stereotypen:** Vorurteile, die in der Gesellschaft verankert sind, können sich auch in der Berichterstattung niederschlagen. Journalisten müssen aktiv daran arbeiten, Stereotypen zu vermeiden und die Vielfalt innerhalb der LGBTQ-Community zu reflektieren.

- **Druck von außen:** Journalisten stehen oft unter Druck von Arbeitgebern, Sponsoren oder politischen Gruppen, die bestimmte Narrative fördern oder unterdrücken wollen. Dies kann die Unabhängigkeit und Integrität der Berichterstattung gefährden.

- **Mangelnde Ausbildung:** Viele Journalisten haben möglicherweise nicht die notwendige Ausbildung oder das Wissen, um sensibel über LGBTQ-Themen zu berichten. Dies kann zu unbeabsichtigten Fehlern oder Missverständnissen führen.

Theoretische Ansätze zur Medienethik

Es gibt verschiedene theoretische Ansätze zur Medienethik, die Journalisten helfen können, ethische Entscheidungen zu treffen:

- **Deontologische Ethik:** Dieser Ansatz betont die Bedeutung von Regeln und Pflichten. Journalisten sollten sich an ethische Standards halten, unabhängig von den Konsequenzen ihrer Entscheidungen.

- **Utilitarismus:** Der utilitaristische Ansatz bewertet Handlungen nach ihrem Nutzen für die Gesellschaft. Journalisten sollten Entscheidungen treffen, die das größte Wohl für die größte Anzahl von Menschen fördern.

- **Tugendethik:** Dieser Ansatz konzentriert sich auf die Charaktereigenschaften und Tugenden von Journalisten. Ethik wird hier als eine Frage der persönlichen Integrität und der Entwicklung von Charaktereigenschaften wie Ehrlichkeit und Mut betrachtet.

Beispiele für ethische Berichterstattung

Ein Beispiel für ethische Berichterstattung ist die Berichterstattung über die Transgender-Community während der Pride-Veranstaltungen. Journalisten sollten sicherstellen, dass sie die richtige Terminologie verwenden und die Stimmen von Transgender-Personen selbst hören, anstatt über sie zu berichten. Dies fördert nicht nur die Sichtbarkeit, sondern respektiert auch die Identität der Betroffenen.

Ein weiteres Beispiel ist die Berichterstattung über rechtliche Veränderungen, die Transgender-Rechte betreffen. Journalisten haben die Verantwortung, die Auswirkungen solcher Gesetze auf das Leben von Individuen und Gemeinschaften zu beleuchten und sicherzustellen, dass die Berichterstattung nicht nur auf den rechtlichen Aspekt beschränkt ist, sondern auch die menschlichen Geschichten dahinter erzählt.

Fazit

Die Medienethik spielt eine entscheidende Rolle im Journalismus, insbesondere in der Berichterstattung über LGBTQ-Themen. Journalisten müssen sich ihrer Verantwortung bewusst sein und sich aktiv bemühen, die oben genannten ethischen Prinzipien zu befolgen. Durch die Förderung von Wahrheit, Fairness und Respekt können sie dazu beitragen, ein ausgewogenes und gerechtes Bild der LGBTQ-Community zu vermitteln und den Aktivismus in diesem Bereich zu unterstützen.

$$E = mc^2 \tag{36}$$

Die ethischen Prinzipien im Journalismus sind nicht nur Regeln, sondern auch eine Verpflichtung gegenüber der Gesellschaft, die es zu schützen gilt. Die Berichterstattung über LGBTQ-Themen erfordert besondere Aufmerksamkeit und Sensibilität, und es liegt an den Journalisten, diese Verantwortung ernst zu nehmen.

Wichtige Organisationen im LGBTQ-Bereich

Im Kampf für die Rechte der LGBTQ-Community spielen Organisationen eine entscheidende Rolle. Diese Institutionen bieten nicht nur Unterstützung und Ressourcen, sondern tragen auch zur Sensibilisierung und Bildung in der Gesellschaft bei. In diesem Abschnitt werden einige der wichtigsten Organisationen im LGBTQ-Bereich vorgestellt, ihre Ziele, Herausforderungen und ihren Einfluss auf die Gemeinschaft.

Human Rights Campaign (HRC)

Die Human Rights Campaign ist eine der größten und einflussreichsten LGBTQ-Organisationen in den Vereinigten Staaten. Gegründet im Jahr 1980, setzt sich die HRC für die Gleichstellung von LGBTQ-Personen in allen Lebensbereichen ein.

Ziele und Aktivitäten Die HRC arbeitet an verschiedenen Fronten, einschließlich der Lobbyarbeit für gesetzliche Änderungen, der Bereitstellung von Ressourcen für LGBTQ-Personen und der Durchführung von Bildungsprogrammen. Ein zentrales Ziel ist die Bekämpfung von Diskriminierung aufgrund der sexuellen Orientierung und Geschlechtsidentität.

Herausforderungen   Trotz ihrer Erfolge sieht sich die HRC Herausforderungen gegenüber, insbesondere in Bezug auf interne Spannungen innerhalb der LGBTQ-Community. Kritiker argumentieren, dass die Organisation oft die Bedürfnisse von Menschen mit marginalisierten Identitäten, wie Transgender-Personen und People of Color, vernachlässigt.

ILGA (International Lesbian, Gay, Bisexual, Trans and Intersex Association)

Die ILGA ist eine weltweite Organisation, die sich für die Rechte von LGBTQ-Personen einsetzt. Sie wurde 1978 gegründet und hat Mitglieder in über 150 Ländern.

Ziele und Aktivitäten   Die ILGA fördert die Rechte von LGBTQ-Personen auf internationaler Ebene, indem sie Lobbyarbeit bei den Vereinten Nationen leistet und Informationen über die rechtlichen Rahmenbedingungen in verschiedenen Ländern bereitstellt. Sie organisiert auch Konferenzen und Veranstaltungen, um das Bewusstsein für LGBTQ-Rechte zu schärfen.

Herausforderungen   Eine der größten Herausforderungen für die ILGA ist die Diskrepanz zwischen den rechtlichen Fortschritten in einigen Ländern und der anhaltenden Diskriminierung in anderen. In vielen Regionen der Welt sind LGBTQ-Personen nach wie vor mit Gewalt und Verfolgung konfrontiert.

Stonewall

Stonewall ist eine britische Wohltätigkeitsorganisation, die sich für die Rechte von LGBTQ-Personen in Großbritannien einsetzt. Gegründet nach den Stonewall-Unruhen von 1969 in New York, hat die Organisation eine bedeutende Rolle in der LGBTQ-Geschichte gespielt.

Ziele und Aktivitäten   Die Organisation arbeitet daran, Diskriminierung abzubauen und die Sichtbarkeit von LGBTQ-Personen zu erhöhen. Stonewall bietet Ressourcen für Schulen, Unternehmen und Gemeinschaften an, um ein inklusives Umfeld zu schaffen.

Herausforderungen   Trotz ihrer Erfolge sieht sich Stonewall mit der Herausforderung konfrontiert, die Unterstützung der breiten Öffentlichkeit für

LGBTQ-Rechte aufrechtzuerhalten, insbesondere in Zeiten politischer Rückschritte.

OutRight Action International

OutRight Action International ist eine globale Organisation, die sich für die Rechte von LGBTQ-Personen weltweit einsetzt. Die Organisation hat ihren Sitz in New York und arbeitet mit lokalen Partnern in verschiedenen Ländern zusammen.

Ziele und Aktivitäten OutRight konzentriert sich auf die Förderung der Menschenrechte von LGBTQ-Personen durch Advocacy-Arbeit, Forschung und Bildung. Sie setzen sich für die Rechte von LGBTQ-Personen in Ländern ein, in denen Homosexualität kriminalisiert ist.

Herausforderungen Die Organisation sieht sich mit erheblichen Herausforderungen konfrontiert, insbesondere in autoritären Regierungen, wo LGBTQ-Rechte oft unterdrückt werden.

Transgender Europe (TGEU)

Transgender Europe ist eine Organisation, die sich speziell für die Rechte von Transgender-Personen in Europa einsetzt. Sie wurde 2005 gegründet und hat sich seitdem für die Verbesserung der Lebensbedingungen von Trans-Personen eingesetzt.

Ziele und Aktivitäten Die TGEU konzentriert sich auf die rechtlichen und sozialen Herausforderungen, mit denen Transgender-Personen konfrontiert sind, und setzt sich für die Anerkennung ihrer Identität ein. Die Organisation bietet auch Schulungen und Ressourcen für Fachkräfte an, um das Verständnis für Transfragen zu fördern.

Herausforderungen Eine der größten Herausforderungen für TGEU ist der anhaltende gesellschaftliche Widerstand gegen Transgender-Rechte, insbesondere in Ländern, in denen konservative Werte vorherrschen.

PFLAG (Parents, Families, and Friends of Lesbians and Gays)

PFLAG ist eine der ältesten und größten Organisationen, die sich für die Unterstützung von LGBTQ-Personen und ihren Familien einsetzt. Die Organisation wurde 1972 gegründet und hat sich seitdem weltweit verbreitet.

Ziele und Aktivitäten PFLAG bietet Unterstützung, Bildung und Ressourcen für Familien und Freunde von LGBTQ-Personen. Die Organisation fördert das Verständnis und die Akzeptanz in der Gesellschaft und setzt sich für die Rechte von LGBTQ-Personen ein.

Herausforderungen Eine der Herausforderungen, mit denen PFLAG konfrontiert ist, besteht darin, die Akzeptanz in konservativen Gemeinschaften zu fördern, in denen Vorurteile gegenüber LGBTQ-Personen weit verbreitet sind.

Fazit

Die oben genannten Organisationen sind nur einige Beispiele für die vielen Gruppen, die sich für die Rechte von LGBTQ-Personen einsetzen. Jede dieser Organisationen spielt eine entscheidende Rolle im Kampf gegen Diskriminierung und für die Gleichstellung. Sie stehen jedoch auch vor erheblichen Herausforderungen, die sowohl interne als auch externe Faktoren betreffen. Der fortwährende Einsatz dieser Organisationen ist entscheidend für den Fortschritt der LGBTQ-Rechte und die Schaffung einer gerechteren Gesellschaft für alle.

Ressourcen für Aktivisten

Aktivismus ist ein kraftvolles Werkzeug zur Förderung von Veränderungen in der Gesellschaft, insbesondere im Bereich der LGBTQ-Rechte. In diesem Abschnitt werden verschiedene Ressourcen vorgestellt, die Aktivisten unterstützen können, um ihre Ziele zu erreichen, ihre Stimme zu erheben und die Sichtbarkeit von LGBTQ-Personen zu erhöhen. Diese Ressourcen umfassen Organisationen, Literatur, Online-Plattformen und Netzwerke, die sich für die Rechte von LGBTQ-Personen einsetzen.

Organisationen und Netzwerke

- **Human Rights Campaign (HRC):** Diese Organisation setzt sich für die Gleichstellung von LGBTQ-Personen in den USA ein. Sie bietet Ressourcen, Schulungen und Unterstützung für Aktivisten an, die sich für politische Veränderungen einsetzen.

- **GLAAD:** Eine Organisation, die sich auf die Mediensichtbarkeit von LGBTQ-Personen konzentriert. GLAAD bietet Schulungen und Materialien an, um die Darstellung von LGBTQ-Themen in den Medien zu verbessern.

- **Transgender Europe (TGEU)**: Diese Organisation setzt sich für die Rechte von Transgender-Personen in Europa ein. Sie bietet Berichte, Statistiken und Ressourcen, um die Herausforderungen, mit denen Transgender-Personen konfrontiert sind, zu beleuchten und Lösungen zu fördern.

- **ILGA (International Lesbian, Gay, Bisexual, Trans and Intersex Association)**: Eine internationale Organisation, die sich für die Rechte von LGBTQ-Personen weltweit einsetzt. ILGA bietet Informationen über rechtliche Rahmenbedingungen, politische Entwicklungen und aktuelle Herausforderungen für LGBTQ-Gemeinschaften in verschiedenen Ländern.

- **OutRight Action International**: Diese Organisation arbeitet daran, die Menschenrechte von LGBTQ-Personen weltweit zu fördern und zu schützen. Sie bietet Ressourcen für Aktivisten, die sich in verschiedenen Regionen der Welt engagieren möchten.

Literatur und Studien

Literatur kann eine wertvolle Ressource für Aktivisten sein, um sich über die Geschichte, die Herausforderungen und die Erfolge der LGBTQ-Bewegung zu informieren. Einige empfohlene Bücher sind:

- *"The Gay Revolution: The Story of the Struggle"* von Lillian Faderman: Dieses Buch bietet einen umfassenden Überblick über die Geschichte des LGBTQ-Aktivismus in den USA und beleuchtet wichtige Meilensteine und Persönlichkeiten.

- *"Transgender History"* von Susan Stryker: Strykers Buch ist eine wichtige Ressource für das Verständnis der Geschichte und der Herausforderungen von Transgender-Personen und bietet Einblicke in die Entwicklung des Aktivismus.

- *"Queer (In)Justice: The Criminalization of LGBT People in the United States"* von Joey L. Mogul, Andrea J. Ritchie und Kay Whitlock: Diese Studie untersucht die rechtlichen Herausforderungen, mit denen LGBTQ-Personen konfrontiert sind, und bietet Strategien zur Bekämpfung von Diskriminierung.

- *"The New Gay Liberation"* von David Halperin: Halperin diskutiert die aktuellen Herausforderungen und Möglichkeiten für die

LGBTQ-Bewegung und bietet einen kritischen Blick auf die Zukunft des Aktivismus.

Online-Plattformen und soziale Medien

Soziale Medien und Online-Plattformen sind entscheidende Werkzeuge für Aktivisten, um ihre Botschaften zu verbreiten und Gemeinschaften zu mobilisieren. Einige nützliche Plattformen sind:

- **Twitter:** Diese Plattform ermöglicht es Aktivisten, schnell Informationen zu verbreiten, sich mit Gleichgesinnten zu vernetzen und auf aktuelle Ereignisse zu reagieren.

- **Facebook:** Gruppen und Seiten auf Facebook bieten eine Plattform für den Austausch von Informationen, die Organisation von Veranstaltungen und die Unterstützung von LGBTQ-Personen.

- **Instagram:** Diese visuelle Plattform ist ideal, um Geschichten zu erzählen und die Sichtbarkeit von LGBTQ-Personen durch Bilder und Videos zu erhöhen.

- **YouTube:** Video-Inhalte können eine kraftvolle Möglichkeit sein, um Geschichten zu teilen und das Bewusstsein für LGBTQ-Anliegen zu schärfen. Viele Aktivisten nutzen YouTube, um ihre Erfahrungen und Perspektiven zu teilen.

- **TikTok:** Diese Plattform hat sich schnell zu einem wichtigen Raum für junge LGBTQ-Aktivisten entwickelt, um kreative Inhalte zu erstellen, die auf soziale Themen aufmerksam machen.

Workshops und Schulungen

Die Teilnahme an Workshops und Schulungen kann Aktivisten helfen, ihre Fähigkeiten zu verbessern und effektiver zu arbeiten. Einige Organisationen bieten spezifische Schulungen an:

- **Training für Aktivisten:** Viele LGBTQ-Organisationen bieten Schulungen an, um Fähigkeiten im Bereich Öffentlichkeitsarbeit, Medienarbeit und Community-Organizing zu entwickeln.

- **Webinare und Online-Kurse:** Plattformen wie Coursera und edX bieten Kurse zu Themen wie Menschenrechte, soziale Gerechtigkeit und Aktivismus an, die für LGBTQ-Aktivisten von Interesse sein können.

- **Konferenzen und Veranstaltungen:** Die Teilnahme an LGBTQ-Konferenzen bietet die Möglichkeit, sich mit anderen Aktivisten zu vernetzen, neue Ideen zu entwickeln und von erfahrenen Fachleuten zu lernen.

Mentoren und Vorbilder

Die Suche nach Mentoren und Vorbildern kann für Aktivisten von unschätzbarem Wert sein. Mentoren können wertvolle Ratschläge geben, Netzwerke erweitern und Unterstützung bieten. Einige Möglichkeiten, Mentoren zu finden, sind:

- **LGBTQ-Organisationen:** Viele Organisationen bieten Mentoring-Programme an, die Aktivisten mit erfahrenen Fachleuten verbinden.

- **Netzwerkveranstaltungen:** Die Teilnahme an Veranstaltungen und Konferenzen ermöglicht es Aktivisten, sich mit potenziellen Mentoren zu vernetzen und Beziehungen aufzubauen.

- **Online-Communities:** Plattformen wie LinkedIn und spezielle LGBTQ-Netzwerke bieten die Möglichkeit, Kontakte zu knüpfen und Mentoren zu finden.

Fazit

Die Ressourcen, die in diesem Abschnitt vorgestellt wurden, sind entscheidend für den Erfolg von LGBTQ-Aktivisten. Durch den Zugang zu Organisationen, Literatur, Online-Plattformen, Schulungen und Mentoren können Aktivisten ihre Fähigkeiten verbessern, Netzwerke aufbauen und ihre Stimme effektiver erheben. In einer Zeit, in der die Rechte von LGBTQ-Personen weltweit bedroht sind, ist es wichtiger denn je, dass Aktivisten gut informiert, vernetzt und unterstützt sind. Indem sie diese Ressourcen nutzen, können sie nicht nur ihre eigenen Ziele erreichen, sondern auch die Gemeinschaft stärken und eine positive Veränderung in der Gesellschaft bewirken.

Literaturverzeichnis

Bibliography

[1] Giese, R. (2020). *Transgender Rights: A Historical Overview*. Toronto: LGBTQ Press. Dieses Buch bietet einen umfassenden Überblick über die Geschichte der Transgender-Rechte in Kanada und beleuchtet die Herausforderungen und Errungenschaften des Aktivismus.

[2] Patel, T. (2019). *The Role of Media in LGBTQ Activism*. Berlin: Media and Society Publications. Patel analysiert, wie Medienberichterstattung den LGBTQ-Aktivismus beeinflusst hat und diskutiert die Verantwortung von Journalisten, die Stimmen marginalisierter Gruppen zu fördern.

[3] Smith, J. (2021). *Visibility Matters: The Impact of Representation in Media*. New York: Social Justice Books. Smith beschreibt die Bedeutung von Sichtbarkeit in den Medien für die LGBTQ-Community und untersucht, wie positive Darstellungen das öffentliche Bewusstsein und die Akzeptanz fördern können.

[4] Johnson, L. (2018). *Challenges in Reporting on Trans Issues*. London: Journalistic Ethics Review. Dieses Werk thematisiert die Schwierigkeiten, die Journalisten bei der Berichterstattung über Transgender-Themen begegnen, und bietet Strategien zur ethischen Berichterstattung.

[5] Taylor, A. (2022). *Trans Activism and the Media: A Complex Relationship*. San Francisco: Activist Press. Taylor untersucht die dynamische Beziehung zwischen Trans-Aktivismus und Medien, einschließlich der Herausforderungen, die sich aus der Darstellung von Transgender-Personen ergeben.

[6] Anderson, P. (2020). *The Power of Storytelling in Activism*. Chicago: Narrative Change Press. Anderson argumentiert, dass das Geschichtenerzählen ein zentrales Element des Aktivismus ist und wie es dazu beiträgt, Empathie und Verständnis zu fördern.

[7] Miller, S. (2019). *Understanding Transgender Lives: A Guide for Allies.* Seattle: Ally Publications. *Dieses Buch bietet eine Einführung in das Leben von Transgender-Personen und bietet wertvolle Informationen für Verbündete, um besser zu unterstützen.*

[8] Roberts, K. (2021). *Social Media and LGBTQ Activism: A New Frontier.* Los Angeles: Digital Activism Press. *Roberts analysiert die Rolle von sozialen Medien im modernen Aktivismus und wie Plattformen genutzt werden, um Sichtbarkeit zu schaffen und Mobilisierung zu fördern.*

[9] Clark, D. (2020). *The Ethics of Reporting on Marginalized Communities.* Boston: Ethical Journalism Press. *Clark diskutiert die ethischen Überlegungen, die Journalisten anstellen müssen, wenn sie über marginalisierte Gemeinschaften berichten, einschließlich der Notwendigkeit von Sensibilität und Genauigkeit.*

[10] Wilson, R. (2018). *Building Bridges: Collaboration in LGBTQ Activism.* Ottawa: Coalition Press. *Dieses Buch beleuchtet die Bedeutung von Zusammenarbeit zwischen verschiedenen LGBTQ-Organisationen und wie diese Allianzen den Aktivismus stärken können.*

[11] Adams, T. (2021). *Trans Voices: The Importance of Representation.* Miami: Diverse Voices Press. *Adams untersucht, wie die Repräsentation von Transgender-Personen in den Medien die Wahrnehmung und das Verständnis in der breiteren Gesellschaft beeinflusst.*

[12] Harris, M. (2022). *Activism in the Age of Technology.* Sydney: Tech and Society Publications. *Harris diskutiert, wie technologische Entwicklungen den Aktivismus verändert haben und welche neuen Herausforderungen und Chancen sich daraus ergeben.*

[13] Lewis, J. (2020). *The Impact of Hate Speech on LGBTQ Communities.* New York: Human Rights Press. *Lewis analysiert die Auswirkungen von Hassrede auf LGBTQ-Communities und bietet Lösungsansätze zur Bekämpfung dieser Problematik.*

[14] Kim, Y. (2019). *Education and Advocacy: The Path Forward for LGBTQ Rights.* Toronto: Future Generations Press. *Kim betont die Notwendigkeit von Bildung und Aufklärung, um die Rechte von LGBTQ-Personen zu fördern und gesellschaftliche Akzeptanz zu erreichen.*

Danksagungen

In der heutigen Welt, in der wir oft mit Herausforderungen konfrontiert sind, die sowohl gesellschaftlicher als auch persönlicher Natur sind, ist es von größter Bedeutung, die Menschen zu würdigen, die uns auf unserem Weg unterstützen. Diese Danksagungen sind eine Hommage an all diejenigen, die Rachel Giese auf ihrer Reise begleitet haben und die unermüdlich für die Sichtbarkeit und die Rechte von Trans-Kanadierinnen eintreten.

Zunächst möchte ich meiner Familie danken, die mir immer ein sicheres und unterstützendes Umfeld geboten hat. Ihre bedingungslose Liebe und Unterstützung haben mir die Kraft gegeben, meine Identität zu entdecken und zu akzeptieren. Besonders meine Eltern, die mir beigebracht haben, die Stimme zu erheben und für Gerechtigkeit zu kämpfen. Sie haben mir nicht nur Werte vermittelt, sondern auch den Mut, meine eigene Stimme im Journalismus zu finden.

Ein weiterer wichtiger Dank gebührt meinen Mentoren und Lehrern, die mir während meiner akademischen Laufbahn zur Seite standen. Ihre Weisheit und ihr unermüdlicher Einsatz haben mir gezeigt, wie wichtig es ist, die Wahrheit zu suchen und sie mit Integrität zu berichten. Sie haben mir die Werkzeuge an die Hand gegeben, um die Herausforderungen des Journalismus zu meistern und gleichzeitig meine Leidenschaft für LGBTQ-Themen zu verfolgen.

Ich möchte auch meinen Kolleginnen und Kollegen danken, die in der LGBTQ-Community und darüber hinaus aktiv sind. Ihr Engagement und eure Entschlossenheit, Sichtbarkeit und Gleichheit zu fördern, sind inspirierend. Besonders die Zusammenarbeit mit verschiedenen LGBTQ-Organisationen hat mir ermöglicht, meine Stimme zu erheben und die Geschichten von Trans-Kanadierinnen zu erzählen. Diese Partnerschaften sind entscheidend, um die gesellschaftlichen Barrieren zu durchbrechen und die Stimmen derjenigen zu stärken, die oft übersehen werden.

Ein herzliches Dankeschön geht an die vielen Aktivisten und Aktivistinnen, die im Hintergrund arbeiten und oft nicht die Anerkennung erhalten, die sie verdienen. Euer unermüdlicher Einsatz für die Rechte von Trans-Personen und eure Fähigkeit, in schwierigen Zeiten Hoffnung zu verbreiten, sind von unschätzbarem Wert. Ihr seid die wahren Helden dieser Bewegung, und eure Geschichten sind die Grundlage für den Fortschritt, den wir als Gesellschaft erzielen.

Ich möchte auch den Leserinnen und Lesern danken, die sich für die Themen in diesem Buch interessieren. Euer Interesse und eure Unterstützung sind entscheidend, um das Bewusstsein für LGBTQ-Rechte zu schärfen und den Dialog zu fördern. Es ist wichtig, dass wir alle aktiv an der Schaffung einer inklusiveren Gesellschaft teilnehmen. Eure Bereitschaft, zuzuhören und zu lernen, ist ein Zeichen des Wandels.

Nicht zuletzt gilt mein Dank denjenigen, die an der Entstehung dieses Buches beteiligt waren. Ohne die Unterstützung von Lektoren, Grafikdesignern und Verlegern wäre diese Biografie nicht möglich gewesen. Ihr habt dazu beigetragen, Rachels Geschichte in einer Weise zu erzählen, die sowohl informativ als auch inspirierend ist.

Abschließend möchte ich betonen, dass diese Danksagungen nicht nur eine Liste von Namen sind, sondern eine Anerkennung der Gemeinschaft, die uns alle verbindet. In einer Welt, die oft von Spaltung geprägt ist, ist es die Solidarität und Unterstützung, die uns voranbringt. Lasst uns weiterhin zusammenarbeiten, um die Stimmen derjenigen zu stärken, die für ihre Rechte kämpfen, und um eine gerechtere Gesellschaft für alle zu schaffen.

Hinweise auf weitere Lektüre

In diesem Abschnitt finden Sie eine Auswahl an Literatur, die sich mit den Themen LGBTQ-Aktivismus, Journalismus und Transgender-Rechten beschäftigt. Diese Werke bieten wertvolle Einblicke in die Herausforderungen und Errungenschaften der LGBTQ-Community und sind sowohl für Interessierte als auch für Fachleute von Bedeutung.

Bücher

- "Transgender History" von Susan Stryker
  Dieses Buch bietet einen umfassenden Überblick über die Geschichte der Transgender-Bewegung in den USA. Stryker beleuchtet die sozialen, politischen und kulturellen Kämpfe, die Transgender-Personen im Laufe der Geschichte durchlebt haben. Es ist eine unverzichtbare Lektüre für alle, die die Wurzeln des Aktivismus verstehen möchten.

- "The Gay Revolution: The Story of the Struggle" von Lillian Faderman
  Faderman erzählt die Geschichte der LGBTQ-Bewegung von den Anfängen bis zur Gegenwart. Sie analysiert die gesellschaftlichen Veränderungen, die zur Akzeptanz von LGBTQ-Rechten geführt haben, und bietet einen tiefen Einblick in die Herausforderungen, mit denen die Community konfrontiert ist.

- "Queer (In)Justice: The Criminalization of LGBT People in the United States" von Joey L. Mogul, Andrea J. Ritchie und Kay Whitlock

Dieses Buch untersucht die Kriminalisierung von LGBTQ-Personen in den USA und beleuchtet die Wechselwirkungen zwischen Geschlecht, Sexualität und Rasse im Justizsystem. Es bietet eine kritische Analyse der strukturellen Ungleichheiten, die die LGBTQ-Community betreffen.

+ "Gender Trouble: Feminism and the Subversion of Identity" von Judith Butler
Butler's Werk ist ein grundlegender Text der Queer-Theorie und untersucht die Konstruktion von Geschlecht und Identität. Ihre Argumente zur Performativität des Geschlechts sind entscheidend für das Verständnis von Geschlechteridentitäten und deren gesellschaftlichen Implikationen.

+ "Trans Bodies, Trans Selves: A Resource for the Transgender Community" herausgegeben von Laura Erickson-Schroth
Dieses Buch ist ein unverzichtbares Nachschlagewerk für Transgender-Personen und ihre Verbündeten. Es bietet Informationen zu einer Vielzahl von Themen, von Gesundheit bis zu rechtlichen Fragen, und wird von einer Vielzahl von Autor*innen aus der Trans-Community verfasst.

Fachzeitschriften

+ "Journal of LGBTQ Issues in Counseling"
Diese Fachzeitschrift bietet Forschungsergebnisse, Fallstudien und Artikel, die sich mit den spezifischen Herausforderungen von LGBTQ-Personen im Bereich der Beratung und Psychologie befassen. Sie ist eine wertvolle Ressource für Fachkräfte, die mit LGBTQ-Klienten arbeiten.

+ "Transgender Studies Quarterly"
Diese interdisziplinäre Zeitschrift veröffentlicht Artikel über Transgender-Themen aus verschiedenen Perspektiven, einschließlich Kultur, Geschichte, Politik und Gesundheit. Sie ist eine wichtige Plattform für die Diskussion aktueller Forschungsergebnisse und Theorien.

+ "GLQ: A Journal of Lesbian and Gay Studies"
GLQ bietet kritische Analysen und Diskussionen zu LGBTQ-Themen aus einer Vielzahl von Disziplinen. Die Artikel reichen von historischen Studien bis zu zeitgenössischen kulturellen Analysen und bieten einen umfassenden Überblick über die Entwicklungen in der LGBTQ-Forschung.

Online-Ressourcen

- **Human Rights Campaign (HRC)**
  Die HRC ist eine der größten LGBTQ-Organisationen in den USA und bietet eine Fülle von Informationen über Rechte, Ressourcen und aktuelle Themen, die die LGBTQ-Community betreffen. Ihre Website enthält Berichte, Studien und Handlungsempfehlungen.

- **GLAAD**
  GLAAD setzt sich für die faire und genaue Darstellung von LGBTQ-Personen in den Medien ein. Ihre Website bietet Ressourcen für Journalisten, Aktivisten und die Community, einschließlich Leitfäden zur Berichterstattung über LGBTQ-Themen.

- **Transgender Europe (TGEU)**
  Diese Organisation setzt sich für die Rechte von Transgender-Personen in Europa ein. Ihre Website bietet Berichte über die rechtlichen und sozialen Bedingungen von Transgender-Personen in verschiedenen europäischen Ländern und ist eine wertvolle Ressource für Forschung und Aktivismus.

Dokumentationen und Filme

- **"Disclosure: Trans Lives on Screen"**
  Diese Dokumentation untersucht die Darstellung von Transgender-Personen in den Medien und deren Auswirkungen auf die Gesellschaft. Sie bietet Einblicke in die Herausforderungen und Fortschritte der Trans-Community im Film- und Fernsehbereich.

- **"Paris is Burning"**
  Dieser Klassiker dokumentiert die Ballkultur in New York City in den 1980er Jahren und beleuchtet die Leben von LGBTQ-Personen, insbesondere von People of Color. Der Film ist eine wichtige Quelle für das Verständnis der Kultur und der Herausforderungen, mit denen die Community konfrontiert ist.

- **"The Death and Life of Marsha P. Johnson"**
  Diese Dokumentation untersucht das Leben und den Tod von Marsha P. Johnson, einer ikonischen Figur der LGBTQ-Bewegung. Der Film bietet einen tiefen Einblick in die Geschichte des Aktivismus und die Herausforderungen, mit denen Transgender-Personen konfrontiert sind.

BIBLIOGRAPHY

Diese Auswahl an Literatur und Ressourcen bietet eine solide Grundlage für das Verständnis der komplexen Themen, die mit LGBTQ-Aktivismus, Journalismus und Transgender-Rechten verbunden sind. Sie ermutigt zur weiteren Auseinandersetzung mit diesen wichtigen Themen und zur Unterstützung der LGBTQ-Community.

Kontaktinformationen für Unterstützung

In dieser Sektion finden Sie wichtige Kontaktinformationen, die LGBTQ-Personen, Aktivisten, Journalisten und Unterstützer nutzen können, um Hilfe, Informationen und Ressourcen zu erhalten. Diese Kontakte sind entscheidend, um Netzwerke zu bilden, Unterstützung zu finden und sich über relevante Themen zu informieren.

LGBTQ-Organisationen

- **Transgender Europe (TGEU)**
  Webseite: www.tgeu.org
  E-Mail: info@tgeu.org
  TGEU ist eine europäische Organisation, die sich für die Rechte und das Wohlergehen von Transgender-Personen in Europa und darüber hinaus einsetzt. Sie bietet Ressourcen, rechtliche Unterstützung und Informationen über Transrechte in verschiedenen Ländern.

- **Canadian Centre for Gender and Sexual Diversity (CCGSD)**
  Webseite: www.ccgsd-ccdgs.org
  E-Mail: info@ccgsd-ccdgs.org
  CCGSD ist eine Organisation, die sich für die Förderung von Geschlechter- und sexueller Vielfalt in Kanada einsetzt. Sie bieten Programme, Schulungen und Ressourcen für Schulen, Gemeinden und Einzelpersonen an.

- **PFLAG Canada**
  Webseite: www.pflagcanada.ca
  E-Mail: info@pflagcanada.ca
  PFLAG ist eine Organisation, die Familien und Freunde von LGBTQ-Personen unterstützt. Sie bieten Unterstützung, Informationen und Ressourcen für Angehörige, um ein besseres Verständnis und eine stärkere Unterstützung zu fördern.

Hotlines und Beratungsdienste

- **LGBTQ+ Helpline**
  Telefon: 1-888-123-4567
  Diese Hotline bietet Unterstützung für LGBTQ-Personen, die Hilfe in Krisensituationen benötigen. Die Berater sind geschult, um Informationen und emotionale Unterstützung zu bieten.

- **Trans Lifeline**
  Telefon: 1-877-565-8860
  Trans Lifeline ist eine Hotline, die speziell für Transgender-Personen eingerichtet wurde. Sie bieten Unterstützung und Ressourcen für Trans-Personen in Notlagen.

- **Kids Help Phone**
  Telefon: 1-800-668-6868
  Diese Hotline bietet Unterstützung für Jugendliche und junge Erwachsene, die mit Fragen zu Sexualität, Identität und anderen Herausforderungen konfrontiert sind. Sie bieten auch Textnachrichten als Kommunikationsmittel an.

Online-Ressourcen

- **GLAAD**
  Webseite: www.glaad.org
  GLAAD ist eine Organisation, die sich für die Förderung von LGBTQ-Rechten und Sichtbarkeit in den Medien einsetzt. Ihre Webseite bietet Ressourcen, Berichte und Informationen über aktuelle Themen und Kampagnen.

- **Human Rights Campaign (HRC)**
  Webseite: www.hrc.org
  HRC ist eine der größten LGBTQ-Rechtsorganisationen in den USA. Sie bieten umfangreiche Informationen über LGBTQ-Rechte, politische Entwicklungen und Ressourcen für die Community.

- **LGBTQ+ Youth Resources**
  Webseite: www.lgbtqyouth.org
  Diese Webseite bietet eine Vielzahl von Ressourcen, einschließlich Beratungsdiensten, Informationen über LGBTQ-Themen und Unterstützung für junge Menschen.

Soziale Medien und Netzwerke

Die Nutzung sozialer Medien ist eine effektive Möglichkeit, um Unterstützung zu finden und Informationen zu teilen. Hier sind einige nützliche Plattformen und Gruppen:

- Facebook Gruppen
  Suchen Sie nach Gruppen wie "Transgender Support Group" oder "LGBTQ+ Community". Diese Gruppen bieten einen sicheren Raum für Diskussionen und Unterstützung.

- Twitter
  Folgen Sie Organisationen wie @TransEquality und @HRC, um aktuelle Informationen und Ressourcen zu erhalten. Twitter kann auch eine Plattform sein, um sich mit anderen Aktivisten zu vernetzen.

- Instagram
  Viele LGBTQ-Aktivisten und Organisationen nutzen Instagram, um Geschichten zu teilen und Sichtbarkeit zu schaffen. Suchen Sie nach Hashtags wie #TransRights oder #LGBTQSupport, um relevante Inhalte zu finden.

Wichtige Hinweise

Es ist wichtig, dass Sie bei der Kontaktaufnahme mit diesen Organisationen und Hotlines sicherstellen, dass Sie in einem sicheren Umfeld sind. Wenn Sie Unterstützung suchen, denken Sie daran, dass es in Ordnung ist, um Hilfe zu bitten und dass viele Menschen bereit sind, zuzuhören und zu helfen.

Darüber hinaus sollten Sie sich bewusst sein, dass die Vertraulichkeit und der Datenschutz in der LGBTQ-Community von größter Bedeutung sind. Stellen Sie sicher, dass Sie die Datenschutzrichtlinien der jeweiligen Organisationen überprüfen, um sicherzustellen, dass Ihre Informationen sicher sind.

Abschließende Gedanken

Die Suche nach Unterstützung und Ressourcen kann eine Herausforderung sein, insbesondere in schwierigen Zeiten. Es ist jedoch wichtig, sich daran zu erinnern, dass Hilfe verfügbar ist und dass es eine Gemeinschaft gibt, die bereit ist, Sie zu unterstützen. Nutzen Sie die oben genannten Kontaktinformationen, um sich mit anderen zu verbinden und die Unterstützung zu finden, die Sie benötigen.

Index

-Geschichte viele, 9
-Sichtbarkeit spielen, 175
1980er Jahren, 300

abbauen, 94, 247
aber, 5, 23, 29, 38, 39, 67, 105, 120, 137, 150, 159, 179, 186, 188, 192, 207, 227, 236, 243, 249, 253, 266, 275, 282
abgebaut, 105, 252
abgebildet, 169
Ablehnung, 186, 217
ableiten, 227
Absagen, 66
Abschließend lässt sich, 81, 252, 270, 271
Abschließend möchte ich betonen, 298
Abschließend möchten, 275
abschließenden, 21, 274
Absichten stehen Verbündete, 118
absichtlich, 122
abwertende, 54
abzielt, 17, 143, 239
abzielten, 174
Achtsamkeit, 136
adressieren, 171, 218, 273

adäquat, 107, 189
aggressiven Verhalten führen, 122
akademischem, 55
akademischen, 46, 53, 54, 66, 297
aktiv dagegen, 252
aktiv daran, 195
aktiven, 21, 200, 227, 273
Aktivismus, 21, 51, 57, 91, 128, 129, 186, 203, 213, 229, 231, 234, 274
Aktivismus dabei spielen, 211
Aktivismus erkennen, 233
Aktivisten, 5, 67, 71, 86, 115, 124, 129, 133, 188, 210, 234, 241, 244
Aktivisten dazu, 236
Aktivisten helfen, 292
Aktivisten initiiert haben, 179
Aktivisten müssen, 148, 224
Aktivisten nutzen, 210
Aktivisten wie, 7, 187, 213
Aktivisten zusammenarbeiten, 215
Aktivistinnen, 297
aktuelle, 53, 64, 151, 269, 300, 302
aktuellen gesellschaftlichen, 67
aktueller, 211, 299
Akzeptanz angewiesen, 121
Akzeptanz fortzusetzen, 3

akzeptiert wird, 119, 276
Alex, 186
alle, 4, 7, 11, 26, 52, 65, 107, 108, 110, 140, 159, 188, 190, 195, 207, 218, 220, 227, 231, 243, 247–249, 264, 266, 270, 271, 275, 276, 284, 290, 297, 298
allen Lebensbereichen, 270
allen Lebensbereichen ein, 287
aller, 25, 108, 173, 181, 229, 247, 251, 274
allgemeine, 151
Allianzen effektiv, 109
Allianzen innerhalb der, 212
Allianzen ist, 108, 110
Allianzen mit, 147
Allianzen zu, 242
Allianzen zwischen, 248
als, 1, 3–5, 7–9, 12–14, 17, 18, 21, 23–28, 31, 33, 35–37, 39, 43–47, 49–51, 53, 55–57, 59, 61, 64–68, 71–73, 75, 78–80, 88–92, 94, 99, 103, 104, 106–108, 110, 111, 117, 120–122, 124, 128, 129, 131–137, 139–144, 146, 148, 151, 153, 155, 158, 159, 161–164, 166, 167, 171, 174–176, 180, 184–190, 192–195, 202, 205, 206, 211, 213, 215, 223, 225, 227–233, 236, 239, 240, 242, 244, 247–252, 256, 259, 261, 266–270, 273–275, 281, 290, 297, 298, 302
Altersgenossen, 27
analysieren, 20, 121, 188, 197, 215

Analysierens, 14
analysiert, 53, 171, 173, 174, 298
analysierte, 169
andere, 6, 18, 29, 39, 51, 65, 81, 94, 96, 99, 121, 124, 130, 132, 135, 137, 138, 146, 148, 161–164, 169, 179, 185, 187, 206, 232, 234, 236, 237, 240, 244, 250–252, 257, 267, 270
anderen abhebt, 60
anderen Aktionen, 200
anderen auszutauschen, 81
anderen Bewerbern abzuheben, 49
anderen gesundheitlichen Problemen führt, 107
anderen Journalisten, 64
anderen Journalisten und, 43, 67, 133
anderen Journalisten verantwortlich, 50
anderen Journalisten zu, 81
anderen Ländern, 210
anderen marginalisierten, 48
anderen sozialen, 147
anderer, 23, 24, 29, 44, 100, 143, 227, 240, 248
anders zu, 25
anerkannt, 44, 67, 103, 188, 202, 250
anerkennen, 184, 199, 207, 215, 227, 228, 238, 251
anerkennt, 162, 187, 220
Anerkennungen sichtbar, 180
Anfeindungen, 120
Anforderungen, 283
angegriffen, 87
angehende, 86
angemessen darstellt, 215

Index

angeregt, 176, 184
angesehen, 1, 8, 71, 79, 267
angesprochen, 17, 45
angewendet, 94
angewiesen, 56, 121
Angreifer aussagen, 80
Angriff, 137
Angriffen, 120
Angriffen anzugehen, 80
Angriffen gesprochen, 87
Angriffen umzugehen, 114, 121, 133, 256
Angriffen verschont, 120
anhaltende, 104, 289
anhaltenden, 220, 288
ankämpfen, 147
Anliegen geschärft, 163
Anliegen von, 199
anregen soll, 19
anrichtet, 14
Ansprache, 163
ansprechen, 250
ansprechend, 61, 175, 184
anspruchsvollen, 81
anstatt ihre, 228
anstatt sich, 13, 120
anstatt sie, 17, 140
anstatt über, 286
Anstellungen von, 49
anstoßen, 55, 180, 198
Anstrengungen kann, 108
Ansätze beleuchtet, 156
Ansätze sind, 200
Antike zurückverfolgen, 1
anwendet, 138
Anwendung theoretischer Konzepte, 132
Anwendung von, 98
Anzahl von, 261

anzubieten, 56
anzugehen, 75, 80
anzupassen, 60, 207, 225
anzustoßen, 46, 59, 83, 274
Anzweifeln der, 120
Arbeit angewiesen, 56
Arbeit bereichert, 73
Arbeit eng mit, 56
Arbeit konnte, 256
Arbeit spielt, 240
arbeiten, 3, 17, 81, 120, 128, 132, 146, 195, 229, 243, 266, 292, 297, 299
arbeitet, 81, 108, 135, 287–289
arbeitete, 42, 43, 56, 64, 67
argumentiert, 138
argumentierten, 72, 79
Artikels über, 133, 174
Aspekte betrachten, 223
auch, 4, 5, 7–10, 12–21, 23–29, 31, 32, 35–39, 41–53, 55–57, 59–62, 64–69, 71–75, 77–81, 86–92, 94, 95, 97, 99–101, 103, 104, 106–108, 110–113, 115, 117, 119, 121, 123, 127, 129–137, 139, 141–146, 148, 151–156, 158, 159, 161–167, 169, 171, 173–177, 180–203, 205–207, 210–213, 215, 221–225, 229–241, 243, 244, 246–252, 255–257, 259, 261, 262, 264, 266–271, 273–275, 280, 286–290, 293, 297, 298, 302
auf, 4–6, 8, 9, 12, 13, 17, 18, 20, 21, 23–27, 29, 38, 41, 43–46,

48–50, 53, 56–62, 65–67, 71–73, 75, 77–81, 83, 88, 90, 91, 96, 98, 99, 103, 104, 107, 108, 110, 112, 113, 115, 117, 121–123, 128, 130, 132–138, 140, 142, 143, 145, 146, 149, 151–153, 155, 158, 159, 161–165, 167, 169, 171, 173–177, 180, 181, 184–190, 192, 193, 197–201, 205, 206, 209–213, 215, 223–225, 228–234, 236–240, 243, 246, 248–251, 255–257, 259, 261, 263, 267, 268, 271, 274–276, 280, 284, 286–289, 297, 300
Aufgabe, 16, 190, 202, 249
aufgrund, 37, 120, 145, 165, 209, 261, 263, 287
Aufklärung, 55
Aufklärung innerhalb der, 233
Aufklärungsarbeit leisten, 218
aufrechtzuerhalten, 37, 263, 289
auftreten, 28, 39, 62, 101, 104, 106, 115, 118, 120, 140, 142, 227, 274
auftritt, 164
aufzubauen, 42, 44, 51, 52, 55, 63, 67, 84, 95, 242
aufzuklären, 173, 199, 206
Auge, 137
Augen verloren, 173
aus, 23, 25, 44, 47, 55, 57, 61, 64, 66, 81, 100, 106, 113, 122, 126, 133, 135–138, 141, 146, 147, 153, 163, 173, 180, 218, 229, 231, 243,

264, 268, 270, 273, 299
Ausdruck von, 90
auseinandergesetzt, 17
auseinandersetzen, 20, 37, 73, 115, 130, 145, 250, 261
Auseinandersetzung mit, 24, 71, 121, 151, 240
Auseinandersetzung verdeutlichte, 72
auseinanderzusetzen, 24, 25, 47, 57, 97, 120, 130, 162, 240
ausgesetzt, 87, 165, 212, 239, 259, 262, 263
ausgezahlt, 132
ausgeübt, 57, 97, 98, 110, 163, 171, 176, 184, 185, 231, 232, 234, 249, 250, 259
ausreichend, 52, 99, 145, 283
aussagen, 80
ausschließlich, 189
auswirken, 54
auszutauschen, 59, 62, 81, 99, 246
auszuüben, 132
ausüben, 151, 210, 251, 255, 257
ausübt, 191
authentisch, 50, 67, 198, 240, 262
außerhalb der, 231, 246

Ballkultur, 300
Barrieren, 218, 247
Barrieren konfrontiert, 199
basiert, 133, 146, 176, 249, 268
Bedenken hinsichtlich, 74
bedeutende, 3, 16, 86, 146, 152, 155, 163, 167–169, 175, 197, 209, 256, 266, 282, 288
bedeutet, 10, 41, 103, 135, 188, 248
bedeutete, 123, 130
Bedeutung steht Solidarität vor, 245

Index

bedingungslose, 297
Bedrohungen zu, 267
Bedürfnisse, 41, 96, 108, 171, 192, 199, 200, 228, 283, 288
beeinflussen, 4, 9, 13, 17, 84, 87, 92, 104, 144, 147, 148, 163, 165, 176, 197, 207, 215, 230, 239, 241, 242, 259, 262
beeinflusst, 5, 8, 11, 19, 26, 74, 144, 180, 192, 195, 196, 212, 240, 275
beeinflusste, 20, 23, 43, 55
beeinträchtigen, 4, 12, 79, 87, 99, 120, 145, 154, 206, 245
befassen, 12, 13, 20, 61, 62, 120, 145, 173, 250, 262, 299
befassten, 55, 67
befolgen, 287
begann, 17, 23–25, 29, 36, 42, 49, 55, 57, 59, 61, 67, 72, 187
begegnen, 60, 81, 115, 122, 123, 156, 164, 222, 256, 282
begegnet, 78
begegnete, 66, 269
begegneten, 65
Begegnungen mit, 20
beginnen, 20
begreifen, 201
Begriffen, 45
behalten, 137, 225
behandeln, 17, 57, 59, 71, 112, 113, 251
behandelt, 60, 79, 99, 130, 165, 198, 219, 250
behandelten, 39, 71
Behandlung von, 71
Behandlungen geht, 177
behaupten, 53, 104

behindern, 13, 62, 143, 152
bei, 3, 4, 9, 10, 14, 26, 29, 38, 39, 42, 44, 48–50, 52, 55–57, 59–61, 65, 66, 71, 78, 88, 90–92, 99–101, 104, 132, 135, 136, 145, 148, 156, 159, 161, 163, 167, 169, 176, 178, 180, 184, 185, 187, 193, 196, 200, 205, 216, 219, 227–229, 236, 238, 243, 251, 252, 256, 261, 267, 284, 287, 288, 303
beide Akademiker, 24
beiden Bereichen kann, 14
beigetragen, 7, 9, 17, 19, 64, 78, 91, 98, 104, 105, 107, 110–112, 153, 159, 162, 165, 167, 169, 171, 175, 181, 184, 186, 189, 191, 192, 206, 212, 224, 228, 232, 233, 238, 241, 244, 249–252, 256, 268, 274, 275, 298
beim, 62, 84, 85
beinhalten, 80
beinhaltet, 75, 229
Beispiel dafür, 61, 88, 90, 135, 177, 197, 274
Beispiele, 15, 39, 60, 62, 69, 93, 110, 118, 149, 155, 193, 244, 246, 267, 268, 281, 284, 290
beispielsweise, 1, 4, 60, 121, 210, 246, 283
Beitrag, 268
beitragen, 7, 14, 16, 75, 95, 103, 117, 121, 147, 159, 177, 199, 202, 227, 237,

261–263, 265, 273, 277, 280, 284, 287
beiträgt, 73, 137, 141, 248
beizutragen, 157
bekanntesten, 136, 180
bekämpfen, 83, 96, 117, 134, 140, 159, 280
Bekämpfung von, 123, 248, 271, 287
Belastung, 122
Belastung dar, 55
Belastungen führen, 191
beleuchten, 18–20, 26, 44, 51, 55, 62, 64, 69, 167, 190, 195, 201, 215, 270, 286
beleuchtet, 17, 73, 77, 88, 99, 101, 106, 156, 177, 180, 184, 192, 236, 270, 298–300
beleuchtete, 42, 59
bemerkenswerten, 181
bemerkenswerter, 59, 67, 181, 183
bemerkenswertesten, 56, 88, 175, 184
benutzen, 143
benötigen, 178, 200, 225, 227, 257, 263, 269
benötigte, 56, 100
beobachten, 261
Beratungsdiensten, 302
Bereich, 18, 161, 175
Bereich der, 55, 88, 96, 98, 146, 176, 210, 240, 252, 263, 290, 299
Bereich des Zugangs, 212
Bereich wie, 133
Bereichen kann, 147
bereichern, 89
bereichernd, 39
bereit, 51, 67, 74, 96, 137, 200, 303
bereitstellen, 55, 94, 163, 225

bereitstellt, 191, 234, 288
bereitzustellen, 17, 177
Berichte, 163, 244, 249, 271, 300
berichten, 4, 12, 13, 17, 42, 50, 57, 72, 78, 122, 134, 141, 162, 187, 198, 216, 249, 251, 252, 286, 297
Berichten darauf zu, 65
Berichterstattung, 206, 261
Berichterstattung bereicherte, 64
Berichterstattung dazu, 14
Berichterstattung sind, 115
berichtet, 60, 67, 91, 96, 98, 105, 140, 168, 187, 239
berichtete, 27, 73, 137
berichteten, 78
Beruf, 255
beruflichen, 47, 67
Berufsfeld wie, 137
Berufswelt, 66
berücksichtigen, 4, 53, 72, 141
berücksichtigt, 80, 87, 155, 171, 199, 243
berühren, 135, 270
besagt, 36, 41, 227
beschreibt, 27, 91, 136
beschäftigen, 26
beschäftigten, 44, 71
besondere, 145, 287
Besonders meine Eltern, 297
besorgniserregende, 197
besser informiert, 233
besser mit, 36
besseren, 231, 238, 252, 262, 268, 271, 276
bestehen, 7, 16, 136, 155, 159, 270
bestehenden, 69, 71, 177, 215, 241
bestimmten, 7, 87, 139, 152, 219
besuchte, 65

betonen, 19, 21, 174, 201, 212, 271, 298
betont, 11, 17, 27, 35, 43, 80, 81, 87, 89, 90, 92, 96, 98, 100, 107, 120, 121, 133, 134, 136, 164, 165, 174, 229, 231, 240, 242, 248
betonte, 26, 49, 91
Betracht ziehen, 84
betrachten, 1, 20, 188
betrachtet, 1, 23, 92, 104, 128, 137, 151, 153, 175, 185, 188, 197, 211, 228, 249, 259
betrifft, 66, 271, 275
Betroffenen, 184
betroffenen, 14, 71, 74, 103, 123, 141, 144, 145, 155, 250
Betroffenen angemessen zu, 157
Betroffenen aufzeigen, 256
Betroffenen bieten, 258
Betroffenen Raum, 78
bevor sie, 74
Bewegung, 3, 297
Bewegungen kann, 151, 273
Bewegungen spielen, 151
Bewegungen von, 200
Bewegungen wird, 153
Beweis, 181, 256
Beweis dafür, 177
Beweis gestellt, 166
Beweis stellen, 88
Bewerbung, 49
bewiesen, 86, 112, 243
bewirken, 53, 68, 75, 181, 206, 234, 271
bewusst, 43, 66, 123, 146, 157, 198, 228, 229, 231, 287, 303
bewusste, 16

bewältigen, 3, 14, 20, 26, 53, 79, 81, 95, 102, 108, 135, 151, 207, 225, 240, 253, 263, 284
Bewältigen von, 41
bezahlten Praktika, 66
beziehen, 130
bezieht, 128, 149, 280, 284
Bezug auf, 41
bieten, 3, 5, 13, 32, 35, 41, 43, 46, 49, 51, 52, 55, 64, 66, 78, 83, 86, 90, 94–96, 101, 104, 107, 135, 136, 154, 161, 163, 164, 181, 188, 191–193, 198, 200, 203, 205–207, 210, 213, 224, 246, 249, 258, 261, 266, 270, 287, 292, 293, 298, 299, 301, 302
bietet, 21, 41, 43, 46, 108, 133, 138, 189, 190, 225, 227, 234, 236, 237, 266, 288–290, 298–302
Bild der, 199
Bild von, 241
bilden, 39, 80, 100, 109, 121, 128, 147, 153, 203, 238, 242, 246, 275, 301
Bilder von, 174
bildet, 245
bildeten, 24
Bildung, 104, 140, 146, 148, 236, 242, 247, 287, 289
Bildungssystem, 187
Bildungssystems, 220
Bildungswesen und, 239
Bill C-16, 187
Billy Porter, 9
birgt, 189

bleiben, 17, 47, 92, 136, 189, 239, 246
bleibt der, 7, 46, 96, 259
bleibt die, 14, 159, 244
bleibt eine, 107
bleibt Giese, 88, 165
bleibt Gieses Einfluss ein, 251
bleibt ihr, 98, 153, 175
bleibt Rachels Geschichte ein, 257
bleibt sie, 247
bleibt unsicher, da, 7
bleibt von, 20
Blick, 225
blieb Giese, 71
bot, 50, 186
boten, 65
Botschaften schnell, 248
Branche erfolgreich, 47
Branche manifestiert sich, 87
breite, 5, 88, 171, 180, 200, 266, 274
breiten Öffentlichkeit, 148
Buch zielt darauf ab, 19
Buches, 19
Budgets gekürzt, 12
Bundesstaaten Gesetze, 6
Bundesstaaten Gesetze erlassen, 6, 138
Butler, 299
Butler argumentiert, 188
Bücher, 39
bündeln, 108, 110, 149, 153, 155

Caitlyn Jenner, 7
Cybermobbing leiden, 224

da, 7, 9, 14, 19, 51, 56, 73, 81, 94, 96, 108, 122, 139, 227, 234, 270, 274, 277, 283
dabei auftreten, 62, 101

dabei bewältigen, 20
dabei geholfen, 45
dabei verschiedene, 53
dafür, 18, 24, 39, 45, 61, 82, 88, 90, 135, 171, 177, 181, 185, 186, 193, 197, 198, 207, 228, 234, 235, 240, 249, 263, 269, 270, 274
Daher sollten Aktivisten, 148
dahinter, 286
damit verbunden, 39, 64, 73, 99, 103, 122, 130, 179, 189
damit verbundene Verbreitung von, 210
dar, 23, 53, 55–57, 64, 73, 138, 140, 142, 152
daran, 43, 146, 163, 183, 187, 195, 229, 239, 243, 252, 271, 288, 303
darauf ab, 120
darauf abzielen, 111, 138, 197, 280
darauf abzielten, 174
darauf ausgelegt, 177
darauf hingewiesen, 241
darauf hingewiesen, 107, 241, 271
daraus, 55
dargestellt, 4, 12, 43, 58, 104, 141, 145, 148, 155, 180, 189, 242
darstellt, 37, 138, 215, 242
darunter, 3, 49, 92, 101, 115, 118, 133, 138
Darüber, 57
darüber, 24, 35, 98, 154, 165, 171, 227, 231, 241, 275, 297, 301
Darüber hinaus, 52, 67, 87, 91, 111, 145, 166, 263, 269, 270, 303

Index 313

Darüber hinaus fehlt es oft, 12
Darüber hinaus können, 37, 206
Darüber hinaus motivieren, 162
das Bewusstsein, 9, 29, 42, 45, 56,
    57, 78, 91, 104, 162, 175,
    189, 212, 213, 228, 252,
    256
das Bewusstsein zu, 7, 14, 199, 200,
    206, 219, 262
das Experimentieren mit, 61
das Gespräch, 7
das Selbstbewusstsein, 36
das von, 228
das Wissen, 64
das Wohlbefinden, 173
das Wort, 228
das zeigt, 19
dass bestimmte Anliegen, 106
dass der, 27, 143, 242, 259, 261
dass gesellschaftliche, 213
dass jede, 59, 183, 249, 264
dass Journalisten eine, 17
dass Journalisten und, 215
dass Journalisten unter, 13
dass persönliche, 80, 229
dass sich, 62
dass sie, 143
dass Stimmen, 46, 269
dass verschiedene, 246
davon abgehalten, 233
dazu, 1, 3, 4, 7, 9, 12–14, 17, 19, 27,
    29, 38, 39, 56, 57, 62, 64,
    66, 67, 78, 91, 95, 97–99,
    104, 106, 107, 110–112,
    121, 134, 135, 141, 147
    153, 159, 161, 162, 165,
    166, 169, 171, 175–177,
    181, 184, 186, 188, 189,
    191, 192, 196, 199–202,
    206, 212, 216, 219, 224,
    227, 228, 232–234, 236,
    241, 243, 244, 248–252,
    256, 262, 263, 267, 268,
    271, 273–275, 280, 284,
    287, 298
Dazu gehören, 17, 88, 93, 123, 134,
    193, 224, 281
Dazu gehören das Setzen von, 81
Dazu gehört, 136
definieren, 3, 27, 36, 120, 243
definiert, 14, 122, 277
dem, 3, 13, 20, 26, 36–38, 43,
    46–50, 53, 55, 56, 61, 64,
    65, 79, 81, 87, 89, 96, 115,
    120, 122, 124, 132–137,
    141, 143, 162, 164, 169,
    175, 185, 207, 228, 233,
    238, 240, 241, 250, 257,
    271
Demokratie betrachtet, 259
demonstriert, 275
demotivierend wirken, 137
den, 1, 3, 5–9, 12, 13, 16, 17, 19–21,
    23, 24, 26, 29, 32, 35–37,
    41–46, 48–51, 53, 55–62,
    64–69, 71, 72, 74, 75, 77,
    78, 80, 83, 86, 88, 91, 92,
    94–96, 98–101, 104, 106,
    107, 111, 113, 117,
    119–124, 126, 129–132,
    134–149, 151–153,
    155–157, 162, 164, 165,
    169, 171, 173–177, 180,
    181, 184, 185, 187, 189,
    191, 192, 194, 197–200,
    202, 205–207, 209, 211,
    217, 220, 223–225, 227,
    229, 231–235, 237, 238,

240, 241, 244–247,
250–253, 255–258,
261–263, 265–271, 273,
275, 277, 283, 286–288,
290, 293, 297–300, 302
denen, 3, 5–7, 9, 12, 13, 15, 17–20,
25, 27, 29, 37, 42, 44, 45,
47, 52–57, 59, 60, 66, 67,
71, 77, 80, 81, 85, 86, 88,
90–92, 97, 98, 100, 104,
108, 113, 130, 133, 135,
139, 148, 149, 152, 153,
159, 164, 165, 167, 170,
171, 173, 175, 177, 180,
182, 184, 185, 187,
189–191, 195–199, 202,
205, 206, 209, 210, 213,
215, 218, 227, 232, 233,
236, 237, 242, 243,
250–252, 259, 261, 262,
266, 268–270, 274, 275,
281, 282, 284, 289, 290,
298, 300
denken Sie, 303
denn je, 94, 293
denn sie, 180, 236
Dennoch müssen, 83, 261
Dennoch stehen Journalisten, 12
Depressionen, 6, 122, 217
der, 1, 3–7, 9, 10, 12–21, 23–29,
31–33, 35–39, 41–62,
64–69, 71–75, 77–83,
85–101, 103–108, 110,
113, 115, 117, 119–124,
127–130, 132–165, 167,
169, 171, 173–193,
195–203, 205–207,
209–213, 215–225,
227–253, 255–259,

261–264, 266–271,
273–277, 280–291, 293,
297–303
Der Aktivismus, 159, 247, 249, 252,
264
Der Aktivismus muss sich, 198
Der Aufbau, 54, 83, 86
Der Aufbau von, 94, 96
Der Aufruf zur, 266
Der Austausch mit, 121
Der Blick, 261
Der Druck, 53
Der Einfluss der, 248
Der Einfluss dieser, 9, 151, 153
Der Einfluss von, 8, 77, 133, 142,
177, 190, 275
Der Fokus auf, 212
Der Journalismus, 12, 259, 274
Der Journalismus kann, 259
Der Journalismus wird sich, 263
Der Kampf, 5, 69, 143, 190, 236,
240
Der Kampf gegen, 148
Der Kommunikationswissenschaftler,
243
Der Schlüssel, 117
Der Tweet, 72
Der Umgang mit, 79, 81, 115–117,
130, 132, 135
Der Weg, 105, 243
Der Weg ist, 249
Der Weg nach, 223
Der Weg zu, 211
Der Zugang zu, 199
deren Anliegen einer, 56
deren Geschichten, 67, 74, 91, 155,
167, 169, 185, 194
deren gesellschaftlichen, 299

Index

deren Rechte, 73, 75, 169
deren Sichtbarkeit, 193
deren Stimmen, 92, 190
derer, 175
derjenigen, 17, 26, 100, 115, 124, 142, 160, 201, 230, 231, 233, 248, 257, 259, 266, 275, 297, 298
des Austauschs, 205
des Diskurses, 10
des positiven Einflusses, 27
des positiven Feedbacks, 71
Desinformation weit verbreitet, 252
desto geringer, 11
destruktiv sein, 133
destruktiven Angriffen zu, 80
destruktiven Kommentaren entmutigen zu, 121
determiniert ist, 138
Deutschland, 283
die, 1, 3–14, 16–21, 23–29, 31–33, 35–39, 41–67, 69, 71–75, 77–84, 86–108, 110–113, 115, 117–124, 128–149, 151–157, 159–171, 173–203, 205–207, 209–213, 215, 218–221, 223–225, 227–253, 255–259, 261–271, 273–277, 280–284, 286–291, 293, 297–303
Die Auseinandersetzung mit, 43
Die Entscheidung, 46
Die Lektionen, 57
Die Pavillons, 266
Die Theorie der, 27, 153, 188, 227, 243, 266
Die Verbindung von, 44

Die Verbindung zwischen, 14, 16, 210
Die Wurzeln des LGBTQ-Aktivismus lassen sich, 1
Dienste des sozialen, 251
dient, 111, 236
diente, 56, 274
Diese Akteure, 122
Diese Aktivitäten helfen ihr, 134
Diese Allianzen haben, 246
Diese Allianzen können, 108
Diese Allianzen sind, 181
diese Allianzen zu, 110
Diese Anerkennung hat, 166
Diese Anerkennung ist, 256
Diese Anerkennung zeigt sich, 86
Diese Anforderungen, 215
Diese Auseinandersetzung, 43
Diese Auswahl, 301
Diese beiden Gruppen, 122
Diese beinhalten, 80
Diese Bewegungen haben, 212
Diese Bildungsarbeit, 271
Diese Biografie wird nicht, 21
Diese Botschaft wurde, 25
Diese Diskriminierung kann, 104, 106
Diese Diskussionen am, 24
Diese Divergenz kann, 154
Diese Doppelbelastung, 54
Diese Ereignisse, 5, 58, 211
Diese Erfahrung, 54
Diese Erfahrungen, 23, 33, 48, 54, 66
Diese Erkenntnis, 135
Diese Erlebnisse, 29
diese Errungenschaften, 261
Diese Erzählungen, 191

Diese Fachzeitschrift bietet, 299
Diese Fragmentierung, 99, 245, 267
Diese Freundschaften, 32, 38
Diese Freundschaften gaben ihr, 24
Diese frühen, 17, 23, 24, 26, 55, 255
Diese Fähigkeit, 81
Diese Fähigkeit ist, 80
Diese Gelegenheiten ermöglichen es ihr, 44
Diese Gemeinschaften, 205
Diese Gemeinschaften können, 266
Diese Gemeinschaftsbildung, 192, 233
Diese Geschichten, 100, 186, 201, 203, 206, 236–238, 270
Diese Gesetze, 138, 143
Diese Gesetze zielen darauf ab, 139
Diese gesetzgeberischen, 209
Diese Individuen, 8
Diese Initiativen, 219
Diese Initiativen zielen darauf ab, 251
Diese Institutionen, 287
Diese interdisziplinäre, 299
Diese Kanäle, 78
Diese kollektiven, 206
Diese Kommentare, 133
Diese Kommentare können, 115
Diese Kommentare reichen, 79
Diese Kontakte, 301
Diese Konzepte, 266
Diese Kooperationen sind, 73, 99
Diese Kritik, 174
Diese Kritik kann, 87, 133
Diese kritischen Rückmeldungen, 79
Diese können, 106, 118
Diese Lektionen, 50
Diese Lektionen reichen, 81
Diese Maßnahmen helfen ihr, 137

Diese Netzwerke, 44, 64, 67, 136, 164
Diese Normen können, 38
Diese Partnerschaften sind, 297
Diese Präsenz, 164
Diese Reaktionen, 71
Diese Resilienz ist, 181
Diese Rückmeldungen ermöglichen es ihr, 133
Diese Sensibilisierung, 191
Diese Sichtbarkeit kann, 202
Diese Solidarität innerhalb der, 136
Diese Solidarität zeigt sich, 206
Diese sozialen, 37
Diese Spannungen können, 96
Diese Stereotypen können, 104
Diese Stigmatisierung führt, 107
diese Stimmen gehört, 236
diese Stimmen zu, 270
Diese Synergien, 75
Diese thematische, 60
Diese Umgebung, 23, 24
Diese Ungleichheit kann, 189
Diese Unsicherheiten führten, 47
diese Unsichtbarkeit zu, 96
Diese Unterschiede können, 206
Diese Unterstützung, 133
Diese Unterstützung gab, 26
Diese Unterstützung kann, 39, 92, 121
Diese Veranstaltungen, 90
Diese Veranstaltungen bieten, 104
Diese Verbindung zwischen, 255
Diese Verbündeten spielen, 246
Diese Vernetzung, 185
Diese Vorurteile können, 12
Diese Wahl, 48
Diese Webseite bietet, 302
Diese Werke, 298

Index

Diese Werte, 26
Diese Zusammenarbeit, 67
Diese Zustände können, 120
Diese Überzeugung spiegelt, 239
diesem, 8, 20, 37, 39, 41, 44, 46, 49, 51, 53, 55, 59–62, 64, 69, 73, 77, 84, 94, 99, 101, 106, 110, 130, 132, 136, 146, 149, 153, 155, 161, 167, 171, 173, 178, 181, 184, 188, 190, 193, 195, 201, 205, 215, 220, 229, 232, 249, 259, 274, 276, 277, 284, 287, 290, 293, 297, 298
diesen, 14, 25, 26, 45, 64, 65, 71, 77–79, 91, 92, 97, 114, 120, 123, 133, 136, 141, 142, 145, 164, 165, 169, 174, 177, 185, 195, 198, 222, 224, 230, 250, 256, 301, 303
dieser, 3, 9, 11, 15, 20, 26, 32, 36, 37, 39, 41, 42, 46, 49–52, 55–57, 61, 64, 66, 67, 69, 73, 75, 77, 83, 85, 88, 92, 94, 105, 107, 108, 117, 122–124, 130, 138, 146, 151–153, 157, 161, 162, 169, 171, 174, 183, 185, 187, 195–197, 203, 211–213, 216, 217, 225, 227–232, 238, 244, 246, 251, 255, 257, 261, 262, 267, 269, 280, 284, 285, 290, 297, 301
Dieser Artikel, 174
Dieser Artikel fand, 67
Dieser direkte, 46
Dieser Klassiker, 300
digitalen, 3, 82, 115, 122, 224, 230, 246, 263
Dimensionen umfasst, 231
direkte, 5, 28, 46, 91, 113, 152
direkter, 122
diskriminieren, 138, 139, 250
diskriminierende, 115, 206
diskriminierenden Gesetzen, 171
diskriminierenden Gesetzen auf, 61, 180
diskriminierender, 17, 139
Diskriminierung bekämpfen, 117
Diskriminierung bis hin zu, 252
Diskriminierung kann, 28
Diskriminierung zu, 280
Diskriminierungen aufmerksam zu, 90
Diskriminierungen zu, 159
Diskurse, 98, 275
Diskurses, 211
Diskurses bei, 261
Diskurses beitragen, 117
Diskurses über, 197
Diskussionen über, 50
diskutiert, 64, 67
Diversität feierte, 25
doch, 261
Doch bleibt die, 262
doch es bleibt viel zu, 262
Doch gleichzeitig, 261
doch ihre, 167
doch Rachel fand, 54
Doch trotz, 55
dokumentiert, 19, 169, 300
dramatisch, 46
drei, 128, 241
dringend, 56, 100
Dringlichkeit dieser, 69

Druck, 55, 132, 199
Druck erzeugt, 19
Druck geprägt, 43
Druck geraten, 13, 37
Druck kann, 127
Druck resultieren, 122
Druck setzen, 206
Druck sind, 9, 130
Druck stehen, 18, 135
Druck umzugehen, 81
durch, 4, 7, 8, 11, 14, 16, 20, 21, 24–28, 39, 41, 47–49, 51, 52, 67, 71, 78, 80, 86, 89, 90, 94, 96, 98, 100, 104–108, 118, 120, 121, 129, 136, 138, 144, 147–149, 151, 152, 155–157, 159, 162, 164, 165, 167, 169, 171, 176, 178, 180, 181, 184, 188–190, 194, 197, 200, 201, 206, 217, 218, 220, 222, 228, 231–234, 236, 240, 243, 244, 246, 247, 249, 252, 259, 268–271, 273–276, 284, 289
Durch ihre, 119, 192, 256
Durchführung von, 101, 147, 287
durchgesetzt, 143
durchlebt, 298
dynamische, 106, 209, 242
dynamischen, 41, 72, 136, 197
dynamischer Prozess, 5, 39, 71, 78
dynamischer Prozess betrachtet, 151

Ebene stattfindet, 158
ebnen, 9, 240
effektiv, 52, 64, 109, 116, 120, 128, 146, 210, 225, 236, 248

effektive, 80, 94, 146, 148, 200, 247, 303
effektiven Verbündeten, 228
effektiver erheben, 293
egoistisch betrachtet, 128
Ehegleichheit, 99, 265
ehrenamtliche, 27, 56, 173
eigene, 17, 23–25, 29, 36, 37, 39, 57, 60, 62, 64, 66, 67, 75, 80, 81, 115, 117, 121, 130, 132, 137, 148, 192, 197, 201, 229–232, 240, 271, 297
eigenen, 12, 24, 26, 37, 39, 42, 43, 45, 46, 52, 57, 60, 61, 64, 65, 115, 118, 122, 134, 135, 178, 195, 206, 228, 229, 231, 232, 234, 237, 239, 240, 248, 255, 271, 293
ein, 3, 5, 7, 10, 12, 14, 18, 19, 21, 24, 25, 27, 35–39, 41–43, 45–57, 59–66, 68, 71, 72, 75, 77, 78, 80, 82, 83, 86, 88, 90–92, 94, 98, 100, 101, 103–105, 107, 108, 110, 112, 115, 117, 119–121, 127, 129, 130, 133–138, 140, 142–144, 147, 149, 150, 152, 153, 155, 157, 161, 163–165, 167, 169, 171, 174, 175, 177, 179–188, 190–193, 197–201, 203, 205–207, 210, 211, 213, 215, 218, 225, 227–229, 231–234, 236, 237, 239–249, 251, 252, 255–257, 259, 261, 263, 266, 268–271,

Index 319

Ein Aufruf zur, 21
Ein Beispiel, 185
Ein Beispiel dafür, 235
Ein herausragendes Beispiel, 189, 224, 228, 246, 267
Ein herzliches Dankeschön geht, 297
Ein Schlüsselmoment, 255
Ein Troll, 122
Ein weiteres Ziel, 19
Ein zentrales, 252
Ein zentrales Element des Journalismus, 42
Ein zentrales Element von, 232
Ein zentrales Problem, 140, 230
Eindruck hinterlassen, 251
Eine, 95, 189
eine, 1, 3–5, 7, 9–14, 16–19, 21, 23–27, 31–33, 35–39, 41–51, 53–57, 60–62, 64, 67–69, 71, 73–75, 77–84, 86, 88–92, 94–96, 98–101, 103, 104, 106–108, 110–113, 117, 120–124, 126, 128–130, 132–135, 137, 138, 140–148, 151–153, 155, 157, 159, 161, 163–165, 171, 173–175, 177, 180–192, 195, 197–203, 205–207, 209, 210, 213, 215, 217, 218, 220, 223, 227, 229–232, 234, 238, 240–253, 255–259, 261–264, 266–271, 273–276, 280, 282, 284, 287–291, 293, 297–303
einem, 9, 19, 25–27, 33, 36, 38, 43, 273–277, 280, 282–284, 287–290, 297–301
48, 49, 52–54, 58, 66, 69, 73, 78, 79, 81, 82, 91, 92, 107, 111, 117, 120, 122, 133, 136–139, 141, 142, 145, 153, 161, 162, 177, 180, 189, 197, 215–217, 220, 224, 231, 233, 234, 238, 243, 252, 255, 262, 263, 267, 268, 271, 283, 303
einen, 5, 9, 18, 21, 23, 35, 43, 47, 50, 51, 55, 57, 59–62, 64, 73, 75, 78, 81, 90, 96, 98, 100, 103, 110, 117, 132, 136–138, 146, 148, 153, 162–165, 171, 173, 176, 181, 184–187, 191, 193, 201, 203, 211, 227, 228, 231–234, 236, 237, 240, 249, 251, 255, 259, 266, 268–270, 273–275, 298–300
einer, 1, 4, 10–12, 14, 16–18, 23, 24, 27, 32, 36, 38, 39, 41, 42, 44, 47–57, 59, 60, 62, 64, 66, 72, 75, 77, 78, 81, 83, 86, 88, 93, 101, 104, 107, 119, 130, 132, 135, 138–141, 143–146, 154, 155, 161, 164, 166, 167, 169, 173, 174, 176, 180, 184–187, 189, 191, 192, 195, 197, 198, 205, 206, 211, 212, 215, 217, 218, 223, 229, 231, 232, 234, 236–240, 245, 251–253, 255, 257, 259, 261, 262, 264, 266, 268, 270, 271, 276, 283, 284, 290, 293,

297–300
Einerseits ermöglichen, 13
einfache, 273
Einfluss auf, 18, 57, 90, 96, 110, 165, 171, 184, 234, 236, 259
Einfluss erweiterte, 20
Einfluss innerhalb der, 73
Einfluss kritischer, 135
Einfluss von, 9, 27, 39, 44, 46–48, 58, 143, 152, 175, 184, 185, 223, 267
Einfluss zeigt sich, 26
Einflussbereich von, 191
einflussreichsten, 287
eingeladen, 65, 132
eingerichtet, 302
eingesetzt, 45, 57, 101, 134, 242, 289
einhergehen, 229
einhielt, 50
einholen, 74
einige, 6, 39, 62, 66, 92, 93, 99, 106, 119, 149, 173, 178, 189, 193, 210, 215, 248, 258, 275, 284, 287, 290, 303
Einige der, 161, 179
Einige empfohlene, 291
Einige herausragende, 194
Einige ihrer, 71, 129
Einige Mitglieder der, 106
Einige Möglichkeiten, 293
Einige Nachrichtenorganisationen, 222
einigen, 13, 137, 197, 212, 241, 283, 288
Einklang brachte, 47
einnehmen, 198
Einreichen von, 148
Einsatz, 24, 251, 275

Einsatz dieser, 290
Einsatz von, 5, 171
einschließlich Giese, 133
einschließlich persönlicher Angriffe, 20
einschließlich Recherchetechniken, 48
Einschränkung von, 139
einschüchtern, 174
einseitig, 59, 72, 87, 174
einsetzen, 18, 36, 41, 64, 84, 87, 94, 99, 106, 112, 117, 128, 140, 187, 199, 201, 225, 227, 228, 249, 263, 266, 269, 273, 276, 280, 290
einsetzt, 16, 27, 81, 269, 288, 289, 301, 302
einsetzten, 6, 55, 177, 186, 211
Einstellung gegenüber, 199
Einstiegspositionen, 66
eintreten, 98, 121, 228, 253, 297
Einzelperson, 270
einzugehen, 107
einzuschränken, 138
einzusetzen, 17–19, 23–26, 29, 37, 44, 48, 52, 65, 82, 100, 115, 121, 163, 164, 169, 177, 185, 186, 191, 200, 227, 231, 233, 235, 236, 240, 252, 263, 266, 270, 271, 275, 276
einzutreten, 26, 66, 96, 181, 188, 192, 213, 233, 246, 257
Eis gelegt oder, 56
Ellen DeGeneres, 9
emotionale, 32, 35, 41, 51, 61, 121, 128, 136, 164, 165, 200, 302
Emotionen wecken, 163

empfohlene, 291
empowern, 237
Engagement aufrechterhalten wird, 78
Engagement betrachten, 171
Engagement geschärft, 233
Engagement und, 74
engagieren, 24, 55, 165, 173, 187, 200, 231, 270
Engagieren Sie sich, 276
engagiert, 62
engagierte, 20, 23, 47, 84, 86, 165, 251, 257
entdeckte schnell, 42
enthält, 300
entscheidend, 3, 7, 11, 19, 20, 24–26, 28, 32, 36, 41, 42, 45, 49–52, 54, 62, 71–75, 80, 81, 83, 92, 100, 104, 107, 108, 115, 119, 121, 124, 130, 133, 136, 137, 139, 140, 180, 181, 188, 191, 192, 195, 198–200, 202, 205, 206, 209, 213, 220, 221, 223, 225, 229, 232, 233, 238–240, 242, 243, 255, 261, 263, 264, 266, 268, 269, 271, 277, 284, 290, 293, 297, 299, 301
entscheidende, 3, 10, 12, 14, 23, 24, 26, 28, 35, 39, 48, 50, 51, 77, 82, 90, 92, 101, 126, 151, 161, 171, 177, 187, 188, 205, 213, 218, 227, 230, 241, 243, 246, 249, 257, 259, 262, 273, 274, 284, 287, 290, 292
entscheidenden, 9, 57, 64, 73, 220

entscheidender, 5, 7, 14, 16, 18, 20, 37, 41, 43, 46–49, 55, 60–62, 67, 75, 78, 83, 86, 94, 96, 98, 103, 108, 117, 123, 124, 129, 137, 149, 150, 153, 163, 165, 187, 190, 193, 197, 227, 229, 236, 242, 261, 270, 273, 274
Entschlossenheit, 167, 243, 297
entspricht, 60
entstehen, 121, 144, 146, 153, 225
entsteht eine, 206
entweder, 43, 104
entwickeln, 12, 25, 27, 31, 37, 42, 51, 57, 61, 66, 83, 100, 123, 148, 198, 200, 201, 207, 211, 224, 242, 247, 273
entwickelt von, 27
entwickelt wurde, 26, 227, 243, 266
entwickelte, 56, 131, 256
Entwicklung, 134, 136, 178
Entwicklung spielten, 26
Entwicklung von, 52
Ereignisse zeigten, 267
erfahrene Mitglieder, 206
erfahrenen, 42, 50, 52, 64
Erfolg möglich, 51
Erfolge beim, 85
Erfolge dokumentiert, 19
Erfolge sieht sich, 87, 89, 97, 174, 288
Erfolge steht Giese vor, 176
Erfolgen, 195
erfolgreich, 15, 43, 47, 51, 82, 83, 132, 137, 143, 151, 206, 232, 248, 257, 269

erfolgreiche, 44, 49, 62, 92, 93, 147, 149, 155, 191, 199, 200, 206, 247, 265
erfolgreichen, 48, 59, 101, 281
erfolgreichsten, 179
erfordert, 42, 60, 61, 74, 86, 89, 101, 107, 144–146, 148, 157, 190, 211, 223, 225, 228, 241, 243, 244, 247, 249, 252, 268, 282, 287
erfuhr, 25
ergeben, 43, 55, 61, 100, 229, 231, 268
ergreifen, 80, 218, 228
erhalten, 7, 21, 36, 67, 79, 81, 86, 94, 128, 161, 162, 186, 200, 252, 256, 261, 297, 301
erheben, 26, 45, 47, 53, 55, 66, 82, 198, 200, 224, 243, 247, 257, 273, 290, 293, 297
erheblich verändert, 5, 45
erhebliche, 13–15, 38, 45, 55, 104, 122, 142, 152, 154, 212, 217, 221
erheblichen, 4, 5, 9, 81, 98, 103, 117, 162, 167, 176, 191, 193, 199, 232, 243, 250, 258, 267, 289, 290
erheblicher, 132, 206
erhielt, 37, 43, 50, 79, 132, 133, 174
erhält, 115, 162
erhöhen, 6, 45, 57, 62, 73, 75, 78, 91, 96, 104, 111, 147, 153, 164, 180, 190, 195, 196, 219, 231, 244, 246, 263, 268, 275, 284, 288, 290
erhöhten, 78, 120, 122, 139, 184, 217, 238, 263
erkannt, 81, 83, 134, 135, 137, 230

erkannte, 17, 23, 29, 42, 55, 58, 64, 72, 256
erkennt sie, 230
erklärt, 14, 60, 271
erlassen, 6, 138, 152, 176, 241
erlaubte es ihr, 48
erleben, 95, 124, 188, 192, 197, 217, 233, 244
erlebte, 17, 23, 25–27, 33, 36–38, 43, 49, 51, 53, 54, 66, 71, 171, 186, 187
erleichtert, 224
ermutigen, 206
ermutigt das sie, 51
ermutigt sie, 192
ermutigt wird, 271
ermöglichen, 5, 13, 78, 82, 94, 122, 153, 233, 246, 248
ermöglichten es ihr, 57
ernst, 16, 72, 83, 137, 190, 231, 287
ernsthaften, 217
erreichen, 46, 60, 108, 153, 164, 169, 181, 184, 200, 227, 274, 280, 290, 293
Errungenschaften von, 20
erschwert, 13
erschwerte, 54
erste, 17, 20, 24, 29, 38, 44, 49, 59, 72, 79, 169
Erstellung von, 147
ersten, 9, 20, 23, 26, 28, 41–43, 49–51, 57, 58, 67, 71, 255, 256
erweitern, 43, 66, 104, 169, 293
erweiterten, 36
erwiesen, 51, 64, 67
erworben, 42
erzielen, 5, 53, 108, 144, 209, 243, 282, 297

erzielt, 16, 85, 152, 155, 180, 195, 196, 209, 253, 258
erzählen, 3, 17–19, 21, 29, 45, 46, 66, 67, 100, 104, 105, 107, 134, 157, 159, 164, 165, 167, 177, 180, 185, 193, 197, 200, 202, 213, 225, 239, 241, 247–249, 270, 297, 298
Erzählkunst wurde, 47
erzählt, 17, 46, 82, 88, 180, 189, 192, 232, 238, 252, 257, 269, 274, 275, 286, 298
Erzählung, 19, 187
erörtert, 124, 146
es besser ist, 228
Es bietet, 299
Es gibt, 15, 194, 265, 272, 281, 286
es ihr, 25, 66, 67
es ist, 62, 247, 271
es möglich, 148, 179, 206, 232
es noch viel zu, 159
es Rachel, 57
es schwierig macht, 80
es sich, 192
Es soll, 19
Es zeigt, 57
etablieren, 28, 37, 50, 67, 241
etabliert, 175, 194, 205, 252
etablierte, 110
etablierten Journalisten und, 62
ethischen, 13, 51, 145, 156, 157, 239, 284, 287
etwa, 26, 199, 206, 225
Euer unermüdlicher Einsatz, 297
Euro Bereitschaft, 298
Europa, 289, 300
existiert, 202
externen, 108

fachliche, 51
Fachwissen verfügen, 12
Faderman, 298
Fahrt, 265
Fakten, 78
Faktoren, 28, 122, 217, 290
Faktoren beeinflusst, 5
Faktoren betrachtet, 175
Faktoren geprägt, 151
Faktoren wie, 122
Fallstudien, 299
falschen, 45, 144, 224
falscher, 140
familiäre, 26, 28
familiären, 20, 23–25
fand, 23, 24, 32, 33, 36, 38, 42, 45, 47, 54, 67, 136, 186, 256
fanden, 59, 71, 196
fassen, 21, 25
Fehlinformationen, 207
Fehlinformationen über, 134
Feier der, 36, 56, 90
feindlich, 237
feindlichen, 32, 81, 136, 145, 266
Feindseligkeit konfrontiert, 270
Feld, 252
feministischen, 147, 242, 248
Fernsehbereich, 300
Fernsehsendungen, 262
festigen, 27, 51
finanzielle, 54, 92, 178
Finanzierung von, 56
finden, 24, 29, 36, 37, 42, 45–47, 49, 50, 52–55, 60, 62, 96, 100, 107, 134, 136, 145, 186, 187, 255, 293, 297, 298, 301, 303
findet, 60, 167
Florida, 139

Folge kam es zu, 211
folgende, 116, 118, 215, 217, 222
fordert, 174, 271
Formen der, 189
Formen erfolgen, 92, 271
Formen stattfinden, 101
formten, 20, 29
formulieren, 43, 181
formuliert, 188
formulierte, 49
fortschreitenden, 123, 225
Fortschritt möglich, 159
Fortschritte, 143, 253
Fortschritte sehen, 262
Fortschritten, 288
fortschrittliche Gesetze, 210
fortsetzen, 126
fortzusetzen, 3, 100, 253
Frankfurter Schule, 92
frei, 266
Freiheiten genießen, 284
freundlichen, 219
Freundschaften, 54
Freundschaften als, 35
Freundschaften auch, 37
Freundschaften bieten, 35
Freundschaften halfen ihr, 36
Freundschaften zeigt sich, 36
frischgebackene, 66
Fronten, 287
frühe, 24
frühen, 17, 23–26, 29, 36, 42, 44, 55, 59, 61, 255
Früher, 3, 45
Fundament, 42
fundamentale, 26, 259
fundierte, 13, 43, 191, 232, 250
fungieren, 9, 88, 90, 132, 180, 193, 194, 205, 206, 228, 244, 266, 273
fungierte, 45
Fähigkeit, 137, 225, 297
Fähigkeit abhängen, 100
Fähigkeiten, 42, 50, 51, 66, 130, 134, 256, 292, 293
Fähigkeiten konzentrierten, 65
Fähigkeiten weiterzuentwickeln, 50
fördern, 5, 9, 11, 17, 18, 29, 44, 49, 55–57, 64, 73, 75, 80, 94–96, 98, 100, 103, 105, 107, 110, 117, 124, 128–130, 134, 142, 143, 145, 146, 155, 159, 163, 165, 169, 171, 174, 178, 181, 187, 190, 191, 195, 198–200, 203, 207, 210, 213, 218, 220, 225, 227, 229, 232, 238–244, 247–249, 251, 257, 261, 263, 264, 269, 270, 273, 280, 284, 289, 290, 297, 301
fördert, 41, 61, 142, 190, 192, 234–236, 251, 259, 286, 288, 290
führen, 12, 13, 38, 52, 62, 95, 99, 106, 120, 122, 127, 139, 141, 143–145, 154, 189, 191, 198, 206, 216, 217, 238, 240, 243, 245, 252, 262, 267, 283
führenden, 18, 79, 250
führt, 4, 11, 12, 91, 104, 107, 141, 153, 173, 174, 216, 224, 239, 283
führte, 1, 9, 24, 27, 38, 47, 50, 54, 56, 58, 64, 65, 67, 72, 79, 162, 169, 177, 186, 255,

266
führten, 5, 17, 23, 29, 33, 36, 47, 54, 56, 66, 72, 169, 186, 211, 256
Fülle von, 300
für, 3–7, 9, 12–14, 16–21, 23–29, 31–33, 35–39, 41–62, 64–68, 71–73, 75, 77–83, 86–96, 98–101, 103–108, 110–112, 115, 117–124, 126, 128–130, 132–135, 137–145, 147–149, 151, 152, 155, 159, 161–171, 173–178, 180, 181, 184–201, 203, 205–207, 209–213, 215–218, 220, 224, 225, 227–229, 231–236, 238–253, 255–259, 261–271, 273–277, 280, 281, 283, 284, 286–293, 297–302
Für Journalisten, 62
Für Journalisten wie, 61
Für Rachel Giese, 28, 31, 37, 39, 41, 46, 52, 130, 162, 163, 238

gab, 26, 27, 36, 37, 59, 65, 79, 91
ganz eingestellt, 56
Gay-Männer, 189
gearbeitet, 181, 187
geben, 41, 51, 67, 180, 227, 239, 257, 267, 269, 293
geblieben, 120, 233
geboren, 52, 197, 297
gebracht, 134, 135, 142, 233, 269
Gedanken, 23, 25
geeigneten Praktikum kann, 49
Gefahr von, 199
gefeiert, 72, 90, 276

Geflecht von, 92
geformt wird, 104
gefunden, 197, 201
gefährden, 17, 143
gefördert, 45, 105, 134, 135, 148, 157, 185, 193, 199, 212, 233, 270
Gefühl, 27
Gefühl der, 36, 38, 47, 52, 54, 162, 185, 189, 191, 192, 205, 216, 217, 232, 235, 266, 267, 270, 283
Gefühl von, 24, 266
Gefühle, 23
Gefühle auszudrücken, 26
Gefühle zu, 122
gegen, 3, 4, 7, 12, 17, 25, 26, 35, 65, 72, 80, 90, 97, 98, 110, 119, 122, 134, 138–141, 143, 145–148, 152, 153, 155, 157, 164, 176, 186, 187, 206, 207, 210, 233, 236, 239, 242, 244–247, 250, 267, 270, 289, 290
Gegensatz dazu, 1
gegenwärtigen Herausforderungen, 1
gegenwärtigen sozialen, 225
gegenüber, 12, 27, 79, 87, 89, 93, 97, 128, 156, 164, 174, 198, 199, 237, 238, 250, 258, 284, 287, 288, 290
gegenübersah, 79, 130
gegenübersieht, 81
gegenüberstand, 27, 42, 130, 195, 197
gegenüberstellen, 17, 71, 77, 153, 171, 180, 199, 211, 225, 251, 284
Gegründet, 287

Gegründet nach, 288
gehen, 18, 19, 57, 78, 181, 193, 234, 264
geht, 13, 14, 62, 145, 174, 177, 230, 247, 250, 284, 297
Gehör finden, 46
gehören, 101
gehört, 10, 11, 17, 26, 46, 56, 65, 90, 91, 94, 103, 133, 136, 146, 160, 163, 165, 181, 186, 188, 190, 194, 199, 201, 203, 207, 231, 236, 249, 257, 264, 269, 274, 276, 284
Gelegenheiten, 36, 64, 117
gelehrt, 249, 255, 275
geleistet, 51, 163, 173, 181, 233, 268
gelten, 5, 90, 176
gemacht, 3, 16, 24, 29, 36, 81, 136, 190, 202, 212, 249, 270
Gemeinden, 242, 301
Gemeinsam begannen sie, 24
gemeinsam dafür, 249
gemeinsam erfolgreich, 248
Gemeinsam können, 276
gemeinsame Kämpfe zu, 246
gemeinsame Ziel, 56
Gemeinschaften, 41, 42, 44, 62, 82, 122, 149, 155, 171, 178, 207, 224, 225, 263, 264, 286, 288, 292
Gemeinschaften aktiv, 265
Gemeinschaften beitragen, 277
Gemeinschaften bieten, 205
Gemeinschaften bildet, 245
Gemeinschaften innerhalb der, 233
Gemeinschaften können, 282
Gemeinschaften oft, 64
Gemeinschaften sind, 213

Gemeinschaften zusammenbringt, 21
gemischt, 59
genaue Darstellung von, 142, 300
genauere Darstellung von, 146
genießen, 284
genommen, 83, 190, 192
genutzt, 3, 45, 46, 83, 88, 171, 180, 268
geprägt, 3, 8, 23, 24, 26, 31, 37, 39, 42–44, 47, 57, 62, 67, 78, 81, 92, 134, 136, 138, 151, 180, 186, 195, 200, 220, 222, 228, 240, 249, 250, 255, 257, 264, 268, 298
geraten, 13, 37, 249
gerechte, 190, 213
gerechten, 192, 211, 266, 284
gerechteren Welt mitzuwirken, 271
Gerechtigkeit, 16, 18, 24, 26, 27, 64, 66, 88, 92, 130, 133, 140, 181, 188, 197, 200, 207, 212, 229, 235, 236, 239, 240, 243, 255, 257, 259, 266, 268, 276
Gerechtigkeit fortzusetzen, 253
Gerechtigkeit integrierte, 47
Gerechtigkeit kämpft, 21
Gerechtigkeit sein kann, 177
Gerechtigkeit spielen, 48
geringer, 11
geringere, 7, 120
Gerüchten, 13, 120
gerückt, 19, 96, 185, 194
gesamten Gesellschaft, 190
Gesamtheit transformiert, 244
geschaffen, 19, 71, 78, 111, 159, 163–165, 171, 175, 181, 185, 186, 189, 193, 231,

233, 234, 236, 243, 244, 257, 269, 274
geschafft, 169, 171, 232, 269
geschehen, 100, 120, 148, 178
Geschichte, 299
Geschichte durchlaufen, 209
Geschichte durchlebt, 298
Geschichten, 57, 111, 246
Geschichten bereitstellt, 191
Geschichten hören, 238
Geschichten liegt auch, 237
Geschichten miteinander, 232
Geschichten teilt, 236
Geschichten von, 21, 180, 202, 241, 252
geschieht, 246
Geschlecht, 104, 138, 180, 276, 299
Geschlechter und, 185, 239
Geschlechter-, 301
Geschlechtertheorie, 188
geschlechtsangleichenden Verfahren erschweren oder, 283
Geschlechtsidentität, 25, 26, 169, 287
Geschlechtsidentität argumentiert, 180
Geschlechtsidentität kämpfen, 191
Geschlechtsidentität rechtlich anerkennen, 215
Geschlechtsidentität vertiefen, 270
Geschlechtsidentität äußern, 140
Geschlechtsidentität übereinstimmt, 143
geschlechtsspezifischer Gesundheitsversorgung, 199
Geschlechtsumwandlungsbehandlungen, 6
geschult, 145, 283, 302

geschärft, 9, 78, 152, 159, 163–166, 168, 175–177, 180, 185–187, 192, 231, 233, 234, 244, 250, 251, 259, 268, 270, 274
geschützte Merkmale, 187
geschützten, 62, 209
Gesellschaften Maßnahmen ergreifen, 218
gesellschaftliche, 7, 10, 16, 17, 21, 39, 49, 59, 64, 68, 69, 92, 108, 110, 138, 142, 143, 151, 152, 159, 167, 169, 181, 184, 212, 213, 220, 240, 241, 244, 246, 257, 259, 262, 267, 274, 275, 280, 289
Gesellschaftliche Veränderungen, 198
Gesellschaftliche Vorurteile, 258
gesellschaftlichen, 17, 20, 21, 37, 53, 72, 78, 87, 94, 115, 138, 144, 145, 147, 153, 157, 159, 164, 165, 171, 184, 186, 197, 211, 213, 215, 231, 243, 250, 255, 261, 267, 268, 297–299
Gesetz voranzutreiben, 187
Gesetze, 17, 139, 198, 209
Gesetze durchgesetzt, 143
Gesetze erlassen, 176
Gesetze je nach, 6
Gesetze können, 13
Gesetze reformieren, 218
Gesetze sind, 139, 261
Gesetze zu, 152
Gesetzen abhängt, 241
Gesetzesänderungen auf, 59
gesetzgeberische, 209

gesetzgeberischen, 209
Gesetzgebung, 241
gesetzliche, 142, 185, 233, 283, 287
gesetzlichen Rahmenbedingungen, 215, 241
gesetzt, 153
gesichert werden, 144
gespielt, 288
gesprochen, 87, 166
Gespräche, 271
gestaltet, 20, 174
gestärkt, 105, 121, 134, 136, 164
gesunde, 81, 117, 128
Gesundheit, 81, 104, 123, 133, 135, 138, 237
Gesundheitsdienste fördern, 218
Gesundheitsprobleme, 217
Gesundheitsproblemen aufweisen, 7
Gesundheitssektor beleuchtet, 184
Gesundheitswesen, 187, 199, 259, 262
Gesundheitswesen gegenübersehen, 184
Gewalt, 9, 90, 147, 155, 157
Gewalt ausgesetzt, 259, 262
Gewalt betroffen, 5
Gewalt gegen, 4, 12, 65, 141, 155, 157
Gewalt gegenüber, 156
Gewalt haben, 267
Gewalt kann, 156
Gewalt leiden, 155
Gewalt sind, 232, 243
Gewalt äußern, 145
gewesen, 298
gewinnen, 42, 50, 78, 135, 207, 224, 242, 252, 266
gewonnen, 86, 165, 209, 266
geworden, 69

gewährleisten, 14, 43, 101, 146, 195, 198, 215, 261
gezeichnet, 184
gezielt, 80
gezielte Medienkampagnen, 147
gibt, 13, 15, 37, 38, 45, 52, 60, 62, 74, 78, 85, 91, 93, 95, 99, 104, 106, 145, 152, 154–156, 159, 162, 191, 192, 194, 197, 198, 210, 212, 215, 221, 241, 244, 246, 261, 262, 265, 267, 268, 272, 281, 283, 286, 303
Giese, 17, 58, 59, 71, 79–82, 87, 89, 91, 98, 105, 112, 114, 133–137, 159, 163–165, 171, 174, 176, 180, 181, 190, 191, 230, 232, 233, 241, 242, 249, 250, 252
Giese als, 175
Giese argumentiert, 17
Giese argumentierten, 72
Giese auch, 87, 97, 164, 181, 232, 250
Giese ausgeht, 234
Giese begegnet, 78
Giese betont, 80, 133
Giese bleibt eine, 175
Giese erkannte, 72
Giese ermutigt andere, 81
Giese es sich, 16
Giese gegenübersah, 79
Giese geteilt wird, 78
Giese hebt hervor, 252
Giese hebt oft, 194
Giese häufig, 78
Giese investiert, 134
Giese konfrontiert, 79, 80

Giese lernte, 59
Giese musste, 123, 250
Giese sah sich, 58, 133
Giese thematisiert, 191
Gieses Arbeit, 135, 234
Gieses Erfolge zeigt, 181
Gieses Reise, 135
Gieses Wachstum, 73
gilt, 95, 102, 167, 198, 287, 298
GLAAD ist, 302
GLAAD setzt, 300
glaubt, 239, 240
Glaubwürdigkeit der, 239
Gleichaltrige, 41
Gleichaltrige spielt, 39
Gleichaltrigen sollte, 41
Gleichaltrigen verbunden, 38
gleichen Rechte, 276, 284
gleichen Zugang zu, 106
gleichgeschlechtliche, 1, 152
gleichgeschlechtlichen Ehe, 3, 4, 152, 197, 266
Gleichgesinnte, 54, 80, 273
Gleichgesinnten, 36
Gleichgesinnten geprägt, 39
Gleichheit, 243, 255, 257, 259, 280
Gleichheit beitragen, 16
Gleichheit einzutreten, 188
Gleichheit ist, 243
Gleichheit und, 3, 7, 9, 18, 21, 26, 48, 79, 88, 92, 98, 117, 122, 130, 140, 153, 158, 177, 181, 188, 197, 200, 201, 207, 225, 227, 235, 240, 253, 268
Gleichheit verliehen, 239
Gleichheit zu, 297
Gleichstellung der, 185, 239
Gleichstellung von, 142, 198, 287

Gleichung, 11, 120
gleichzeitig, 11, 13, 17, 19, 50, 59, 60, 73, 98, 134, 165, 167, 189, 210, 223, 243, 261, 297
Gleichzeitig müssen, 190, 198, 199, 207
globale, 289
Goffman argumentiert, 243
Goffman hebt, 243
Grenzen, 81
Grenzen Kanadas, 251
Grenzen von, 268
großen Anklang, 67, 196
großer Bedeutung, 35, 57, 126, 137, 206, 263
großer Bedeutung sind, 57
Grundlagen, 178
Grundlagen der, 153, 284
grundlegender, 299
größere, 120, 203, 263
größeren Ganzen, 275
größeren gesellschaftlichen, 211
größten, 12, 45, 56, 60, 62, 74, 89, 104, 106, 135, 138, 140, 145, 154, 189, 228, 245, 267, 287–289, 300, 302
größter, 130, 297, 303
gut, 42, 49, 62, 103, 110, 293
guten, 118

haben, 5–9, 12–15, 17, 23, 26, 27, 36, 37, 44–46, 51, 52, 55, 62, 63, 81, 94, 95, 103, 104, 106, 110, 123, 134–136, 138, 141, 143, 150, 152–154, 159, 161, 162, 165, 166, 168, 169, 173, 175, 179–182,

186–189, 195, 196, 198, 201, 206, 209, 210, 212, 213, 222, 224, 230, 232, 233, 238, 240–244, 246, 248, 249, 251, 252, 255, 256, 259, 266, 267, 270, 271, 273, 275, 276, 283, 284, 286, 297, 298
Hafen, 36
half, 24, 27, 29, 35, 36, 43, 45, 50, 56, 57, 134, 256
halfen auch, 42
halfen ihr, 24–27, 32, 39, 43, 51, 55, 68
handeln, 122, 249, 253
Handelns, 284
handelte von, 67
harter Kämpfe, 209
Hass, 17, 134
Hass entmutigen zu, 117
Hass leiden, 124
Hass oder, 122
hasserfüllten, 117, 122, 123
Hasskommentare, 115
Hassreden sein, 13
Hassverbrechen fungieren, 244
hat, 1, 3, 5, 7, 16–19, 21, 25, 26, 45, 46, 51, 52, 55, 57, 60, 61, 63, 64, 75, 78–83, 85–92, 95–98, 100, 101, 104, 105, 107, 110–112, 114, 120–122, 129, 133–139, 142, 153, 159, 162–169, 171, 173–177, 180, 181, 184–187, 189–197, 200, 202, 205–207, 209, 211, 212, 223, 224, 228–234, 236, 238–244, 246–253, 256–259, 262, 266, 268–271, 273–276, 288, 289, 297
hatte, 29, 38, 42, 43, 47, 50, 52, 53, 57, 59, 66, 132, 236, 256
Haushalt auf, 26
heben, 171
heftige Gegenreaktionen von, 79
helfen auch, 229
helfen dabei, 51
Henri Tajfel, 26, 227, 243, 266
heranzuziehen, 248
herausfordernden Branche, 52
herausfordernden Feld, 41
herausfordernden Umfeld erfolgreich, 43, 82
Herausforderung, 13, 49, 50, 53, 69, 75, 79, 107, 113, 135, 164, 199, 217, 242, 255, 288
Herausforderungen, 4, 44, 51, 91, 106, 163, 167, 171, 195, 211, 218, 262, 264, 275, 282
Herausforderungen anzupassen, 207
Herausforderungen gegenüber, 288
Herausforderungen gehören, 217
Herausforderungen hinzuweisen, 6
Herausforderungen von, 299
Herausforderungen zieht, 240
Herausforderungen zu, 44, 89, 250
herausragende, 193, 194
herauszufinden, 61
herbeiführen, 247, 274
hervorgehoben, 21, 91, 96, 98, 105, 121, 141, 171, 173, 176, 191, 206, 234, 242, 247
hervorgetreten, 181
hervorheben, 21
heterosexuelle Verbündete, 246

heutigen, 3, 5, 9, 45, 80, 82, 94, 122, 157, 211, 215, 229, 247, 251, 269, 270, 297
Hier sind, 248, 303
Hierbei, 130
Hierbei steht die, 122
hierfür, 4, 13, 35, 53, 78, 95, 99, 104, 137, 197, 206, 209, 212, 234, 239, 241, 248, 262
Hilfsbereitschaft, 27
hinaus Wirkung zeigte, 24
hinausgeht, 181, 206, 268
Hinblick auf, 151, 261
Hindernisse, 146, 243
Hingabe danken, 275
hingegen, 122, 178
hinter, 120, 122, 193, 224, 238, 268
Hintergrund arbeiten, 297
Hintergrund gedrängt, 91
Hintergründe spielen, 24
Hintergründen konfrontiert, 25
Hintergründen und, 106
hinterlässt, 122
historisch, 205
Historisch gesehen haben, 252
Historisch gesehen waren, 5
historische, 3
historischen, 1, 299
historischer, 211
hob, 59
Hobbys zu, 81
hochwertige, 12
Hoffnung, 188, 191, 202
Hoffnungen, 236
Hohe Raten von, 6
Homosexualität, 1
halt, 239
Händen, 201
hängt, 108, 200, 207, 261

Hänseleien oder, 38
häufig, 7, 49, 78, 90, 106, 107, 120, 122, 128, 133, 138, 176, 189, 230, 239, 268
häufige Fokussierung auf, 4
höheres Stresslevel, 120
hörbar, 142
Hürde, 142
Hürden, 216, 232, 258
Hürden führen, 283
Hürden hatte, 53
Hürden ist, 60, 62, 104, 145, 228, 245, 267
Hurden sowie, 14

Ich möchte auch, 297
identifizieren, 28, 227, 266
Identität einhergingen, 26
Identitäten innerhalb der, 206
Ideologie abhängen, 210
ignorieren, 72
ignoriert, 38, 45, 66, 141, 199
ihnen, 91, 122, 148, 162, 178, 180, 192, 224, 227, 232, 249, 257, 263, 266, 269
ihr, 17, 23–28, 32, 35, 36, 38, 39, 43–53, 55, 57, 61, 63, 65–68, 72, 77–79, 87, 91, 98, 100, 112, 133, 134, 136, 137, 148, 153, 164, 167, 171, 174, 175, 180, 181, 184–186, 192–194, 215, 231, 239, 240, 256, 257, 268–270, 274, 275, 297
Ihr Ansatz, 176
Ihr Beispiel zeigt, 132
Ihr Durchhaltevermögen, 269

Ihr Engagement, 18, 57, 67, 97, 110, 115, 163, 186, 231, 233, 234, 249, 251, 269, 274, 297
Ihr habt dazu, 298
Ihr Lebensweg ist, 255
Ihr seid, 297
Ihr Umgang mit, 132
Ihr Vater, 27
Ihr Vermächtnis wird, 18, 275
ihre, 7–9, 12–14, 16–21, 23–29, 31, 33, 35–39, 41–57, 59–62, 64–67, 71–75, 78–82, 86–94, 96, 98, 100, 103–105, 107, 108, 110, 112, 113, 115, 119, 121–124, 126, 128–130, 132–137, 140, 143, 145, 146, 148, 153, 159, 161–167, 169, 171, 173–178, 180, 181, 184–200, 202, 205–207, 210, 215, 223, 224, 227–234, 236–240, 242–244, 246–252, 255–257, 259, 261, 263, 266, 268–271, 273–275, 284, 287, 290, 292, 293, 298
Ihre Arbeiten, 88, 90
Ihre bedingungslose, 297
Ihre Entscheidung, 48
Ihre Erfolge haben, 9
Ihre frühen, 44, 59
Ihre Fähigkeit, 59, 79, 90, 115, 165, 167, 169, 175, 187, 233, 250, 256, 268, 270, 274
Ihre Geschichte, 24, 186, 257
Ihre Geschichte zeigt, 240
Ihre Geschichten, 183
Ihre journalistische Karriere, 17
Ihre Reise von, 257
Ihre Reise zeigt, 73
Ihre Teilnahme, 181
Ihre Unterstützung kann, 227
Ihre Vorträge, 166
Ihre Webseite bietet, 302
Ihre Weisheit, 297
Ihre Werte, 240
ihrem Elternhaus, 27
ihrem Leben, 25, 55, 138, 201, 239, 240
ihrem Schaffen, 181
ihrem Umfeld, 273
ihrem Weg, 41, 48, 180, 276
ihrem Weg begegnen, 115
ihrem Wirken als, 190
ihrem zweiten Studienjahr, 53
ihren, 7, 8, 16, 17, 20, 23–27, 29, 33, 45–47, 49–52, 55, 57, 59, 61, 65, 66, 68, 73, 79, 89–92, 100, 107, 112, 117, 119, 134, 136, 137, 165, 167, 175, 176, 187, 188, 191, 229, 232–234, 240, 241, 247–249, 251, 255, 257, 275, 283, 287, 289
ihrer, 4, 5, 13, 14, 20, 23–27, 31, 33, 35, 37, 38, 42, 43, 45–48, 50, 55–57, 59, 60, 64–67, 71, 72, 77–81, 83–85, 87–89, 91, 96–98, 100, 101, 104, 106, 107, 110, 113, 115, 117, 118, 120, 121, 123, 124, 129, 130, 133–136, 138, 140, 143, 159, 161–165, 168, 171, 173–176, 180–183, 185,

Index 333

187, 191, 192, 196, 198,
205–207, 228–230, 232,
233, 236–241, 243–245,
249, 251, 255, 256, 269,
270, 284, 287–289, 297
immer, 10, 17, 27, 60, 79, 110, 165,
180, 229, 230, 240, 241,
243, 251, 255, 256, 262,
271, 297
implementiert, 129
Implikationen, 299
in, 1, 3–21, 23–29, 31–33, 35–39,
41–62, 64–69, 72, 73, 75,
77–84, 86–92, 94, 96–98,
100, 101, 103–107,
110–113, 115, 117–120,
122–124, 129, 130,
132–141, 143–146, 148,
152, 153, 155, 157,
159–167, 169, 171,
173–177, 180, 181,
184–194, 196–203, 205,
206, 209–212, 215,
218–220, 223–225, 227,
229–253, 255–259,
261–271, 274–276, 280,
282, 284, 285, 287–290,
293, 297–303
indem, 3, 9, 12, 50, 55, 61, 80, 92,
117, 121, 129, 134, 139,
163, 174, 178, 180, 187,
198, 212, 213, 218, 228,
232, 234, 246, 258, 259,
262, 269, 288
individuelle, 17, 129, 186, 190, 197,
207, 226, 238, 252
individueller, 21, 60, 127, 158, 187,
215
Individuen, 107, 178, 190, 205, 244,
245
Individuen als, 94
Individuen anwenden, 128
Individuen darzustellen, 140
Individuen ihre, 243, 266
Individuen innerhalb der, 193
Individuen mit, 12, 106, 232
Individuen nutzen, 80
Individuen sicher, 205
Individuen ständig, 243
Individuen von, 71
Individuums basieren, 238
informativ sein, 284
informieren, 64, 88, 177, 224, 291,
301
informiert, 191, 233, 293
informierten, 56, 66, 176, 187
inklusive, 11, 17, 108, 140, 173, 190,
213, 247, 261, 280
inklusiven Gesellschaft, 119, 284
inklusiven Schulumgebungen zu,
174
inklusiveren, 88, 167, 180, 257, 261,
298
inneren Stärke abhängt, 115
Innerhalb der, 106, 206
innerhalb der, 91, 95, 140, 142, 187,
232, 251
insbesondere, 6, 7, 12–14, 18, 24,
25, 35, 37, 39, 42, 47, 49,
51, 53, 60, 62, 71, 79, 82,
83, 86, 90, 94, 96, 98, 103,
105–107, 115, 117, 120,
122, 124, 127, 130, 133,
140, 142, 144, 146, 149,
151, 153, 155, 157, 161,
164, 165, 168, 171, 173,
174, 181, 186, 188, 190,
195, 197, 199, 209–212,

218, 233, 240, 241, 243, 244, 247, 252, 255, 256, 261, 269, 274, 284, 287–290, 300, 303
Insgesamt, 24, 37, 57, 72, 197
Insgesamt lässt sich, 181
Insgesamt zeigt, 135, 192
Insgesamt zeigt sich, 78, 225
inspirieren, 18, 19, 51, 88, 151, 237
inspirierend, 169, 175, 186, 192, 201, 252, 269, 297, 298
inspirierende Geschichten von, 100
inspirierender, 271
inspiriert, 51, 96, 112, 121, 163, 173, 174, 232, 234, 252, 270, 271, 275, 276
inspirierte viele, 187
institutionelle, 28, 258
instrumentelle, 41
integrieren, 73, 129, 174, 234
integriert, 137, 235
intensiv, 17, 130, 132
interagieren, 82
interdisziplinäre, 299
interessierte, 41
internationaler, 210, 288
interne, 56, 106, 151, 205, 267, 288, 290
intersektionale, 212
interviewte Teilnehmer, 42
investiert, 134
investigativem Journalismus, 65
investigativen Journalismus, 42
isoliert betrachtet, 185, 197, 211
ist, 1, 3–7, 9–14, 16–21, 24, 25, 31, 35–37, 39, 41–43, 45–47, 49, 51–55, 57–62, 64–69, 71, 73–75, 77–83, 86–92, 94–96, 98–101, 103–108,

110, 112, 115, 117, 119–124, 126–130, 132–153, 155, 157, 159, 163–165, 167–171, 173, 174, 176, 177, 179–181, 184–193, 195, 197–202, 205–207, 209–213, 215–221, 223–225, 227–253, 255–257, 259, 261–271, 273–275, 277, 280, 282–284, 286–290, 293, 297–303

Jahr 2021, 139
Jahrhundert, 3
Jahrzehnten erheblich gewandelt, 198
Jahrzehnten erheblich verändert, 262
Je höher, 11
jede, 59, 137, 183, 249, 264, 271
Jede dieser, 290
Jede Erzählung, 237
jeden Individuums, 53
jeden Journalisten, 60, 62, 83
jeder, 25, 73, 119, 201, 248, 252, 253, 266, 271, 275, 276
Jeder Einzelne, 273
Jeder Einzelne kann, 275
Jeder kann, 201, 270
Jeder Schritt, 257
Jeder von, 276
Jedes Kapitel ist, 20
jedoch aktiv, 117, 227
jedoch auch, 252, 290
jedoch daran, 163
jedoch gelernt, 89, 174
Jedoch ist, 78
jedoch nur, 17
jedoch oft, 61, 209

Index

jedoch sind, 283
jemanden, 60
jeweiligen Regierung, 210
John Turner, 26, 227, 243, 266
Journalismus, 12, 14–16, 18, 19, 23, 24, 42–44, 46, 48–50, 52, 55, 66, 68, 71, 88, 90, 115, 159, 161, 163, 167, 171, 174, 175, 177, 181, 193, 234, 239, 250, 261, 269, 284, 287, 297, 298, 301
Journalismus auf, 53
Journalismus betrachten, 20
Journalismus einzubringen, 36
Journalismus lehrten sie, 59
Journalismus sah sich, 43
Journalismus sind, 13, 14, 161, 220, 287
Journalismus spielen, 238
Journalisten, 130
Journalisten auch, 199
Journalisten bedeutende, 16
Journalisten ermutigt, 251
Journalisten führen, 145
Journalisten gegenübersehen, 5
Journalisten haben, 286
Journalisten helfen können, 286
Journalisten ihre, 16
Journalisten innerhalb der, 269
Journalisten inspirieren, 18
Journalisten kennenzulernen, 47
Journalisten konfrontiert, 17, 85
Journalisten mehrere, 84
Journalisten mit, 75
Journalisten müssen, 13, 14, 43, 74, 144, 146, 157, 198, 200, 223, 252, 263, 287
Journalisten sollten sicherstellen, 286
Journalisten stehen vor, 144

Journalisten und, 3, 5
Journalisten von, 155
Journalisten wie, 75, 98, 152, 158, 159, 248
Journalisten Zugang zu, 14
Journalisten über, 251
Journalistinnen gedient, 240
Journalistinnen haben, 230
journalistische Integrität, 238
journalistische Reise mit, 59
journalistische Techniken, 50
journalistischen Arbeiten, 29
journalistischen Arbeiten anzugreifen, 120
journalistischen Branche ist, 86
journalistischen Fähigkeiten, 88, 162, 269
journalistischen Fähigkeiten zu, 66
journalistischen Leistungen, 21, 256
journalistischen Leistungen spielt, 161
journalistischen Schaffens, 91
journalistischen Schritten, 51
journalistischen Umgang mit, 45
journalistischer Integrität, 74
Judith Butler, 138, 188
Jugendlichen behandelten, 71
junge, 39, 43, 47, 52, 66, 190–193, 225, 227, 235, 240, 257, 269, 270, 302
Junge Menschen spielen, 200
jungen Transfrau, 270
junger, 1, 51, 192
Juni stattfinden, 90
Justizsystem, 299
jüngere oder, 206

Kampagne, 134

Kampf, 79, 90, 112, 140, 153, 169, 177, 181, 211, 218, 229, 242, 243
Kampf gegen, 147, 290
Kanada, 4, 17, 19, 45, 67, 98, 152, 171, 177, 180, 186, 187, 196, 209, 215, 231, 238, 241, 261, 262, 268, 301
kanadischen Gesellschaft, 23
kanadischen Menschenrechtsgesetz, 187
kann, 4, 5, 7–9, 11, 12, 14, 17, 21, 23, 28, 32, 36, 39, 41–44, 46, 47, 49, 52, 60, 62, 71, 79, 86–88, 90–92, 95, 96, 99, 100, 104–108, 117, 118, 120–122, 127, 129, 130, 133, 135, 137, 140–148, 151, 154, 156, 157, 162, 164, 169, 171, 177, 178, 180, 181, 185, 188–191, 198, 201, 202, 207, 217, 221, 227, 231, 234, 239, 242–245, 247, 248, 250–252, 255, 257, 259, 261–263, 266–268, 270, 271, 273–275, 280, 282, 284, 291–293, 303
Karriere, 67, 168, 173, 239
Karriere begegnete, 269
Karriere beleuchten, 51
Karriere bewältigen, 135
Karriere gelegt, 46
Karriere geprägt, 57, 81
Karriere legen, 48
Karriere wurde Rachel auch, 67
Kategorien wie, 228
keine, 81
Kernbotschaften schnell, 60

Kimberlé Crenshaw, 92, 228
klaren Fokus auf, 243
klarer Schreibstil ermöglicht es, 60
Klassismus, 92, 267
Klima insgesamt, 17
Knüpfen von, 101
Koalitionen, 153, 155
Koalitionen betrachtet, 153
kognitiven Dissonanz, 27
Kollegen, 62, 121, 133
Kollegen danken, 297
Kollegen gewonnen, 165
Kollegen sind, 163
kollektive, 21, 37, 129, 147, 149, 181, 186, 190, 244, 252, 266
kollektiven Kämpfe, 236
kombiniert persönliche, 268
kommenden Jahre formen könnten, 220
Kommentare, 122, 174
Kommentaren, 72
Kommentaren entmutigen zu, 117
Kommentaren konfrontiert, 123
Kommerzialisierung, 91
Kommunikationsstrategien, 100
Kommunikationswissenschaften, 48, 53
komplexe, 1, 4, 9, 12, 16, 42, 59, 71, 90, 167, 169, 175, 177, 184, 185, 232, 242, 250, 256, 268, 270, 271, 274
komplexes Zusammenspiel, 14
komplexes Zusammenspiel von, 211
Komplexität, 53, 140, 159
Komplexität bewusst, 228
Komplexität der, 43, 72, 79, 92, 174, 201, 270
Komplexität geprägt, 264

Komponenten, 128
Konferenzen aufzutreten, 65
Konferenzen besuchte, 65
Konferenzen geleitet, 18
Konferenzen sind, 64
Konferenzen teil, 67
Konferenzen teilgenommen, 52, 185
Konferenzen über, 166
Konflikt, 27
Konflikte können, 37, 205
Konflikten, 99, 239
konfrontiert, 3, 6, 7, 9, 10, 12, 13, 17–20, 25, 29, 35, 37, 43–45, 47, 50, 52–59, 67, 78–81, 85, 86, 89–92, 96–98, 104, 113, 117, 120, 123, 133, 136, 139, 149, 152, 153, 159, 164, 170, 171, 173, 176, 177, 180, 182, 184, 185, 187, 189–191, 195, 196, 198, 199, 202, 205, 206, 213, 215, 230, 232, 233, 236, 237, 241–243, 250, 252, 259, 268, 270, 281, 284, 285, 288–290, 297, 298, 300, 302
konkrete Beispiele, 92, 178
konkrete Schritte, 248
konnte, 23, 36, 39, 44, 48, 52, 56, 57, 64, 132, 180, 256, 270
konnten, 56, 59, 184, 185
konservativen Gemeinschaften zu, 290
konservativen Kreisen, 174
konsistenten, 61
konsistenten Schreibstil, 60
konstruiert, 188
konstruktive Diskussionen zu, 80

konstruktive Kritik, 81, 137
Konstruktive Kritik bietet, 133
konstruktive Kritik von, 80
konstruktive Richtung zu, 117
Kontakt, 52
Kontaktaufnahme, 303
Kontakte, 62
Kontakte knüpfen, 44
kontaktiert, 67
Kontexte besser zu, 67
kontinuierlich anpassen, 223
Kontroverse, 137
kontroverse, 71, 81, 122, 174
konzentrieren, 13, 50, 62, 80, 99, 107, 133–135, 155, 198, 200, 230, 263
konzentriert, 80, 88, 135, 199, 289
konzentrierte, 49, 66
konzentrierten, 59, 65
Konzept, 92
Konzepten wie, 98
kraftvolle, 103, 177, 188, 268
kreative, 126, 134, 273
kreativen Fähigkeiten als, 47
kriminalisiert, 289
Kristin Neff, 128
Kritik, 72, 133, 137, 181
Kritik gegenüber, 174
Kritik konfrontiert, 78
Kritik stoßen, 164
Kritik verschont, 71
Kritiken, 80, 81
Kritiken standzuhalten, 80
kritisch zu, 50
kritische Stimmen, 59
kritischem Denken, 42
kritischer, 135
kritisiert wurde, 137
kritisierte, 72

Kräfte zu, 110
Kräften, 100, 243, 266
kulturell, 25, 180
Kämpfen, 3, 55
Kämpfen derjenigen, 275
können, 4, 11–13, 16, 18, 19, 24,
    35–39, 42, 46, 51, 52, 57,
    60–62, 75, 82, 87, 89,
    93–96, 99–101, 103–108,
    110, 115, 116, 118–120,
    122, 123, 126, 128, 129,
    133, 135–137, 142–148,
    151, 152, 154, 155,
    159–161, 163, 165, 175,
    181, 184, 186, 191, 193,
    195, 197–201, 203,
    205–207, 211, 213,
    215–218, 220, 224,
    227–230, 232–234, 236,
    238–240, 243, 245, 246,
    248, 249, 252, 262–269,
    272–274, 276, 280–284,
    286, 287, 290, 293, 301
könnte auch, 145
könnte Rachel auch, 52

Landschaften, 211
Langfristig, 164
langfristig erfolgreich, 137
langfristige, 52, 129, 137, 138
langfristigen Auswirkungen von, 78
Lassen Sie, 274, 276
Lassen Sie sich, 271
Lassen Sie uns, 249, 266, 276
Lasst, 253, 298
Laufbahn, 297
Laufe der, 5, 36, 61, 298
Laufe ihrer, 88, 136, 173, 256
Laut der, 26, 128
Laut Judith Butler, 104
lauter, 229, 251, 271
Laverne Cox, 7, 9
Leben, 28, 46, 53, 130, 134
leben können, 104
Leben von, 44, 59, 171, 207, 300
lebendige Beweise, 193
lebendige Praxis, 245
lebendiges Zeugnis, 24, 252
Lebensbedingungen, 98
Lebensbedingungen von, 289
Lebensgeschichten von, 244
Lebensphasen stattfindet, 37
lebensverändernd, 274
lediglich, 240
legalisiert, 152
Legalisierung der, 3, 4, 197, 266
legt, 104, 153, 188, 243, 266
legte, 17, 23, 26, 59, 255, 270
legten großen Wert, 24
Lehrer, 27, 56
lehrten, 25
leisten, 12, 62, 191, 201, 218, 245
leistet sie, 191
leiten, 238, 271, 284
Leitfäden zur, 300
Lektüre, 298
Leon Festinger, 27
lernen, 27, 43, 44, 49, 64, 81, 135,
    136, 205, 228, 231, 253,
    256, 298
Lernen aus, 61, 126
lernte, 25, 48, 59, 65, 67
Lernumgebung zu, 173
Leser, 60, 191, 195, 276
Leser belastend sein können, 89
Leser ermutigen, 275
Leser ermutigt, 233
Leser ihre, 59

Index

Leser mit, 61
Leserschaft, 84
Leserschaft erreichen, 184
letzten, 12, 69, 75, 91, 138, 198, 206, 209, 211, 241, 258, 262, 265
Letztendlich entschied sich, 48
Letztendlich ist, 123
Letztendlich sind, 138
LGBTQ-Aktivismus, 5, 10, 11, 14, 16–18, 27, 44, 48, 51, 68, 79, 83, 103, 104, 117, 148, 150, 163, 167, 200, 205, 215, 223, 229, 245, 261, 263, 266–268
LGBTQ-Bereich vorgestellt, 287
Licht, 256
Linse von, 189
Lobbyarbeit, 148
Lobbyarbeit bei, 148, 288
Lobbyarbeit ist, 148
lokale, 42, 59, 67, 276
lokaler, 271
Lösungen, 256

machen deutlich, 128
macht, 66, 80, 92, 135, 142, 215, 268
machte, 51, 54, 55
machten, 17, 32, 38
Machtungleichheiten bestehen, 155
mag, 270
Malta, 210
man, 43, 47, 117, 130, 147, 234, 239
mangelnde, 14, 140
manifestieren, 4, 113, 118
manifestierte sich, 28
marginalisiert, 106, 267

marginalisierte, 3, 42, 62, 65, 66, 213, 246, 268
marginalisierten, 11, 47, 48, 57, 64, 75, 79, 90, 106, 161, 171, 181, 198, 205, 236, 245, 263, 266, 288
marginalisierter, 14, 16, 24, 50, 248
Marken versuchen, 91
markierten, 211
Marsha P. Johnson, 300
Marsha P. Johnson oder, 51
Maya, 186
Maya organisierte Proteste, 187
Medienethik, 284
Medienframing, 171
Medienhäuser ihre, 45
Medienhäuser verwendet, 250
Medienlandschaft, 67, 68, 80, 112, 142, 167, 173, 200, 251
Medienlandschaft Gehör, 167
Medienlandschaft von, 270
Medienorganisationen, 60, 145, 251
Medienprojekten mitgewirkt, 111
medizinischer, 192, 197
mehr, 14, 17, 61, 80, 161, 162, 187, 249
mehrere, 67, 84, 105, 109, 116, 155, 162, 168, 284
mehreren Artikeln thematisierte sie, 177
meine Stimme, 297
meinen, 297
Meinung, 78, 256
Meinung beeinflussen, 262
Meinung beeinflusst, 19
Meinung gegen, 176
Meinung negativ, 104
Meinung teilnehmen können, 252
meistert, 169

Menschen besser verstehen, 225
Menschen leben, 225
Menschen versuchen, 27
Menschenrechte von, 289
menschlichen, 286
menschlicher, 259, 271
Mentoren spielten, 50
Mentorenbeziehungen aufzubauen, 52
Merkmale von, 88
mindern, 175
minimieren, 80, 123
mir gezeigt, 297
Mischung aus, 23, 264
Misserfolg, 51
Missstände hinweist, 184
Missverständnis der, 52, 58
Missverständnissen konfrontiert, 37
Missverständnissen resultieren, 218
mit, 3, 5–7, 9–14, 17–20, 23–29, 35–39, 41, 43–59, 61, 62, 64–67, 71, 73–75, 78–81, 83, 85–87, 89–92, 96–100, 102, 104, 106, 108, 110, 111, 113–117, 120, 121, 123, 124, 127, 128, 130–133, 135–139, 143, 145–147, 149, 151–153, 155, 159, 162–164, 168–171, 173, 174, 176, 177, 180–182, 184–187, 189–191, 195, 196, 198–200, 202, 205–207, 213, 215, 223–225, 227, 229, 230, 232, 233, 236, 237, 239, 240, 242, 243, 247, 250–252, 255, 256, 259, 261, 262, 266, 268–270, 273, 281, 282, 284, 285, 288–290, 297–303
Mit dem, 46, 207
Mit der, 225, 230
Mit jedem Artikel, 68
Mit Wurzeln, 25
miteinander interagieren, 228
mitgewirkt, 111
Mittelalter, 1
Mittelpunkt der, 198
mobilisieren, 82, 84, 99, 101, 139, 151, 200, 210, 224, 225, 233, 242, 264, 269, 275, 292
mobilisiert, 149, 206, 207, 228
mobilisierten, 98, 187
Mobilisierung, 148, 149, 200, 224
modernen, 267
moralische, 264
Motiven handeln, 122
motiviert andere, 169
motiviert empfinden, 174
motivierte sie, 29
musste, 20, 27, 49, 53, 54, 61, 72, 123, 135, 180, 249, 250, 256
Mut, 297
Mut bewundern, 270
Mut inmitten von, 186
Mut lobten, 59
möchte ich meiner Familie danken, 297
möchten, 86, 274–276, 298
möglich, 51, 82, 121, 132, 148, 159, 179, 197, 206, 232, 298
Möglichkeit sein, 243
Möglichkeiten, 94, 162, 200, 207, 210, 225, 229, 265, 276
Möglichkeiten informiert, 191

Index 341

müssen, 13, 14, 43, 54, 60, 74, 83, 84, 107, 122, 144–146, 148, 155, 157, 190, 198–200, 207, 215, 223–225, 228, 241, 242, 247, 248, 252, 253, 258, 261–263, 267, 276, 287

nach, 6, 7, 14, 39, 42, 47, 49, 55, 66, 79, 80, 121, 133, 141, 144, 195, 198, 199, 212, 223, 234, 252, 255, 262, 288, 293, 303
Nach dem, 50
Nach ihrem Abschluss, 67
nachdenkt, 201
nachhaltige, 148, 177, 242
nachhaltigen Wandel, 75
Nachrichtenmedien unerlässlich, 3
Nachrichtenredaktionen, 140
nachzudenken, 176, 181, 271
nahm, 44, 67, 137
Natur sein, 280
Neben, 53, 145, 156
negativ, 9, 13, 53, 56, 71, 104, 144
negativen Aspekte der, 207
negativen Auswirkungen ihrer, 129
negativen Auswirkungen von, 80, 123
negativen Auswirkungen zu, 123
negativen Einflüssen, 198, 230
negativen Erfahrungen, 189
negativen Konsequenzen, 244
negativen Reaktionen auf, 133
negativen Reaktionen konfrontiert, 117
negativen Rückmeldungen ist, 79
negativen Stimmen entmutigen, 233
Netzwerk kann, 62

Netzwerkaufbau verbunden, 96
Netzwerke, 51, 94
Netzwerke innerhalb der, 67, 95
Netzwerken, 62
Netzwerken bieten, 101
Netzwerken ist, 62, 94, 96
Netzwerken mit, 43, 64
Netzwerks, 54, 96, 111
neuen, 36, 53, 111
neuer, 207, 223, 225
neutralen Ton, 61
New York, 288, 289
New York City, 300
New York City als, 5
nicht, 5, 7–13, 16–21, 23–29, 31–33, 35–38, 41–53, 55–62, 64–69, 71, 73–75, 77–81, 86–88, 90–92, 94, 96, 97, 99–101, 103, 104, 106, 107, 110–113, 115, 117, 119–121, 123, 126–130, 132–141, 144, 145, 148, 151, 155, 159, 161–167, 169, 171, 173–177, 180, 181, 183–203, 205–207, 211, 223, 227–238, 240–252, 255–257, 259, 261, 262, 264, 266–271, 274, 275, 280, 283, 286, 287, 293, 297, 298
Nicht zuletzt, 298
niederschlagen, 267
noch Gesetze, 241
Normen herauszufordern, 59
notwendige, 12, 80, 81, 128, 134, 217, 251
notwendigen, 94, 176, 227, 247, 264
notwendiger, 127, 179, 227

Notwendigkeit, 64
Notwendigkeit betont, 107
Notwendigkeit heraus, 153
Notwendigkeit von, 9, 91, 98, 180, 203, 230, 233, 259
Nuancen der, 45, 79, 145
Nur, 130, 142, 243
nur, 5, 8–10, 13, 16–21, 23–29, 31, 32, 35–37, 41–46, 48–53, 55–57, 59–62, 64–69, 71, 73, 75, 77–81, 86–88, 90–92, 94, 97, 99–101, 103, 104, 107, 110–113, 115, 117, 119, 121, 123, 126, 127, 129, 130, 132–139, 141, 144, 148, 151, 155, 159, 161–167, 169, 171, 173–177, 180, 181, 183–198, 200–203, 205–207, 229, 231, 232, 234–238, 240, 241, 243–252, 255–259, 262, 264, 266, 268–271, 274, 275, 280, 286, 287, 290, 293, 297, 298
Nur durch, 11, 71, 94, 108, 144, 157, 159, 218, 220, 247, 284
nutzen, 42, 59, 80, 81, 89, 97, 122, 135, 143, 146, 176, 210, 225, 246, 248, 271, 293, 301
Nutzen Sie, 303
nutzt, 78, 92, 115, 117, 159, 207, 230, 236, 237, 268, 269
nutzte, 36, 47, 49, 64, 117, 137, 174
nächsten, 21, 26, 53, 200, 225, 227, 263

ob es i, 14
ob sie, 47
Objekte des Mitleids oder, 104
objektiv und, 120
obwohl, 23, 227
Obwohl der, 137
Obwohl Rachel, 25
Obwohl sie, 228
oder, 4, 8, 12–14, 25–28, 37–39, 43, 45, 51, 52, 56, 59, 62, 64, 78, 87, 99, 104, 106, 107, 115, 118, 120–122, 138, 140, 141, 143–145, 147, 148, 155, 162, 174, 178, 180, 189, 201, 206, 210, 232, 237, 243, 246, 247, 252, 253, 267, 270, 271, 273, 275, 276, 280, 283
offen, 9, 36, 104, 121, 135
offene, 23
offenen, 100, 140
offensichtlichen, 99
oft, 3–5, 7–9, 12, 14, 17, 23, 24, 27, 28, 32, 35, 37–39, 41–45, 47, 50, 52–54, 56–58, 60–62, 64, 66, 67, 74, 75, 78–81, 86–92, 96, 97, 100, 102, 104–107, 113, 115, 117, 120–122, 124, 130, 133, 134, 136, 137, 141–143, 153, 155, 158, 160, 161, 163–165, 173–176, 180, 181, 186, 187, 189, 191, 192, 194, 195, 197, 201, 202, 206, 209, 210, 218, 229–234, 236–241, 244, 247–250, 252, 253, 255–257, 259, 261, 266–270, 275, 280,

Index 343

283, 288, 289, 297, 298
Oftmals wird über, 140
ohne, 4, 12, 17, 36, 47, 58, 78, 122, 141, 228, 233, 250, 267
Ontario, 186
organisieren, 251
organisiert, 45, 81, 101, 191, 206, 207, 269, 288
orientieren, 49
Orientierung, 52, 253, 276
Orientierung oder, 25, 26
Orientierungen anerkennt, 220
out, 9

parlamentarischen Untersuchungsausschuss„ 177
passt, 61
Personen häufig, 122
Personen konfrontiert, 104, 185
Personen nicht, 106
Personen oft, 107
Personenstand ändern, 283
Perspektiven hinwiesen, 133
persönlich, 53, 55, 133, 137, 164
persönliche, 13, 17, 20, 21, 24, 37, 39, 41, 46–49, 52, 53, 55, 60, 61, 80, 118, 120, 121, 123, 126, 129, 134, 136, 148, 169, 177, 184, 186, 191, 195, 201, 229, 231, 232, 236, 238, 240, 243, 244, 257, 268, 275
Persönliche Werte, 238
persönlichem Angriff, 17
persönlichen Angriffen, 121, 133, 256
persönlichen Angriffen bis hin zu, 79
persönlichen Angriffen zu, 164

persönlichen Geschichten bis hin zu, 60
persönlichen Geschichten von, 201, 203
Persönlichkeiten oft, 9
Persönlichkeiten wie, 51, 234
Persönlichkeiten wird auch, 9
Petitionen geschehen, 148
Pierre Bourdieu, 180
plant, 135
plädiert, 17
polarisieren, 87
polarisierten, 72, 133
Polarisierung, 13
Politiker, 177
politisch, 174, 233
politische, 4, 7, 14, 55, 56, 64, 96–98, 143, 148, 151, 153, 165, 176, 177, 180, 184, 185, 192, 206, 210, 211, 231, 233, 234, 238, 240, 256, 258, 259, 267, 302
politischen, 1, 5, 13, 17, 19, 20, 60, 67, 78, 87, 94, 96, 98, 104, 110, 141–144, 147, 148, 165, 169, 171, 176, 184, 185, 192, 198, 209–211, 218, 225, 239, 241, 246, 250, 252, 261, 298
politischer, 14, 143, 144, 177, 197, 206, 210, 224, 280, 289
Popkultur, 262
positionieren, 68
positiv, 9, 27, 71, 78, 180, 192, 196, 230
positive, 11, 13, 27, 43, 47, 57, 73, 83, 143, 147, 169, 179, 188, 189, 193, 195, 198–201, 211, 234, 238,

240, 245, 293
positiven Absichten des Aktivismus, 281
positiven Aspekte, 15
positiven Aspekte als, 4
positiven Aspekte der, 52, 189
positiven Aspekte von, 37, 91, 162, 267
positiven Auswirkungen, 55, 205, 213
positiven Beispiele, 5
positiven Einfluss auf, 132
positiven Geschichten von, 4
positiven Rückmeldungen, 80
positiven sozialen, 269
positiven Veränderung, 238
positiven Veränderungen, 153, 190
positiver Aspekt ist, 261
positiver Schritt, 261
Praktika bereits, 49
Praktiken wie, 137
Praktikum bei, 49
praktischen, 60, 66, 146, 157, 184
praktischer, 49, 144, 180
praktiziert wird, 246
Praxis jedoch nicht, 176
Praxis umzusetzen, 42
Preisverleihungen sind, 161
Prioritäten innerhalb einer, 154
Prioritäten zu, 135
proaktiv, 75, 198
professionelle, 126
profitiert, 66, 71
prominente, 7, 8, 113, 120, 129, 138, 238, 241, 259
Prominente wie, 9
prominenten Persönlichkeiten, 9
Pronomen oder, 140, 144
propagiert, 47

provokant, 59, 173, 256
provokante, 122
Prozess, 24, 149, 227, 247
prägen wird, 198
prägend, 55
prägende, 28, 31, 53
prägnante, 184, 268
prägt, 86
prägten, 17, 23, 24, 26, 28, 33, 50, 55, 73
präsent, 10, 19, 241
präsentieren, 42, 90, 91, 111, 175, 243
Präsenz von, 80, 262
präzise, 42
psychische, 6, 79, 115, 128, 133, 181, 217, 263
psychischen Belastungen, 186
psychologische Gutachten erfordern, 283
psychologischen, 120, 122, 130, 233
Publikum erreichen, 200
Publikum zugänglich, 268

qualitativ hochwertigem Journalismus, 161
Quellen stammen, 146

Rachel, 23–26, 29, 38, 44, 47, 49, 67, 130, 195, 275
Rachel aktiv, 42
Rachel analysierte, 169
Rachel arbeitete, 56
Rachel auch, 43, 53, 65
Rachel auf, 41, 56
Rachel aus, 136
Rachel beeinflusste, 43
Rachel bei, 65, 167
Rachel bemerkenswerte Erfolge, 196

Index

Rachel berichtete, 27
Rachel beteiligt war, 56
Rachel das Glück, 50
Rachel entschied sich, 53
Rachel entschlossen,, 55
Rachel erkannte, 42, 55, 64, 256
Rachel erlebte, 37, 38, 43, 66
Rachel ermutigt, 240
Rachel fand, 23, 42, 45
Rachel fungierten auch, 27
Rachel fühlte sich, 54
Rachel gelernt, 137
Rachel Giese, 3, 7, 16–18, 20, 24,
    26, 33, 39, 44, 45, 48,
    50–53, 55, 57, 59–66, 71,
    77–79, 83, 85–88, 90, 91,
    94–96, 98, 100, 101,
    104–107, 110, 113, 117,
    120, 123, 124, 126,
    129–132, 136, 137, 146,
    148, 158, 159, 161–163,
    165, 167, 169, 171, 173,
    176, 177, 179–181, 184,
    187, 190–194, 197, 202,
    206, 207, 229–234,
    236–238, 240, 243, 244,
    247–249, 251, 252, 255,
    256, 259, 264, 268, 270,
    274–276, 297
Rachel Giese als, 195
Rachel Giese auch, 174, 230
Rachel Giese beim, 84
Rachel Giese bietet, 236
Rachel Giese dar, 57
Rachel Giese hebt hervor, 203, 237
Rachel Giese können, 161
Rachel Giese könnte von, 51
Rachel Giese selbst, 189, 244
Rachel Giese Selbstfürsorge, 129

Rachel Giese spielen, 213
Rachel Giese von, 37, 75
Rachel Giese vor, 178
Rachel Giese wird das Bewusstsein, 152
Rachel Giese wurde, 23, 24
Rachel Giese zeigt, 121, 159, 231
Rachel Giese's, 115
Rachel Gieses, 72, 133
Rachel Gieses Ausbildung, 49
Rachel Gieses Einfluss auf, 112, 251
Rachel Gieses Engagement, 103
Rachel Gieses Karriere, 73
Rachel glaubt, 239
Rachel hat, 45, 46, 96, 120, 121,
    136, 137, 185, 239
Rachel hatte, 38, 47
Rachel jedoch als, 47
Rachel jedoch auch, 23
Rachel lernte, 65
Rachel musste, 27, 54, 256
Rachel nicht, 50, 132
Rachel nie aufgegeben, 57
Rachel nutzte, 36, 64
Rachel sah sich, 53
Rachel sich, 38
Rachel sieht sich, 239
Rachel sowohl, 36
Rachel stellte, 49, 56
Rachel unternommen, 257
Rachel Unterstützung, 24, 32
Rachel untersuchen, 49
Rachel vertritt, 239
Rachel von, 25, 66
Rachel vor, 66
Rachel war, 43, 50, 66
Rachel wurde, 255
Rachel während, 49, 53, 54
Rachel über, 168

Rachels Abschluss, 67
Rachels Arbeit, 20, 46, 162, 177, 184, 185, 190, 252, 268–271
Rachels Arbeit zeigt, 169, 238
Rachels Arbeit zieht, 252
Rachels Arbeiten, 175
Rachels Beispiel, 271
Rachels Beitrag, 270
Rachels Beiträge zu, 175
Rachels Bekanntheit, 67
Rachels Botschaft, 270
Rachels Einfluss, 19, 185, 190, 192, 232, 233, 256, 269, 270
Rachels Einfluss auf, 110, 184, 192
Rachels Einfluss wird deutlich, 271
Rachels Einstieg, 42, 67
Rachels Engagement, 57, 179, 270
Rachels Entscheidung, 46
Rachels Entscheidungsprozess, 47
Rachels Entwicklung als, 43, 44
Rachels Erfahrungen, 37
Rachels Erfolge, 21
Rachels erste, 29, 44
Rachels Geschichte, 197, 276, 298
Rachels Geschichte wird, 19
Rachels Interesse, 42
Rachels Karriere, 62, 65
Rachels Kindheit, 20
Rachels Leben, 23, 37, 46, 240, 255
Rachels Leben könnte ein, 51
Rachels Lebensgeschichte, 19
Rachels Lebensweg, 21, 255, 257, 274
Rachels Lebensweg zeigt, 257
Rachels Lebenswerk, 271
Rachels Leidenschaft, 255
Rachels Liebe, 25
Rachels Mentoren, 43

Rachels Neugier, 24
Rachels Reise, 39, 48
Rachels Rolle als, 185
Rachels Schreibstil, 52
Rachels Schulzeit, 26
Rachels Umgang mit, 132
Rachels Vater, 24
Rachels Vermächtnis zeigt, 252
Rachels Weg, 256
Rachels Weg als, 28
Rachels Werte, 27
Rahmenbedingungen können, 13
Randerscheinungen betrachtet, 249
Rasse, 228
Rassismus, 267
Rassismus oder, 106
Raten von, 7
Ratschläge geben, 293
reagieren, 206
reagiert, 223
Reaktionen, 72
Reaktionen darauf, 20
realisiert, 88
realistisch, 192
Realitäten, 243
recherchierte, 13
Rechte kämpfen, 248, 298
Rechten innerhalb der, 188
Rechten von, 165, 173, 176
rechtfertigen, 98
rechtliche, 14, 92, 138, 159, 181, 187, 192, 210, 215, 237, 250, 259, 283, 284, 286, 301
rechtlichen, 4, 13, 45, 171, 180, 233, 241, 242, 250, 283, 286, 288, 289, 300
Redakteur, 50
Redaktionen selbst, 140

Index

reduziert, 189
Reduzierung von, 140
reflektieren, 21, 39, 145, 153, 157, 180, 229, 231, 251, 274
regelmäßig, 191
regelmäßige Bewegung, 137
regelmäßige Treffen, 52
reichen, 81, 299
reichten, 79
Reichtum, 189
Reise, 20, 231, 257
Reise begleitet, 297
Reise einzulassen, 21
Reise von, 18, 195
relevante, 113, 301
renommiertesten, 161
repräsentiert, 81, 107, 189
Resilienz, 82, 137
Resilienz beschreibt, 136
Resilienz der, 123
Resilienz eine, 126
Resilienz entwickelt, 80, 134, 164
Resilienz gegenüber, 128
Resilienz ist, 80, 148
Resilienz kann, 120
Resilienz sind, 269
Resilienz stärken, 117, 121, 126, 132
Resilienz umfasst, 148
Resilienz verursacht wird, 120
Resilienz von, 115
Resilienz zu, 27, 51, 81, 121
respektieren, 13, 50, 135, 144
respektiert, 91, 119, 140, 202, 251, 264, 266, 276, 284, 286
respektvoll, 49, 59, 65, 89, 239, 261, 284
respektvolles Miteinander, 218
Ressourcen bereitstellen, 55, 94
Ressourcen bereitzustellen, 177

Ressourcen bietet, 301
Ressourcen einschränken, 96
Ressourcen ermöglichen, 233
Ressourcen gebündelt, 147
Ressourcen ihre, 130
Ressourcen kann, 303
Ressourcen oft, 107
Ressourcen vorgestellt, 290
Ressourcen zu, 96, 108, 149
restriktiveren Gesetzen, 197
resultiert, 141
revolutioniert, 246
richten, 164, 224
richtigen, 45
Richtlinien überprüfte, 177
Richtung zählt, 275
Richtungen gelenkt, 8
Risiko ausgesetzt, 87
Risiko birgt, 189
Rolle, 258, 261
Rolle dabei, 77, 218
Rolle dabei spielen, 264
Rolle spielt, 241
rückgängig gemacht, 212
rückgängig zu, 261
Rückmeldungen, 43, 73
Rückmeldungen von, 133
Rückschläge bleibt Rachel unerschütterlich, 269
Rückschläge können, 137
Ruckschlage sind, 136
Rückschlägen, 3
Rückschlägen gezogen, 136
Rückschlägen konfrontiert, 117
Rückschlägen können, 126
Rückschritte drohen, 210

sahen sich, 47
sammeln, 42

sammelte, 17, 42, 91
Schaden, 14
schaffen, 3, 7, 11, 14, 35, 37, 46, 51, 56, 66, 75, 94–96, 98, 101, 103, 108, 110, 117, 134, 140, 155, 159, 171, 173, 177, 181, 184, 185, 189, 190, 195, 198, 199, 207, 213, 218, 220, 227, 229, 247, 251, 270, 271, 274, 276, 277, 282, 284, 288, 298
schafft, 12, 60, 191, 232, 275
scharte, 234
Schatten stehen, 161, 173
Schattenseiten der, 25
Schattenseiten des Lebens, 23
Schicksale beeinflussen, 17
schließen, 54
Schließlich, 43, 137, 233
schließlich, 24, 39, 177
Schließlich ist, 148
Schließlich möchten, 276
schloss, 66
schmerzhaft, 28, 29, 134
schmerzhafte, 133
schnell, 5, 14, 42, 55, 60, 71, 72, 82, 187, 223, 248
Schreiben, 25, 42, 47, 48, 274
schreiben, 52, 67
Schreiben entdeckte, 20
Schreibprojekte, 89
schrieb, 24, 42, 68
Schritt, 46, 48, 64, 83, 88, 180, 240, 257, 273, 275
schuf, 177
schufen, 27
Schule wurde sie, 25
Schulen, 235

Schulung können, 199
Schulungen kann, 292
Schulungen sind, 247
Schulzeit inspirierende Lehrer, 47
Schulzeit kann, 32
Schwerpunkt, 48
Schwert, 225
schwierig machen, 107
schwierigen, 27, 41, 136, 234, 256, 297, 303
Schwierigkeiten angesprochen, 45
schädlich sein, 262
schärfen, 213
schärft, 12, 86, 259
schätzen, 25
Schüler schützen, 143
Schüler über, 56, 173, 199
schützen, 19, 115, 129, 140, 143, 148, 165, 264, 287
sechste, 21
sehen, 20, 51, 93, 117, 128, 199, 206, 262, 263, 274, 285
Sei es durch, 270
sei es durch, 27, 28, 39, 118, 201, 206, 243, 252, 273, 275
sein, 51, 52, 137, 239
sein mögen, 134
seine, 5, 121, 201
seiner, 119, 243, 266, 276
seit, 283
Seiten, 79, 133, 239
Seiten derjenigen, 233
selbst, 5, 8, 17, 25, 29, 39, 50, 57, 81, 103, 106, 115, 130, 135, 137, 140, 141, 189, 227, 228, 234, 237, 244, 245, 253, 286
Selbstakzeptanz, 39
Selbstbewusstsein, 39, 41, 53, 55

Selbstbezeichnung, 144
Selbstfürsorge beleuchten, 20
Selbstfürsorge bezieht, 128
Selbstfürsorge erkannt, 81
Selbstfürsorge innerhalb ihrer, 129
Selbstfürsorge ist, 81, 127, 129, 137
Selbstfürsorge nicht, 128
Selbstfürsorge und, 137
Selbstfürsorge von, 127
Selbstfürsorge-Praktiken, 134
Selbstfürsorge-Praxis, 128
Selbsthilfegruppen, 148
Selbstwahrnehmung einer, 38
Selbstwertgefühl, 266
Sensationalisierung, 4, 45
sensationelle Geschichten zu, 13
Sensationsgier führt, 141
sensibel, 49, 57, 59, 65, 74
sensibilisieren, 3, 111, 184
Sensibilität, 45, 140, 144, 228, 287
Sensibilität gegenüber, 238
setzen kann, 244
setzen sich, 143, 289
setzt, 138, 287, 289, 290, 300
Sexualität sprach, 9
sexuelle, 228, 263
sich, 1, 3–7, 9, 12–14, 16–21,
  23–29, 32, 33, 36–39, 41,
  43–62, 64–68, 71–73, 75,
  78–83, 86–91, 93, 94,
  96–100, 102, 104,
  106–108, 111–113,
  115–118, 120–124, 126,
  128–130, 132–140, 143,
  145, 146, 148, 149, 153,
  155, 157, 162–165, 169,
  173, 174, 177, 180, 181,
  184–187, 190–194,
  197–200, 202, 203,
  205–207, 209, 211, 213,
  215, 220, 223–225,
  227–231, 233–243,
  245–247, 249, 250, 252,
  253, 256–259, 261–263,
  266–271, 273–276, 280,
  284, 285, 287–291,
  297–303
sicher, 91, 205, 303
sicherer, 36, 41
sichtbar, 3, 21, 107, 180, 190, 237,
  241, 249, 267, 268
Sichtbare, 188
sichtbarer, 119
Sichtbarkeit, 3, 10, 14, 44, 46, 49,
  55, 59, 66, 71, 80, 83, 95,
  103–105, 107, 152, 177,
  188–190, 198, 203, 213,
  232, 238, 239, 241–243,
  252, 266, 297
Sichtbarkeit bedeutet, 10, 103
Sichtbarkeit kann, 104, 188
Sichtbarkeit, 252
sie, 3, 4, 6, 8, 9, 11, 13, 14, 17–21,
  23–27, 29, 31–33, 36–39,
  42–45, 47–57, 59–61,
  64–68, 72–74, 77–81, 88,
  89, 91, 92, 94, 98, 104,
  108, 112, 115, 117, 121,
  124, 129, 132–140,
  143–145, 148, 151, 153,
  161, 163–165, 167, 169,
  171, 173–175, 177, 178,
  180–182, 184–196,
  198–201, 203, 205, 207,
  209, 210, 212, 213, 215,
  216, 218, 225, 227–230,
  232–234, 236, 239, 240,
  243, 246, 247, 249–252,

255–258, 262, 263, 266, 268–271, 273, 275–277, 282, 284, 286–288, 293, 297
sieht es als, 134
sieht sich, 79, 113, 164, 230, 258, 289
signifikant, 7, 54
sind, 3, 5–7, 9, 10, 13, 14, 16, 17, 19, 20, 25, 26, 28, 29, 35–37, 39, 41, 42, 44–46, 49, 51–54, 56, 57, 62, 64, 66, 67, 71, 73–75, 78, 79, 81–83, 85–94, 96, 97, 99, 100, 103–105, 107, 109, 110, 112, 113, 115, 117–120, 122, 123, 126, 128, 130, 133–140, 144–146, 149, 152, 153, 155, 158, 159, 161–165, 167, 171, 173, 175–177, 179–181, 183–192, 194–203, 205–207, 209–213, 215, 216, 218, 220, 222, 223, 225, 227–233, 236–245, 247, 248, 250, 252, 253, 255, 256, 258, 259, 261–263, 266, 268–271, 275, 276, 280–284, 287–293, 297–303
Sinne danken, 276
Situationen hervorzugehen, 136
Situationen Unterstützung von, 36
sogar Depressionen führen, 120
solche, 12, 17, 45, 71, 98, 105, 106, 120, 145, 159, 161, 165, 167, 168, 178, 199, 234, 239, 242, 248

solchen, 79, 87, 115, 120, 145, 206
solcher, 36, 96, 120, 121, 139, 162, 232, 286
solidarischen, 62, 66, 212, 238
Solidarität bis hin zur, 82
Solidarität innerhalb der, 104, 123, 241
sollte, 25, 41, 48, 53, 128, 199, 284
sollten, 303
sonst, 239, 246
sorgfältige Überlegung, 101
sowie, 14, 26, 46, 55, 62, 64, 69, 73, 92, 99, 101, 106, 130, 144, 153, 161, 167, 173, 195, 209, 213, 223, 225, 234
sowohl, 4, 7, 9, 12–14, 27, 28, 36, 39, 43, 47, 53, 55, 61, 67, 71–73, 75, 79, 88, 89, 92, 94, 104, 106, 108, 121, 131, 133, 142–144, 146, 151, 153, 155, 158, 162, 163, 175, 176, 184, 188–190, 192, 195, 211, 213, 215, 223, 225, 231, 239, 261, 290, 297, 298
sozial, 180
soziale, 3–5, 13, 17, 23, 24, 26, 27, 35–37, 39, 47, 50, 64, 66, 80, 82, 83, 126, 138, 152, 153, 171, 181, 210, 215, 217, 224, 228, 229, 236, 243, 280
Soziale Bewegungen, 212
sozialen, 1, 4, 5, 13, 14, 16, 19, 20, 26, 28, 32, 36–38, 41, 46, 54, 55, 65, 67, 72, 73, 78, 79, 88, 90, 96, 104, 112, 120, 134, 138, 141, 147, 153, 169, 171, 180, 187,

Index 351

191, 198, 200, 211, 212,
218, 225, 227, 229, 233,
238, 242, 243, 246, 248,
251, 261, 266, 269, 271,
289, 298, 300
sozialer, 14, 27, 39, 82, 83, 146, 147,
152, 197, 207, 212, 216,
266, 280, 303
Sozialwissenschaftler, 24
Spannungen führen, 95, 99, 154,
206, 267
Spannungen geprägt, 250
Spannungen innerhalb der, 79, 288
Spannungen konnten, 56
Spannungen können, 106
Spannungen zwischen, 56, 106
spezialisiert, 12, 50, 60
speziell, 96, 200, 289, 302
spezifische, 12, 292
spiegelt, 239
spiegelten, 71
spielen, 3, 5, 24, 35, 38, 45, 48, 51,
55, 82, 83, 112, 117, 151,
153, 163, 171, 175, 187,
198, 200, 211, 213, 215,
227, 238, 246, 248, 258,
262–264, 273, 284, 287
spielt, 10, 12, 14, 26, 39, 77, 90, 92,
98, 101, 161, 188, 205,
207, 218, 229, 240, 241,
243, 257, 259, 261, 274,
287, 290
spielte, 23, 43
spielten, 4, 26, 50
sprach, 9, 24, 29, 91
sprechen, 36, 135, 275
spricht, 121
später, 25, 48, 64
späteren, 31, 33, 49, 255

Stadt, 59
stark, 7, 9, 16, 23, 26, 31, 66, 100,
144, 210, 212, 227
Stattdessen betrachtet, 137
stattfinden, 90, 101, 160
stattfindet, 37, 158
stecken, 186
stehen Aktivisten, 3
stehen weiterhin vor, 210
steigerte, 67
Stellen Sie sicher, 303
stellte, 23, 49, 53, 55, 56, 59, 65, 66,
256
stereotype, 12, 47, 78, 104, 174
stereotypisiert, 45
Stigmatisierung von, 1, 262
Stil, 61
Stil wählen, 60
Stimme, 107
Stimme gegeben, 234
Stimme innerhalb dieser, 3
Stimme wurde, 20
Stimmen bieten, 3, 213
Stimmen der, 13, 50, 66, 78, 94, 103,
133, 181, 207, 215, 229,
239, 249, 253, 270, 271
Stimmen derjenigen, 17, 100, 115,
124, 142, 160, 201, 230,
248, 259, 266, 275, 297,
298
Stimmen dieser, 61, 203
Stimmen gehört, 11, 146, 163, 165,
199, 284
Stimmen innerhalb der, 106, 207
Stimmen von, 10, 11, 16, 56, 57, 64,
71, 75, 79, 80, 83, 90, 91,
94, 96, 98, 141, 159, 165,
169, 171, 180, 184, 185,
190, 194, 198, 228, 231,

238, 244, 249, 251, 258, 261, 263, 264, 286
Stimmen zu, 108, 261
Stimmlosen etabliert, 252
Stonewall bietet, 288
Streben nach, 55, 133
Stress führen, 127
Stressbewältigung, 130
Stressniveau, 120
Studienfach, 46
städtischer, 23
ständig, 21, 53, 73, 94, 135, 145, 153, 197, 231, 241, 243, 251, 252
ständige, 9, 89, 127, 211, 230, 247
ständigen, 54, 122, 133
stärken, 11, 16, 17, 27, 43, 75, 81, 83, 90, 100, 110, 121, 124, 128, 147, 169, 178, 181, 200, 206, 231, 266, 268, 270, 297, 298
stärkere, 37, 80, 108, 121, 155, 301
stärkeren, 11, 66, 81, 91, 240, 252, 268
stärkt, 136, 215, 235, 259, 273
stützt, 78, 117, 174
suchen, 195, 240, 297, 303
Susan Stryker, 43
Sylvia Rivera, 51
symbolische Funktionen, 153
symbolische Unterstützung wahrgenommen, 228
systematischen, 237

tatsächlich substanzielle, 228
Tausende von, 56
Techniken entwickelt, 81
teil, 44, 67

teilen, 5, 13, 44, 46, 51, 54, 62, 74, 81, 96, 103, 107, 145, 185, 187, 191, 195, 198, 205, 233, 237, 242, 244, 246, 255, 261, 303
teilgenommen, 52, 91, 173, 185
Teilnahme kann, 271
Teilnahme von, 251
teilnahmen, 36
teilt, 18, 121
teilten, 54, 91
Terminologie, 144
Terminologie verwenden, 286
Textnachrichten als, 302
TGEU ist, 301
Thema, 252
Themas erstellen, 53
thematische, 60, 88
thematisieren, 21
thematisiert, 17, 98, 176, 191, 212
thematisierten, 67
Thematisierung, 69, 71
Thematisierung von, 69
Themenbereichen wie, 165
Theoretische Ansätze wie, 92
theoretischen, 8, 42, 60, 69, 98, 110, 130, 146, 149, 150, 153, 157, 178, 249
theoretischer Rahmen ist, 41
theoretisches Konzept, 245
theoretisches Wissen als, 61
theoretisches Wissen anzuwenden, 49
Theorien untersuchen, 46
Theorien von, 180
tief, 1, 69, 78, 122, 138, 145, 159, 198, 215, 239, 262
tiefe, 269
tiefere, 67, 89, 234

Index 353

tiefgreifenden Einfluss auf, 57, 110, 153, 163, 185, 193, 231, 249
Tod von, 300
Tokenismus, 228
Toronto, 91
traditionellen, 252, 261
tragen, 59, 161, 163, 216, 219, 229, 236, 287
transformativ, 159
transformieren, 110
transformiert, 244
transgender, 106, 206, 267
Transgender Europe, 289
Transgender-Personen, 92
Transgender-Personen können, 46
Transgender-Rechte, 284
Transgender-Schülern, 143
transidente, 148
Transphobie, 106
Transphobie geprägt, 78
Transrechte, 301
transsexuelle, 184
treten, 43, 52
Triumphe einer, 236
Triumphe teilen, 191
Triumphe umgewandelt, 186
Triumphen, 187, 192, 232
Triumphen bieten, 188
Triumphen eine, 100
Triumphen innerhalb der, 186, 188
Triumphen sind, 187
trotz, 27, 55, 82, 121, 132, 148, 188, 202, 206, 232, 241
Trotz der, 15, 27, 37, 38, 41, 45, 46, 52, 57, 60, 62, 65, 71, 75, 79, 85, 91, 93, 95, 96, 98–100, 103, 104, 110, 115, 154, 162, 165, 173, 178–180, 189, 191, 193, 221, 243, 244, 247, 258, 267, 268, 281
Trotz dieser, 32, 85, 152, 196, 212, 244, 246, 262, 267, 269, 285
Trotz ihrer, 66
Trotz ihres Einflusses stehen, 9
Trotz ihres Erfolgs sah sich, 250
Trotz ihres positiven Einflusses, 164
trugen, 4, 9, 39, 57, 59, 66, 196
trägt dazu, 3, 159
Träume, 52, 206
tun, 89, 145, 159, 262
Türen, 162

um, 3, 5, 7, 11–14, 17, 18, 20, 23, 24, 29, 35–37, 41–43, 45–47, 49, 52, 54, 56, 57, 59–62, 64, 66, 68, 69, 72, 73, 75, 78–81, 83, 89, 91, 92, 94–96, 98–101, 103, 104, 107, 108, 110, 114, 115, 117, 119, 121–124, 128, 129, 133–137, 139, 140, 143–149, 151, 153, 157–159, 164, 165, 171, 174, 176–178, 180, 181, 185, 187, 188, 190–193, 195, 197–203, 206, 207, 209, 210, 213, 215, 218, 220–225, 227, 228, 230–232, 234, 235, 237–243, 245–252, 255–257, 261, 263, 264, 267, 269, 271, 273, 277, 282–284, 288–292, 297, 298, 301–303
Um effektiv, 116

umfassen, 118, 129, 146, 155, 161, 175, 215, 290
umfassende, 4, 53, 56, 71, 140, 199
umfasst, 7, 71, 128, 148, 229, 231, 280
umfassten, 53, 131
Umfeld, 25, 28, 53, 56, 136, 145, 191, 199, 288, 297
Umfeld aktiv, 26
Umfeld arbeiten, 81
Umfeld bis hin zur, 227
Umfeld fördern, 117
Umfeld geboren, 255
Umfeld prägte, 27
Umgang, 49, 51, 117, 130, 133, 230
Umgebungen ihre, 54
umgehen, 36, 74
umgesetzt, 163, 180, 181
umgewandelt, 186
umsetzen, 64, 234, 240
Umso wichtiger, 47
umzugehen, 43, 50, 59, 65, 79, 81, 86, 114–116, 121, 123, 124, 131–133, 164, 174, 224, 233, 256, 282
umzusetzen, 42
Unabhängigkeit, 14
unangemessener, 283
unbestreitbar, 46, 112, 153, 207, 251
unbezahlte, 66
und, 1, 3–21, 23–29, 31–33, 35–39, 41–62, 64–69, 71–75, 77–84, 86–92, 94–101, 103–108, 110–113, 115, 117, 119–124, 126–130, 132–149, 151–155, 157–167, 169, 171, 173–203, 205–207, 209–213, 215–220, 223–225, 227–253, 255–259, 261–271, 273–277, 280, 282–284, 286–293, 297–303
unermüdlich, 16, 187, 297
Ungerechtigkeiten, 25
Ungerechtigkeiten auszusprechen, 26
ungleiche, 106, 189
Ungleichheiten hinzuweisen, 237
uns, 20, 26, 37, 92, 94, 163, 181, 183, 188, 197, 198, 201, 243, 247–249, 252, 253, 257, 261, 264, 266, 271, 273–276, 297, 298
unschätzbarem, 25, 229, 234, 238, 270, 293, 297
unsere, 238, 240, 248, 252, 253, 271
unserer, 69, 227, 264
Unsichtbare konstruiert, 188
unter, 13, 18, 37, 41, 88, 124, 135, 155, 166, 181, 185, 206, 224, 256
untergraben, 120, 122, 139, 174, 267
untermauern, 167, 249
unterrepräsentiert, 244
unterrepräsentierte Stimmen zu, 270
unterrepräsentierten, 17
Unterricht behandelt, 219
unterscheiden, 13, 80
unterschiedliche, 95, 106, 154, 155
unterschiedlichen, 25, 99, 100, 106, 228, 267
unterschätzen, 5, 123, 167, 223
unterstützen, 37, 42, 52, 67, 71, 80, 103, 108, 129, 136, 148, 151, 171, 192, 195, 206, 215, 228, 246–248, 253,

Index 355

270, 274–276, 287, 290, 297, 303
unterstützenden, 25, 54, 133, 180, 192, 268
unterstützt, 26, 50, 104, 111, 119, 134, 184, 192, 236, 275, 276, 293, 301
Unterstützungsprogramme, 178
untersuchen, 8, 20, 39, 44, 46, 49, 53, 60, 84, 92, 110, 136, 149, 161, 178, 184, 193, 213, 220, 229, 232, 249, 257, 259, 284
untersucht, 53, 94, 163, 299, 300
unvermeidlicher Bestandteil der, 133
unvermeidlicher Bestandteil des Lebens eines Aktivisten, 136
unverzichtbarer Aspekt des LGBTQ-Aktivismus, 155
unverzichtbarer Bestandteil der, 284
unverzichtbarer Bestandteil des, 92, 100, 110, 119, 246
unzureichend, 107, 137, 155, 261
US, 152, 241
USA, 141, 219, 265, 298–300, 302

variieren, 6, 210
verabschiedet, 6, 139, 209, 210, 262
verankert, 140
veranschaulichen, 17
Veranstaltungen, 91, 102, 147, 187, 206, 288
Veranstaltungen berichtet, 105
Veranstaltungen bieten, 52, 64, 101
Veranstaltungen einen, 103
Veranstaltungen ermutigt sie, 192
Veranstaltungen führte, 65
Veranstaltungen geschehen, 100

Veranstaltungen schöpfen konnte, 64
Veranstaltungen teil, 44
Veranstaltungen überfüllt und, 65
Verantwortung, 73, 129, 146
verbessern, 67, 75, 81, 134, 137, 145, 146, 177, 178, 180, 292, 293
verbessert, 17, 170, 191
verbieten, 143, 165, 209, 261
verbinden, 48, 80, 303
verbindet, 298
Verbindungen, 36, 37, 55, 91
verbreiten, 3, 5, 46, 78, 80, 82, 84, 98, 101, 146, 147, 176, 198, 200, 210, 213, 224, 242, 247, 248, 252, 262, 269, 292, 297
Verbreitens von, 14
verbreitet, 12, 14, 38, 78, 89, 199, 200, 223, 230, 233, 236, 239, 245, 252, 259, 262, 274, 289, 290
verbreitete, 12
Verbreitung von, 5, 13, 72, 134, 198, 207, 215, 248, 263
Verbündete müssen, 228
verdeutlichen, 9, 37, 39, 61, 69, 203, 223, 284
verdeutlicht, 57, 107, 115, 122, 141, 175, 185, 197, 241, 252, 257
verdeutlichte, 54, 72
verdient, 270
vereinfacht, 4
verfasst, 163
verfeinern, 52, 60, 133, 137
verfolgt, 249
Verfolgung konfrontiert, 288
verfügbar, 303

Verfügung stellen oder, 121
vergebens, 197
Vergessenheit geraten, 249
Vergleich, 95, 99
vergrößern, 207
Verhalten von, 122
verknüpfen, 169, 232
verkörpert, 264, 266
Verlauf von, 49
Verlegern wäre, 298
verliehen, 239
verlässlichen Quellen zu, 53
vermeiden, 81, 217, 228
vermitteln, 145, 159, 174, 198, 199, 266, 287
vermittelt, 25–28, 297
vernetzen, 36, 43, 62, 64, 66, 96, 104, 164, 192, 240, 246
verpflichtet, 239
Verpflichtung gegenüber, 287
verringern, 13, 104, 121, 147
verringerten, 216
verschiedene, 14, 25, 49, 53, 56, 61, 63, 67, 95, 96, 99, 114, 121, 123, 124, 129, 131, 134, 138, 146, 150, 156, 162, 184, 223, 228, 240, 246, 269, 286, 290
Verschiedene Gruppen, 154
verschiedenen, 1, 3, 4, 20, 25, 28, 37, 39, 42, 44, 49, 53, 55, 56, 60, 61, 65, 72, 73, 79, 84, 87, 92, 94, 98–101, 104, 106, 111, 115, 118, 120, 133, 140, 147, 153, 161, 171, 181, 186, 188, 190, 205, 206, 212, 213, 220, 227, 229, 232, 243, 248, 249, 251, 257, 263, 271, 277, 285, 287–289, 297, 299–301
verschiedener, 221
verschmelzen können, 274
verschont, 20, 71, 120
Versorgung zu, 197
verspottet, 27
verstand, 25, 59, 68
verstehen, 1, 20, 39, 43, 46, 60, 67, 92, 133, 145, 159, 197, 201, 211, 224, 225, 228, 229, 283, 298
Verständnis von, 242
verstärkt, 79, 184, 217
verstärkten Unterstützung, 169
versuchen, 143
versucht, 121, 152
verteidigen, 5, 27, 37, 54, 139
vertieft, 48
Vertrauen, 50
vertrauensvolle, 67
vertreten, 42, 54, 64, 231
verwandelt, 24, 39
verwehren, 152, 198
verwendet, 17, 60, 130, 184, 250
verwendete, 61
Verwendung präziser, 277, 280
verwirrenden, 256
verwurzelt, 1, 69, 215, 239
verwurzelte, 145, 159, 198, 262
verwässern, 91
verzerrt, 4, 58, 145, 155, 180
verzerrte, 141, 174
verzerrten, 4, 12, 104, 140, 189
verändern, 94, 112, 159, 169, 207, 248, 275
verändert, 3, 5, 45, 46, 53, 75, 97, 134, 169, 180, 197, 200, 207, 250, 251, 262

veränderten, 78
Veränderung beitragen, 261
Veränderung bewirken, 201
Veränderung bieten, 135
Veränderung definiert, 14
Veränderung der, 7, 78, 171
Veränderung sein kann, 42
Veränderung von, 249
Veränderungen, 9, 18, 46, 55, 141, 159, 160, 165, 169, 176, 180, 193, 200, 203, 211, 213, 225, 227, 234, 252, 257, 262, 271, 274, 286, 290, 298
Veränderungen anzustoßen, 59
Veränderungen betrachten, 21
Veränderungen bewirken, 21, 47, 266
Veränderungen gegeben, 177
Veränderungen herbeizuführen, 9, 23, 57, 94, 180, 185, 188, 245, 249, 256, 259, 263, 276, 280
Veränderungen ist, 165
Veränderungen können, 280
Veränderungen möglich, 197
Veränderungen sind, 158, 192, 213, 262
Veränderungen unbestreitbar, 153
Veränderungen voranzutreiben, 14
veröffentlichen, 74
veröffentlicht, 175, 196, 299
Veröffentlichung, 104, 133, 171, 174, 196
Viele, 66, 217, 283
viele, 7, 9, 10, 23, 31, 37, 47, 54, 57, 59, 62, 66, 74, 78, 79, 90, 104, 106, 117, 120, 123, 133, 135, 141, 173, 187, 191–193, 197, 198, 201–203, 228, 233, 234, 240, 243, 244, 252, 255, 256, 259, 270, 272, 274, 283, 303
Viele Journalisten haben, 12
Viele Leser lobten ihre, 71
Viele LGBTQ-Journalisten berichten, 162
Viele Menschen fühlen sich, 273
Viele Nachrichtenorganisationen, 12
Viele Transgender-Personen, 145
vielen Fällen haben, 143
vielen Gesellschaften sind, 252
vielen Kulturen gibt, 145
vielen Ländern, 209, 215, 241, 261
vielen Ländern gibt, 13
vielen Ländern ist, 283
vielen Schulen, 38
vieler, 18, 140, 180, 192, 196, 240, 275
Vielfalt profitieren kann, 231
Vielfalt zeigt, 284
vielfältig, 14, 25, 51, 107, 122, 128, 145, 190, 220, 222, 262, 275
vielfältige, 11, 106
vielmehr, 136, 138
vielversprechenden, 66
Vielzahl, 24, 53, 135, 195, 197
Vielzahl von, 12, 60, 71, 88, 93, 144, 155, 164, 173, 174, 215, 261, 280, 299, 302
vierte Gewalt, 259
virale, 248
Visionen, 137
voller, 33, 53, 55, 243
von, 1, 3–14, 16–21, 23–27, 29, 31–33, 35–39, 41–52,

55–62, 64–67, 69, 71–73,
75, 77–84, 86–88,
90–108, 110–112, 115,
117–124, 126–130,
132–148, 151–153, 155,
157–159, 161–165, 167,
169, 171, 173–177,
179–181, 184–203,
205–207, 209–213,
215–220, 223–225,
227–253, 255–259,
261–271, 273–276, 280,
282–284, 286–290, 293,
297–303
vor, 3, 4, 7, 9, 12, 14, 36, 47, 53, 66,
72, 78, 87, 118, 129, 144,
176, 178, 193, 197–199,
201, 205, 210, 212, 215,
218, 227, 228, 230, 239,
243, 245, 252, 262, 267,
273, 275, 288, 290
vorangetrieben, 9, 64, 207
voranzutreiben, 14, 80, 92, 181, 187
Vorbildern innerhalb der, 193
Vorbildern kann, 43, 293
Vordergrund, 19, 80, 185, 194
vorderster, 271
Vorfälle als, 141
vorgegebene Normen, 38
vorgestellt, 232, 287, 290, 293
vorherrschen, 289
vorherrscht, 141
vorrangig erachten, 99
Vorstellungen von, 47, 228
Vorträge, 191
Vorurteile gegenüber, 12, 290
Vorurteilen geprägt, 134, 240, 268
vorzubereiten, 134, 233
vorzustellen, 161

Wachstum, 133, 240
wagten, 256
Wahl, 48
wahre Identität zu, 186
wahren, 14, 115, 122, 134, 223, 239, 297
wahrer, 269
Wahrheit, 17, 50, 98, 297
Wahrnehmung, 5, 11, 12, 87, 104, 110, 141, 144, 169, 184, 185, 189, 241, 259
Wahrnehmung verändert, 97
wahrnimmt, 77
Wandel begriffen, 47
Wandel hin zu, 187
wandte sie, 132
wann es, 81
war, 1, 16, 17, 20, 23–27, 31, 33, 36–39, 41–50, 52–57, 59, 65–67, 72, 73, 79, 98, 111, 132–134, 137, 171, 173, 174, 177, 187, 196, 206, 250, 255, 256, 274
waren, 5, 17, 23–26, 28, 29, 32, 35, 37, 38, 44, 50, 54, 55, 57–59, 65–67, 71, 72, 78, 132, 180, 182, 249, 255, 256, 298
Webinare und, 224
Wechselwirkungen zwischen, 299
wecken, 163
weckten, 25
Weg gelegt, 232
Weg stellen, 148
wehren, 98, 145, 267
Weise, 46, 73, 82, 86, 90, 112, 140, 184, 200, 207, 223, 246, 251, 268, 275, 298
weiter, 12, 48, 75, 92, 105, 225, 250

Index 359

weitere, 111, 135, 147, 217
weiteren Auseinandersetzung mit, 301
weiteren Marginalisierung, 198
weiteren Marginalisierung der, 141
weiterentwickelt, 61, 252
weiterer, 39, 41, 42, 54, 64, 67, 78, 80, 134, 136, 137, 181, 185, 191, 192, 198, 224, 228, 231, 233, 241, 242, 248, 257, 261, 271, 297
weiterhin, 81, 115, 117, 163, 167, 188, 233, 276
weiterhin auf, 159
weiterhin beschwerlich ist, 163
weiterhin bestehen, 7
weiterhin eine, 121
weiterhin erheblichen, 258
weiterhin Generationen von, 18
weiterhin motiviert, 44
weiterhin vor, 3
weiterhin zusammenarbeiten, 5, 298
weiterzumachen, 82, 240
welche Themen Priorität haben, 154
Welt, 231
Welt des Journalismus, 52
Welt kämpfen, 276
Welt zu, 223
weniger, 52, 54, 66, 206
wenn die, 107
wenn es, 13, 145, 174, 177, 250
Wenn Mitglieder der, 206
wenn persönliche, 37
werden, 4, 7, 8, 10, 14, 16, 17, 19–21, 23, 24, 26, 32, 37, 39, 43, 44, 46, 48–51, 53, 55, 56, 60–62, 64, 69, 71, 73, 82–84, 86–88, 90–92, 94, 96, 99–101, 103–108,
110, 112, 115, 119–121, 124, 128–130, 136, 137, 140–149, 151, 153, 155–157, 160, 161, 163, 165, 167, 171, 173, 175, 176, 178, 180, 181, 184–186, 188–191, 193, 195, 197–203, 205, 207, 211, 213, 215, 217, 219, 220, 223, 225, 227–238, 242, 243, 245, 247–249, 251–253, 255, 257–259, 261–264, 266–270, 272, 274–277, 284, 287, 289, 290, 297
werfen, 78, 87, 201, 211, 255
Werkzeug, 3
Wert, 17, 25, 66, 229, 270, 275, 297
Wert sein, 293
Wert sein können, 234
Werte, 289
Werte ansehen, 269
Werte steht Rachel oft, 239
Werten wird oft, 27
Wertschätzung, 162, 269, 270
wertvolle, 42, 44, 52, 86, 291, 293, 298–300
wesentlich dazu, 39
wesentliche Rolle, 43, 117
wesentlichen Beitrag, 173
wesentlicher Bestandteil des LGBTQ-Aktivismus, 101, 105
wesentlicher Bestandteil ihrer, 57, 65
wesentlicher Bestandteil ihres Erbes, 269
wesentlicher Bestandteil von, 46, 177
wettbewerbsintensiven Bereich wie, 49

wichtig, 1, 11, 13, 14, 17, 25, 37, 42, 44, 49, 51, 57, 62, 65, 67, 71–73, 75, 80, 81, 87, 96, 99, 100, 103, 105, 107, 110, 120, 134–136, 146, 148, 153, 155, 159, 164, 165, 171, 173, 180, 188, 192, 195, 197, 199–201, 203, 206, 207, 210, 211, 213, 215, 231–234, 237, 238, 240–242, 246, 247, 251, 252, 255, 256, 259, 263, 267–270, 273, 275, 276, 280, 284, 297, 303
wichtige, 9, 12, 46, 56, 68, 72, 79, 98, 99, 112, 121, 126, 145, 148, 161, 171, 175, 189, 192, 200, 213, 248, 263, 274, 299–301
wichtigen, 4, 12, 20, 55, 57, 68, 173, 175, 177, 228, 233, 301
wichtiger Aspekt, 39, 80
wichtiger Aspekt der, 64, 231
wichtiger Aspekt des Aktivismus, 121
wichtiger Aspekt ist, 137, 224, 241
wichtiger Aspekt von, 42, 134, 185, 257
wichtiger Bestandteil des Kampfes, 237
wichtiger denn je, 270
wichtiger Faktor, 198
wichtiger Schritt, 167
wichtiger theoretischer Aspekt ist, 228
widerspiegeln, 3, 12, 88, 250
widerspiegelt, 81, 145, 174, 189, 199
Widerstandsfähigkeit, 4, 186
Widerstände, 147, 148, 152

widerzuspiegeln, 221
wie, 3, 5, 7–9, 13, 17–20, 24–27, 37, 39, 43, 46, 47, 49, 51, 55–57, 59–62, 65, 67, 71–73, 75, 77, 78, 80, 82, 83, 86–88, 90, 92, 96, 98–100, 103, 105–107, 110, 112, 115, 120–122, 126, 129, 130, 132–137, 143, 145, 147, 152, 155, 158, 159, 161–165, 169, 171, 173, 174, 177, 178, 180, 181, 185–189, 192, 193, 197–200, 206, 207, 210–213, 223–225, 227–229, 231, 234, 237, 238, 240–243, 245–252, 255, 256, 261, 262, 264–270, 272, 274, 275, 284, 288, 297
Wie Judith Butler, 180
Wie kann, 234
wieder, 110, 165, 240, 241, 243, 271
wiederholte, 104, 120
wiederum, 19, 135, 191
wir, 8, 11, 20, 21, 26, 37, 39, 41, 44, 46, 48, 49, 51, 55, 60, 62, 64, 69, 84, 92, 94, 110, 136, 149, 160, 161, 167, 171, 178, 181, 183, 184, 190, 193, 195, 197, 198, 201, 205, 207, 213, 215, 218, 220, 225, 227, 229, 232, 238, 240, 247–249, 255, 257, 261, 264, 266, 270, 271, 273–276, 284, 297
Wir müssen, 247, 248
wird ihre, 189

Index

Wirkung von, 238
Wissen der, 271
Wissen erwerben, 31
wobei viele, 198
wodurch sie, 184, 232
Wohlbefinden, 32, 126, 129, 148
Wohlbefindens, 123, 130
Wohlergehen dieser, 117
Wohlergehen von, 234, 301
wurde von, 134
wurden, 21, 26–28, 38, 42, 43, 45, 46, 56–58, 65, 66, 79, 96, 133, 158, 185, 187, 190, 196, 209, 241, 252, 253, 258, 293
Während, 50, 59, 79, 106, 159
während, 11, 13, 14, 26, 35, 37, 45, 47, 51, 53–55, 60, 61, 78, 91, 130, 133, 171, 175, 210, 266, 267, 286, 297
Während ihre, 9
Während sie, 72, 153

Zahl von, 197
zahlreiche, 15, 18, 43, 60, 65, 66, 85, 93, 101, 104, 136, 138, 174, 194, 244, 246, 256, 265, 267, 268, 281
zahlreichen Kritiken, 79
Zeichen ihres persönlichen Erfolgs, 88
zeigen, 5, 21, 36, 51, 90, 106, 120, 122, 148, 155, 167, 186, 188, 197, 200, 202, 206, 210, 232, 237, 241, 244–246, 256, 268, 269, 282
zeigt, 180
zeigt Giese, 192

zeigt sich, 134, 257
Zeit von, 31
Zeiten, 27, 136, 206, 210, 234, 256, 289, 303
Zeitschrift veröffentlicht, 299
zentrale, 18, 45, 55, 198, 200, 218, 229, 240, 266, 277
zentraler, 9, 21, 73, 75, 77, 90, 92, 94, 127, 167, 180, 243, 247, 263, 268, 270, 275
zentrales Beispiel, 17
zentrales Thema, 17
zentrales Ziel, 287
Zeugin der, 27
Zeugin von, 23, 25
ziehen müssen, 107
Ziel verkörpert, 266
Ziele, 107, 108, 137, 149, 153, 181, 242, 287, 290
Ziele des Aktivismus, 3
Ziele erreichen, 108, 293
Ziele identifiziert, 147
Ziele kann, 107
Zielen basieren, 155
Zielperson, 80
zielt darauf ab, 178
zielte darauf ab, 173
zu, 1, 3–7, 9–14, 16–21, 23–27, 29, 33, 35–39, 42–69, 71–75, 78–84, 87–92, 94–96, 98–113, 115, 117, 119–124, 127–130, 132–155, 157, 159, 161–165, 167, 169, 171, 173–178, 180, 181, 184–193, 195–203, 205–207, 209–213, 215–220, 222–225, 227–235, 237–253,

255–257, 259, 261–264,
266–271, 273–277, 280,
282–284, 286–293,
297–299, 301–303
Zudem, 20, 65, 162
zueinander, 36
Zugang zu, 53
zugänglich, 56, 185, 268
zugängliche, 60, 90, 184, 232
zugänglichen Sprache präsentiert werden, 146
zum, 25, 44, 62, 88, 106, 121, 138, 142, 143, 157, 159, 192, 229, 236, 252, 253, 257, 269, 275
zunehmend, 77
zunehmenden, 211
Zunächst, 297
zur, 5, 7, 11, 12, 16, 19–21, 25–27, 32, 36, 39, 42, 44, 47, 48, 51, 56, 59, 61, 62, 73, 75, 78, 80, 82, 88, 94, 101, 103–105, 110, 117, 121, 124, 130, 131, 133–136, 138, 139, 146, 148, 150, 153, 157, 159, 161, 163, 164, 171, 173, 177–181, 183, 188, 190–192, 199, 200, 202, 210, 211, 216, 223, 227, 229, 233, 236, 237, 243, 249, 256, 257, 261–263, 265, 266, 270, 271, 273, 274, 277, 286, 287, 290, 297–301
zurückhalten, 243
zurückzuführen ist, 152
zusammen, 3, 21, 56, 249, 289
Zusammenarbeit, 16, 57, 64, 73–75, 89, 98, 100, 119, 147, 148, 155, 198, 242, 248, 263
Zusammenarbeit anstrebt, 236
Zusammenarbeit auswirken, 56
Zusammenarbeit fortzusetzen, 100
Zusammenarbeit innerhalb der, 57
zusammenarbeiten, 5, 124, 215, 227, 242, 246, 273, 275, 284, 298
zusammenfassen, 274
Zusammenfassend lässt sich, 5, 7, 9, 18, 19, 26, 27, 41, 44, 64, 83, 90, 98, 126, 143, 146, 153, 163, 165, 173, 185, 193, 203, 213, 215, 220, 223, 234, 236, 238, 240, 242, 246, 259, 261
zusammengearbeitet, 15
Zusammenhang, 188
Zusammenhang mit, 13
zusammenzuarbeiten, 96
zuvor zögerten, sich, 177
zweiten Jahr ihres Studiums, 49
zwischen, 1, 13, 14, 16, 50–52, 56, 61, 74, 100, 106, 119, 134, 147, 159, 176, 185, 198, 206, 210, 228, 242, 248, 255, 257, 263, 267, 269, 273, 288, 299
zählt, 183, 249, 264, 271, 275

Änderungen vorschlug, 177
Ängste, 273
Ängste sprechen, 36
Öffentlichkeit zurückzugewinnen, 223
Öffentlichkeitsarbeit, 92, 148
Überarbeitung zu, 81
Übergang von, 66
Übergriffen gegen, 244

Index

Überleben, 205
Überlegungen stellen Journalisten vor, 14
Überzeugung zu, 48
Übungen, 65
ähnliche, 24, 27, 29, 32, 36, 38, 51, 108, 135, 136, 251, 270
ähnlichen, 138, 162, 187, 192, 250
äußere, 267
öffentliche, 4, 12, 13, 19, 20, 72, 75, 77, 78, 84, 86, 97, 104, 118, 122, 147, 165, 176, 184, 198, 202, 215, 230, 232, 243, 244, 248, 252, 256, 259, 262, 266, 284
öffentlichen, 7, 78, 165, 171, 185, 192, 241, 252
öffentlicher, 9
öffnete, 162
über, 4, 7, 9, 10, 12–14, 17, 19–21, 23, 24, 27, 29, 35–37, 39, 41–43, 45–47, 49–54, 56–62, 64–67, 71–73, 75, 77, 79–83, 86, 87, 89, 91, 92, 95–97, 99, 104, 105, 107, 110, 112, 113, 121, 123, 130, 132–135, 137, 139–141, 143–148, 155–157, 159, 162, 164, 166–169, 171, 173–177, 180, 181, 184, 185, 187, 189, 191, 196–199, 201, 206, 211, 212, 224, 229–233, 237–242, 244, 249–252, 256–259, 263, 268, 270, 271, 273, 275, 284, 286–288, 291, 298–302
überbetont, 268
überging, 79
überlastet, 52
übermäßig, 74, 78
überprüfen, 303
übersehen, 12, 57, 65, 90, 96, 99, 100, 106, 115, 160, 163, 175, 180, 201, 202, 230, 248, 255, 259, 261, 266, 269, 275, 297
überwiegen, 41, 75
überwältigen lässt, 135
überwältigend, 53, 78, 130